东南学术文库
SOUTHEAST UNIVERSITY ACADEMIC LIBRARY

20世纪以来英国权力下放研究
以分离问题为中心的考察

A Study on Devolution of the United Kingdom since the 20th Century
——Analysis Centered on the Secession Problems

许 川 ● 著

东南大学出版社
·南京·

图书在版编目(CIP)数据

20世纪以来英国权力下放研究：以分离问题为中心的考察/许川著. —南京：东南大学出版社，2023.12

ISBN 978-7-5766-0914-1

Ⅰ.①2… Ⅱ.①许… Ⅲ.①政治制度-研究-英国 Ⅳ.①D756.121

中国国家版本馆 CIP 数据核字(2023)第 195278 号

○ 本书系江苏省社会科学基金项目(22ZZD006)和东南大学中央高校基本科研业务费专项资金资助(2242022R10119)的研究成果

20世纪以来英国权力下放研究——以分离问题为中心的考察
20 Shiji Yilai Yingguo Quanli Xiafang Yanjiu—yi Fenli Wenti wei Zhongxin de Kaocha

著　　者：	许　川
出版发行：	东南大学出版社
社　　址：	南京市四牌楼2号　邮编：210096　电话：025-83793330
网　　址：	http://www.seupress.com
出 版 人：	白云飞
经　　销：	全国各地新华书店
排　　版：	南京星光测绘科技有限公司
印　　刷：	广东虎彩云印刷有限公司
开　　本：	700mm×1000mm　1/16
印　　张：	19.75
字　　数：	376千字
版　　次：	2023年12月第1版
印　　次：	2023年12月第1次印刷
书　　号：	ISBN 978-7-5766-0914-1
定　　价：	88.00元

本社图书若有印装质量问题，请直接与营销部联系。电话：025-83791830

责任编辑：刘庆楚　责任校对：张万莹　责任印制：周荣虎　封面设计：企图书装

编委会名单

主 任 委 员：郭广银
副主任委员：周佑勇　樊和平
委　　　员：(以姓氏笔画为序)
　　　　　　　王廷信　王　珏　王禄生　龙迪勇
　　　　　　　白云飞　仲伟俊　刘艳红　刘　魁
　　　　　　　李霄翔　汪小洋　邱　斌　陈志斌
　　　　　　　陈美华　欧阳本祺　徐子方　徐康宁
　　　　　　　徐　嘉　董　群
秘 书 长：白云飞
编 务 人 员：甘　锋　刘庆楚

身处南雍　心接学衡
——《东南学术文库》序

每到三月梧桐萌芽，东南大学四牌楼校区都会雾起一层新绿。若是有停放在路边的车辆，不消多久就和路面一起着上了颜色。从校园穿行而过，鬓后鬓前也免不了会沾上这些细密嫩屑。掸下细看，是五瓣的青芽。一直走出南门，植物的清香才淡下来。回首望去，质朴白石门内掩映的大礼堂，正衬着初春的朦胧图景。

细数其史，张之洞初建三江师范学堂，始启教习传统。后定名中央，蔚为亚洲之冠，一时英杰荟萃。可惜书生处所，终难避时运。待旧邦新造，工学院声名鹊起，恢复旧称东南，终成就今日学府。但凡游人来宁，此处都是值得一赏的好风景。短短数百米，却是大学魅力的极致诠释。治学处环境静谧，草木楼阁无言，但又似轻缓倾吐方寸之地上的往事。驻足回味，南雍余韵未散，学衡旧音绕梁。大学之道，大师之道矣。高等学府的底蕴，不在对楼堂物件继受，更要仰赖学养文脉传承。昔日柳诒徵、梅光迪、吴宓、胡先骕、韩忠谟、钱端升、梅仲协、史尚宽诸先贤大儒的所思所虑，求真求是的人文社科精气神，时至今日依然是东南大学的宝贵财富，给予后人滋养，勉励吾辈精进。

由于历史原因，东南大学一度以工科见长。但人文之脉未断，问道之志不泯。时值国家大力建设世界一流高校的宝贵契机，东南大学作为国内顶尖学府之一，自然不会缺席。学校现已建成人文学院、马克思主义学院、艺术学院、经济管理学院、法学院、外国语学院、体育系等成建制人文社科院系，共涉及6大学科门类、5个一级博士点学科、19个一级硕士点学科。人文社科专任教师800余人，其中教授近百位，"长江学者"、国家"高级人才计划"哲学社会科学领军人才、全国文化名家、"马克思主义理论研究和建设工程"首席专家等人文社科领域内顶尖人才济济一堂。院系建设、人才储备以及研究平台等方面多年来的铢积锱累,为东南大学人文社科的进一步发展奠定了坚实基础。

在深厚人文社科历史积淀传承基础上,立足国际一流科研型综合性大学之定位,东南大学力筹"强精优"、蕴含"东大气质"的一流精品文科,鼎力推动人文社科科研工作,成果喜人。近年来,承担了近三百项国家级、省部级人文社科项目课题研究工作,涌现出一大批高质量的优秀成果,获得省部级以上科研奖励近百项。人文社科科研发展之迅猛,不仅在理工科优势高校中名列前茅,更大有赶超传统人文社科优势院校之势。

东南学人深知治学路艰,人文社科建设需戒骄戒躁,忌好大喜功,宜勤勉耕耘。不积跬步,无以至千里;不积小流,无以成江海。唯有以辞藻文章的点滴推敲,方可成就百世流芳的绝句。适时出版东南大学人文社科研究成果,既是积极服务社会公众之举,也是提升东南大学的知名度和影响力,为东南大学建设国际知名高水平一流大学贡献心力的表现。而通观当今图书出版之态势,全国每年出版新书逾四十万种,零散单册发行极易淹埋于茫茫书海中,因此更需积聚力量、整体策划、持之以恒,通过出版系列学术丛书之形式,集中向社会展示、宣传东南大学和东南大学人文社科的形象与实力。秉持记录、分享、反思、共进的人文社科学科建设理念,我们郑重推出这套《东南学术文库》,将近年来东南大学人文社科诸君的研究和思考,付之梨枣,以飨读者。

是为序。

《东南学术文库》编委会
2016 年 1 月

中文摘要

国家整合是当代民族国家在发展过程中面临的重要课题,最为典型的就是许多国家备受民族矛盾甚或民族分离问题的纷扰。英国亦是如此,自联合王国成立以来,就时隐时现地遭到民族主义运动的挑战。20世纪60年代,权力下放由中央政府提出,以期通过向地区的放权达到治理民族分离问题的目的。然而,在经过二十余年的实践后,苏格兰的情势似乎变得更加严峻了,而威尔士和北爱尔兰则相对稳定。用以治理民族分离问题的权力下放,为什么在三个地区的实践会呈现出差异性,以及为什么苏格兰在权力下放后出现了更激进的分离运动?本书试图从厘清英国权力下放的前因后果与来龙去脉中来寻找这些问题的答案。

英国的权力下放及其非对称的模式选择,既有来自历史的因素也有来自现实的因素。英国权力下放的直接原因包括两个方面:一是来自国内民族分离运动的困扰。由于英国是联合王国的性质,其各个地区内部皆存在着不同程度的民族主义,它们分别或共同被宗教信仰分歧、经济利益诱惑、保护本土语言和迷恋民族历史等因素所驱动,而到了第二次世界大战以后,这些民族分离运动愈演愈烈,国家主权和领土完整亦受到越来越大的冲击。二是来自周边政治环境变迁的压力。在民族解放浪潮的刺激下,欧洲大陆的民族主义运动在多个国家爆发,并且地理远隔的它们形成了合纵连横的新态势。几乎在同一时期,无论是出于什么原因,大陆国家都掀起了一波地方改革运动,加上伴随着全球化和欧洲一体化的权力让渡和下放的趋势,英国很难"遗世独立"。除此之外,英国选择权力下放及其非对称模式的根本原因是维护单一制的国家结构形式,这是由英国国家形态的历史演变和宪制原则的演进规律所决定的。

权力下放对英国来说并不陌生,它的历史可以追溯至19世纪中后期为解决爱尔兰问题而提出的自治方案。只是,北爱尔兰的自治是一次惨痛的经历,这给中央政府在处理苏格兰和威尔士权力下放问题上的教训是必须谨慎行事。所以,在一开始,中央政府对放权问题的态度趋于保守,使得各方在这一问题上无法达成一致。权力下放过程跌跌撞撞,直到新世纪的钟声快要敲响的时候才获得公投通过。那么,相较于20世纪初的自治,此次的权力下放是如何在制度上进行设计和建构的呢?

总体上,1998年的三个自治法都对中央政府和地区政府的权力作出了划分,地区政府获得巨大的权力活动空间,中央政府的权力仅被限缩在有关国家主权的事项上。尽管如此,自治法仍贯穿着维护联合王国和议会主权的主线,内容涉及保留事务大臣的角色、保留司法终审的权力、保留对财税权力的绝对控制,其对权力划分方式、就职宣誓效忠、政治组织运作的规范均有利于国家主权及其利益的维护。三个地区的权力下放既有相似性,但更多的是不同点,具体体现在:苏格兰和北爱尔兰是立法权力的下放,而威尔士仅是行政权力的下放;苏格兰拥有所得税税率变更权,而威尔士和北爱尔兰几乎无这方面的权力;苏格兰和威尔士是完全的政党政治,北爱尔兰的行政部门则需兼顾党派平衡;苏格兰和威尔士实行的是混合选举制度,而北爱尔兰实行的是单一可转让投票制度;苏格兰和威尔士是纯粹的国内问题,北爱尔兰的权力下放还掺杂着国际因素的影响。

权力下放后,地区民众的政治偏好发生了一些变化。从民族主义政党在不同选举层级上的表现来看,经过多年的选举洗礼,民族党已稳握议会执政权,威尔士党和新芬党亦在各自议会中稳居第二,显然它们的实力在权力下放后均得到加强。从民众的身份认同变化上看,尽管权力下放对国家认同和双重认同有着某种程度的稳定作用,但它更激活了地区身份认同。地区民众的主体性日渐增强,同时会在一定的时间周期内投射到政党认同上,因此一旦民族主义政党得到能量,其就很难再被压制。从民众对宪制偏好(constitutional preferences)的态度上看,虽然三个地区的大多数民众都要求下放更大的权力,但支持分离主义的仅是很小的一部分,这说明身份认同和政党倾向与宪制偏好之间很难发生共振,即民族主义政党的高支持率和地区身份的高支持率不等于分离主义的高支持率。

该如何看待英国权力下放后出现的这种新现象?既有的理论研究给出了两种不同的观点:一派认为权力下放缓解了民族分离运动,其论点是权力下放作为国家整合路径的一种方式,本身就存在着潜在的变化和风险,新现象无非是政策成本的外在表现,只要国家主权和领土完整得到有效维护,和平诉求没有演变成暴力冲突,权力下放治理民族分离问题就是成功的;另一派则认为权力下放加剧了民族分离运动,其论点是尽管选择权力下放的国家尚未引发分裂,但是民众地区身份的加强,民族主义政党的崛起,更大权力欲求的膨胀和分离公投事件的涌现都从不同侧面说明权力下放后民族分离问题更加突出。两派学者均从政治、经济和文化教育维度论证了自己的观点。客观而言,他们的观点都具有一定的说服力,两种观点之间更多的是互补而非互斥的关系。

鉴于权力下放与分离主义的复杂关联,以及受主客观条件所限,本书暂不研究二者之间的因果关系,而是借助比较分析,仅对放权后更激进分离运动的发生给出尝试性的制度解释,即认为权力下放所提供的机会和平台,以及既有制度的漏洞和缺失,使得具有一定实力的民族主义政党能够通过以异质竞争为核心的选举动员进入权力中心,一旦获得政权,它们就有足够的能力和条件在地区议会中发起有关民主分离的立法动议,这就是苏格兰公投的生成逻辑和发生机理。

最后是关于英国权力下放实践的评价与思考。理论上说,权力下放并没有在根本上动摇乃至伤及议会主权,因为保留和下放权力的划分与设置管辖权仅及于地区的最高法院的确有助于维护和巩固议会主权,但其也面临着前所未有的挑战,因为引入权力下放的公民投票程序以及给予"自决权"和"否决权"似乎又将议会主权置于危险境地。另外,英国对进一步放权的路径依赖,一方面造成三个民族地区在权力性质和大小方面趋于均等化,另一方面英格兰立法权力下放的举步不前,又固化了权力下放在全国层面的非对称性,进而增强了主体民族与少数民族之间无形的差异和距离。也就是说,少数民族对联合王国的向心力愈发减弱。重要的是,抛开英国政治文化使然的部分因素,权力下放在实施运作过程中所引出的问题,从更微观的角度和更具体的层面,增加和放大了相互间的政治分歧,也暴露出非制度化因素和某些制度的缺失导致权力下放在治理民族分离问题上的软弱无力。

  总而言之,英国的权力下放既有相对成功的一面,也有相对失败的一面。任何政治改革和制度建构都不会是一蹴而就和一帆风顺的,这就要求保持权力下放的灵活性,根据新情势和新问题与时俱进地作出调整。

Abstract

National integration is an important issue in the development of contemporary nation—state. The most typical one is that many countries are troubled by ethnic conflicts or even ethnic separation. The same is true of the UK, which has been challenged by nationalist movements since the founding of the United Kingdom. In the 1960s, devolution was proposed by the central government in order to solve the problem of ethnic secession through decentralization to the region. However, after more than 20 years of implementation of this policy, the situation in Scotland has become more serious, while the situation in Wales and Northern Ireland are relatively stable. As a way to deal with the problem of ethnic secession, why did the practice of devolution in the three regions produce different results? And why did the practice of devolution in Scotland lead to a more radical separatist movement? This book attempts to find the answers to these questions by clarifying the causes and consequences of UK's devolution.

The UK's devolution and its asymmetry mode choice are brought about by both historical and realistic factors. The direct causes of the devolution in the UK include two aspects: One is the ethnic separation movement. Due to the nature of the United Kingdom, there are different degrees of nationalism in various regions, which are respectively or jointly driven by differences in religious beliefs, the temptation of economic interests, the preservation of native languages and the obsession with national history. After the end of the Second World War, these ethnic separatist movements intensified, and the national sovereignty and territorial integrity were also under increasing attack. On the other hand, it is the pressure from the changes of the surrounding political environment. Stimulated by the tide of national liberation, nationalist movements in the European continent broke out in many countries, and geographically separated, they formed a new situation of vertical and horizontal alliance. Almost at the same time, for whatever reason, the mainland countries set off a wave of local reform movement, coupled with the trend of power transfer and decentralization against the background of globalization and European integration, making it difficult for the UK to "stand alone". In addition, the fundamental reason for Britain's policy choice of devolution and its asymmetry mode is to maintain the unitary state structure, which is determined by the historical evolution of the state form and the evolution of constitutional principles.

Devolution is no stranger to the UK, whose history can be traced back to the self-government plan proposed to solve the Irish problem in the mid-to late 19th century. However, Northern Ireland's autonomy was a painful experience, which taught the central government to be cautious in dealing with devolution in Scotland and Wales. Therefore, at the beginning, the central government's attitude towards devolution tended to be conservative, making it impossible for all parties to reach an agreement on this issue. The process of devolution was tortuous. It was not approved by the referendum until the bell of the new century was about to ring. Then, how has this devolution been institutionally designed and structured, compared with the self-government of the early 20th century?

In general, the devolution Act of 1998 has divided the power between different governments. The regional government gained a huge space for power activities, and the power of the central government is limited to the matters related to state sovereignty. Nevertheless, the autonomy law still runs through the main line of safeguarding the sovereignty of the United Kingdom and parliament, which involves: retaining the role of minister of state, retaining the power of final adjudication, retaining the absolute control over the fiscal and taxation powers, the divisions of power, the oath of allegiance, the political organization operation specification. All these are designed to be conducive to the maintenance of the sovereignty and its interests. On devolution, there are similarities in the three regions, but more differences: in Scotland and Northern Ireland there is legislative devolution, while in Wales there is only administrative devolution; Scotland has the power to change the income tax rate, while Wales and Northern Ireland scarcely have such power; Scotland and Wales are entirely of party politics while the executive branches of Northern Ireland need to balance political parties; Scotland and Wales have a mixed electoral system, while Northern Ireland has a single transferable voting system; Scotland and Wales are facing purely domestic issues, while the devolution in Northern Ireland is also influenced by international factors.

After devolution, the political preferences of the local people in the regions have changed. Judging from the performance of nationalist parties at different election levels, after many years of election baptism, Scottish National Party (SNP) has firmly assumed the power of Parliament, and Plaid Cymru (PC) and Sinn Fein (SF) have also held second place in Parliament, and obviously their strength has been strengthened. From the perspective of the change of people's identity, although devolution has a stabilizing effect on civil identity and dual identity to some extent, it has even more activated the sense of regional identity. Local people's subjectivity is increasingly enhanced, and will be projected to the party identity in a certain period of time, so once the nationalist parties get energy, it is difficult to be suppressed again. In terms of their attitude towards constitutional preferences, although the majority of the people in the three regions want to devolve more power, only a small part of them support separatism. This shows that it is difficult to resonate between national identity, party identity and constitutional preferences; that is, the high support rate of national parties and regional identity is not equal to the high support rate of secessionism.

How to look at this new phenomenon after devolution? The existing theoretical studies give two different views: One is that decentralization alleviates the ethnic separation movement; the argument is that devolution as a way of national integration path, there are potential changes and risks in itself; the new phenomenon is nothing more than the manifestation of policy costs. Devolution can be regarded as successful as long as national sovereignty and territorial integrity are effectively maintained, and political claims have not evolved into violent conflicts. Others argue that devolution intensifies the movement; the argument is that although devolution has not yet led to separation, the strengthening of people's regional identity, the rise of nationalist parties, the expansion of greater power desire and the emergence of independence referendum show that the problem of ethnic secession is more prominent. Two schools of scholars have demonstrated their views from the political, economic, cultural and educational dimensions. Objectively speaking, both of their viewpoints are persuasive to some extent, and the relationship between their viewpoints is more complementary than mutually exclusive.

In light of the complex links between devolution and secession, and limited by subjective and objective conditions, this book does not study their causal relationship, but with the help of comparative analysis, only gives a tentative institutional explanation for the occurrence of the more radical secessionism movement after devolution; that is, the opportunities and platforms provided by the devolution system, as well as the loopholes and deficiencies of the existing system enable powerful nationalist political parties to enter the power centre through election mobilization with heterogeneous competition. Once acquired power, they have sufficient capacity and conditions to initiate legislative motions for secession referendums in regional parliaments. And this is the very logic and mechanism of the Scottish referendum.

Finally, it is about the evaluation and thinking of the UK's devolution. Theoretically speaking, devolution has not fundamentally shaken or even undermined parliamentary sovereignty, since the division of power and the establishment of the Supreme Court do help to preserve and consolidate parliamentary sovereignty, but it also faces unprecedented challenges, because the introducing of devolution referendum procedures and the granting of "self-determination" and "veto power" seem to put parliamentary sovereignty in a dangerous situation. In addition, the path dependence on further devolution, on the one hand, has resulted in the equalization of the nature and size of power in the three ethnic areas; on the other hand, the slow progress of legislative devolution in England has solidified the asymmetry at the national level, thus intensifying the invisible difference and distance between the majorities and minorities. That is to say, the centripetal force of minorities towards the United Kingdom is diminishing. Importantly, setting aside part of political culture factors, the problems arising from the implementation and operation of devolution increase and amplify mutual political differences from a more micro perspective and a more specific level. It also reveals that non-institutionalized factors and the lack of some systems lead to the inability of devolution in governing ethnic separation.

All in all, devolution in the UK has had both relative successes and relative failures. Any political reform and institutional construction can not be accomplished overnight with ease. So it is required to be flexible in devolution and make adjustments in light of new situations so as to solve new problems.

目 录

导　言 ………………………………………………………………… (1)

第1章　英国权力下放的历史与现实动因 ……………………… (16)
 1.1　维护单一制的国家结构形式 ………………………………… (16)
  1.1.1　英国的历史演变与国家属性 …………………………… (17)
  1.1.2　英国宪制原则演进的三个阶段 ………………………… (24)
 1.2　地方民族分离主义的流变 …………………………………… (31)
  1.2.1　新旧民族主义运动的叠加 ……………………………… (31)
  1.2.2　民族分离主义生成的根源 ……………………………… (37)
 1.3　周边政治环境变迁对英国的压力 …………………………… (45)
  1.3.1　二战后欧洲民族主义运动的兴起 ……………………… (45)
  1.3.2　顺应时代潮流的泛欧洲地方改革 ……………………… (48)
  1.3.3　来自全球化和欧洲一体化的约束 ……………………… (50)
 1.4　本章小结 ……………………………………………………… (53)

第2章　英国权力下放的发展路径及实践 ……………………… (54)
 2.1　英国权力下放的历史进程 …………………………………… (54)
  2.1.1　对二十世纪中前期权力下放的回溯 …………………… (54)
  2.1.2　六十至七十年代权力下放的激荡之旅 ………………… (58)
  2.1.3　九十年代末如愿所至的权力下放 ……………………… (63)

2.2 英国权力下放的制度设计 ··· (69)
　　2.2.1 权力下放的白皮书及其演化 ······································ (69)
　　2.2.2 对三个地区放权法案的文本比较 ································ (74)
2.3 英国权力下放的内在结构 ··· (93)
　　2.3.1 自治法维护国家统一的基本元素 ································ (93)
　　2.3.2 保留权力对敏感事项的特别规定 ································ (97)
2.4 本章小结 ·· (102)

第3章　英国放权后民众政治偏好的变化 ·································· (104)
3.1 权力下放与民众对政治党派的选择 ····································· (104)
　　3.1.1 国家选举中政党格局的"变"与"不变" ······················ (105)
　　3.1.2 民族主义政党在地区选举中的崛起 ····························· (111)
　　3.1.3 民族主义政党向欧洲议会前进的政治考量 ···················· (119)
3.2 权力下放与民众对各自身份的认同 ····································· (124)
　　3.2.1 苏格兰认同在两种测量方法上的反差 ·························· (125)
　　3.2.2 威尔士身份类别双重趋向的交错出现 ·························· (131)
　　3.2.3 北爱尔兰地区"二分天下"的完全内循环 ···················· (136)
3.3 权力下放与民众对宪制偏好的态度 ····································· (144)
　　3.3.1 被一种激进意识形态所支配的苏格兰 ·························· (145)
　　3.3.2 对权力和"独立"皆敢于想象的威尔士 ······················· (152)
　　3.3.3 既有归属仍被风险长期包围的北爱尔兰 ······················· (157)
3.4 本章小结 ·· (164)

第4章　英国现象的既有理论解释及局限 ·································· (167)
4.1 权力下放缓解了民族分离主义运动 ····································· (167)
　　4.1.1 权力下放缓解民族分离运动的论点 ····························· (168)
　　4.1.2 对缓解民族分离主义运动的解释 ································ (174)
4.2 权力下放加剧了民族分离主义运动 ····································· (179)
　　4.2.1 权力下放加剧民族分离运动的论点 ····························· (179)
　　4.2.2 对加剧民族分离主义运动的解释 ································ (185)
4.3 对缓解或加剧分离运动观点的理论评析 ······························· (190)
4.4 放权后更激进分离运动的尝试性解释 ·································· (196)

  4.4.1 权力下放与分离运动的应然逻辑 …………………… (196)
  4.4.2 发生机理之一：权力下放对政党政治的刺激 ………… (201)
  4.4.3 发生机理之二：异质竞争与分离主义的形塑 ………… (206)
 4.5 本章小结 …………………………………………………… (213)

第5章 英国权力下放实践的评价与思考 …………………………… (215)
 5.1 权力下放之于议会主权的二重性 ………………………… (215)
  5.1.1 拒绝放权联邦主义化对议会主权的捍卫 ……………… (215)
  5.1.2 直接民主的无限延伸对议会主权的侵蚀 ……………… (221)
  5.1.3 权力下放与国家主权关系的再探讨 …………………… (225)
 5.2 权力下放路径依赖及其发展趋向 ………………………… (230)
  5.2.1 放权过程的持久性与中央权力的耗损 ………………… (230)
  5.2.2 英格兰放权问题对非对称特征的固化 ………………… (236)
 5.3 权力下放具体运作中呈现的问题 ………………………… (242)
  5.3.1 权力下放的治理问题放大政治分歧 …………………… (242)
  5.3.2 非或无制度化因素对分离运动的助推 ………………… (247)
 5.4 本章小结 …………………………………………………… (252)

结　论 …………………………………………………………………… (254)

附　录　自治法修订内容比较 ………………………………………… (259)

参考文献 ………………………………………………………………… (265)

表目录

表号	标题	页码
表1-1	联合王国各组成部分合并内容之比较	(22)
表2-1	苏格兰、威尔士和(北)爱尔兰自治法在五个向度上的比较	(85)
表2-2	苏格兰、威尔士和(北)爱尔兰各种权力内容的比较	(89)
表3-1	民族主义政党在国家选举中的表现	(107)
表3-2	英国大选四个地区的投票率	(110)
表3-3	民族主义政党在地区选举中的表现	(113)
表3-4	三个自治区议会选举的投票率	(117)
表3-5	英国主要政党在欧洲议会选举中的表现	(121)
表3-6	欧洲议会选举英国的选区及席次分布(2004—2019年)	(122)
表3-7	苏格兰民众身份认同调查	(126)
表3-8	威尔士民众身份认同调查	(132)
表3-9	北爱尔兰民众五分法的身份认同	(138)
表3-10	北爱尔兰民众身份认同在宗教信仰中的分布情况	(139)
表3-11	北爱尔兰民众身份认同在不同年龄段中的分布情况	(142)
表3-12	关于苏格兰议会权力的调查	(147)
表3-13	苏格兰民众对中央政府和地区政府的信任度调查	(149)
表3-14	民众对不同政府治理苏格兰的看法	(149)
表3-15	苏格兰民众对地区治理的政府期待	(150)
表3-16	民众对第二次公投的看法及其投票意向(2015—2020年)	(151)
表3-17	关于威尔士民众对议会所得税权的调查	(154)
表3-18	民众对威尔士是否应该成为一个"独立"国家的看法	(156)
表3-19	1998—2007年北爱尔兰枪击和炸弹袭击事件统计	(159)
表3-20	你认为北爱尔兰长期的宪制政策应是(2007—2019年)	(160)
表3-21	你认为未来20年可能与爱尔兰统一吗	(162)
表3-22	你认为你是联合主义者、民族主义者还是皆否	(163)
表5-1	2009—2020年英国最高法院受理权力下放上诉案件的统计	(220)
表5-2	英国主要的放权委员会及其报告的核心建议	(232)
表5-3	英格兰民众的排他性身份认同(1992—2012年)	(239)
表5-4	英格兰民众的宪制偏好(1999—2015年)	(240)
表5-5	地区议会成立以来不同法律主体立法数量统计	(248)

图目录

图 3-1 苏格兰民众排他性身份认同 ……………………………… (128)
图 3-2 威尔士民众排他性身份认同 ……………………………… (133)
图 3-3 北爱尔兰民众四分法身份认同 …………………………… (144)
图 3-4 苏格兰民众的宪制偏好 …………………………………… (146)
图 3-5 关于威尔士民众认为该地区应该被如何治理的调查 …… (153)
图 3-6 你认为北爱尔兰长期的宪制政策应该是(1998—2006 年) … (158)
图 4-1 1993—2002 年欧洲地区冲突类型的统计 ………………… (171)
图 4-2 权力下放后分离运动的简易发生机理 …………………… (212)

导　言

一

　　国家整合是现代民族国家建立后长期面临的重要课题。从路径选择上来说，它可以分为暴力模式和妥协模式。在暴力模式基本不可取的时代背景下，妥协模式成为不同国家处理国内民族问题的首选。诚然，一个国家对于整合模式的选择既有历史的因素，也有现实的成本考量，但任何一种模式，都存在或多或少的政治风险。因此，权力下放尽管避免了国家立即走向分离，但是民族分离因素亦将被长期嵌套在政治议程之中，对国家统一来说，这是一种潜在的危险。英国就是如此。

　　众所周知，表面上是通过联合法案实则是通过征服、占领或谈判方式组成的联合王国，从一开始就隐含着敌对情绪，因而其国内的爱尔兰和苏格兰分离主义问题由来已久，经过一两个世纪的发展，到20世纪中期，除英格兰以外的其他三个民族地区的分离运动呈现出前所未有的新局面：暴力恐怖活动成为北爱尔兰社会的主旋律，苏格兰民族党和威尔士党亦纷纷在全国选举中斩获国会席次，得票率逐年升高。基于此，历来崇尚妥协精神的英国，在20世纪70年代启动了主要是针对民族分离主义势力崛起的权力下放改革运动。换句话说，民族分离主义的崛起是权力下放的直接动因，权力下放是英国中央政府遏制民族分离主义势力所采取的政治策略和办法。

　　然而，权力下放后民族主义政党在国家选举和地区选举中不断得势，尤其是苏格兰分离公投的迸发,令许多人开始质疑权力下放作为治理民族分离问题的策略并未完全奏效,甚至认为正是权力下放助推了三个地区民族分离主义的成长。为什么会得出这样的政治认知?从发生时序上来说,民族分离主义政党的得势以及分离公投运动的产生确实都是处于权力下放之后的一段时间;从政治制度上来说,两种现象均可以说是地区民主自治下的产物。所以,似乎不能轻易否定权力下放与民族主义政党的加速成长和更激进分离运动的演化[1]之间存在着或多或少的联系。同理,也不能轻易否定权力下放对于国家整合的积极意义,因为权力下放后英国仍然是由四个民族地区共同组成的联合王国,并没有走向分裂。

那么,该如何正确认识权力下放与分离主义(运动)的内在逻辑?更具体地说,该如何解释权力下放后不同地区民众身份认同和政党认同的变化?尤其是如何解释分离公投运动在某些地区愈演愈烈的态势?对于这些问题,国外学术界从英国权力下放的利弊、特点、如何放权(和英格兰问题)以及其给英国带来了哪些变化等维度进行了较为深入的研究和分析。

学界论述英国权力下放的原因首先是从民族的历史特性特色入手的。独特的民族文化或历史上的传统权利,赋予某些地区在现代民族国家中的特殊地位,这种情况取决于构建现代民族国家的方法,比如英国和西班牙,是由不同王国组合而成,因此在组建共同国家之后,其组成部分仍享有一些特权或自治权[2]。特伦奇(Alan Trench)指出英国的权力下放主要是为了应对来自下层尤其是苏格兰和北爱尔兰民族主义的压力,英国的地方行政事务或其他问题,包括发展过程中衍生的威尔士问题,都是在这些事务之后才提出

---

[1] 更激进分离运动是指某些地区在权力下放后出现了民族分离主义政党对地区权力中心的逐渐控制,并以此为基础推动单方面或协议式分离公投(运动)。更激进分离运动的界定也可参见后文4.4节的相关解释。

[2] 西方学术文献主要是将英国和西班牙作为这一类型的典型案例加以讨论,并认为历史因素是两国政府给予其自治地位或特殊权力的基础。相关文献可参考 Alain-G. Gagnon, James Tully, eds., Multinational Democracies, Cambridge: Cambridge University Press, 2001; Ehtisham Ahmad and Vito Tanzi, eds., Managing Fiscal Decentralization, London: Routledge, 2002; Susan J. Henders, Territoriality, Asymmetry, and Autonomy, New York: Palgrave Macmillan, 2010; Steven L. Burg and Lachen T. Chernyha, Asymmetric Devolution and Ethno-regionalism in Spain: Mass Preferences and the Microfoundations of Instability, Nationalism and Ethnic Politics, Vol. 19, No. 3, 2013, pp. 255 - 286.

的[1]。在英国,苏格兰具有强烈的民族身份认同,而且在反对撒切尔政府的改革中,这一身份得到加强。阿伯丁大学教授基廷(Michael Keating)指出苏格兰的民族身份连同其既有的法律体系和行政权力下放机制,决定它应该拥有广泛的立法权和行政权,即延伸到所没有明确保留给威斯敏斯特的事项上[2]。霍普金斯(John Hopkins)认为这跟战后欧洲的大环境相关,在单一制民主国家,中央政府提供的福利增加以及新经济规划的出台,出人意料地推动了地区分权的主张。政府功能的改变导致对中央和地方政府职能的重新评估,传统的各级政府被认为无法执行这些新的政策,因此中央政府被迫引入地区政府以应对新的公共责任[3]。也有学者认为权力下放本身具有诸多优点,一方面它可以安抚民族主义情绪,照顾到苏格兰独特的民族情感,同时联合王国将得到维护甚至巩固,另一方面它使政府更容易接近和更负责任,让民众感受到更好的治理[4]。

不过一些学者对权力下放持怀疑态度,并不看好试图用放权驾驭分离问题的前景。布拉德伯里(Jonathan Bradbury)和米切尔(James Mitchell)认为权力下放可能会释放出一种"狭隘的民族主义",无法容忍那些因为出生、血统或口音而不能被视为"真正的苏格兰人"的人;议会及其委员会远非让政府变得更负责任,而是有可能完全听任于每一个可以想象得到的游说集团,并且肯定会和威斯敏斯特一样,受制于政党政治的掣肘[5]。也有保守的怀疑论者认为,次国家区域化是欧洲超民族主义者"钳子运动"的组成部分,它试图从下到上破坏英国的完整性[6]。甘波尔(Andrew Gamble)和拉普斯利(Irvine Lapsley)两位学者指出权力下放这种解决方案看上去并不稳定,而且

---

[1] Alan Trench, Devolution and Power in the United Kingdom, Manchester: Manchester University Press, 2007, p. 30.

[2] Michael Keating, Nationality, Devolution and Policy Development, in Territory, Identity and Spatial Planning Spatial Governance in a Fragmented Nation, Mark Tewdwr-Jones and Philip Allmendinger, eds., London: Routledge, 2016, p. 31.

[3] John Hopkins, Devolution in Context: Regional, Federal & Devolved Government in the Member States of the European Union, London: Cavendish Publishing Limited, 2002, p. 48.

[4] Catherine Bromley, John Curtice, David McCrone and Alison Park, Has Devolution Delivered? Edinburgh: Edinburgh University Press, 2006, p. 188.

[5] Jonathan Bradbury and James Mitchell, Devolution: New Politics for Old? Parliamentary Affairs, Vol. 54, No. 2, 2001, pp. 257-275.

[6] Jonathan Bradbury, ed., Devolution, Regionalism and Regional Development, UK: Routledge, 2008, p. 9.

威胁到维持威斯敏斯特模式的有效性,这由两方面决定:一方面是将资源从中央政府转移到地方当局,另一方面是加的夫或更具针对性的爱丁堡和贝尔法斯特的地方当局功能的政治现实。从这里可以看出,学者们担心权力下放被民族主义者利用,加大地区之间的差距,以及破坏威斯敏斯特的宪政模式和英国的完整性。

正是由于受到支持和反对两派的夹击,英国权力下放直到21世纪前夕才姗姗来迟。那么,英国权力下放有着什么样的特点呢?这似乎在某种程度上决定了作为遏制分离问题的放权的发展路径。

英国的权力下放尽管跟欧洲其他国家的地方分权改革有着相似性,但更多的是具有其自身的特点,最显著的就是权力下放的非对称性。基廷认为英国权力下放有三个明显特征:首先,威斯敏斯特保留制宪权,甚至可以暂停或废除权力下放的机构,宪法限制只适用于苏格兰而不是威斯敏斯特,即使在权力下放的领域,威斯敏斯特亦保留立法的权力,虽然根据《斯威尔公约》(Sewel Convention)第五章内容,只有在苏格兰议会同意的情况下才能这样做;其次,英国权力下放方案的高度非对称性,威斯敏斯特继续直接统治英格兰,对其创立地方机构的提议远远不能与苏格兰相提并论,这导致结构性失衡,因为威斯敏斯特既是联合王国又是英格兰的政府,他们成为主要的合作伙伴;最后,权力下放是建立在现有行政权力下放体系的基础上的,旧体系的痕迹在制度、政治实践尤其是在政党政治和官僚机构的思想体系中都很明显[1]。

特伦奇对非对称性的概括与基廷略有不同,他认为这种非对称性主要体现在:一是权力下放仅限于苏格兰、威尔士和北爱尔兰;二是对每个地区不同的权力下放安排制造了不同的宪法问题;三是根据权力下放成立的议会及其所行使的职权存在着重大的差异;四是因各个政府最关心的问题的不同而变得更加复杂[2]。麦克劳德(Gordon MacLeod)和琼斯(Martin Jones)从主权和体制角度总结出英国权力下放的特点:第一,一些权力和制度能力已由伦敦转移到其他地区,但这并没有严重挑战到威斯敏斯特的完整主权;第二,英国的宪法改革方案被非对称结构打乱,它贯穿于各个条款和移交立法的时

---

[1] Michael Keating, The Government of Scotland: Public Policy Making after Devolution, 2nd., Edinburgh: Edinburgh University Press, 2010, p. 49.

[2] Alan Trench, Devolution and Power in the United Kingdom, Manchester: Manchester University Press, 2007, p. 61.

间表,以及从权力和职能的基本要素到命名的细节;第三,这种非对称反映当代权力下放和宪法改革方案在相对不平衡和相对奇特的传统体制上进行叠加的方式[1]。

造成非对称特点的原因也是学者们关注的重点。科尔(Alistair Cole)指出英国是联合与单一制的神奇混合物,联合即允许领土的非对称发展,而单一制则要求其支持议会主权原则,强调中心到外围的等级结构。换句话说,苏格兰、威尔士、北爱尔兰和英格兰的规则截然不同[2]。吉布诺(Montserrat Guibernau)认为之所以选择非对称权力下放,可能跟三个地区加入联合王国的时间和条件有关。因为苏格兰与英格兰属于合并,在1707年后仍然保留着自己的教会、教育和司法制度,而威尔士在玫瑰战争后加入英国,废除了习惯法,完全被同化到英国体系之中,爱尔兰是英国征服的结果,主要存在着宗教冲突[3]。麦加里(John McGarry)认为英国采取非对称自治可能来自三方面的原因:一是英格兰在英国占据统治地位,有着独立的历史和身份认同,强烈的国家认同意味着英格兰人不像卡斯提尔人那样害怕国家分裂,也不像说英语的魁北克人那样担心该地区被分裂;二是英国具有一个良性的周边环境,它与欧盟和北约等超国家组织紧密结合在一起,英格兰不会面临经济和军事威胁,而且这些自治区都不是邻国的"卫星国",不渴望加入邻国,这就使得自治不那么具有威胁性[4];三是联合王国具有繁荣、自由和成熟的民主的优势,这有利于建立一个不对称政体,相反在那些内部比较脆弱或感受到邻国敌意的国家,采行非对称措施则困难得多[5]。

从法律的角度看,非对称权力下放亦跟公法令的适用范围有关,赞德

---

[1] Gordon MacLeod and Martin Jones, Mapping the Geographies of UK Devolution: Institutional Legacies, Territorial Fixes and Network Topologies, in Territory, Identity and Spatial Planning Spatial Governance in a Fragmented Nation, Mark Tewdwr-Jones and Philip Allmendinger, eds., London: Routledge, 2016, p. 336.

[2] Alistair Cole, Beyond Devolution and Decentralization: Building Regional Capacity in Wales and Brittany, Manchester: Manchester University Press, 2006, p. 23.

[3] Montserrat Guibernau, Devolution and Independence in the United Kingdom: The Case of Scotland, Revista d'Estudis Autonòmics i Federals, Vol. 6, No. 1, 2010, pp. 59-60.

[4] John McGarry, Asymmetric Autonomy in the United Kingdom, in Asymmetric Autonomy and the Settlement of Ethnic Conflicts, Marc Weller and Katherine Nobbs, eds., Pennsylvania: University of Pennsylvania Press, 2010, p. 171.

[5] Michel Seymour and Alain-G. Gagnon, eds., Multinational Federalism: Problems and Prospects, London: Palgrave Macmillan, 2012, p. 7.

(Michael Zander)就指出大多数的公法令都适用于大不列颠,即英格兰、苏格兰和威尔士,也有一些适用于整个英国,即英格兰、苏格兰、威尔士和北爱尔兰,还有一些仅适用于苏格兰,或一些仅适用于威尔士,或一些仅适用于英格兰和威尔士。他还指出英国各构成部分的立法活动被1998年的《苏格兰法》《威尔士法》和《北爱尔兰法》三个授权法令彻底改变了[1]。此外还有学者分析非对称性是民族地位及其相互定义的自然衍生,米勒(David Miller)指出较小的群体看待其与较大群体的关系的方式与较大群体看待其与较小群体的关系的方式之间存在不对称性,较大的群体试图淡化较小的群体的独特性,前者不认为后者具有独立身份民族,而是倾向于将他们视为共同国家之下的一个变体,即不是作为不同的国家,而是有着不同语言或拥有自己文化的民族[2]。奥尔门丁格(Philip Allmendinger)等人认为权力下放在苏格兰和威尔士的不同实践,本身就反映出其特定的区域、政治、经济和制度条件以及能力[3]。简言之,造成权力下放的非对称性是历史、地域、经济和现实政治交织下的产物。

作为宪制结构层面改革的权力下放,对英国国内政治的影响必然是多方面的,也是多种多样的,主要体现在宪政体制、政府间关系、公共政策以及对欧立场等层面。

首先是宪政体制方面。其实,对于权力下放到底会产生什么样的影响,当时并不那么清楚,切尼(Paul Chaney)等人就指出权力下放是政治改革的一项伟大试验,在英国历史中没有先验可循,由于这个或那个原因,根本不清楚结果会是什么,也不知道这一试验如何结束,他们甚至不排除权力下放会导致苏格兰"独立"的可能[4]。一些学者认为英国已从单一制迈向了"准联邦制",他们的理由是英国已经在苏格兰和北爱尔兰建立具有立法权的地区议会,如威尔逊(David Wilson)、盖姆(Chris Game)等;但另一些学者认为英

---

[1] [英]迈克尔·赞德:《英国法:议会立法、发条解释、先例原则及法律改革》(第六版),江辉 译,北京:中国法制出版社,2014年版,第172-173页。

[2] David Miller, Secession and the Principle of Nationality, Canadian Journal of Philosophy, Vol. 26, No. S1, 1997, p. 268.

[3] Philip Allmendinger, Janice Morphet and Mark Tewdwr-Jones, Devolution and the Modernization of Local Government: Prospects for Spatial Planning, European Planning Studies, Vol. 13, No. 3, 2005, pp. 349-370.

[4] Paul Chaney, Tom Hall and Andrew Pithouse, eds., New Governance-New Democracy? Post-devolution Wales, Cardiff: University of Wales Press, 2001, p. 1.

国仍然是单一制,如基廷和拉弗雷斯特(Guy Laforest),认为权力下放使得原本的央地关系更加等级化,因为议会保留主权并且只是向地方"出借"权力,原则上可以撤销甚至侵犯[1]。与此类似的观点还有:威斯敏斯特仍然保留着主权,对全国一切事务拥有决定权;英格兰仍然由中央政府直接统治;地区的权力依赖于中央的授予,而不是直接写进宪法;司法委员会只能对三个自治区作出裁决,无法对中央政府的越权行为作出规范,因此它只是自治区的宪法法院,而非全国的宪法法院,如霍普金斯、蒂尔尼(Stephen Tierney)等。但客观地说,权力下放确实在局部对单一制进行了改造或破坏。

其次,政府间关系的问题,比如自治区之间的相互模仿或竞争,以及代表权问题等。奥尼尔(Michael O'Neill)指出权力下放的非对称性可能促使独立性较低的政治实体仿效有"更多下放权力"的机构,但是立法安排上的差异可能很难管理[2]。特伦奇也指出,权力下放为地区议会创造了大量的自治领域,并在其中制定独特和多样性政策,而这在不同政党执政的情况下可能得到加强,进而使得政府间的政策分歧更大且难以扭转[3]。在这之中,最著名的莫过于因代表权而引发的"西洛锡安问题"(The West Lothiam Question)。一些学者探讨了政府间合作与冲突处理的方式,英国不像其他成文宪法单一制国家,它主要是依靠非正式和双边制度处理这类问题。麦克尤恩(Nicola McEwen)等人指出,有关财政分配的"巴内特公式"(Barnett formula)的内在性质以及地方当局的低政治职能导致自权力下放以来英国政府间关系的非正式和实用主义特征[4]。杰弗瑞(Charlie Jeffery)指出政府间关系的欠发达性,因为非正式制度的讨论过程都是不透明的,主题和影响均不明确,其内容既不符合全国层次上的要求,也不符合已下放的民主进程,它们依

---

[1] Michael Keating and Guy Laforest, Federalism and Devolution: The UK and Canada, in Constitutional Politics and the Territorial Question in Canada and the United Kingdom: Federalism and Devolution Compared, Michael Keating and Guy Laforest, ed., Switzerland: Palgrave Macmillan, 2017, p. 8.

[2] Michael O'Neill, Great Britain: From Dicey to Devolution, Parliamentary Affairs, Vol. 53, No. 1, 2000, p. 78.

[3] Alan Trench, Devolution and Power in the United Kingdom, Manchester: Manchester University Press, 2007, p. 239.

[4] Nicola McEwen, Wilfried Swenden and Nicole Bolleyer, Intergovernmental Relations in the UK: Continuity in a Time of Change? British Journal of Politics and International Relations, Vol. 14, No. 2, 2012, pp. 334 - 335.

赖于个人的工作关系,而随着官员们的职位调动,这些关系又需要重新塑造[1]。因而,有不少学者认为必须对政府间协调采取更充分的制度化办法,以控制未来可能出现的冲突,除杰弗瑞外,还有诸如特伦奇、黑兹尔(Robert Hazell)等人持这种主张。

再来看对公共政策的关注。许多学者注意到权力下放对公共政策(例如高等教育、公共卫生及福利制度等)的影响,除研究权力下放给公共政策带来的新变化外,例如穆尼(Gerry Mooney)和威廉姆斯(Charlotte Williams)着重关注权力下放可能促进新的公共政策设计和实施形式[2],其他学者关注的更多是由权力下放带来的政策分歧,例如亚当斯(Captain J. Adams)、罗宾逊(Peter Robinson)、墨菲特(Janice Morphet)、克利福德(Ben Clifford)、格里尔(Scott L. Greer)等人。具有代表性的观点如基廷指出权力下放增强了苏格兰本来有限的公共政策能力,而且它促进了相关政策不同利益团体的出现,同时在组织和提供公共服务方面存在着重大分歧。此外,他还发现苏格兰比英格兰更致力于传统的公共部门模式,强调平等主义和与公共服务专业人员之间的合作,这跟英格兰强调消费者的选择和竞争形成了鲜明对比[3]。米切尔对公共政策分歧表示极大担忧,他指出,权力下放之前,在工党是各地最大或主导党的情况下英国内部就出现过重大政策分歧,权力下放之后,由于每个地区的公民权利和感受更不一样,可能加剧政策分歧的趋势[4]。麦金农(Danny MacKinnon)也指出尽管受制于宪法的约束和限制,在某些政策方面产生了趋同,但权力下放鼓励政策分化的特性已改变英国公共政策的制度格局,在具体政策(如老年照顾、学费、禁烟令)以及经济政策上的分歧势必加重[5]。

然后是对欧关系方面。除在内部公共政策上存在分歧,在对外尤其是对

---

[1] Charlie Jeffery, Devolution in the United Kingdom: Problems of a Piecemeal Approach to Constitutional Change, Publius: The Journal of Federalism, Vol. 39, No. 2, 2009, p. 304.

[2] Gerry Mooney and Charlotte Williams, Forging New 'ways of life'? Social Policy and Nation Building in Devolved Scotland and Wales, Critical Social Policy, Vol. 26, No. 3, 2006, pp. 608-629.

[3] Michael Keating, Policy Convergence and Divergence in Scotland under Devolution, Regional Studies, Vol. 39, No. 4, 2005, pp. 453-463.

[4] James Mitchell, Evolution and Devolution: Citizenship, Institutions, and Public Policy, Publius: The Journal of Federalism, Vol. 36, No. 1, 2006, pp. 153-168.

[5] Danny MacKinnon, Devolution, State Restructuring and Policy Divergence in the UK, The Geographical Journal, Vol. 181, No. 1, 2015, pp. 47-56.

欧关系上亦有很大不同,因为权力的下放,地区当局有一定的自主权来发展外部关系。学者们注意到地区当局与中央政府在欧盟政策上的分歧。布尔默(Simon Bulmer)等人指出虽然欧盟政策是中央政府的保留权力,但在权力下放后这一权力受到侵蚀,一方面是因为地区当局是某些欧盟政策的直接相关方,它不论以何种方式都或多或少地参与了欧盟政策的制定,它不再单纯是从属于中央政府的组成部门;另一方面是因为这些地区在欧盟具有独特的身份,直接与欧盟其他成员在许多领域具有共同利益,因而它反过来又会弱化中央政府的相关职能[1]。霍普金斯基本上也持这种观点[2]。比雷尔(Derek Birrell)和格雷(Ann Marie Gray)则研究了英国"脱欧"后对地方当局的影响及其所作出的反应,指出欧盟对地区当局的资金补助以及在工资、就业、生活水平特别是在食品工业和农村社会福利方面都将在"脱欧"后产生重大变化。为此,苏格兰和威尔士都要求提供一种继续留在单一市场和欧洲经济区的解决方案,并要求进一步下放权力,例如就业、移民等权力[3]。从现实上来看,英国已经"脱欧",但如何修复自治区与中央政府在"脱欧"问题上的纷争,考验着中央政府的智慧。

最后也是最重要的,权力下放实践二十余年后,其是否有效地遏制了英国民族分离主义的发展态势呢?这关涉到付出的政治成本是否获得了应有的政治回报的问题。学界多从身份认同(民族认同)和政党倾向两个维度来检验权力下放是否起到了遏制分离主义的作用。

先来看关于身份认同或民族认同的研究。从当前的数据看,三个地区在权力下放后都没有发生明显的变化。米切尔(Paul Mitchell)、埃文斯(Geoffrey Evans)、奥利里(Brendan O'Leary)、纳格尔(John Nagle)等人认为,在北爱尔兰,民众投票给民族主义政党是因为在相对满足于宪法现状的条件下,他们认为这些政党将在公共领域扮演民族利益有力捍卫者的角色,因此他们不存在种族身份的转变,而是将分离主义重新定位为次国家民族主义的身

---

[1] Simon Bulmer, Martin Burch, Caitríona Carter, Patricia Hogwood and Andrew Scott, British Devolution and European Policy-Making: Transforming Britain into Multi-Level Governance, New York: Palgrave Macmillan, 2002, pp. 64 - 156.

[2] John Hopkins, Devolution in Context: Regional, Federal & Devolved Government in the Member States of the European Union, London: Cavendish Publishing Limited, 2002, p. 18.

[3] Derek Birrell and Ann Marie Gray, Devolution: The Social, Political and Policy Implications of Brexit for Scotland, Wales and Northern Ireland, Journal of Social Policy, Vol. 46, No. 4, 2017, pp. 778 - 779.

份。基廷也指出,北爱尔兰的多元化身份认同长期以来一直在发挥作用[1]。但是,并不是所有的学者都赞同这种观点,有些学者认为权力下放导致了民族身份的变化。凯拉斯(James G. Kellas)指出,随着对英国政治承认的要求,一种英格兰民族认同已然成形,英格兰与英国首次出现明显的区别。同时,权力下放打破了苏格兰与作为统一政治体系的伦敦和英国之间的某些联系,苏格兰以自己的方式变得更加民族化。他甚至认为,在苏格兰议会中,民族党在政治议程上至少可以与其他民族主义不满的地区(如魁北克、巴斯克、加泰罗尼亚和科西嘉)一样接受"独立"[2]。帕特森(Lindsay Paterson)也指出,权力下放后国家认同在英格兰、苏格兰、威尔士都受到替换性民族认同的强烈挑战[3]。从这些学者的观点中可以看出,关于身份认同,一些学者认为没有变化,一些学者认为民族认同有所变化;而在后一种观点中,又呈现出两种看法,一种认为这种变化对国家认同没有影响,另一种则认为这种变化将对国家统一带来实质性影响。

再来看关于政党认同的研究。对于为何民族主义政党在不同自治区都会不约而同地呈现崛起之势,学界从不同面向总结原因:一是地区立法机构的建立给了民族主义政党行使权力的机会和平台;二是全国性和地区性选举分开进行,容易抵消全国性选举对地区性选举的影响,如布兰卡蒂;三是权力下放法案的协同主义精神可能被当作自由主义利用,它在民主选举中鼓励那些无论是基于种族的、族群的抑或是跨界群体的政治认同,如麦加里和奥利里;四是选举门槛较低,为民族主义政党利用公共的政治恐惧达成政治目的提供了资源,如希洛(Peter Shirlow)、穆尔塔赫(Brendan Murtagh)等;五是比例代表制为民族主义政党参与选举甚或进入政府创造了制度条件,如诺里斯(Pippa Norris)、索伦斯(Jason Sorens)等。对此,许多学者担心民族主义政党的崛起甚至上台将产生严重危害,蒂尔尼认为在权力下放的环境中,具有分离倾向的民族主义政党上台执政有充分的机会来证明自己,制造争议,

---

[1] Michael Keating, Plurinational Democracy: Stateless Nations in a Post-Sovereignty Era, Oxford: Oxford University Press, 2001.

[2] James G. Kellas, Developments in Scottish and English Nationalism, Conference Paper, IPSA Conference in Québec, University of Glasgow, 2000, pp. 8-9.

[3] Lindsay Paterson, Is Britain Disintegrating? Changing Views of "Britain" after Devolution, Regional & Federal Studies, Vol. 12, No. 1, 2002, p. 31.

挑起紧张局势[1]。纳格尔悲观地认为,权力下放的初衷在2007年遭遇到沉重打击,这一年,英国三个自治区的民族主义政党都在崛起,它们均在不同程度推动着独立的基础上进入各自的政府。或许到最后权力下放会失败,并导致这些地区分裂[2]。

因此,学界开始对将权力下放作为遏制民族主义的工具提出批评,莱兰德(Peter Leyland)认为权力下放的引入根本就不是为了解决问题,而是启动了一项相当复杂的宪政改革[3]。从深层次上来讲,这其实是权力下放或自治与民族分离主义本身就存在着一种悖论。詹内(Erin Jenne)指出自治或分而治之的方式,非但没有解决和防止冲突,反而加剧各自的特性,并为冲突创造机会[4]。地方自治虽然使得完全独立不再那么具有吸引力,但其也为民族主义政党提供了一种可以在将来举行"独立"公投以及增强选民对集体自治信心的制度工具,如基姆利卡(Will Kymlicka)、埃尔克(Jan Erk)、安德森(Lawrence Anderson)的论述。为什么会出现这种悖论?不同学者对其进行了不同解读,如迪维克斯(Christa Deiwiks)就认为群体边界与行政边界匹配得越好,基于地区的种族政治的显著性就越高,这导致他们可以为了民族主义目的调动更多资源,从而增加发生分离主义冲突的可能性[5]。

同时也有学者指出,既然权力下放不一定会起作用,为什么中央政府还要这样做呢?鲁道夫(Joseph R. Rudolph, Jr.)和汤普森(Robert J. Thompson)认为这主要是由于在民主国家,政府只是简单地满足人民的需求,如果选民希望权力下放,那么他们将投票给不同的政党,当这些政党掌权

---

[1] Stephen Tierney, Federalism in a Unitary State: A Paradox too Far? Regional & Federal Studies, Vol. 19, No. 2, 2009, p. 248.

[2] John Nagle, From Secessionist Mobilization to Sub-State Nationalism? Assessing the Impact of Consociationalism and Devolution on Irish Nationalism in Northern Ireland, Regional & Federal Studies, Vol. 23, No. 4, 2013, p. 471.

[3] Peter Leyland, The Multifaceted Constitutional Dynamics of UK Devolution, International Journal of Constitutional Law, Vol. 9 No. 1, 2011, p. 271.

[4] Erin Jenne, Ethnic Bargaining: The Paradox of Minority Empowerment, Ithaca: Cornell University Press, 2007, p. 187.

[5] Christa Deiwiks, The Curse of Ethno-Federalism? Ethnic Group Regions, Subnational Boundaries and Secessionist Conflict, Conference Paper, Annual Meeting of the International Studies Association, 2010, p. 1.

时就会兑现其所支持的政策[1]。此外,也有学者质疑民族主义政党是否有权将民主权利延伸至分离权利,克拉梅里(Kathryn Crameri)指出尽管支持分离运动的许多都是由民主选举上台的政党,他们在自治政府的特定民主领域内享有政治合法性,但这种合法性是否可以延伸到分离的民主权利[2]?由此可见,对权力下放的争议从一开始至今都没有停止过,只是随着越来越多的分离运动,权力下放或许需要更深刻的检讨和反思。

二

通过对既有文献的简要回顾,发现学界对英国权力下放的研究成果已相当丰硕,说明这一问题既是经典问题也是热点问题,它为本书研究的开展奠定了非常重要的基础。然而,英国权力下放的实践是否有效缓解了分离主义运动,以及如何在理论上回应权力下放与分离主义之间的二元悖论,目前学界尚未达成一致意见,这意味着在该问题上还有进一步的理论挖掘空间。因此,本书将从以下三个方面对之进行较为深入的剖析。

第一,梳理英国国家建构和宪制演变的历史。对重大政治变革的历史背景以及该事件本身的发展脉络的梳理和掌握,既是本书研究的逻辑起点,更是一项基础性的学术工作。在既有研究中,英国历史研究的成果可谓是汗牛充栋,这些成果大都是以时间为线索的编年史,或者以重大政治改革或事件作为研究对象,考察它们的历史地位与作用,但很少有文献是从英国国家建构的发展历程以及宪制的演变过程视角来考察当代的分离主义运动。也就是说,要厘清英国当代分离主义运动的来龙去脉,首先就需要从历史上去寻找它们的根源,与此同时,通过对这两大主题的回溯,也可以从中洞察分离主义的未来发展轨迹。

第二,分析权力下放本身及其后民众的政治偏好。当前,学界对英国分离主义的研究多是从经济的、历史的和民族的角度来解释,而很少重视与当代分离运动有着共时性关联的政治制度即权力下放。如何研究政治制度?政治制度通常是根据宪法或宪制性法律建构起来的,所以对政治制度的分

---

[1] Joseph R. Rudolph Jr. and Robert J. Thompson, Ethnoterritorial Movements and the Policy Process, Comparative Politics, Vol. 17, No. 3, 1985, pp. 291 – 311.

[2] Kathryn Crameri, Do Catalans have "the right to decide"? Secession, Legitimacy and Democracy in Twenty-First Century Europe, Global Discourse, Vol. 6, No. 3, 2016, p. 426.

析，就转换到对自治法本身的分析。自治法如何规定地区政府的建制、权力划分和选举制度等，均有可能对议会主权和分离主义产生非常巨大的影响，这是本书需要重点研究的地方。权力下放后民众政治偏好的变化能够从一定程度上反映出权力下放之于分离主义的效果，但这些变化是否由权力下放所引致，则需要更深入的田野调查，才能更准确地把握两者间的因果联系。

第三，研究权力下放与分离主义运动的内在逻辑。权力下放与分离主义之间的逻辑关系，西方学界已着墨甚多，但目前的研究结论和解释均不具有周延性，即无法解释权力下放实践的差异性。权力下放到底是缓解了还是加剧了分离主义运动，是包括本书在内诸多研究想要攻克的问题。由于主客观条件的限制，本书无法对这一复杂的问题按照科学和规范的方法对之研究。在这种情况下，我们又该如何解释近年来一些国家在权力下放后出现的新现象？即该如何解释权力下放后涌现出的以"独立"公投为主要表征的更激进分离运动？本书拟从梳理既有的理论成果中，评析代表性观点及其解释，并根据比较研究的方法，从制度层面探究其背后的根由，以在一定程度上推进权力下放与分离主义的关系研究。

本书在既有研究文献的基础上力求在方法上有所创新和在理论上有所突破，透过分离主义运动的发展势态来检视英国权力下放及其制度在实践过程中的一些问题，因此本书可能的创新点包括：

其一，在理论视角上，本书对分离主义的研究摆脱学界以往在权力下放与（更加激烈的）分离主义是否存在关联性问题上的纠缠，而是直接转向权力下放为什么会（或不会）引发（更加激烈的）分离运动。同时，不同于从民族学、国际法和法学领域研究分离主义的路径，本书将目光聚焦于权力下放制度本身，并从跳出西方中心主义的角度，剖析这对组合之间的内在逻辑。

其二，在对自治法的文本分析上，本书对三个自治区的六个法案制定的发展脉络、原初文本和修订版本进行了纵向和横向的交叉比较，对其作出较为全面和细致的呈现。在诠释英国权力下放实践成效的数据使用上，本书主要收集了1998年以来官方公布的各个自治区不同层次选举的数据，以及科研和社会调查机构所公布的民众身份和宪制偏好的数据。大量文本和数据的使用，一是为本书的行文分析和研究结论提供有力的支撑，二是也为往后学界的研究提供了相关文本和数据上的支持。

其三，本书认为权力下放的确增强了民众的地区认同，而至多稳固了双重认同和国家认同，很多时候后两者都是递减的；同时权力下放亦增强了民族主义政党的选举实力,他们可以通过选举进入地区权力中心甚至上台执政。然而,民众地区身份的增强可能会导致民族主义政党选举实力的上升,但这并不意味着他们对地区身份和民族主义政党的支持可以直接过渡到对分离主义的支持。也就是说,支持民族主义(地区身份和地区政党)并不等于支持分离主义,支持分离主义的只是民族主义群体内部的极端少数。

其四,本书认为那些发生在权力下放之后的民粹分离运动,不是由权力下放这个制度本身所引致,而是因为权力下放所提供的宽松环境、制度设计的漏洞以及某些制度的缺失,使得那些支持分离主义的民族主义政党能够进行以异质竞争为内核的选举动员。而当获得执政权时,他们就得以在地区议会发起有关分离公投的立法动议,甚至强行付诸实施。也就是说,权力下放并不必然导致分离主义运动,它不是始作俑者,更激进的"独立"运动是由支持分离的民族主义政党在政党政治中措置异质性、扭曲自治权的产物。

其五,本书认为要遏制分离主义不断蔓延的态势,首先需要谨慎使用以进一步权力下放的方式来缓解民族分离运动的高涨。权力下放的思维决定着权力下放的样态;遏制民族分离主义势力及其运动的关键在于制度设计尤其是选举制度的设计,通过制度建构反制民族分离主义势力对地区自治和国家主权的蚕食;限制直接民主的适用范围是保障权力下放有效运行的重要条件。

三

全书共分为七个部分,章节安排大致如下:

导言。导言部分主要阐释本书的选题背景,述评学界尤其是西方学界对权力下放、英国权力下放以及权力下放与分离主义的研究现状,说明本书的研究进路和基本观点。

第1章,英国权力下放的历史与现实动因。本章意在对英国权力下放的背景作出尽可能全面而又细微的分析。任何的宪制变革都不可能脱离自我的本土资源,因此对联合王国的国家建构和宪制演变的历史分析就显得不可或缺,它既可以揭示联合王国的生成与演进,又可以从中捕获中央政府可能的放权逻辑。英国的权力下放是回应民族主义和分离主义的结果,而两者往往都不免会诉诸原始的过去,研究它们的表征及其受到哪些因素驱动是抓住这些问题的根本所在。英国的权力下放亦有来自外因的推动,包括欧洲其他地区的分离运动浪潮、地方改革浪潮和地区一体化进程等。

第2章,英国权力下放的发展路径及实践。英国权力下放的历史十分漫长,从19世纪中期开始持续至今。2.1节是对自治法的制定过程及内容进行详细的回顾和剖析,以解释为什么英国权力下放之路是如此曲折坎坷;在认识了放权的历史之后,2.2节是对权力下放今生面貌的一个展示和厘清,阐释自治法不同版本的变迁和比较不同地区自治法之间的区别;2.3节是对前面两节内容在理论上的概括和总结,提炼和分析自治法中维护主权的元素和规定,以便抓住权力下放的制度内核及可能的缺失。

第3章,英国放权后民众政治偏好的变化。本章根据目前学界主要采用的分析指标和数据,从民众的身份认同、政党倾向和宪制偏好三个维度来考察权力下放对它们的影响。3.1节是探讨权力下放后民族主义政党在不同选举层次上的变化以及给政党格局带来的冲击;3.2节是探讨权力下放后民众身份认同在兼容性和排他性调查中的变化并分析其变化的可能原因;3.3节是探讨权力下放后民众的权力观以及对分离的看法。可以说,3.3节的内容是3.1节和3.2节内容加总与发展的结果,在某种程度上存在着因果的链条。

第4章,英国现象的既有理论解释及局限。经过第3章的分析,我们看到英国民众的政治偏好在权力下放后确实发生了一些新变化,并出现了一些新现象。那么,该如何解释这些变化和现象呢?它们是由权力下放导致的还是由其他因素导致的?因此,4.1节和4.2节对在该问题上的既有文献进行分类,提炼它们各自的论点和论据,以尽可能多地呈现学界对这一问题的研究现状;4.3节则是比较和评析这些理论,指出它们的价值和解释力不足之所在;由于既有理论存在解释力不足的困境,于是本章4.4节根据比较研究的方法,对近年来权力下放后的新变化和新现象提出尝试性的理论解释。

第5章,英国权力下放实践的评价与思考。本章在前文的基础上,5.1节分析权力下放对议会主权的二重性,即"维护"体现在保留权力和最高法院对议会主权的捍卫,"伤害"是因为它对公民投票程序的置入以及对"自决权"的给予;5.2节是分析英国权力下放路径依赖的制约以及英格兰放权问题对权力下放本身的影响,这在无形之中也影响着分离主义运动的发展;5.3节是对权力下放所引发的政策分歧进行分析,这些分歧可能加强自治区对现状的不满,同时剖析英国权力下放加剧分离运动的制度漏洞和制度缺失。

结论。本部分主要是对英国权力下放实践的经验教训作出总结,并对主权国家如何阻止分离主义进行一定程度的思考。

第1章

英国权力下放的历史与现实动因

英国是当代民主自由思想的发源地和引领者,它对政治传统有着非同寻常的历史坚守。但是,随着英国国际地位的逆转和国际环境的丕变,许多因素都对这种历史坚守形成了不同程度的冲击,尽管不是从根本上对之加以改变。其中,权力下放就是国家发展阵痛中的一个体现,也是英国中央政府应对地区问题的一种选择。英国的权力下放及其非对称模式的选择,既有本国政治传统的因素,也有来自欧洲的顶层压力。

1.1 维护单一制的国家结构形式

在传统上,英国是中央集权的单一制(unitary)国家[1],单一制的国家结构形式是被英国视为圭臬的议会主权的内在要素和外在表征。也就是说,要维持甚或巩固议会主权,单一制是其存在的必然前提和条件,如果单一制被

---

〔1〕 美国学者阿伦·利普哈特按照一定的指标将联邦制细分为地方分权的联邦制、中央集权的联邦制、准联邦制三种类型,将单一制细分为地方分权的单一制、中央集权的单一制两种类型。而在他的量表中,英国与法国、意大利一同被划归为中央集权的单一制。当然,也有学者并不认为英国是纯粹的单一制,例如加的夫大学教授科尔就认为英国是联合与单一制的混合物。参见:[美]阿伦·利普哈特:《民主的模式——36个国家的政府形式和政府绩效》(第二版),陈崎译,上海:上海人民出版社,2017年,第8-16页、第149-150页;Alistair Cole, Beyond Devolution and Decentralization: Building Regional Capacity in Wales and Brittany, Manchester: Manchester University Press, 2006, p. 23.

彻底颠覆,那么议会主权的信条便将走向其历史的终点。因此,虽然地方改革已势不可挡,但如何不损伤单一制的国家结构形式及其内核"议会主权"是英国进行权力下放的一项主要考量。

1.1.1 英国的历史演变与国家属性

英国不单只有英格兰,还包括苏格兰、威尔士和北爱尔兰[1]。探讨英国国家的历史演变,从内部上说,需要回溯四个民族之间的分合纠葛,以及它们是如何形塑了当今的民族国家轮廓和雏形。

一开始,处于大陆文明边缘的大不列颠岛和爱尔兰岛为无人问津的荒蛮之地。英格兰、威尔士、苏格兰和爱尔兰天各一方,相互之间处于近乎隔绝状态。直到欧洲大陆罗马人跨越英吉利海峡来到不列颠岛之后,各部分之间才被有限地且以征服的方式联系在了一起,甚至连"自由的古苏格兰人和'大不列颠人'这两个概念都是罗马人最先发明的"[2]。这一征服过程,基本上是沿循着自东向北、西、南三个方向进攻。也就是说,罗马人以英格兰为据点或中心,将大陆文明最先植入英格兰,而邻岛则当成了二次侵略的对象,从这里似乎可以透露出后来大不列颠及爱尔兰联合王国的一些蛛丝马迹。可是,问题在于,从罗马人侵略开始,他们在南方和东部的征服就遇到阻碍,一些人为逃避这种文化及其生活方面的压迫,便向西部、北部以及隔海相望的法国迁徙。公元7世纪,罗马人之后,是维京人的到来。然而,因为有了前面罗马人的开化后,岛屿的民族意识开始萌芽,在维京人入侵时,就似乎产生了共同利益。"尽管不是故意的——他们创造了英格兰和阿尔巴(Alba)王国的共同需求,阿尔巴就是以后的苏格兰"[3]。正是抵御维京人之需,本来处于一盘散沙的南部和北部,在各自内部结成联盟,建立王国,并团结在英格兰王国的旗下。

11世纪到13世纪,苏格兰与英格兰一样,都有各自的王国统治着它们的土地,而且相互之间的关系较为友好。一方面是苏格兰国王比较强悍,并不惧怕外敌的入侵,另一方面是苏格兰地处北境,土壤贫瘠,引不起英格兰国王

---

[1] 关于这一问题的探讨,可参见徐新建:《英国不是"不列颠"——兼论多民族国家身份认同的比较研究》,载《世界民族》2012年第1期,第69-76页。

[2] [英]西蒙·沙马:《英国史Ⅰ:在世界的边缘?》,彭灵 译,北京:中信出版社,2018年,第14页。

[3] [英]西蒙·沙马:《英国史Ⅰ:在世界的边缘?》,彭灵 译,北京:中信出版社,2018年,第36页。

的兴趣。所以,这个时候,尽管苏格兰偶尔承认英格兰的宗主权,但这不过是就两国的联系或可能存在的联系而言的[1],实质上它们是各自独立的王国。苏格兰能够保持独立主要有两个方面的因素:一方面是自然条件,"与威尔士相比,苏格兰离英格兰更为遥远,与爱尔兰相比又较为统一";另一方面是政治联姻,"在12、13世纪,苏格兰已通过与大陆王室的联姻,日益成为欧洲政治舞台的一员"[2]。与苏格兰不同,威尔士在此时呈现出完全不同的景象,支离破碎,没有统一的君王,这给了爱德华一世征服、将其各个击破的便利,致使它早早地就被英格兰纳入自己的版图。英格兰在威尔士进行着殖民统治,但其始终对威尔士人有所猜疑,同时威尔士人也不是心悦诚服地接受英格兰人的统治,零星的反抗斗争接连不断[3]。在爱尔兰,11世纪初期几近统一的大业因斯堪的纳维亚人的入侵而付之东流。1171年10月,亨利二世趁着教皇整顿教会和爱尔兰出现内乱之机,带兵压境,迫使爱尔兰诸王臣服于己。虽然在1171—1172年亨利二世采取了一系列措施统治爱尔兰,比如修建王宫、颁布教会法等,但都未能将爱尔兰完全控制[4]。更重要的是,英格兰将爱尔兰作为它在征服威尔士和苏格兰战争和修筑城堡的人力、财力和物力等资源的供给地,对之进行残酷剥削。残酷剥削带来的后果是,爱尔兰贵族借此发动骚乱,致使不但英格兰无法恢复它的宗主权,爱尔兰也不再能提供财政资源,反而变成财政上的负担。到最后,为统治爱尔兰,竟然采取种族和文化隔离乃至迫害的手段,但这无异于加深了爱尔兰与英格兰之间的矛盾和积怨[5]。

到13世纪后期,苏格兰和英格兰的关系由好转坏,其原因是"苏格兰人的对抗和爱德华要把自己的要求变成现实的种种努力使两国之间开始了一个冷淡时期,两国间相互敌对一直延续到16世纪"[6]。1330年爱德华三世

---

〔1〕[英]肯尼思·O. 摩根:《牛津英国通史》,王觉非 等译,北京:商务印书馆,1993年,第151页。

〔2〕钱乘旦、许洁明:《英国通史》,上海:上海社会科学院出版社,2002年,第49页。

〔3〕[英]肯尼思·O. 摩根:《牛津英国通史》,王觉非 等译,北京:商务印书馆,1993年,第147-151页。

〔4〕钱乘旦、许洁明:《英国通史》,上海:上海社会科学院出版社,2002年,第48页。

〔5〕[英]肯尼思·O. 摩根:《牛津英国通史》,王觉非 等译,北京:商务印书馆,1993年,第185-186页。

〔6〕[英]肯尼思·O. 摩根:《牛津英国通史》,王觉非 等译,北京:商务印书馆,1993年,第184页。

掌权后不久便撕毁承认罗伯特为苏格兰国王并放弃英国宗主权要求的《北安普顿条约》(1328年),此后双方的关系演变成一系列的入侵和边界骚扰,而此时苏格兰也与法兰西数次结成同盟[1]。苏格兰与法兰西的结盟,既是英格兰发动对法兰西战争("百年战争")的原因,但也是英格兰在战争后期处于下风的主要原因之一。而这个时候(14世纪),英格兰的国王也就无暇顾及和强调本来就处于虚幻的宗主权要求了。在爱尔兰,英格兰与之基本上处于均势状态,尽管英格兰对这种状态不大满意,但爱尔兰人却很享受由这种均势带来的独立、权利和相对繁荣。由于受到"百年战争"的拖累,英格兰对爱尔兰事务基本上是漠不关心(只在1400—1409年威尔士叛乱期间和15世纪50年代当安全受到威胁时才表现出较大的关注)。英格兰的困境是,想要有效统治爱尔兰显然是不可能,要进行征服又根本没有资金。而在威尔士,人民饱受瘟疫和盘剥之苦,借着英格兰经济不景气以及战争失势的大环境,亦借机发泄对英格兰政府的愤怒和不满。威尔士的这些举动,使得大部分英国人对威尔士心存疑惧。同时,为解决威尔士问题,爱德华四世甚至将自己的儿子封为威尔士亲王,并授予他管理威尔士地区的权力和责任[2]。

由上述可见,直到中世纪结束,大不列颠群岛都没有在政治上形成一个统一的国家。英格兰先后侵入威尔士、苏格兰和爱尔兰,可它并没有取得实质性的统治,即便它力图使威尔士和爱尔兰在文化、语言和习惯上英格兰化,但对内对外的长期征服战争,使英格兰不仅无法心无旁骛地经营某一个地区,反倒因为不适当的统治策略,引起这些地区的反叛,进而在相互的斗争中,形塑甚或强化了这些地区的团结、民族或共同体意识。

随着英格兰对外战争和殖民扩张的需要,英格兰国王亨利·都铎意识到必须将英格兰王国的霸权和权威扩展到大不列颠所有岛屿,又为了不重蹈覆辙,便用合并的办法取代征服的方式。英格兰最先合并的是威尔士,1543年的《威尔士法案》规定,边疆地带的贵族领地改划成郡,将英格兰的法律和郡县的管理方法移植到威尔士,威尔士以前的土地所有制形式和继承方法都要逐步淘汰,以英国的做法来取代,威尔士向威斯敏斯特议会选派24名议员,

---

[1] [英]肯尼思·O. 摩根:《牛津英国通史》,王觉非 等译,北京:商务印书馆,1993年,第185页。

[2] [英]肯尼思·O. 摩根:《牛津英国通史》,王觉非 等译,北京:商务印书馆,1993年,第208-210页。

威尔士要完全服从国王的法令,按照英格兰的土地占有条例办事[1]。很快,威尔士就被彻底英格兰化,不仅原有的法律和风俗荡然无存,连语言和文化都被英语和英格兰文化所替代。

都铎王朝深知要维护自己的安全,关键在于控制苏格兰。1492年,詹姆斯四世与法兰西恢复了同盟关系,并支持帕金·沃贝克的叛乱,这深深地刺激了亨利七世。亨利七世主张以合并方式处理与苏格兰的关系,并于1502年与之签订了永久和平条约,次年又将自己的女儿玛格丽特嫁给国王詹姆斯。不过,亨利八世继位后,情势又发生翻转,不但詹姆斯企图毁约,并且亨利八世也一改亨利七世的柔弱做法,采取强硬措施,多次北征苏格兰,并杀死大批苏格兰人,而苏格兰此时也大力发展与法兰西的关系,但还是未能有效抵御英格兰的进攻。英格兰将对苏格兰的优势维持到16世纪中期。16世纪中期到17世纪查理上台之前,苏格兰与英格兰的关系较为平静,这主要得益于"1560年,随着亲法的吉斯·玛丽去世,法国、苏格兰和英格兰签订了《爱丁堡条约》,规定英格兰和法国均从爱丁堡撤军,苏格兰由贵族议会统治。《爱丁堡条约》保障了英格兰的后门安全无虞,开启了苏格兰和英格兰一个世纪的和平"[2]。

但是,查理总是对苏格兰抱有不切实际的幻想,比如坐在伦敦遥控苏格兰,将英格兰的宗教改革推广到苏格兰等,由此爆发了相互的战争。因英格兰内乱,查理放弃战争,苏格兰最终入侵了英格兰并短暂占领纽卡斯尔[3]。迫于内外的压力,1688年光荣革命应运而生,进行了英格兰历史上重要的宪政改革。不过,对此时正在大力发展海外殖民和贸易扩张的英格兰来说,仅仅只有威尔士和英格兰的联合不足以与荷兰、法兰西和西班牙等诸强抗衡,于是,与苏格兰联合成为一种可能的选项。而在苏格兰,由于其想通过海外贸易追赶和超越英格兰的希望在达里恩远征后破灭了,站在十字路口的苏格兰只能选择与英格兰联合,以挽回达里恩远征的损失和继续海外扩张。两者的联合确实给了苏格兰所急切需要的东西,同时保留了自己的法律、宗教和司法制度。尽管苏格兰一些民众为失去独立地位而感到痛苦不堪,但在英格

---

[1] [英]肯尼思·O. 摩根:《牛津英国通史》,王觉非 等译,北京:商务印书馆,1993年,第271页。

[2] 钱乘旦、许洁明:《英国通史》,上海:上海社会科学院出版社,2002年,第127页。

[3] [英]肯尼思·O. 摩根:《牛津英国通史》,王觉非 等译,北京:商务印书馆,1993年,第336页。

兰的助力下,苏格兰在海外贸易中开始崭露头角,日益变得富裕[1]。

　　至于爱尔兰,到 1514 年它已经拥有作为一个王国的全部构件。本来,爱尔兰与英格兰应该是以平等的地位相处,但对于英格兰来说,鉴于其与罗马教皇的特殊关系,为避免罗马以爱尔兰为跳板进攻英格兰,亨利七世倾向对爱尔兰采取较为严苛的政策,比如出台英格兰所有法律自动适用于爱尔兰的决定。爱尔兰议会只有事先得到英格兰国王的同意才能立法等。不过,这一高压兼并政策在爱尔兰引起反弹。1603 年,爱尔兰被英格兰完全征服,但英格兰在此地推行宗教改革的希望落空,同时也使得爱尔兰和英格兰在文化上交融的期望破灭[2]。可英格兰国王并不甘心,总是想有效控制爱尔兰,于是对之发起大量移民,以冲淡和稀释其原来的属性。"到 1641 年,将近 10 万苏格兰人、威尔士人、英格兰人被'移植'到爱尔兰阿尔斯特(Ulster)9 个郡的绝大部分(其中 6 个就组成了现在的北爱尔兰)地方"[3]。英格兰的这些政策适得其反,虽然后来调整为友好和睦的政策,但都是换汤不换药,甚至取得更糟的结果,因为"爱尔兰与英国一向对立,自宗教改革以来,爱尔兰坚守天主教,以维护它的民族特性。对此,英国从亨利八世起就一再征讨,造成了两个民族的积怨。英国革命发生后,王党与议会都无暇顾及爱尔兰,爱尔兰于是就越来越自行其是"[4]。在此期间爱尔兰的从属和自治问题一直没有得到解决,其基本原则一直延续到美洲革命爆发后的 1783 年,此时迫于爱尔兰的压力,不列颠议会取消了对爱尔兰的控制[5]。1798 年初,情势进一步恶化,双方冲突不断,游击队互相烧杀抢掠,而此时不列颠正努力关上自己的后门,不让法国敌人入侵。到 1800 年,英格兰通过《联合法案》彻底吞并爱尔兰,并解散当地议会[6]。由于双方的不平等地位,不列颠在爱尔兰实行着近乎殖民的政策。

---

〔1〕 苏格兰和英格兰合并的具体细节,可参见[英]A. V. 戴雪,R. S. 雷特:《思索英格兰与苏格兰的联合》,戴鹏飞 译,上海:上海三联书店,2016 年。
〔2〕 [英]肯尼思·O. 摩根:《牛津英国通史》,王觉非 等译,北京:商务印书馆,1993 年,第 292 页。
〔3〕 [英]西蒙·沙马:《英国史Ⅱ:不列颠的战争》,彭灵 译,北京:中信出版社,2018 年,第 23-24 页。
〔4〕 钱乘旦、许洁明:《英国通史》,上海:上海社会科学院出版社,2002 年,第 165 页。
〔5〕 [英]肯尼思·O. 摩根:《牛津英国通史》,王觉非 等译,北京:商务印书馆,1993 年,第 272 页。
〔6〕 [英]西蒙·沙马:《英国史Ⅲ:帝国的命运》,彭灵 译,北京:中信出版社,2018 年,第 87 页。

诚然,爱尔兰和英格兰的合并,意味着大不列颠群岛和爱尔兰岛正式形成了一个现代意义上的民族国家,它成为英格兰进行更大程度的殖民扩张的后盾。可是,"爱尔兰问题"似乎从未从人们的眼前消失。农业是爱尔兰最大的产业,但与英格兰相比,它的投资仍然有限,既无法自己筹措资本,也不能从英格兰吸收外来资金。这样,许多爱尔兰人开始外迁到其他地区。1845—1846年的饥荒,促成了19世纪60年代芬尼派的爱尔兰独立运动[1]。而爱尔兰的种种事件也对苏格兰和威尔士产生影响,但后两者的情势基本可控,并未出现像爱尔兰那样的暴力运动。更严重的是,随着英国工业日趋瘫痪,到第一次世界大战前夕,爱尔兰民族主义愈发迅猛,已发展到相互残杀的严重程度。一战中,爱尔兰的共和主义与反对殖民主义的大潮合流,发生反殖民主义和摆脱帝国主义统治的骚乱,而英国中央政府对之亦采取强硬措施如出动军队以镇压暴行,最终酿成流血冲突。好在后来双方终于走上谈判桌,南方26郡组成爱尔兰自由邦,而东北部的6个郡仍然留在联合王国。"爱尔兰问题"到此算是大部分得到解决,但未被根除,因为东北6郡仍旧存在着天主教与新教进而衍生成统一与分离的政治冲突。除此之外,爱尔兰的民族主义运动也给其他两个地区造成某种示范,比如它们都效仿爱尔兰的模式,分别于1925年成立威尔士党(Plaid Cymru)和1928年成立苏格兰民族党(The National Party of Scotland,SNP的前身之一)。不过两者的民族主义运动一直到二战之后的五六十年代才引起注意和重视。

表1-1 联合王国各组成部分合并内容之比较

	英格兰-威尔士合并	英格兰-苏格兰合并	英格兰-爱尔兰合并
合并时间	1536—1543年	1707年	1800年
双方地位	不平等	平等	不平等
合并方式	征服	谈判	征服
行政区划	全部改成类似于英格兰的郡	未改变	自治市的数目大幅削减
当地议会	解散	解散	解散
在威斯敏斯特的议会席次	24名议员	16名贵族议员 45名平民议员	32名贵族议员 100名平民议员

---

〔1〕[英]肯尼思·O.摩根:《牛津英国通史》,王觉非 等译,北京:商务印书馆,1993年,第518页。

续表

	英格兰-威尔士合并	英格兰-苏格兰合并	英格兰-爱尔兰合并
宗教、法律	英格兰化	保留	保留
司法权	新建的威尔士国王法庭(1689年取消)和新建的最高民事法庭(1830年取消)共同负责威尔士的防务和司法	世袭传统,未改变	—
国旗元素	无	英格兰的圣乔治旗与苏格兰的圣安德鲁旗合为一体,形成了一面新的国旗即"杰克联合旗"	"杰克联合旗"加上了爱尔兰的圣帕特里克旗成为新的国旗,即现在的"米字旗"
国名	英格兰王国	大不列颠联合王国	大不列颠及爱尔兰联合王国
国债	—	国债合并,并进行相关补偿	独立债务,对爱尔兰人民征税
公民权利	—	—	将天主教排除在政权之外

资料来源:作者自制。

  由上述可知,联合王国的历史其实就是征战和征服的历史,英格兰出于各种政治、经济和军事的目的,在这个过程中扮演着主角和推手。其他三个地区,与英格兰地缘相近、实力孱弱的威尔士最先被英格兰吞并,苏格兰和爱尔兰与英格兰相距甚远,以及两个地区的殊死抵抗,联合王国的统一之路布满荆棘。诚然,大不列颠和爱尔兰岛在最后艰辛地达成求同存异的联合,建立了中央集权体制国家,使得中央政府不会轻易地拆解弥足珍贵的统一局面,但王国之间相互排斥的异质性以及民族主义者的倔强和抵抗,又使得联合王国似乎从一开始就隐藏着脆弱的基因。中央集权意味着国家政府能够最终决定分裂与否,然而反过来,建构中央集权的被征服、被联合的政治路径又成为要求分离最具说服力的历史材料。从爱尔兰独立运动到苏格兰独立运动,无不是对这种历史演变的继承与利用,而一旦中央政府不自觉地被卷入这种政治叙事和政治话语中,对国家主权和领土完整的坚守就很有可能出现倒退。

1.1.2 英国宪制原则演进的三个阶段

英格兰最先受到欧洲大陆文明的开化和洗礼,因而在英国国家演进的过程中,一直是英格兰对其他三个地区发挥着磁吸作用,英格兰的体制特征塑造了联合王国的模型。自然地,英格兰的制度演进也就决定着整个英国的制度演进。在某种程度上,英格兰的制度演进就是英国制度演进的一个缩影。

(1) 中世纪结束前的教权—贵族庄园等级结构

约公元前55年,欧洲大陆的罗马人最先来到孤悬海外的不列颠岛,并带来天主教。随着罗马人在英格兰岛的不断征服过程,天主教也由此得以生根发芽,不过此时的不列颠岛还处于铁器时代,具有城市的初样,但并未出现王国。约公元5世纪,罗马人撤离英格兰,但北方的苏格兰先民皮克特人乘机南下侵扰,致使南方英格兰的土著人不得不求助于北欧的盎格鲁-撒克逊人,但正所谓"请神容易送神难",由此便开启盎格鲁-撒克逊人统治英格兰的时代。盎格鲁-撒克逊人来到英格兰并非是有组织的和一次性的,而是分散的和在不同时期到来的,每到一批,就此定居下来,并自立为"王",各自相互独立没有联系。自6世纪开始,这些"准王国"开始相互兼并,最后发展成7个较为稳定的王国。直到8世纪中叶丹麦人入侵,面对外部威胁,各个王国才加强了相互之间自发的合作与联合,共同抵御外敌。

而在这一过程中,当时最为鼎盛的威塞克斯王国扮演了领头羊的角色,不仅第一次打出"英格兰"的旗号,而且在赶走丹麦人之后,其也顺理成章地成为全英格兰的王国,而其他王国和地区则设置成郡[1]。至此,实现了英格兰的统一。同样,在不列颠岛北部亦是如此,由于维京人的入侵,北方的分散王国为反击共同的敌人,也开始相互结成联盟。"在北方20年的争斗后,皮克特国王君士坦丁一世刻意给自己起了第一个罗马基督教皇帝的名字,打败了达尔里亚塔,在811年,在北方建立了一个联合王国"[2]。换而言之,维京人和丹麦人的入侵,造就了在北方的苏格兰王国和在南方的英格兰王国。

虽然,不列颠岛上王国之间分分合合尚属正常,版图重组亦在情理之中,但值得注意的是:一方面,无论是北方的苏格兰王国,还是南方的英格兰王

---

[1] 程汉大:《英国宪政生发之路:基于国家与社会之关系的分析》,载《甘肃社会科学》2011年第5期,第170页。

[2] [英]西蒙·沙马:《英国史Ⅰ:在世界的边缘?》,彭灵 译,北京:中信出版社,2018年,第37页。

国,均未放弃对对方的征服,尽管都曾短暂地占领对方,但很快又被拉回到原点,致使在1707年联合之前,双方都是独立的王国;另一方面,此时欧洲大陆和大不列颠都受到罗马教皇的控制,王国的体制便是教区庄园体制。7世纪到13世纪,大批修道院、教堂拥有多种形式的地产和领土,英格兰社会与经济的许多特点都与庄园密切相关,例如家庭继承的习惯和教士的任命[1]。不难想见,在这个时候是由宗教所属的教区和国王所属的庄园管理着社会,但二者又是如何被统摄到一体中去的呢?教皇依靠他强大的武力,迫使国王向教皇效忠,这样就保证了两者能够同时效忠教皇。王权从属于教权。因此,国王在这一政治结构中的角色只是这些"封建贵族中的第一人"。他们内部有着不可逾越的等级结构,下一级向上一级表示效忠,而不可向上上级直接效忠。也正是基于"环环相扣"的效忠等级体系,罗马教皇维持了他庞大的帝国。

到1066年,威廉一世通过诺曼底登陆入主英国并加冕为王。这一事件有两重意义:一是标志着英国中世纪的开始;二是教权与王权的冲突逐渐凸显。威廉到达英国后,便出台一些措施建构中央集权制度,其后的威廉二世和亨利一世,又对其进行了强化。例如,没收英格兰王室和旧贵族的土地,将其分给诺曼男爵,并一改过去层层逐级效忠的习惯,要求大小贵族首先效忠国王,而后才是自己的直接领主。毫无疑问,诺曼王朝的这些举措,除了确立维护英格兰的统一外,同时也确立了王权在权力体系中的核心地位[2]。然而,此时的教权并未从国家中退却,而是像往常一样对国家和社会发挥着巨大影响力。于是,在整个中世纪,政治斗争的主题就是王权与教权之间的竞争,但二者谁都无法吞噬对方,这种对峙局面直到都铎王朝才得以结束。不过,虽然教权仍未从世俗生活中脱离,但中央集权制度已经被王国统治者视作驾驭全国的不二选择。

(2)都铎王朝建构以国王为权力中心的结构

中世纪后期的百年战争让英格兰几乎丧失了欧洲大陆的所有领土,但战争除了使得王权因战事需要而不断扩展外,更重要的是促使英格兰民众产生

---

[1] 克里斯托弗·戴尔:《700—1600年英格兰的领主、农民和村庄—1989年至2009年的新方法》,李艳玲 译,侯建新 校,载钱乘旦、高岱主编:《英国史新探:全球视野与文化转向》,北京:北京大学出版社,2011年,第90-92页。

[2] 程汉大:《英国宪政生发之路:基于国家与社会之关系的分析》,载《甘肃社会科学》2011年第5期,第171-172页。

了更加强烈的共同体和民族团结的意识。1485年6月,伯爵亨利·都铎在法兰西的帮助下,杀死约克王朝的理查三世,夺得王位,进而建立都铎王朝。这一时期,在王权与教权的竞争中,国王处于越来越有利的地位。都铎王朝前期,主要采取两项措施来推动现代民族国家的建立:一是建立"新君主制",二是借助议会力量的宗教改革[1]。实际上,这两项措施也是奠定英格兰作为现代民族国家的内部主权和外部主权的基础。

14世纪中后期的英格兰,不仅存在王室之间兄弟阋墙的政治残杀,而且地方大大小小的封建贵族割据也很厉害,英格兰基本上处于一个四分五裂、支离破碎的景象。面对这样的残局,依靠武力夺得王位的都铎王朝,深知必须加强王权和中央权力,才能确保王国的稳定与统一。于是,便在政治机制上进行新的开创,建构"新君主制",又称有限或混合君主制,其显著特征体现在:用"主权在王"概念代替"主权在神"的信条,建立至上权威的专制王权,以及重商主义是推行一切政治经济政策的根本指导原则[2]。不过,之所以是"新""有限"的君主制,最根本的原因是王权在一定程度上受到议会的牵制,即"王在议会""王在法下"。虽然这在1215年签署的《大宪章》中有迹可循,但作为一种固定的制度则是在都铎王朝才确立起来的。王权受到制约,并没有影响到它统一和巩固国家的进程。

都铎王朝建立后,亨利七世一改过去以家族和政治背景作为擢升贵族的标准,而以个人能力和忠君程度提拔新贵族,但剥夺他们的领主地位,以官职任命作为控制的武器,使得其失去对抗国王的基地和武装。这些毫无背景的新贵族,因国王的恩惠,对国王感恩戴德和誓死效忠,从而为绝对王权的诞生打下了坚实基础[3]。同时,扩充治安法官的权力,将以前属于地方领主的司法和行政权力,全部划归国王所属的治安法官,治安法官后来发展成为最重要的地方机构。到亨利八世,他亦采取一些措施解决地方的离心倾向,1534年和1536年先后通过两项法令合并威尔士;1536年,剥夺地方贵族的最终司法裁判权,使其完全归于中央政府统辖之下;1537年,设立中央政府直辖的

---

[1] 关于宗教改革与英国现代民族国家关系的详细论述,可参见李韦:《宗教改革与英国民族国家建构》,北京:人民出版社,2015年。

[2] 姜守明:《教皇权的衰落与英国民族国家的兴起》,载《辽宁大学学报(哲学社会科学版)》2006年第1期,第69页。

[3] 潘荣成:《都铎王朝变革对英国民族国家确立的影响》,载《贵族社会科学》2014年第2期,第86页。

北方委员会,遏制北方分离势力[1]。通过这些措施,确立了国王的至高权威,国王俨然已成为内部主权的化身。

由于与欧洲大陆各国的战事频繁,如果国家要想走向强大,外部主权就显得尤为重要和突出,而宗教改革就是与"基督教大世界"决裂、确立英格兰外部主权的助推器。宗教改革的肇因是罗马教皇不同意亨利八世的离婚,亨利八世进而以此为借口,凭借议会的支持,开启自上而下的宗教改革运动,其一直持续到伊丽莎白时期。"从1529年到1536年,议会连续召开八次会议,颁布《上诉法》《教士首年俸法》《至尊法》《叛逆法》《解散修道院法》等法案。这些法案彻底切断了英国教会与罗马教廷的一切联系,教皇在英国的宗教裁判权、宗教授职权、收税权、信条规定权等皆被剥夺,英国教会确立成为独立的民族教会,英国国王被宣布为教会的最高首脑,胆敢反对者皆被定为犯有叛国罪。一切外在的权威被扫除,英国完全实现了独立。"[2]至此,得益于宗教改革的成功,不仅世俗王权高于教权,而且英国亦获得民族的独立。

当然,在王权对教权取得最终胜利的过程中,王权与议会的关系也发生着微妙变化。换句话说,与外部斗争期间,不单单只有国王的权力得到扩大和加强,议会(下议院)的地位同样得到快速提升,并逐渐发展成为牵制王权的一支重要政治力量。具体体现在:从结构上看,下议院的大部分议员都是来自乡绅阶层以及新兴的资产阶级,人数达到三分之二以上;从下议院体量来看,也凸显了议会的发展。亨利七世时,下院议员总数为296名,而到伊丽莎白末年,其总人数多达462名,比都铎王朝建立初期净增166人,增幅达56%[3]。同时,"从1513年开始,直到伊丽莎白统治末年,都铎国王们一直不变地得到国会批准的补助金,补助金这项在15世纪偶尔为之的税收,成了都铎国家最稳定的税源"[4]。所以对于越来越依赖他们的王朝政府对他们参与议会事务持容忍甚至鼓励的态度,其巩固了在议会中的发言权并渐渐萌生

---

[1] 王建娥:《都铎王朝与英国近代国家的形成》,载《西北师大学报(社会科学版)》1992年第3期,第51页。

[2] 夏继果:《论英国主权国家的形成》,载《齐鲁学刊》1999年第2期,第96页。

[3] 刘新成:《都铎王朝的经济立法与英国近代议会民主制的起源》,载《历史研究》1995年第2期,第122-127。

[4] 王建娥:《都铎王朝与英国近代国家的形成》,载《西北师大学报(社会科学版)》1992年第3期,第53页。

参政议政的民主意识和行使民主权利的勇气与信心[1]。由此可见,王权与议会既相互倚重,但又相互竞争,议会甚至发展成为束缚王权的重要力量。特别是在玛丽女王时期,其想复辟天主教的企图,将王权与议会之间的矛盾台面化,同时也为后来斯图亚特王朝时期的白热化埋下伏笔[2]。

(3) 光荣革命确立以议会至上为核心的体制

1603年,伊丽莎白死后无嗣,苏格兰国王詹姆斯六世(史称詹姆斯一世)入主英格兰,从此拉开英格兰和苏格兰"共主一君"的序幕。但由詹姆斯一世开启的斯图亚特王朝,却把之前确立的"王在法下"的宪政基础推向了"君权神授"的境地,他认为"君主权力直接来自上帝,君主的世袭权利神圣不可剥夺……只要君主的命令不违反神法,哪怕命令直接损害臣民利益,臣民也只能选择接受,而无权反抗"[3]。因循这样的政治认知,本来就缺乏治国才能、对英格兰知之甚少的詹姆斯来到英格兰后,便按照在苏格兰的作风对英格兰进行各方面的改造,企图将英格兰苏格兰化。第一,执意扩大王权和限制议会权力,到查理一世时,他甚至不再召集议会,并实施许多不得人心的逆反政策;第二,在英格兰强制推行具有浓厚天主教色彩的主教制度,查理一世更是大力推行"宗教革新"政策,肆无忌惮地迫害大批国教徒和清教徒;第三,推行他的"大不列颠联盟"计划,将苏格兰和英格兰强扭到一个君主、一个议会和一个法律的政治框架内,但两个王国的法律和社会风俗习惯格格不入。到推行极端专制主义的克伦威尔时代,他对两个王国实施了强制性合并[4]。

斯图亚特王朝将在苏格兰的统治方式强行嫁接到英格兰,出现严重的水土不服,王权与人民之间的矛盾不但没有减少和解决,反而还因此增多和激化。查理一世推行的"宗教革新"政策,引发了共同信仰新教的英格兰和苏格兰的联手反抗,于1639年和1640年先后两次进行主教战争,打破苏格兰与

---

[1] 刘新成:《都铎王朝的经济立法与英国近代议会民主制的起源》,载《历史研究》1995年第2期,第135页。

[2] 王权与议会的斗争是斯图亚特王朝的主旋律,既伴随着人民反对暴君也伴随着新教反对天主教而展开。在这期间,新教徒的民族认同和乡绅的地方认同逐渐形成,与推行天主教的专制统治泾渭分明、势不两立。关于这一时期的议会斗争,可参见刘淑青:《英国革命前的政治文化:17世纪初英国议会斗争的别样解读》,北京:人民出版社,2015年。

[3] 于明:《议会主权的"国家理由"——英国现代宪制生成史的再解读(1642—1696)》,载《中外法学》2017年第4期,第894-895页。

[4] 姜守明:《查理一世的"宗教革新"与英国革命性质辨析——再论"英国民族国家形成过程中的宗教因素"》,载《北京大学学报(哲学社会科学版)》2013年第4期,第128页。

英格兰之间长达三十多年的和平局面。苏格兰之所以反对查理的原因在于维护民族独立,长老会贵族和激进教士直接领导了暴动;而英格兰的原因在于查理试图建立专制统治,蹂躏英格兰人民长期信奉和坚守的"自由"传统。因此,他们以议会为阵地,发动了王权与人民之间的战争。显然,苏格兰暴动,动摇了查理的统治根基,同时也鼓舞了英格兰人民抵抗暴政的信心[1]。

眼看统治一步步受挫,迫于情势,1642年8月,查理一世在诺丁汉集结军队,宣布讨伐议会叛乱分子,正式将王权与议会之间的矛盾政治军事化。到1651年,长达十年的英国内战,以议会的胜利而落幕,查理一世被送上断头台。不承想,随后的共和国(1649—1660年),又处于克伦威尔(1653—1658年)的军事独裁统治之下,并废除了上议院和英国国教。"革命以推翻专制为出发点,结果却导致另一种专制""革命以争取自由为出发点,结果自由似乎和以前一样遥远"[2]。克伦威尔死后,1660年,斯图亚特王朝复辟,查理二世上台。起初,他采取相对温和的政策,比如承认议会的某些法律,将权力在各级进行分享和包容宗教的政策,一定程度缓和了国内局势,但他两次合并苏格兰和英格兰议会,以及对天主教的偏爱,并没有消除议会和民众对他的疑虑。

而更加推崇和致力于恢复天主教的詹姆斯二世(1685—1688年)让议会派愈加坐立不安,他们认为自己不能坐以待毙,为避免天主教的复辟,于是在1688年,英国资产阶级和贵族发动了非暴力政变,支持议会的辉格党人和部分托利党人联手废黜詹姆斯二世,并邀请其女婿荷兰执政奥兰治亲王威廉来继承王位,史称"光荣革命"[3]。实际上,议会反对和取代王权,在都铎王朝已有迹象。当时"宗教改革议会在通过'至尊法'、表达其拥护至尊王权主张时,这种做法其实也隐含着王权的合法性来自于议会的意义"[4]。换句话说,倘若王权违背对议会的承诺或践踏代表人民的议会的权力时,议会就能够依此传统跟国王进行斗争。可以说,英国内战是议会反对王权的一次尝

---

[1] 姜守明:《查理一世的"宗教革新"与英国革命性质辨析——再论"英国民族国家形成过程中的宗教因素"》,载《北京大学学报(哲学社会科学版)》2013年第4期,第129-130页。

[2] 钱乘旦、陈晓律:《在传统与变革之间——英国文化模式溯源》,杭州:浙江人民出版社,1991年,第64-65页。

[3] 田烨:《试论1707年英国国家整合模式及其对苏格兰民族独立运动的影响》,载《河南师范大学学报(哲学社会科学版)》2015年第5期,第121页。

[4] 姜守明:《查理一世的"宗教革新"与英国革命性质辨析——再论"英国民族国家形成过程中的宗教因素"》,载《北京大学学报(哲学社会科学版)》2013年第4期,第125页。

试,但即便是到了"光荣革命",议会主权也不稳定。作为宪法原则的议会主权,并非是在革命中瞬间完成,而是通过革命后一系列议会的立法动议逐步确立。1689 年的《权利法案》[1]成为议会主权的基石,到 1696 年的《剥夺公权法案》,议会主权已为辉格与托利两党共同接受,成为议会普遍认可的宪法原则[2]。1701 年,议会又通过《王位继承法》[3],提出司法独立的原则,王权仅有名义上的行政权。至此,议会主权作为最高宪政原则被确立下来。

从英国宪制原则演进中可以发现,权力竞争的主角从来都不是亘古不变的,同时权力的拥有者也不是坐享万年的,而是在残酷的政治斗争中不断移位和被替代。经历了教皇被国王取代,国王被议会取代之后,英国的宪制不可能就此停滞,它又如何继续演变?其实在议会与王权的争夺中早已有所暗示。两者相争的副产品是地方认同的兴起和公民文化的流行,"地方主义的加强和强烈的郡认同感,表现在郡机构的发展上,17 世纪四季法庭俨然成为地方议会,向中央政府表达地方人民的不满与建议,治安法官也承担着日益繁重的地方行政管理任务"[4]。而当地方忠诚与国家忠诚、地方利益与中央利益发生碰撞和冲突时,他们毫无疑问地会选择前者。因此,在近代和当代,英国宪制演进的主题是中央与地方、议会与人民之间的矛盾。可怕的是,按照英国历史发展的逻辑,一旦出现对既有秩序的挑战者时,"崛起者"取代"守成者"似乎又是必然。

---

〔1〕《权利法案》规定:国王未经议会同意无权废除任何法律和实施新的法律;未经议会同意不得以特权为借口征收赋税供王室使用;未经议会同意不得在国内征集军队;臣民有向国王请愿的权利;议会议员的选举是自由的,议员有在议会中演说、辩论和议事的自由,不应在议会外任何法院或其他地方受到弹劾的讯问;议会应当经常召开。参见沈汉:《英国近代国家是怎样形成的》,载《贵州师范大学学报(社会科学版)》2004 年第 5 期,第 49 页。

〔2〕于明:《议会主权的"国家理由"——英国现代宪制生成史的再解读(1642—1696)》,载《中外法学》2017 年第 4 期,第 902 页。

〔3〕《王位继承法》规定:今后国王和高级官吏都必须由英国人担任;继承王位必须得到议会同意;所有治理国家的重要决策必须得到枢密院批准方可生效。为了限制国王对司法活动的干涉,规定法官非经议会两院奏请黜免得终身任职;国家一切法律未经议会通过和国王批准均为无效。此外还规定国王的赦免对弹劾案无效。参见沈汉:《英国近代国家是怎样形成的》,载《贵州师范大学学报(社会科学版)》2004 年第 5 期,第 49 页。

〔4〕刘淑青:《英国革命前的政治文化:17 世纪初英国议会斗争的别样解读》,北京:人民出版社,2015 年,第 268 页。

1.2 地方民族分离主义的流变

权力下放,19世纪80年代左右第一次被提出,20世纪20年代初为解决爱尔兰问题而用于实践——北爱尔兰斯托蒙特议会的成立,至50年代渐渐趋于沉寂。意外的是,一波未平一波又起,因为北爱尔兰内部情势的变化,以及苏格兰民族势力的突起,使得权力下放问题再次被推向前台。20世纪结束前夕,英国中央政府和三个民族地区的政治主题均围绕着权力下放展开。

1.2.1 新旧民族主义运动的叠加

英国是由四个民族联合组成的国家,但相互之间的主体性十分明显和突出。合并以来,爱尔兰、苏格兰和威尔士的民族分离运动均以不同形式和程度接连上演,给国家整合和发展带来巨大挑战。

(1) 北爱尔兰宗教对立冲突的扩大化

"如果有一天,英国真的作为一个政治实体而四分五裂,那么开启这一过程的必将是'约翰牛的另一座岛'——爱尔兰岛。这就是19世纪爱尔兰地方自治的要求,并促使格拉斯顿的自由党施行'全英地方自治'(home rule around),此举可谓发分权化之先声"[1]。自然地,北爱尔兰问题要从爱尔兰问题说起。一直以来,爱尔兰都没有很好地镶嵌到英国的国家建构和国家叙事中去,而处于边缘的地位。1801年,爱尔兰通过《联合法案》加入联合王国,成为其最后一块拼图。然而,在这之前,英格兰没有放弃对爱尔兰的兼并,曾多次发动征服战争,有过占领,却难以将其彻底同化。爱尔兰与英格兰各据一岛,海峡相隔,虽然英格兰致力于爱尔兰的宗教改宗,但爱尔兰的誓死抵抗,导致二者的关系在大部分时间内都处在紧绷状态,跌宕起伏。英格兰与爱尔兰的宗教冲突,便潜藏着民族主义的色素和危机。

在合并后的不到半个世纪里,1845年爱尔兰的马铃薯饥荒激化了民族主义运动,爱尔兰民族主义者提出自治权的诉求。由于英国中央政府并未理会这些民族主义者的要求,使得后者变本加厉反而转向不惜一切追求完全独立,于1916年发动复活节起义。这次起义,交战双方各不相让,镇压最终失

---

[1] [英]比尔·考克瑟、林顿·罗宾逊、罗伯特·里奇:《当代英国政治》(第四版),孙新峰、蒋鲲 译,北京:北京大学出版社,2009年,第453页。

败,1921年的《爱尔兰条约》随之签订,南部的26郡脱离英国,而北部6郡仍然留在英国。可是,"爱尔兰问题"并未随着爱尔兰的独立结束,而是改换成了"北爱尔兰问题"。本来,为让北爱尔兰适应新的政治环境,英国给予其自治地位,授予其自治权,但北爱尔兰内部的教派冲突完全没有就此消失,而是间歇性地阵阵爆发。

北爱尔兰问题的根源首先在于大部分信仰新教的教徒与少部分信仰天主教的教徒之间的宗教信仰差异引致的政治恐惧。"一方曾经统治过另一方。是对过去被统治的记忆,或者是对未来被统治的恐惧,而不是差异自身,将冲突变成一个无法打破的政治暴力之无底旋涡"[1]。新教徒认为如果跟南部统一,他们就将变成少数,担心受到政治歧视;而天主教徒认为如果留在英国,他们就变成少数,担心受到政治压迫。于是,两大宗教族群各有盘算,致使问题始终无法得到彻底解决。其次是自治政府的制度设计[2],也不利于弥合两大宗教派别之间的矛盾。

由于新教徒在人口等客观因素上占据优势,因而实行由比例选举制度产生的议会,以及由公投决定未来前途等措施,都在有意或无意间造就了新教徒占据有利地位,天主教徒则处于弱势地位。这种客观上的制度偏向以及政策(如卫生、住房和教育等社会服务)制定和实施过程中的歧视,促发天主教徒群体内心的不满和要求与南方统一的情绪随着时间的推移而不断高涨。所以,在自治政府成立后,天主教徒并没有完全服从英国的统治,而是对议会进行抵制,如参与选举并当选,但不宣誓就职和出席会议,并且他们还与南部的爱尔兰政府和军队保持着密切联系。

不过,随着自治权力的落实,天主教徒对现状的排斥和抵触随之减弱,他们满足于比起英国本土不足但比起南部有余的经济和福利现状。20世纪60年代,以改善族群关系的温和的统一主义运动开始出现,但其引发了以爱尔兰共和军(IRA)为首的极端民族主义者的愤恨,他们为使北爱尔兰脱离制造了一系列的暴力恐怖活动和骚乱。鉴于混乱的局面,英国军队开赴北爱尔

---

〔1〕[加拿大]叶礼庭:《血缘与归属——探寻新民族主义之旅》,成起宏 译,北京:中央编译出版社,2017年,第278页。

〔2〕根据1920年的《爱尔兰政府法案》,英国中央政府授予斯托蒙特议会立法和行政权力,享有除财政以外的所有北爱尔兰事务的管辖权,但也着重强调总督的地位和作用,并确认威斯敏斯特在与下级议会发生冲突时的至高无上的地位,参见:Vernon Bogdanor, Devolution and the Constitution, Parliamentary Affairs, Vol. 31, No. 3, 1978, p. 254.

兰,维持当地秩序。不幸的是,军队的制暴角色被认为实际上服务于新教徒而非天主教少数派的利益,而不恰当的"拘禁政策"也成为爱尔兰共和军的"帮凶"。其后,天主教徒开始接受好斗的爱尔兰共和军作为自己的防御力量。1972年1月发生的"血腥星期天"使双方的矛盾彻底激化,英国首相希思(Edward Heath)被迫宣布北爱尔兰议会休会,并于三个月后改为中央政府直接统治[1]。

20世纪70年代至90年代,北爱尔兰及英国本土发生了一系列暴力恶性循环事件,宗教冲突一再升级,给经济造成巨大损失,社会群体之间被迫采取隔离政策。当然,在暴力发生的过程中,英国中央政府也在努力探索解决方案,因为从威斯敏斯特的立场上来说,直接统治并非中央政府长久之计,它不太想把过多精力放在北爱尔兰问题上。"在1934—1935年这一年多的时间里,英国国会只花了1小时50分钟的时间来处理阿尔斯特事务,而在1964—1969年期间,用于讨论北爱尔兰问题的时间不到1%的六分之一"[2]。因此,从中止北爱尔兰自治地位开始,它就在保持着探索另一种权力下放的可能性。直到20世纪行将结束之际,北爱尔兰局势才露出和平的曙光。

(2) 苏格兰民族主义势力的风起云涌

苏格兰与英格兰的合并,更多的是经济和政治利益的驱使,而非文化和认同归属上的统一。各自独异的特质,既无法长期维持向心力,亦无法建构出新的凝聚力。因此,"在英格兰国家中一直存在着一个苏格兰问题,在苏格兰国家中也相应地存在着一个英格兰问题"[3]。19世纪爱尔兰的民族主义运动显然刺激了苏格兰和威尔士民族主义运动的萌芽,"在这两个地方,废除国教也都酿成了政治问题,两地都发生了土地运动。……这两个地区的一些自由党人要求'彻底自治',这一运动由于威尔士和苏格兰在19世纪末同爱尔兰具有共同的文化复兴而愈演愈烈"[4]。与爱尔兰不同的是,苏格兰民族主义运动尚处在稚嫩阶段,没有发生像爱尔兰那样的暴力恐怖活动,也没有

---

〔1〕[英]比尔·考克瑟、林顿·罗宾逊、罗伯特·里奇:《当代英国政治》(第四版),孙新峰、蒋鲲 译,北京:北京大学出版社,2009年,第455页。

〔2〕Paul Arthur, Devolution as Administrative Convenience: A Case Study of Northern Ireland, Parliamentary Affairs, Vol. 30, No. 1, 1977, p. 99.

〔3〕李丽颖:《1707年英格兰、苏格兰合并的特征》,载《世界民族》2011年第6期,第87页。

〔4〕[英]肯尼思·O. 摩根:《牛津英国通史》,王觉非 等译,北京:商务印书馆,1993年,第520-521页。

形成一定的政治气候。即便如此,英国中央政府仍于1885年设立苏格兰事务部,管理该地事务。不过,这难以遏制住民族主义发展的势头。1934年,新的民族主义政党成立,即苏格兰民族党(SNP),使得民族主义从过去的一盘散沙向集结合作方向发展,并以统一的组织和口号参与各级选举。

1935年,民族党成立后第一次参加大选,虽然提名的8个席次全军覆没,但它取得近3万张选票,而后一直较为低迷,到1964年大选,民族党依旧一席未得,可它的选票却翻了一番,获得近6.5万张。这一年可谓是民族党的转折之年,1964年民族党在苏格兰的得票率从1959年的不到1%,一跃到2.4%,到1966年大选,更实现倍增,达到5%。在1967年的国会议员补选中,民族党破天荒地赢得第一个国会席次。1970年大选,民族党在苏格兰的得票率又增加一倍多,高达11.4%。民族党的势头在这一年之后不可阻挡,1974年2月和10月的大选中,分别斩获7个和11个席次,在苏格兰地区的得票率分别高达21.9%和30.4%[1]。

面对来势汹汹的民族党,将苏格兰地区视为老牌票仓的工党显然有些坐立不安了。为保持其在苏格兰的优势,它似乎必须对苏格兰民族主义者的诉求作出回应。1967年补选之后,保守党的希思和工党的威尔逊政府就着手成立宪法改革委员会,但对两党政府来说,权力下放可能只是赢回选票的权宜之计。工党领袖们认为权力下放的当务之急是建构一种新的共同公民身份而非应对民族主义的挑战,但只要不存在民族主义威胁,工党领导层对权力下放就没有什么兴趣[2]。

为什么民族党会在短短四十年的时间,就成为传统大党的有力竞争者?从根源上说,苏格兰和英格兰在合并之前都是独立的国家,并且在联合之后,仍保留着独特的制度习惯,因而在认同上苏格兰人更倾向于认同自己是苏格兰人而非英国人。"族群依附在分裂社会中能够提供安全感,以及作为信任、确定性、互惠帮助和防止他者忽视我群利益的一个源泉"[3],当民族主义政党就某些问题进行民族动员时,不少人就会慢慢被其吸引,将其视为自身利

---

[1] Lewis Gunn, Devolution: A Scottish View, The Political Quarterly, Vol. 48, No. 2, 1977, p. 130.

[2] Arthur Aughey, Nationalism, Devolution and the Challenge to the United Kingdom State, London: Pluto Press, 2001, pp. 86-93.

[3] Donald L. Horowitz, Democracy in Divided Societies, Journal of Democracy, Vol. 4, No. 4, 1993, p. 32.

益的维护者。从政党组成上来说,民族党保持着对苏格兰民族主义势力的统摄和号召,是其唯一代表,使得其能够迅速壮大。"民族党诉诸的是草根运动,它是一个庞大而充满活力的地方组织集合,其成员几乎全部由难以置信的友好和充满激情的年轻人组成,其分支机构也与传统政党大为不同"[1]。从政治制度上说,西式民主均是毫无限制地提倡政治选举和政治参与,即便是那些主张"独立"的政党,也被视为拥有参与竞选公职的权利。这样一来,分离主义者不仅可以在选举动员过程中提升自己的能见度,而且当其获得席次或执政权的时候,他们也会利用这些平台来表达自己的观点[2]。也就是说,开放民族主义政党参与竞选,或许降低了"独立"的可能性,但其难以将分离诉求从政治议程中彻底根除,反倒是让其长期存留,近乎成为选举动员中压倒一切的政治话术。

(3)威尔士民族语言的式微及其反抗

与爱尔兰和苏格兰不同的是,威尔士早在16世纪就成为英格兰的一部分。由于推行近乎殖民的政策,其原有的宗教和法律体系全被英格兰的宗教和法律体系所吞噬和取代,威尔士和英格兰同质性高。同时,由于威尔士本身落后的原因,长期对英格兰存在着经济上的依附。因此,它几乎从没有过像爱尔兰和苏格兰那样的自治或独立的情愫,这两个地区民族主义运动对它的影响,仅在于唤起了它保护民族语言和文化的意识和追求。在中央政府看来,"威尔士问题"还不足以进入到政府的核心议程。与对苏格兰权力下放的讨论相比,两个大党对威尔士的立场更加多变,它们在接受民意和主动放权之间摇摆不定[3]。只是后来工党政府试图在四个地区都推行权力下放,威尔士才被动接受,但心存疑虑,这可从1979年和1997年权力下放的两次公投中得到印证。第一次公投,仅有11.8%的民众同意1978年《威尔士法案》,远未达到40%的通过门槛,而不同意的民众则高达46.7%,还有41.7%的民众没有投票;即便是到第二次公投,虽然同意率上涨到25.2%,不同意率下降到24.9%,投票率却从1979年的58.5%跌落到了50.1%,倘若没有取消"赞

---

[1] H. M. Drucker, Post Mortem? Government and Opposition, Vol. 14, No. 3, 1979, p. 387.

[2] Will Kymlicka, Federalism and Secession: At Home and Abroad, Canadian Journal of Law and Jurisprudence, Vol. 13, No. 2, 2000, p. 214.

[3] Paul Chaney, An Electoral Discourse Approach to State Decentralisation: State-wide Parties' Manifesto Proposals on Scottish and Welsh Devolution, 1945—2010, British Politics, Vol. 8, No. 3, 2013, p. 13.

成票"须达到40%的门槛的话,威尔士在当年仍然不能实现权力下放[1]。

然而,语言和文化确实是威尔士民族主义长期为之辩护的主题。为什么语言和文化可以成为民族主义依附的对象以及成为其反抗他者的工具?首先,"英格兰'核心'的主导地位,导致威尔士文化特别是威尔士语的衰落。截至20世纪早期,英语被当作先进语言进行讲授,而使用威尔士语则被强烈反对"[2]。压抑在内心许久的声音,在爱尔兰和苏格兰民族运动的刺激下,便得到挣脱和释放。其次,第二次世界大战后,1950年的《欧洲人权公约》以及1966年联合国《公民权利和政治权利国际公约》和《经济、社会和文化权利国际公约》,客观上为威尔士民族主义的主张提供了外在支持。再次,语言的地域差异反映出威尔士社会的差异。威尔士语主要分布在西部和北部等落后地区,而南部和东部由于与英格兰有地缘上的优势,受英格兰的文化和经济影响较深,英语成为这些地区的主流语言。"与语言和文化中独异元素的勾连,能够表征一种独特的、整体地区利益的意识"[3],因而对语言保护的伸张本质上是对经济发展失衡不满的隐性叙事。最后,"作为意识形态与政治运动的民族主义,必须要与民族认同这个包含特殊的语言、情感与象征符号的多维概念紧密结合起来"[4]。语言是他们生活中最频繁使用和触摸得到的东西,由语言所衍生的情境和塑造的象征符号,使得民族主义能够经久不衰。不仅威尔士民族主义诉诸民族语言的力量,苏格兰民族主义者也在试图扩大盖尔语的存在。

因此,即便是威尔士民族主义势力在三个民族地区中力量最为薄弱,但以保护威尔士文化和语言免遭灭绝的民族主义,经过一个多世纪的发展,亦成为一股不可小觑的力量。事实上,"不管在哪里,一旦识字率上升,随着民众在他们原本一直谦逊地使用,而如今却被印刷术提升了地位的语言中发现新的荣耀之后,要唤起群众的支持就更容易了"[5]。威尔士民族主义势力跟

---

〔1〕 Richard Dewdney, Results of Devolution Referendums (1979 & 1997), Research Paper No 97/113, House of Commons Library, 10 November 1997, pp. 1 – 18.

〔2〕 [英]比尔·考克瑟、林顿·罗宾逊、罗伯特·里奇:《当代英国政治》(第四版),孙新峰、蒋鲲 译,北京:北京大学出版社,2009年,第489页。

〔3〕 Charlie Jeffery, Devolution and Local Government, Publius: The Journal of Federalism, Vol. 36, No. 1, 2006, p. 65.

〔4〕 [英]安东尼·史密斯:《民族认同》,王娟 译,南京:译林出版社,2018年,第2页。

〔5〕 [美]本尼迪克特·安德森:《想象的共同体——民族主义的起源与散步》(增订版),吴叡人 译,上海:上海人民出版社,2016年,第77页。

苏格兰民族主义势力一样,几乎在同期组建了自己的政党。到20世纪60年代初,威尔士党在选举中均毫无威慑。诚然,为防止该党对工党优势票仓的抢夺,工党于1964年任命威尔士事务大臣,并于1965年成立威尔士事务部,但这项措施似乎于事无补。到20世纪60年代末,威尔士党逐渐有了起色。有两个因素推动着民族主义政党候选人的出场:一是民族主义者选民的选票都具有高度的地理集中性;二是单一选区相对多数决制度。两者的结合使得民族主义者能够在特定地区当选。1964年,威尔士党在该地区的得票率为4%,到1970年上升至12%,1974年基本保持稳定(11%),并在2月和10月的大选中首次赢得席次,分别为2席和3席。相对地,工党的支持率从之前的61%下滑到1974年10月的50%,席次也从1966年的32席(共36席)下降到1974年的24和23席[1]。苏格兰和威尔士都是工党的大本营,工党要想在大选中获胜,就必须采取措施以保持民众对它的信任,于是它需要把更多的精力倾注在因民族分离主义而导致的席次减少的问题上。1978年的《苏格兰法案》和《威尔士法案》就是仓促应对这种挑战的产物。

1.2.2 民族分离主义生成的根源

客观上说,爱尔兰、威尔士和苏格兰民族分离主义的肇因各有不同,程度亦有差异。民族分离主义运动通常是围绕着某个核心元素展开,同时与其他外围、次要或直接的元素交织发挥作用的结果。

(1) 宗教信仰的纷争

历史上,宗教争端在英格兰与苏格兰、爱尔兰及威尔士之间时有发生,企图使之定于一尊的政治目的不言而喻。在爱尔兰,英格兰为让其改宗,大量从威尔士、苏格兰和英格兰移民新教徒到爱尔兰,但爱尔兰本土天主教徒誓死不从,改宗运动一波三折,遂而塑造了天主教徒与新教徒长期对峙的局面。在苏格兰,当查理一世及其后的国王,多次试图将宗教改革的爪牙伸向苏格兰时,"苏格兰贵族组织了苏格兰长老会誓约军打败了查理一世。……多年的实践让后来继位的安妮女王确信不可能让苏格兰放弃长老制教会,只能采用妥协的方式来对待宗教问题"[2]。因此,到1707年两国合并时,苏格兰宗

---

[1] Harry Lazer, Devolution, Ethnic Nationalism, and Populism in the United Kingdom, Publius: The Journal of Federalism, Vol. 7, No. 4, 1977, pp.59-60.

[2] 田烨:《试论1707年英国国家整合模式及其对苏格兰民族独立运动的影响》,载《河南师范大学学报(哲学社会科学版)》2015年第5期,第120页。

教制度予以保留。加之,苏格兰本来也属于新教,苏格兰和英格兰之间的国家融合在宗教上不存在根本矛盾。在威尔士,早在爱德华一世征服威尔士之后,他就对威尔士教会和主教实行了直接控制。16世纪40年代,当威尔士与英格兰完成完全"合并"后,英格兰在威尔士的教育、宗教、法律、风俗习惯、土地所有制、行政区划、语言和文化等方方面面进行了比较彻底的"英格兰化",因而在亨利八世时期,威尔士的宗教体系和法律习惯就与英格兰融为一体,并无二致。从上述简要回溯中可以看出英格兰与爱尔兰合并过程中的宗教遗留问题是横亘在两者之间最为根深蒂固的矛盾。

  为什么在苏格兰就可以保留其原有的宗教制度,而在爱尔兰就不可以?很大程度上是因为英格兰几乎从未征服和占领过苏格兰,1707年的联合法案是基于平等关系上的运作,而爱尔兰是英格兰征服后的殖民地,其原有的宗教制度自然不能够得以保留。可是,"一个国家存在多种宗教十分正常,宗教本身并不必然带来冲突,只有当政治人物将宗教作为统治工具的时候,宗教之间的差异才会逐渐被放大,进而导致冲突"[1]。实际上,在英国,宗教被作为统治工具还要追溯到都铎王朝以前,那个时候是教权高于王权。经过宗教改革后,教权已隶属于王权,但宗教改革过程本身是比较残酷和血腥的,天主教徒受到了政治上的清洗。于是,分属基督教不同教派的英格兰人和爱尔兰人就由此结下世仇。英格兰人十分痛恨天主教,反对斯图亚特王朝的国王们和《王位继承法》的颁布就是一例。相对地,英格兰人对天主教徒赶尽杀绝的做法,也让爱尔兰人心有余悸,始终对英国的统治抱有迟疑态度。就像发生在前苏丹的案例那样,"当政治话语以宗教身份为前提时,正式的法律和宪法平等就没有多大价值"[2]。在对他者都有恐惧的历史记忆,以及英格兰对爱尔兰恐怖统治的创伤经历,使得爱尔兰人必须以捍卫宗教自由为武器,以抗争来自新教徒的歧视和压迫。

  北爱尔兰人的担忧不是没有道理。"在宗教政治化的社会里,作为一种

---

  [1] 许川:《和平之困:南苏丹分离公投及其反思》,载《阿拉伯世界研究》2019年第2期,第51页。

  [2] Ahmed T. el-Gaili, Federalism and the Tyranny of Religious Majorities: Challenges to Islamic Federalism in Sudan, Harvard International Law Journal, Vol. 45, No. 2, 2004, p. 520.

治理模式的'种族化',将会在本质上催生一种排外的种族主义"[1]。这种排外主要体现在公共政策和社会服务等诸多领域。17世纪,当爱尔兰东北部不断涌入新教徒之后,既有的天主教徒人口由此受到冲击,越来越被视为二等公民,1692年他们首次被排除在议会之外,而后又于1727年被剥夺选举权利。爱尔兰独立后,新教徒仍然没有停止对天主教徒在就业机会、社会福利和政治权利方面的歧视性政策。1921—1972年实行自治50年的大部分时间里,议会以歧视天主教少数的方式行使权力,到20世纪60年代末,这直接导致天主教民权运动的迸发,反过来,新教徒对这一运动的反制又致使宗派之间的紧张和暴力的升级,并很快就演变成军事冲突,但军事较量到80年代都没分出胜负,"北爱尔兰问题"难解难分[2]。不难想见,为什么宗教纷争会困扰着英国国家建设好几个世纪的内在逻辑:不同宗派相互统治的历史记忆和虚幻想象,形塑了他们内心相互的敌对和歧视,从而任何一方一旦掌权,这种敌对和歧视就会被无孔不入地浸散到政治权力和公共政策的根部与表层。但是,来自任何一方的反抗,都会将这种敌对和歧视拖入恶性循环,最终导致宗教问题政治化甚或军事化的无解。

(2) 经济利益的驱使

经济利益往往是不同族群之间整合或分离的直接动因。正如前文所述,苏格兰与英格兰的联合是其基于依托后者强大市场进行海外贸易的动机,威尔士一直受益于英格兰经济利益的输送和好处,而北爱尔兰在经济上也比爱尔兰富裕,这些都离不开英格兰繁荣经济的强大磁吸效应。工业革命是其重要牵引力,"1780年,英国的铁产量还比不上法国,1848年已超过世界上所有国家的总和。它的煤占世界总产量的2/3,棉布占1/2以上。1801—1851,英国国民总产值增长125.6%,1851—1901年又增长213.9%。1700—1780年,工业年平均增长率是0.9%—1%,1780—1870年已超过3%"[3]。在英格兰强大的经济和军事实力的助力下,三个地区均实现了对外扩张和海外贸易,取得相当可观的收益。例如,拥有丰富的铁、铜、铅和煤等矿产资源的威

---

[1] Alison J. Ayers, Beyond the Ideology of "Civil War": The Global-Historical Constitution of Political Violence in Sudan, The Journal of Pan African Studies, Vol. 4, No. 10, 2012, p. 280.

[2] John Tomaney, End of the Empire State? New Labour and Devolution in the United Kingdom, International Journal of Urban and Regional Research, Vol. 24, No. 3, 2000, pp. 676-678.

[3] 钱乘旦、许洁明:《英国通史》,上海:上海社会科学院出版社,2002年,第221页。

尔士,早在17世纪就开始发展工业,到19世纪南威尔士矿业的崛起已改变威尔士整个的经济,到1913年,加的夫已成为世界上最大的煤炭出口港[1]。尽管这种繁荣景象在20世纪20年代渐渐衰落,但不能否定归属英国之后所带来的巨大经济发展,这也说明了为什么威尔士是民族主义运动最不发达地区的原因所在。可以说,发达的经济和贸易是不列颠和爱尔兰王国的黏合剂。但是,危险在于,经济利益和政治利益的相互交换,仅仅是出于功利主义的角度,它无法培植出共同的忠诚感。因此,一旦原先的政治需求和经济纽带由于时空环境的变迁而趋于消散时,那么相互间的疏离感也就会随之增加。

第二次世界大战后到20世纪50年代末,英国经济基本上还能保持繁荣,但从60年代便开始走下坡路。一方面,英国的世界霸主地位已被美国全面取代,加上许多殖民地纷纷独立,其世界市场份额大幅缩水,因而只能将大部分对外贸易转向英联邦组织内部;另一方面,"福利国家"政策是导致英国经济衰退的一个重要原因。"福利国家"到60年代已不堪重负,"1959—1964年,公共开支已达到国内生产总值的三分之一,福利开支是最大的一个项目。1965—1966年度这项开支(包括教育)达到65亿英镑,而20年后则接近920亿英镑了"[2]。"福利国家"导致物价飞涨、工厂大批倒闭、失业率飙升等,使英国遭遇到前所未有的经济困难,其直接催生了民族主义运动的高涨。从60年代起,各地民族主义运动开始有了反弹之势。不仅北爱尔兰内部闹得不可开交,而且苏格兰和威尔士民族主义政党亦首次在全国大选中取得席次。他们的论点是"都没有充分享受到50年代的经济繁荣。为苏格兰和后来(1964)为威尔士设立的事务部等正式机构几乎没有实现他们的民族抱负"[3]。当然,经济要素在三个地区民族主义运动的所占比重并不一致,它在苏格兰地区体现得最为明显,但它不是北爱尔兰和威尔士民族主义者的首要立足点,不过这绝不意味着后两者没有受到经济现状的催化。

值得注意的是,除经济环境的景气与否会影响到民族主义运动的高涨或回落,而且新近勘探到的矿产资源也会升高民族主义者抗争的程度和强度。

---

[1] Alistair Cole, Beyond Devolution and Decentralisation: Building Regional Capacity in Wales and Brittany, Manchester: Manchester University Press, 2006, p. 48.

[2] 钱乘旦、许洁明:《英国通史》,上海:上海社会科学院出版社,2002年,第340页。

[3] [英]肯尼思·O.摩根:《牛津英国通史》,王觉非 等译,北京:商务印书馆,1993年,第595页。

20世纪60年代后期,北海油田的发现助燃了民族主义者对经济现状不满的怒火,让他们找到独立后振兴经济的理由和方法。于是,在苏格兰工业欲振乏力的情势下,他们要求"独立"的话语就转变为:北海油田属于苏格兰,如果由苏格兰自己控制,依靠石油储量和产出的收入,就可以向每个人提供一切——更高额的工资、更优渥的养老金、更优质的学校、更完备的医院、更发达的交通以及更充足的工业和农业补贴[1]。显然,民族主义者夸大了石油的好处,因为石油开发成本非常高,同时石油价格受到国际市场的波动。但这并不影响他们对石油的幻象,"石油以一种奇特方式激发着人们的想象力,不管它实际能带来多大财富,民众总是高估它,而且高得离谱"[2],也不影响他们以此作为政治动员的口号和追求。换言之,只要经济现状没有得到明显改善,石油议题就有它一直存在的价值。而在苏格兰实行比其他地区更慷慨的社会福利政策以及英国整体经济表现持续低迷的背景下,经济议题就成为中央政府的软肋,但却造就了民族主义的王牌。1979年对放权法案公投的拒绝以及2014年"独立"公投的举行,就是民族主义者在经济议题上对中央政府予取予求的体现。

(3)语言文化的保护

种族的语言和文化是区隔自我与他者最直观、最简易和最有效的标识,语言和文化也是形塑民族政治认同、民族向心力、凝聚力和团结力的最核心的要件,从"同一个共同体的宝库中,历史遗产和文化价值被挑选出来,被重新解释和建构,从而形成了一种独一无二、无可比拟的民族认同。与它并列的,是许多其他同样独一无二的文化认同"[3],因此对种族语言文化的保护往往是民族主义兴起最潜移默化和深层次的源泉与动力。历史上,苏格兰、威尔士和爱尔兰都有自己的语言。即便是英格兰内部,在百年战争(1337—1453年)以前,"连民族的最基本特征——统一的民族语言都还没形成"[4]。英格兰在对威尔士兼并、与苏格兰联合以及对爱尔兰征服的过程中,按理说语言也应该随着国家建构的完成而趋于统一,但因为三个地区的地域特征、

---

[1] Michael Fry, Could Scotland Go It Alone? The Economic Factor in Devolution, The Round Table: The Commonwealth Journal of International Affairs, Vol. 68, No. 270, 1978, p. 169.

[2] Martin Meadows, Constitutional Crisis in the United Kingdom: Scotland and the Devolution Controversy, The Review of Politics, Vol. 39, No. 1, 1977, p. 45.

[3] [英]安东尼·史密斯:《民族认同》,王娟 译,南京:译林出版社,2018年,第105页。

[4] 岳蓉:《"英国民族国家的形成"研究述评》,载《史学月刊》2002年第8期,第8页。

既有社会结构和政治格局差异较大,所以英语并未得到全面而深入的普及。苏格兰在合并之后,依托英格兰巨大的国内和国外市场,经济贸易往来和通婚频繁,英语在苏格兰使用十分普遍,二者交流并无障碍;威尔士在被英格兰纳入版图后,主要是东部和南部跟英格兰联系比较紧密,英语成为通用语言,但西部和北部等落后地区还是流行着既有的威尔士语;在爱尔兰,英格兰一直难以对其实行比较稳定的统治,语言和宗教问题相互交错,但在爱尔兰脱离英国后,北爱尔兰由于人口中的新教徒占据多数,因而语言问题被宗教矛盾所掩盖。

由上述可知,目前在苏格兰、威尔士和北爱尔兰,仍说着种族语言的人口主要集中在威尔士,当然这不是说其他两个地区就没有保护语言和文化的需要,只是说其重要性略次于威尔士,而且它们的民族性本身就保存得比较完整,同化程度低。"例如在语言方面,苏格兰至今仍保留着本民族的语言(盖尔语)。再如在文化方面,创立于1947年的苏格兰爱丁堡艺术节,是传承苏格兰文化的重要载体"[1]。为什么对种族语言和文化的保护会成为威尔士民族主义者的主要寄托?除了历史上英格兰对威尔士语言的压制外,很难再找到其他立足点作为民族主义的支撑。威尔士不像苏格兰那样有着悠久的独立国家的历史,尽管它曾短暂建立较为统一的王国,但很快就被英格兰征服;也不像爱尔兰那样有着迥异的宗教信仰。它在经济上又严重依赖于英格兰的输入和拉动。因此,威尔士民族主义只能求助于看得见的原始的过去——语言和文化——就是这一具体指涉。1892年,威尔士的一位国会议员就曾宣称威尔士之所以是一个国家的存在,是因为它不仅有着明确的地理界线,而且也有着语言上的区别;早几年前,他的同事也宣称,因为语言,威尔士是构成王国的四个地区中最独特和最同质的一个民族[2]。不难想见,民族主义政党——威尔士党就主要活跃在那些本土语言最为盛行的地区。

"由于当今国家内部的政治边界与语言界限基本重叠,使得地区之间的

---

[1] 田烨:《试论1707年英国国家整合模式及其对苏格兰民族独立运动的影响》,载《河南师范大学学报(哲学社会科学版)》2015年第5期,第122页。

[2] D. G. T. Williams, Wales and Legislative Devolution, The Cambrian Law Review, Vol. 6, No. 1, 1975, p. 89.

区隔线变得固化,而语言也已开始扮演着分裂的助推器"[1]。以对语言和文化的保护作为民族主义旗号的事例屡见不鲜,诸如加拿大的魁北克、比利时的弗兰芒、西班牙的加泰罗尼亚和巴斯克,以及印度的旁遮普省等,但是,以语言和文化作为独立建国的理由,似乎很难行得通。"表征威尔士民族认同的语言和文化元素本身并不能为重大的政治变革提供令人信服的论据"[2]。就威尔士而言,它和英格兰的历史可以追溯至700年前,经过这些世纪的涵化,威尔士已完全融入英格兰文化当中,英语对大部分威尔士人来说就是母语。这一方面是因为英格兰将其制度、法律和风俗都植入到威尔士,另一方面是因为随着商业和工业的发展,其推动了英语在威尔士的使用。所以,在威尔士,认同自己为英国人的比例是三个民族地区中最高的。到权力下放之后,承认自己是威尔士人的略有降低,为15%,而认同自己为英国人的民众则略有上升,为20%,并且要求分离的人仅在5%下上波动[3]。这似乎验证了一些学者关于威尔士民族主义运动的判断,即"与英格兰的联系越紧密,对威尔士就越有利,但前提是不应以牺牲其民族品格为前提。威尔士不是在寻求分离,而是在寻求作为联合王国平等伙伴关系的承认"[4]。

(4) 民族历史的迷思

民族主义往往亦表现为对族群某段历史的眷念或感伤,它是以一种断片的方式攫取一些比较具有荣光或耻辱性质的碎片,使其在整个族群内部传播,并形成一种难以忘怀的追忆或伤痛,而这种追忆或伤痛就是民族主义者拿来宣称要"找回自己"和"重建自己"最强有力的号召。民族历史不仅仅是"历史",它还包含内嵌于其中的民族语言、文化、神话、土地、符号和传统等。民族历史既是政治现实的一面镜子,更是民族主义者在民主躁动时代将大众与自身捆绑在一起的脐带。与民族有关的所有元素,都被他们用来把国家和

---

[1] Ramesh Dikshit, The Political Geography of Federalism: An Inquiry into Origins and Stability, New York: John Wiley and Sons, 1975, p. 237; Philip G. Roeder, Ethnofederalism and the Mismanagement of Conflicting Nationalisms, Regional & Federal Studies, Vol. 19, No. 2, 2009, p. 214.

[2] D. G. T. Williams, Wales and Legislative Devolution, The Cambrian Law Review, Vol. 6, No. 1, 1975, p. 91.

[3] 许川:《权力下放与分离主义的内在逻辑——基于英国和西班牙五个地区的比较分析》,载《国际政治研究》2020年第2期,第89-108页。

[4] Vernon Bogdanor, The English Constitution and Devolution, The Political Quarterly, Vol. 50, No. 1, 1979, p. 40.

社会割裂为对立的两个群体,"文化特征、神话、传统和历史领土构成了区分'我们'与'他们'不可或缺的组件"[1]。无疑,民族历史是民族主义者取之不尽的养分。历史上,英格兰在对威尔士、爱尔兰和苏格兰整合的过程中所采取的统治策略,同一与差异并存,取得了不同的效果。

威尔士是英格兰统治较为成功的一个地区。14世纪,亨利八世对威尔士进行征服,但他"采用恩威兼施的政策,一方以武力取缔纷扰,一方又秉公待遇塞尔特人民",同时又能"就地取材",直接在本地的绅士中选拔治安法官,而不是由英格兰派任,深得土著的同情。"英吉利对于威尔士所采的为见好于当地上等阶级的政策,不像对于爱尔兰所采者为消灭这个阶级的政策"[2]。这一和缓的统治政策,最终使得大部分威尔士人都被归化。不过,即便如此,在威尔士王公贵族看来,尽管那个时候威尔士还未形成一统局面,英格兰的行为总归还是侵略性质。所以,当时反对英格兰的亦大有人在,"1282年,威尔士斯诺登尼亚贵族发表声明称哪怕他们的国君将主权交给英格兰国王,他们自己一定拒绝向任何外国人臣服,那些人的语言、习俗和法律他们都不懂"[3]。

在爱尔兰,英格兰的统治政策可谓是事倍功半,因为它企图完全依靠武力征服,采取强压政策迫使爱尔兰人臣服,但爱尔兰顽强抗击的性格给其出了难题。因而,英格兰和爱尔兰几个世纪以来都伴随着战争,直到1920年允许其独立之后,情势才稍有缓和;英格兰在苏格兰的政策毁誉参半,18世纪之前,苏格兰就已经是一个统一的民族和王国。与英格兰的联合,当时分裂成支持和反对两派意见。1706年10月,合并的鼓吹者丹尼尔·笛福在一封信中透露了在爱丁堡让他大吃一惊的景象,"听到了巨大的声响,我向外看去,只见高街上走来一大群人,领头的手里拿着一面鼓,他们叫喊着,大声咒骂,嚷嚷着全苏格兰站到一起来,不要合并,不要合并,英格兰狗……"[4]纵然,后来迫于形势合并,但反对派并没有就此消失,而是化身为左右联合王国

---

[1] Anna Triandafyllidou, National Identity and the "Other", Ethnic and Racial Studies, Vol. 21, No. 4, 1998, p. 597.

[2] [英]屈勒味林:《英国史》(上),钱端升 译,北京:东方出版社,2012年,第398-399页。

[3] [英]西蒙·沙马:《英国史Ⅰ:在世界的边缘?》,彭灵 译,北京:中信出版社,2018年,第137页。

[4] [英]西蒙·沙马:《英国史Ⅱ:不列颠的战争》,彭灵 译,北京:中信出版社,2018年,第323页。

稳固与否的一股潜流,他们一直在伺机而动,历史上苏格兰多次造反以及现今要求"独立"就是例证。

在一定条件下,对现实的厌倦都有可能转嫁为对历史的复仇,苏格兰、爱尔兰和威尔士都曾对英格兰有过不同程度的反抗,有反抗就一定会有镇压,遭受异族统治的历史就成为民族主义者的工具。当然,历史上反抗的程度不同,镇压的程度就会不同,进而民族主义运动的程度也会不同。换言之,对社会现状的极端不满,以及对民族历史的狂热崇拜,共同促成了当代日益兴盛的民族分离主义运动。不过,单靠民族历史本身并不能掀起民族主义风潮,因为"与社会经济问题相比,选民对历史和传统的关注兴趣索然……族群认同可能提供一种分离感,但只有被动员起来实现对他们重要的政治和经济目标时,投票者才会认为其与分离相关"[1]。所以,民族历史顶多是民族主义较为根本的元素,但民族主义运动的驱动力,往往来自现实问题的激化,二者一表一里。在苏格兰,民族主义运动体现为民族历史与社会经济问题的勾连;在威尔士,民族主义运动体现为民族历史与地域发展失衡的掺杂;在爱尔兰,民族主义运动体现为民族历史与宗教信仰差异的结合。民族历史的记忆越深刻,现实问题的矛盾越突出,民族主义运动就会越激烈。所以,英国的民族分离运动,先后以爱尔兰、苏格兰为最,威尔士次之。

1.3 周边政治环境变迁对英国的压力

英国孤悬海外,但一直与欧洲大陆国家相互影响。英国的权力下放既有来自国内的因素,也有来自周边环境的外力。当大陆国家如德国、比利时、法国和西班牙等在不同时期开启程度不一的放权改革后,英国自是不能置若罔闻,尤其是在欧洲一体化快速推进的大背景下,英国的地方改革犹如箭在弦上,被时代赶着向前。

1.3.1 二战后欧洲民族主义运动的兴起

二战结束不久,世界迎来轰轰烈烈的民族解放运动,同时它也刺激了英国国内的民族分离运动。"新主权国家从1945年的51个剧增到1960年的

---

[1] Jason Sorens, The Cross-Sectional Determinants of Secessionism in Advanced Democracies, Comparative Political Studies, Vol. 38, No. 3, 2005, p. 307.

99个,到2017年达到195个,其主要是由于1960年代的去殖民化运动以及1990年代苏联和南斯拉夫的解体所致,而1945年至2012年,在120个国家中提出分离主张的群体数量则大约有464个"[1]。可以看出,民族主义政治的兴起是全球性现象,位处世界中心的欧洲,当然无法幸免于此。在欧洲,比较显著的民族主义运动包括西欧的英国、比利时、西班牙、意大利、法国以及中东欧的前南斯拉夫、乌克兰、土耳其等国。虽然,每个国家内部的族群分离运动都是原子状态,但由于民族解放运动浪潮的波及,致使不同民族或族群争取独立或自主的诉求及其运动在相隔万里的情况下也能够合纵连横。民族主义运动具有模仿性、外溢性或扩散性,从而在不同地区形成一个相互借重的庞大的政治网络。"亲独立运动者常常能够参考欧洲其他国家的经验通过将对手描述成负面的、自己是积极的手段强化他们的'事业',通过引证'成功案例'展现可期前景"[2],一个地区的分离运动往往需求另一个地区的支持,并牵动着另一个地区分离主义的走势。换句话说,民族主义地域上的分散性,由于政治目标上的一致性,造就了它们在话语上和行动上的聚合性、趋同性。

诚然,民族主义运动具有相似性和外溢性,但在指向上仍有着不同程度的区别。美国乔治·华盛顿大学的两位学者根据初始条件和追求不同的(有时相互冲突,有时相互加强)主权概念等标准区分了欧洲民族主义的四种类型,分别是追求政治和国家文化边界一致性的传统民族主义,强化民族政治代表权的次国家民族主义,建立联结民族的跨越国界的超主权民族主义,以及因移民或社会变革兴起的保护民族文化的保守民族主义[3]。显而易见,民族主义的不同指向,决定着这些民族主义运动的前途命运:追求政治代表权和保护民族文化的民族主义运动大多趋于缓和;而追求国家同质性和跨越国界的民族主义不是失败,就是仍在伺机而动。不过,这四种民族主义之间并不是绝缘的,而是有可能在某些条件下实现互相转换。也即是说,当它们不再满足于政治代表权或保护民族文化的时候,就有可能转向诉求国家同质

---

[1] Thierry Madiès et al., The Economics of Secession: A Review of Legal, Theoretical, and Empirical Aspects, Swiss Journal of Economics and Statistics, Vol. 154, No. 1, 2018, p. 1.

[2] Angela K. Bourne, Europeanization and Secession: The Cases of Catalonia and Scotland, Journal on Ethnopolitics and Minority Issues in Europe, Vol. 13, No. 3, 2014, p. 115.

[3] Zsuzsa Csergo and James M. Goldgeier, Nationalist Strategies and European Integration, Perspectives on Politics, Vol. 2, No. 1, 2004, pp. 21-37.

性或跨国界的民族主义运动,从而重新点燃地区与国家之间的冲突,例如西班牙的加泰罗尼亚和英国的苏格兰;反之亦然。因此,即便是主权国家采取了一定的制度设计来满足民族主义的诉求,也不可能将其根除。而根据它们之间的聚合性,一旦有民族主义地区"开了第一枪",那么其他地区的民族主义就有可能趋之若鹜,"今天欧洲仍有15个次国家民族主义运动,如果苏格兰人和加泰罗尼亚人决定独立,那么这或许会在其他地区立即引发多米诺骨牌效应,加剧欧盟内部分离主义的紧张局势"[1]。

欧洲民族主义运动的大爆发,具有很强的时代特征。20世纪60年代,欧洲的种族意识得以复苏,但与之前不同的是,它改变了民族主义的样貌,这一次是以次国家单位作为主体的民族主义运动。这些民族主义运动常常与语言有关,在法国大革命之后,一个国家只有一种语言的观念在欧洲各国根深蒂固,因而在历史上对其他少数民族语言采取了压迫、镇压、消灭等方式以达到该目的[2],这使得二战结束后,少数民族权利得到国际法的保护和张扬后,遂而推动了次国家的民族主义运动。到20世纪70年代,现代化亦助推着地方民族主义的发展。地方民族主义被广泛地归因于现代化的滞后或对现代性的反抗。尽管所有的地方民族主义都诉诸原始的过去或对未来的憧憬,但新的地方民族主义的特点是它们与全球重组所创造的新机会有关[3]。20世纪80年代末,东欧发生剧变,民族主义运动似乎又获得了新的动能,一系列的地区和种族冲突持续不断,不仅前南斯拉夫被一分为五,并且乌克兰和格鲁吉亚等国家的民族主义运动至今犹存,余波仍在荡漾,而位于另一端的西欧民族分离运动虽然一直不温不火,但如今却大有"后来居上"的势头。21世纪初的欧洲民族分离运动,大多直接与经济问题相关,受制于全球金融风暴和欧债危机的影响,民粹主义的出场又把各国的民族主义推向了另一波

---

[1] Vesna Stefanovska, The Impact of Separation of States to the Map of Europe: The Cases of Scotland and Catalonia, International Journal of Scientific & Engineering Research, Vol. 7, No. 7, 2016, p. 1000.

[2] Clare Mar-Molinero, Linguistic Nationalism and Minority Language Groups in the "New" Europe, Journal of Multilingual & Multicultural Development, Vol. 15, No. 4, 1994, p. 322.

[3] Michael Keating, Contesting European Regions, Regional Studies, Vol. 51, No. 1, 2017, p. 13.

高潮〔1〕。可以预见,只要有时代性的问题相继出现,欧洲的民族主义既不可能谢幕,也不可能相互独立。

1.3.2 顺应时代潮流的泛欧洲地方改革

世界银行在2000年的报告中指出,"与20世纪70年代绝大多数国家都是集权型的民族国家相比,今天大约有95%的民主国家都由选举产生次国家政府,而且在任何地方——无论大小还是贫富——国家都在将政治的、财政的和行政的权力转移到次国家政府"〔2〕。毫无疑问,建立次国家政府的放权运动已成为一种世界性的趋势。在欧洲,放权运动于20世纪70年代之后如火如荼地展开。在这之前,只有联邦德国、奥地利和瑞士实行权力分散制度,其后便有比利时、意大利、葡萄牙和西班牙为加强区域自治而进行的广泛改革,法国和波兰通过创建直接选举产生的地区而向区域化作出了有限的迈进。较之于西欧,许多中欧国家在加入欧盟的过程中或之前就进行了大刀阔斧的权力下放,甚至有一些国家已在着手第二轮改革。同时,东欧的一些转型国家亦跟上了地方改革的步伐〔3〕。英国地方改革的起步尽管不算晚,但真正选举次国家政府则要等到临近21世纪。当面对欧洲大陆其他国家不断向地方政府转移权力时,工党在努力追赶,但却是保守党撒切尔政府率先付诸实践,不过这只是停留在公共服务等行政事务上,即"新公共管理"改革。"以'撒切尔主义'为代表的新右保守主义体现出改革取向和趋于国家专断的双重特征,使英国从一个'统一的和高度分权的国家'变成了一个'统一的和高度集权化的国家'"〔4〕。保守党政府企图通过私有化和加强中央集权来缓解地方的治理困境,它与建立由选举产生次国家政府的权力下放相去甚远,反而激发出中央与地方之间更深的矛盾。

---

〔1〕 许川:《当代分离运动的民粹主义化》,载《国外理论动态》2019年第2期,第38-50页。

〔2〕 World Bank, The World Development Report 1999/2000. Entering the 21st Century, Washington, D. C.: The World Bank and Oxford: Oxford University Press, 2000, p. 107.

〔3〕 Andres Rodriguezpose and Roberto Ezcurra, Does Decentralization Matter for Regional Disparities? A Cross-Country Analysis, Journal of Economic Geography, Vol. 10, No. 5, 2010, p. 621.

〔4〕 孙宏伟、谭融:《论英国的地方治理模式和挑战》,载《广东社会科学》2018年第2期,第81页;[德]赫尔穆德·沃尔曼、埃克哈特·施罗德 编:《比较英德公共部门改革——主要传统与现代化的趋势》,王峰 等译,北京:北京大学出版社,2004年,第107页。

因此，1979年的放权公投虽以失败告终，但这并没有减缓地方与中央在权力下放问题上的较量，特别是在英国渐次拥抱欧洲一体化进程后，权力下放受到后者的压力越来越大。换句话说，权力下放势在必行，而与英国有着相似国家结构形式和民族主义问题的意大利、比利时、西班牙和法国等，它们在权力下放问题上的经验教训就显得尤为可贵。欧洲大陆国家的地方改革案例，对英国权力下放改革的影响主要体现在以下两方面：一是它增强了英国对权力下放改革的信心。英国政府担心赋予地方较大自治权或许会助长分离主义的发展，因而在1978年的放权法案中，中央政府态度十分谨慎，对放权非常"吝啬"，这直接导致1979年法案公投的破产。闯关失败显然打击了中央政府的信心，对于之后该怎么推进举棋不定。当来自苏格兰和威尔士要求更多权力和财政资源的压力与日俱增时，如何管理这一压力变得至关重要[1]。好在西班牙的例子证明，权力下放可能是成功的，但需要相当大的精力和政治投入。欧洲大陆的成功案例以及它们对待分离主义的态度，坚定了英国中央政府的决心。二是为英国提供权力下放改革的思路。英国的地方改革综合了欧洲大陆多个国家的做法，既有自己的特色，亦有大家的共性。法国对地方政府的变革就"展示了一个单一制中央集权国家走向分权化治理的可能路径，为那些因政治、经济制度和历史传统等原因而不能采取联邦制、又不能继续维持简单直接的中央集权的国家，提供了诸多宝贵经验"[2]。

当然，任何国家的地方权力改革都不可能一蹴而就，即便是一次性放权的西班牙亦为自己规划出一个五年的过渡期。希腊于1950年便设置地区政府，但直到1980年代才得到授权；意大利1948年宪法就规定直接选举地方政府，但直到1970年代初才推而广之；葡萄牙的地方改革则经历了1976年、1999年和2005年三个重要发展阶段；瑞士从1950—1971年花掉20余年的时间进行地方改革；法国的地方改革则从1982年持续到2003年的修宪[3]。从欧洲大部分国家的地方改革经验中，充分印证英国政治人物对权力下放是

---

[1] Jonathan Bradbury and Patrick Le Galés, Conclusion: UK Regional Capacity in Comparative Perspective, in Devolution, Regionalism and Regional Development: The UK experience, Jonathan Bradbury ed., Abingdon: Routledge, 2008, p.216.

[2] 郁建兴、金蕾：《法国地方治理体系中的中央与市镇关系》，载《马克思主义与现实》2005年第6期，第60页。

[3] Liesbet Hooghe, Arjan H. Schakel and Gary Marks, Appendix A: Profiles of Regional Reform in 42 Countries (1950—2006), Regional and Federal Studies, Vol.18, No.2—3, 2008, pp.183-258.

"一个过程,而非一个事件"的政治判断。因此,英国把权力下放的"战线"拉得很长。一方面是汲取第一次急于求成的前车之鉴,另一方面是遵循大陆国家成功路径,以稳为先。然而,英国好像有些矫枉过正,因为它直到现在还在被苏格兰问题所困扰。反观欧洲大陆的地方改革,基本上在21世纪初就告一段落。值得注意的是,无论是欧洲大陆还是英国,民族分离运动均时有发生,比如塞尔维亚的科索沃、乌克兰的克里米亚、西班牙的加泰罗尼亚以及英国的苏格兰。这似乎表明,权力下放是欧洲地方改革的通则,但分离主义却也是欧洲地理版图上的通病,谁都无法逃离其中。换句话说,欧洲的地方放权改革,抑或分离主义运动,都是牵一发而动全身。

1.3.3 来自全球化和欧洲一体化的约束

2020年1月31日,英国正式脱离欧盟,但这并不能否定欧洲一体化进程对于英国地方改革的外在制约。1973年英国加入欧洲共同体(其后改为欧盟),欧洲一体化让英国在地方改革的议程上备受欧盟的掣肘。"入欧"带来了向上和向下两个层面上的权力转移运动。

首先,欧盟的一些公约直接适用于成员国并可作为法院判决的依据,"欧盟法规可在成员国内直接生效而无需事先征得它们的同意,欧盟人权委员会的决定对其成员国仍然具有约束力,尽管它与这些国家最高法院的判决时常相矛盾(在功能上,而不是正式意义上的推翻)"[1]。换句话说,欧盟的法律高于成员国的法律。作为超主权国家机构的欧盟,成员国必须向其让渡一部分"主权权力",例如贸易政策、货币政策、能源政策、移民政策和就业政策等等,以保证它的权威和运转。但是,这无疑不但会侵蚀英国议会主权的根基,而且还规定英国有服从欧盟条款的义务。权力下放改革就是其中的一个侧面:1998年《北爱尔兰法》第24条明确规定禁止制定任何违反欧盟法律的法令,2006年的《威尔士政府法》规定任何与欧盟不相符的议会法案,都不属于其职权范围。当然,苏格兰也有必须履行欧盟法律的责任与义务[2]。另外,英国在处理与苏格兰、威尔士和北爱尔兰之间的争端时,亦不能再像之前那

---

[1] Michel Rosenfeld, Rethinking Constitutional Ordering in an Era of Legal and Ideological Pluralism, International Journal of Constitutional Law, Vol. 6, No. 3, 2008, p. 418.

[2] Derek Birrell and Ann Marie Gray, Devolution: The Social, Political and Policy Implications of Brexit for Scotland, Wales and Northern Ireland, Journal of Social Policy, Vol. 46, No. 4, 2017, p. 771.

样奉守议会主权,而是要兼顾欧盟法规对其的规范。某种意义上,三个地区与中央政府在欧盟的架构下具有"同等"法律位阶,这使得它们在有意无意间获得了法律上的"自治"空间。进言之,英国地方改革似乎必然蕴藏着立法权力下放的思路。

其次,欧盟提倡多层次治理模式,多层次治理的一个关键原则是各级政府之间的权力划分,其中社会政策职能的分配尤为重要,包括三个方面:欧盟与英国、英国与地区政府以及欧盟与地区政府在社会政策责任上的分配[1]。欧盟的许多政策不但涉及国家政府,而且还直接涵盖到地区一级的政府[2]。当涉及地区事务时,作为利益相关方和政策实施者,欧盟更愿意直接与地区政府沟通而不是中央政府,这其实也是欧盟作为超主权国家机构拥有权力的体现。因此,在欧盟架构内,具有一定自主权的地区政府就显得不可或缺。一方面,"发展某种类型的地区政府已成为加入欧盟的一个约定俗成的条件。英国与其他国家的意图一样,这是对国家进行改革而非革命,其建立在新地区主义不应最终破坏民族国家的假设之上"[3]。尽管英国在加入欧洲共同体时,既没有经过公投,也没有建立地区政府,但随着欧洲一体化的深入,必然会要求英国对之补件,这种要求加速了英国推动权力下放的脚步,遂而在1978年就草草出台建立地区政府的《威尔士法案》和《苏格兰法案》。另一方面,欧盟允许地区政府在布鲁塞尔设立办事处,以维护该地区的代表权和利益,即便它们没有官方地位。这些年,在欧盟设立的地区代表处数量迅猛增长。1984年,英国地方政府(local government)和德国的州政府设立

---

[1] Derek Birrell and Ann Marie Gray, Devolution: The Social, Political and Policy Implications of Brexit for Scotland, Wales and Northern Ireland, Journal of Social Policy, Vol. 46, No. 4, 2017, p. 766.

[2] 以英国中央政府和苏格兰为例,欧盟涉及保留权力的事项包括:有关英国商品和服务的共同市场,联合王国的宪制,防务和国家安全,就业立法,财政、经济和金融体系,包括与欧盟关系在内的外交政策,医疗和在一些地区的健康政策,媒体和文化,职业标准,边界保护,社会安全,交通安全和法规;涉及下放权力的事项包括:农业、渔业和林业,经济发展,教育,环境保护,健康,房屋,法律与内政,地方政府,研究与统计,社会工作,培训,交通。参见 James Mitchell, Devolution and the End of Britain? Contemporary British History, Vol. 14, Vol. 3, 2000, p. 76.

[3] Jonathan Bradbury and Patrick Le Galés, Conclusion: UK Regional Capacity in Comparative Perspective, in Devolution, Regionalism and Regional Development: The UK Experience, Jonathan Bradbury ed., Abingdon: Routledge, 2008, p. 206.

了第一批办事处,到 1993 年,增长到 54 个,到今天已超过 160 个[1]。更重要的是,1993 年《马斯特里赫特条约》(Maastricht Treaty)获得通过,这使得次国家政府在欧盟作为领土单位的地位得到完整的呈现[2],1994 年根据该条约还成立了纯属咨询性质的区域委员会(COR),但这无疑增强了它们在马斯特里赫特审查辩论(Maastricht review debate)中的发言权[3]。

  显而易见,欧盟对英国权力下放的制约无处不在。英国在这方面的困境是,给地区政府多大的自治权才不会损及议会主权。倘若仍像 1978 年放权法案中那般"吝啬"的话,不但得不到地方的支持,而且还会徒增英国中央政府与欧盟的矛盾。而欧盟对于苏格兰、威尔士和北爱尔兰来说,它是一个重要的资金补助来源,以支持地区发展。最终,英国选择妥协,向地区政府下放了较大自治权,让它们直接参与欧盟的相关事务,同时允许其在布鲁塞尔设立办事处,例如苏格兰之家(Scotland House)。从其后果看,英国因较为成功的地方改革,获得来自欧盟的不少资助,除苏格兰和威尔士受益于欧洲共同的农业和渔业政策之外,还得到其他基金的补助。英国是基础性投资基金(the Structural Investment Funds)和地平线 2020(Horizon 2020)基金的最大受益者之一,自 2014 年以来,苏格兰共获得地平线 2020 基金 2.96 亿欧元的资助,威尔士也在 95 个项目上获得该机构 4 500 万英镑的资金。同时,北爱尔兰还享有来自和平与和解特别基金的支持,1995 年至 2003 年,北爱尔兰的四个和平计划共得到 15.7 亿欧元的资助,而 2007 至 2013 年,欧盟向北爱尔兰志愿和社区部门的资金分配总额高达 7 440 万英镑[4]。但是,欧盟给次国家地区提供的额外活动空间,使得民族主义拥有更广阔的舞台,它们就像断了线的风筝,号召"在欧洲独立"(independence-in-Europe)的计划。

---

  [1] Gary Marks, Richard Haesly and Heather A. D. Mbaye, What Do Subnational Offices Think They Are Doing in Brussels? Regional & Federal Studies, Vol. 12, No. 3, 2002, p. 1.

  [2] Gary Marks, Structural Policy in the European Community, in Euro-politics: Institutions and Policymaking in the "New" European Community, Alberta M Sbragia ed., Washington D. C.: The Brookings Institution,1992, p. 221.

  [3] Charlie Jeffery, Whither the Committee of the Regions? Reflections on the Committee's "Opinion on the Revision of the Treaty on European Union", Regional and Federal Studies, Vol. 5, No. 2,1995, pp. 247 – 257.

  [4] Derek Birrell and Ann Marie Gray, Devolution: The Social, Political and Policy Implications of Brexit for Scotland, Wales and Northern Ireland, Journal of Social Policy, Vol. 46, No. 4, 2017, p. 770.

1.4 本章小结

本章从历史与现实、内部与外部等向度对英国权力下放及其非对称模式的直接原因和根本原因进行了较为深入的分析，认为英国国家形态的历史演变和宪制原则的不断演进在根本上决定着中央政府权力下放的逻辑与思维，即带有征服性质的王国联合，意味着联合王国既不可能像其他国家那样坚不可摧，且从一开始就潜藏着分离的火苗，而来之不易的民族国家成果以及对议会主权的笃信，又意味着中央政府不会轻易放弃固有的尊严和权力。然而，基于国家形态和宪制原则的进化从未停下脚步，往后现代国家是分是合，议会主权是否完全让位于直接民主，都是影响权力下放走向何方的关键变量。中央政府选择权力下放就是意欲扭转由民族主义势力单独拉动的发展趋向，即民族主义运动对国家形态和宪制原则的无情摧残。英国地方民族主义运动具体表现在北爱尔兰宗教对立冲突的扩大化、苏格兰民族党对选民的意识灌输与吸纳、威尔士由民族语言的式微所引发的无声反抗。而三个地区的民族主义运动之所以方兴未艾，均离不开它们对宗教纷争、经济利益、语言文化、民族历史的畸形宣传和政治利诱。除此之外，英国采行权力下放及其非对称模式，还受到来自欧洲内部其他民族分离运动、地方改革浪潮和政经一体化等外力因素的多重驱动。模仿与创新并举，但权力下放终究还是没能阻挡得了民族主义者对国家形态和议会主权发起的挑战。在某种程度上，想设法避免却又难以避免的民族分离运动，既是权力下放最直接的压力，也是判定权力下放成败的唯一标尺。

第 2 章

英国权力下放的发展路径及实践

英国权力下放是一个庞大而又复杂的工程,不仅贯穿于整个20世纪,而且还涉及北爱尔兰、苏格兰、威尔士和英格兰等联合王国所有的组成部分。联合王国四个组成部分均具有各自不同的民族历史、语言特色、法律体系和宗教信仰等,致使权力下放在英国呈现出既分散又诉求统一的非对称特征。同时,由于议会主权和制度设计的原因,权力下放在英国亦引发了一系列的宪制问题和治理问题。经过20余年的磨合,权力下放虽已在联合王国走上正轨,但从一开始就浮现的宪制问题和民族问题至今仍横亘在中央与地区之间,始终无法得到比较妥适的解决。

2.1 英国权力下放的历史进程

英国权力下放跨越一个多世纪,其间它经历了爱尔兰南部脱离的痛苦,而后又受到来自北爱尔兰内部秩序的混乱以及苏格兰民族党崛起的双重挑战。也就是说,各种政治力量的交织和拉锯,使得权力下放在徘徊和曲折中艰难推进,其既不可能一帆风顺也不可能一蹴而就。

2.1.1 对二十世纪中前期权力下放的回溯

联合王国的性质决定英国不是严格意义上的单一制和中央集权国家。早在英格兰兼并威尔士之时,自治(home rule)就已进入人们的视野。自

1536年《联合法案》颁布以来,以威尔士命名的地区就拥有官方承认的某种程度的自治,无论它在英国国内是多么有限[1]。同样,在苏格兰和爱尔兰,权力下放也并不陌生。1707年的《联合法案》,苏格兰保留自己原有的不同于英格兰的宗教、教育和法律制度;1800年的《联合法案》,爱尔兰一样保留了自己的宗教和法律体系,但其受益和地位明显不如苏格兰。需要注意的是,三个《联合法案》本身的出台,并不代表着三个合并地区或是主动或是完全与英格兰"合而为一",其从一开始就暗含着民族主义者反对联合的隐忧。在国家联合与发展的历程中,三个地区均零星地出现过民族主义运动,尽管这些运动只是小面积和短暂性的,但仍牵动中央政府的敏感神经。

比如,1707年与苏格兰合并之初,英国中央政府就设立了苏格兰事务大臣办公室(the Office of Secretary of State for Scotland),不过这一办公室很快又在1746年被废除。到1832年《改革法案》之后的半个世纪里,苏格兰仍然是当时欧洲受统治最少的民族之一[2]。然而,民族主义者仍不满足,鉴于中央政府对他们的诉求尚未给予相当程度的重视,他们便乐此不疲地或激进或保守地推动着民族主义运动,当时机成熟时,就会再次提出老生常谈的脱离或自治问题。当然,威尔士、苏格兰和爱尔兰的民族主义者均"各自为政",这就使得三个地区的民族主义问题在最初是孤立的,直到后来才有所勾连。

进入19世纪中后期,民族问题日益变得严峻。不仅"爱尔兰问题"尤其突出,此时的"苏格兰问题"亦"趁机作乱"。相比而言,"爱尔兰问题"最先成为19世纪末英国权力下放的漩涡。客观上讲,两面夹击迫使英国中央政府不得不开始认真思考权力下放的问题。根据帕特里夏·贾兰(Patricia Jalland)的考察,英国对权力下放的辩论可追溯至1860年代艾萨克·巴特(Isaac Butt)的联邦提案以及1867年对加拿大宪法的讨论[3]。有关"权力下放"的辩论由此再一次进入公众视野。

1884年,在"苏格兰问题"上,为应对早期的民族主义运动,时任自由党首相威廉·格拉德斯通(William Ewart Gladstone)同意任命一名苏格兰事

---

[1] Stephen May, Extending Ethnolinguistic Democracy in Europe: The Case of Wales, The Sociological Review, Vol. 48, No. S1, 2000, p. 149.

[2] Chris Baur, The Dilemma of Scottish Devolution: An Argument Chasing its Own Tail, The Round Table: The Commonwealth Journal of International Affairs, Vol. 69, No. 274, 1979, p. 177.

[3] Patricia Jalland, United Kingdom Devolution 1910—14: Political Panacea or Tactical Diversion? The English Historical Review, Vol. 94, No. 373, 1979, p. 758.

务大臣(Secretary for Scotland)。1885年,第一任苏格兰事务大臣在保守党的领导下正式就职,苏格兰事务部分别从内政部、检察大臣、枢密院、财政部和地方政府委员会等部门接管了相关职能[1]。可是,民族主义运动没有就此销声匿迹。1888年,凯尔·哈迪(Kelr Hardle)在中拉纳克(Mid-Lanark)补选中提出苏格兰自治,并发起争取在议会中实现独立的工党代表运动,但自治在工党对20世纪的思考中很少占据突出地位[2]。在"爱尔兰问题"上,民族主义运动比苏格兰问题更加猛烈,因此对爱尔兰到底是采取自治的立场还是权力下放的政策,英国两个全国性大党及其内部都存在分歧。

1886年,格拉德斯通在议会提出了第一个地方自治法案——《爱尔兰政府法案》。不过,这一法案在统一主义者看来,其隐含的"分离主义"元素对帝国而言是危险的,所以他们试图扼杀这次提案。为与格拉德斯通针锋相对,约瑟夫·张伯伦(Joseph Chamberlain)诉诸"权力下放"的主张,作为转移人们对粉碎爱尔兰自治法案的注意力的一种政治策略。在他看来,宏大的联邦计划是不切实际的,而且有损于英国既有的宪法[3]。

随着1886年爱尔兰法案在议会闯关失败,自由党遭遇下台,尽管其在1892—1895年再度短暂执政时仍保持着对自治的热情,甚至还提出了更加激进(全面自治)的主张,但联合党(Unionist Party)在接下来的20年大部分时间里获得政权,因而有关自治或权力下放的辩论也从1895年搁置到1911年。由此可见,20世纪虽已如期而至,但英国仍深陷在"爱尔兰问题"的泥淖,没能显示新的面貌。1905年,自由党重获政权,"爱尔兰问题"再次被执政党带入政治中心。1910年大选,自由党继续执政,但同时民族主义者在议会中的实力有所增加,两重因素迫使自由党终于可以兑现它对爱尔兰民族主义者长期的和不成文的承诺,即引入第三个自治法案。

次年,也就是1911年,不仅权力下放正式成为议会辩论的主题,而且自由党为扫清障碍,在议会还通过《议会法案》(the Parliament Act),取消上议院的否决权。该法案规定,下议院连续三届会期通过的法案将自动获得皇家

---

〔1〕 Michael Keating, Administrative Devolution in Practice: The Secretary of State for Scotland and the Scottish Office, Public Administration, Vol. 54, No. 2, 1976, p. 134.

〔2〕 James Mitchell, The Evolution of Devolution: Labour's Home Rule Strategy in Opposition, Government and Opposition, Vol. 33, No. 4, 1998, pp. 479-480.

〔3〕 Patricia Jalland, United Kingdom Devolution 1910—14: Political Panacea or Tactical Diversion? The English Historical Review, Vol. 94, No. 373, 1979, p. 758.

的同意[1]。1914年,《爱尔兰政府法案》(the Government of Ireland Act 1914)在议会通过,该法案赋予爱尔兰议会在与爱尔兰完全相关的事务上具有有限的立法权,但须服从于威斯敏斯特议会的最高权力。第一次世界大战使该法案的实施被迫推迟。在这期间,1916年复活节当天都柏林发生暴乱,加上北方新教徒多数不愿意将自己的命运交给南方的天主教多数,因此有关爱尔兰自治的法案不得不重新制定。

1920年的《爱尔兰政府法案》为北爱尔兰和南爱尔兰设计了两个附属议会,每个地区都有一个政府对其议会负责,但该法案因为南爱尔兰的反对再度流产。1921年,英爱"条约"之后,根据1922年的《爱尔兰自由邦(协议)法案》,南爱尔兰获得与加拿大类似的自治地位[2]。北爱尔兰选择继续留在英国,为适应新的环境,中央政府在该地区建立附属议会,实行行政和立法权力下放的制度。然而,北爱尔兰的权力下放制度仅是爱尔兰自治问题的副产品,在当时并没有经过深思熟虑的辩论,使得该制度存在诸多缺陷和不足,这为后来间断性暴力事件的滋生埋下隐患。北爱尔兰建立自治政府以后,爱尔兰问题就很少进入威斯敏斯特议会的议程。

诚然,19世纪末和20世纪初英国议会的权力下放议题大多都与"爱尔兰问题"密切相关,主要是因为"爱尔兰问题"与"苏格兰问题"紧密相连,前者的成因与解决措施决定着后者的走向[3]。就在处理爱尔兰自治问题的同时,威斯敏斯特议会对"苏格兰问题"亦不敢怠慢。据统计,1889年至1914年间,议会对苏格兰自治进行过15次辩论,并就此提出四项法案。1913年,一项自治法案通过了二读,但在最终投票时被否决了[4]。有关苏格兰自治辩论的努力都因所有法案均失败而付诸东流,但中央政府没有气馁。1926年,苏格兰事务部取得内阁地位。1939年,保守党将其原设在伦敦的苏格兰事务部

---

[1] Patricia Jalland, United Kingdom Devolution 1910—14: Political Panacea or Tactical Diversion? The English Historical Review, Vol. 94, No. 373, 1979, p. 757.

[2] O. Hood Phillips, The British Constitution, From Revolution to Devolution, William and Mary Law Review, Vol. 17, No. 3, 1976, p. 445.

[3] 相关文献可以参考 Alan O'Day, Irish Home Rule, 1867—1921, Manchester: Manchester University Press, 1998; Alvin Jackson, Home Rule: An Irish History, 1800—2000, Oxford: Oxford University Press, 2003; Nathan Kane, A Study of the Debate on Scottish Home Rule, 1886—1914, Doctoral Dissertation, The University of Edinburgh, 2015.

[4] Luis Rivera, Scottish Devolution: A Historical and Political Analysis, Loyola University Student Historical Journal, Vol. 30, No. 1, 1998—1999, p. 1. http://cas.loyno.edu/history/student-historical-journal-1998—1999.

迁往爱丁堡,以更加贴近民意和便于服务民众。1947年,苏格兰《每日快报》委托进行的一项民调显示,高达76%的苏格兰民众支持建立地区议会[1]。

除此之外,保守党这一阶段十分善于打"苏格兰牌",在推动苏格兰自治方面比其他任何政党都更积极。1949年,保守党发表一份题为《苏格兰事务由苏格兰人当家做主》(Scottish Control of Scottish Affairs)的文件,其后20年的政策和建议都与之相差无几。1950年大选,身为保守党的温斯顿·丘吉尔(Winston L. S. Churchill)在爱丁堡发表的著名演讲中称:如果社会主义的中心化威胁不能被挫败,那么它似乎也含蓄地(即使不是很直白的话)接受苏格兰人自治的想法[2]。相较之下,20世纪10年代末到30年代,权力下放虽不是年轻工党的重心,但工党亦曾比较关注苏格兰自治问题,它甚至在1918年的年度会议决议中提出"应该为苏格兰、威尔士甚至英格兰分别建立具有法定立法权的议会"[3]。

后来,苏格兰经济遭到大萧条以及世界大战的重击,工党在苏格兰选举中的表现不尽如人意,导致其在苏格兰自治倡议方面心灰意冷,转而诉求集中化和统一化政策。到50年代末,对苏格兰自治最基本的书面承诺也被工党放弃。1958年,苏格兰工党会议一致同意,苏格兰问题最好是通过英国特色的社会主义规划来解决[4]。不难看出,受益于福利国家政策和战后经济复苏的大环境,加上保守党和工党各执一端,苏格兰和威尔士的民族主义运动一度比较沉寂。直到60年代,面对民族主义政党的快速崛起,权力下放议题才得以回到议会的辩论中。

2.1.2 六十至七十年代权力下放的激荡之旅

随着战后福利国家政策在六七十年代逐渐瓦解,地区主义开始卷土重来。作为工党哈罗德·威尔逊(Harold Wilson)政府借鉴法国指标性规划成果试验的一部分,于1964年成立了区域经济规划委员会(Regional Economic

---

[1] James Mitchell et al., The 1997 Devolution Referendum in Scotland, Parliamentary Affairs, Vol. 51, No. 2, 1998, p. 166.

[2] David Seawright, The Conservative Party's Devolution Dilemma, Textes & Contextes, Vol. 1, No. 1, 2008, p. 43.

[3] J. Barry Jones, Labour Party Doctrine and Devolution: The Welsh Experience, Ethnic and Racial Studies, Vol. 7, No. 1, 1984, pp. 183-184.

[4] James Mitchell, The Evolution of Devolution: Labour's Home Rule Strategy in Opposition, Government and Opposition, Vol. 33, No. 4, 1998, p. 480.

Planning Councils)[1]。遗憾的是,这些"只经不政"无关痛痒的微调,并没有遏制住民族主义政党发展的势头,特别是1967年苏格兰民族党在汉密尔顿补选中获胜,对于保守党和工党来说都犹如噩梦惊袭。不可否认,这一次补选成为两党在权力下放问题上左右摇摆,以及权力下放从行政过渡到立法的一个重要分水岭。同时,应该看到,保守党和工党在权力下放态度上的转变,以及其后又倾注相当大的精力,最直接的肇因是来自民族主义政党的压力以及对选举的刺激,而非真正的发自内心为苏格兰和威尔士的地方发展所作的规划。因为从1964年以来,保守党在苏格兰地区的支持率持续走低,而苏格兰地区作为工党的大票仓,面对民族党的步步紧逼,当然必须要有所应对,于是便改变始于50年代反对权力下放的立场。更重要的是,也正是此次补选的打击,保守党和工党终于在权力下放问题上达成一致,尽管仍然各行其是。本质上讲,此举是因应60年代和70年代的政治环境和经济情势变迁的权宜之计,在某种程度上注定了权力改革的"一泻千里"。

在权力下放问题上,最先作出反应和调整的是保守党。1967年,保守党内一小部分支持苏格兰自治的知识分子成立"蓟草花集团"(Thistle Group)[2],主张包括征税权在内的激进的权力下放方案。同年6月,时任保守党领袖的希思为回应这些激进主义者的要求,便指导成立一个"苏格兰政策小组"(Scottish Policy Group)来研究苏格兰政府机制的可行性。当然,这样的决定,也与保守党从1945年后反对工党在苏格兰实施工业国有化政策前后呼应。根据该政策小组的报告,希思在1968年5月苏格兰保守党的年度会议上作出承诺,表示他赞成权力下放,并提议在苏格兰成立一个由直接选举产生的且具有立法权的地区议会,这一承诺和建议被称为《珀斯宣言》(Declaration of Perth)。

随后,为利用工党政府不受欢迎以挽回苏格兰民众对保守党支持的大好时机,苏格兰保守党在当年8月启动了权力下放的相关进程,起初是在威廉·麦克尤恩爵士(Sir William McEwan Younger)而后又转为在亚历克·道格拉斯·霍姆爵士(Sir Alec Douglas Home)的领导下成立了"苏格兰宪制委员会"(the Scottish Constitutional Committee)以研究苏格兰议会

---

[1] John Mawson, English Regionalism and New Labour, Regional & Federal Studies, Vol. 8, No. 1, 1998, p. 160.

[2] 蓟草花是一种根茎有刺,朵呈紫红色,叶子羽状,瘦果为椭圆形的草本植物,被视为苏格兰民族的象征。

(Assembly)的可能形式以及权力下放的影响。经过近两年的考察,1970年3月,该委员会发表题为《苏格兰政府》的报告,其主要建议是苏格兰应该设立一个由民众直接选举产生的(有限制的)立法机构。报告发布后,由马尔科姆·里夫金德(Malcolm Rifkind)主持的"苏格兰政策委员会"(Scottish Policy Committee)对报告的建议进行了进一步的辩论。虽然,保守党1970年的"苏格兰与联合王国宣言"承诺将道格拉斯·霍姆委员会报告的核心观点付诸立法,但随着在大选中获胜以及选举的落幕,似乎亦浇灭保守党对于权力下放的持续热情[1]。

提倡权力下放的主角转移到工党身上。实际上,工党支持和采用权力下放的政策比保守党晚了许久,因为工党的绝大多数选票传统上是集中在那些经济落后的外围地区,这些地区往往较为关注经济问题和由中央统筹分配的公共服务,所以选民对自治没有特别的偏好,而是倾向最大限度地扩大苏格兰在白厅的影响力[2]。然而,来自其他对手尤其是民族党和保守党的选举压力,迫使工党不得不调整遵奉已久的地方政策。为不让保守党抢占先机或独占权力下放的发言权,希思发表《珀斯宣言》后不久,也即是大选前夕的1969年4月,威尔逊首相着手成立皇家宪法委员会(Royal Commission on the Constitution),专门研拟权力下放的有关问题。

1970年痛失政权,让工党在自治问题上反而比保守党更加积极。1973年10月,皇家宪法委员会发布最终研究报告,即基尔布兰登报告(Kilbrandon Report)。报告在结论部分明确拒绝采用联邦制或允许分离的方式解决苏格兰和威尔士问题,而是建议权力下放,即确定了一种由中央政府授权,并由国家议会完全掌控的思路。至于权力下放的形式,委员会提供了由不同成员支持的四种备选方案[3]。报告发布后,工党对待权力下放的立场悄然发生改变,加上报告内容十分翔实、时间节点恰逢其时,在1974年2月的大选中,面对民族党猛推自治运动,这对于准备较为充分的工党而言,是一个压制

---

[1] Martin Burch, Ian Holliday, The Conservative Party and Constitutional Reform: The Case of Devolution, Parliamentary Affairs, Vol. 45, No. 3, 1992, p. 393; Arthur Midwinter, Murray Mcvicar, The Devolution Proposals for Scotland: An Assessment and Critique, Public Money & Management, Vol. 16, No. 4, 1996, p. 14.

[2] Michael F. Fry, Patronage and Principle: A Political History of Modern Scotland, Aberdeen: Aberdeen University Press, 1987, p. 229.

[3] Royal Commission on the Constitution (Kilbrandon Commission), Report of the Royal Commission on the Constitution (Kilbrandon Report), London: HMSO, 1973.

保守党的难得机遇[1]。果不其然,1974年选举,工党凭借在权力下放问题上后发制人的策略,以微弱优势,顺利组建少数政府。1974年8月,工党在格拉斯哥召开了一次特别会议,会上通过一项支持权力下放的决议,这意味着工党正式宣布接受权力下放的主张,纵使其内部仍有一些分歧。

保守党之所以在1974年失去政权,很大程度上与权力下放问题牵连。基尔布兰登报告发布后,保守党表示支持,并打算与工党协商一致处理,因而中止了自己"苏格兰与联合王国宣言"的实施。可是,执政期间,保守党在权力下放问题上并没有太多作为,不仅未在既有基础上持续推进,而且姿态也显得过于懒散。因此,保守党支持权力下放可以被视为遏制苏格兰民族主义浪潮的尝试,而不是愿意接受其要求的宣誓(evidence)。显然,对具有有限立法权的议会的承诺更多的是象征意义。1974年的败选,使得保守党只能在支持权力下放的政策上走下去,但它已没有主导权,更没有行使主动权,只是被动地配合工党提出的权力下放提案。1975年,刚接替希思出任保守党领袖的撒切尔(Margaret Hilda Thatcher)和时任权力下放反对派首席发言人怀特劳(William Whitelaw)在次年的苏格兰会议上都重申对直接选举产生苏格兰议会的支持,将其视为英国议会的第三院[2]。不难看出,保守党对权力下放的态度是"老调重弹"、言"胜"于行,在本质上是不愿打破该党维护议会主权和国家统一的传统,所以1979年撒切尔带领保守党赢得选举后,权力下放问题就立即被束之高阁。

相对地,工党在1974年2月赢得政权后,执政过程并不轻松,因为在既没有多数的情况下,工党内部本身对权力下放就存在纷争,同时还面临着严重的工业动荡以及一连串的经济危机[3]。尤其是民族党在大选中夺得苏格兰议席的表现,迫使工党不得不更加重视权力下放问题。于是,在举行大选的前夕即1974年的6月和9月,工党匆匆起草和发布宪改建议书《英国的权力下放:提供讨论的一些备选方案》(Devolution Within the United Kingdom: Some Alternatives for Discussion)和首份白皮书《民主与权力下放:苏

---

[1] 但较为奇怪的是,工党和保守党在1974年的选举宣言中皆没有纳入权力下放的内容。参见 Lewis Gunn, Devolution: A Scottish View, The Political Quarterly, Vol. 48, No. 2, 1977, pp. 129-139.

[2] Martin Burch, Ian Holliday, The Conservative Party and Constitutional Reform: The Case of Devolution, Parliamentary Affairs, Vol. 45, No. 3, 1992, p. 393.

[3] James Mitchell et al., The 1997 Devolution Referendum in Scotland, Parliamentary Affairs, Vol. 51, No. 2, 1998, p. 167.

格兰和威尔士方案》(Democracy and Devolution: Proposals for Scotland and Wales),随后将两份文件的核心精神纳入年底大选宣言。例如,下一届工党政府将在苏格兰和威尔士创建选举产生的议会,以及苏格兰议会在关键决策领域将有实质性权力等[1]。

1974年10月大选,工党以多数优势再次执政。1975年11月27日,工党政府发布第二份白皮书《正在变动中的民主:苏格兰和威尔士的权力下放》(Our Changing Democracy: Devolution to Scotland and Wales),两份白皮书均建议任何改革计划在付诸实践之前均应该提交给选民公投。相比1974年白皮书的应急之需,1975年的白皮书则备受关注,由于在选举制度、立法权限、财政支付、国会议席以及事务大臣等问题上的提议,在党内外和不同地区激起巨大波澜。来自苏格兰的以吉姆·西拉斯(Jim Sillars)为代表的几位权力下放活跃人士(其中还包括下议员)愤而出走组建苏格兰工党(Scottish Labour Party)以示抗议,而且保守党的希思亦批评白皮书是"拆东墙补西墙"的做法[2]。苏格兰各大报纸头版纷纷挞伐这份白皮书,英格兰人也不满因权力下放引致的代表权问题。质言之,"英格兰担心权力下放会导致联合王国的解体,而苏格兰人则批评拟议中的地区议会对中央政府的从属地位"[3]。

即便如此,在1976年1月的新会期中,议会就白皮书内容进行了为期四天的辩论。由于批评的声浪此起彼伏,引发党内部分成员的叛变,其直接逼使工党政府放弃在当年春天向下议院提交权力下放草案的计划,而是准备延期到秋天的新会期再重新提出。5月25日,工党政府发布了有关权力下放计划的更多细节,但没有一项涉及议会的选举。为让自己的权力下放方案在下议院获得支持,工党于1976年8月又发表10页内容的补充说明,重新定义事务大臣的角色以及枢密院司法委员会的功能等[4]。9月28日,在工党全国大会上通过的一项决议,仍然支持简单多数选举制度。11月30日,工党以修正后的白皮书为蓝本在下议院提出《苏格兰和威尔士法案》的首个版本,共

---

〔1〕 Lewis Gunn, Devolution: A Scottish View, The Political Quarterly, Vol. 48, No. 2, 1977, p. 131.

〔2〕 The Times, January 20, 1976.

〔3〕 Martin Meadows, Constitutional Crisis in the United Kingdom: Scotland and the Devolution Controversy, The Review of Politics, Vol. 39, No. 1, 1977, p. 53.

〔4〕 Great Britain, Privy Council, Devolution to Scotland and Wales: Supplementary Statement, London: H. M. S. O., 1976.

计115项条款,但该法案依旧存在纷争,也没包含公投的任何内容。直到12月16日,在二读表决的最后一天,枢密院事务部长办公室约翰·史密斯(John Smith)才宣布在实施该法案前将举行咨询性公投。修正后的法案于1977年2月22日表决,最终以312票对283票被否决,工党政府不得不撤回该法案[1]。

面对民族党在苏格兰咄咄逼人的态势,1977年3月,工党与自由党达成协议,自由党曾反对《苏格兰和威尔士法案》,因为它主张比例代表制和赋予增税权力。新的会期,工党一改过去将苏格兰和威尔士捆绑立法的做法,7月26日,迈克尔·福特(Michael Foot)宣布苏格兰和威尔士的权力下放法案将以两项独立议案提出。11月13日和14日,《威尔士法案》和《苏格兰法案》先后通过二读程序,随即又在16日进行最终辩论(guillotined)。1978年1月25日,下议院议员乔治·坎宁汉姆(George Cunningham)提出了一项关于苏格兰法案生效的前提条件的修正案,即至少要获得40%符合资格的选民的投票支持。威尔士法案也有类似规定[2]。同年7月30日,该法案终于获得皇家的批准。不幸的是,1979年3月1日在苏格兰和威尔士举行的权力下放公投中,二者皆因未达到40%的门槛,双双落败。公投结果直接致使经历一波三折的权力下放法案被取消,而且也导致工党的黯然下台。1979年5月3日,保守党在大选中获胜,从此开启了其长达18年的统治。

2.1.3 九十年代末如愿所至的权力下放

撒切尔夫人上台后,立马从权力下放的支持者转变为反对者,并将之雪藏,使得苏格兰和威尔士的放权问题在保守党执政期间变得遥不可及。诚然,保守党政府可以对苏格兰和威尔士的放权问题置之不理,但它本身亦无法摆脱被权力下放问题所围困的命运。宪法改革由下而上的呼吁不绝于耳,意味着1979年的放权公投并不能与放权问题的终结画等号,反而激怒了苏格兰和威尔士民众。在保守党看来,北爱尔兰问题比苏格兰和威尔士问题更加急切。众所周知,北爱尔兰在1921年实行的自治是英国仅有的权力下放样本,但1972年因内部冲突被保守党政府中止,可是直接统治未曾从根本上

---

[1] Oonagh Gay, Scotland and Devolution, Research Paper 97/92, London: House of Commons Library, 1997, p.16.

[2] Adam Evans, Devolution and Parliamentary Representation: The Case of the Scotland and Wales Bill, 1976—7, Parliamentary History, Vol.37. No.2, 2018, p.291.

解决问题。

实际上,在中止以后,中央政府就没有停止过对重启自治方案的探索,只是一直未获认可。1979年保守党再次上台,这个遗留问题,与其说是保守党的兴趣所在,毋宁说是保守党对苏格兰和威尔士问题的无感,以及这是它不得不面对的顽疾;原因之二是随着直接统治时限的增长,亦增加了中央政府的财政负重。北爱尔兰是联合王国最为落后的地区,财政赤字与日俱增,因而中央政府的补助金接连翻倍,从1973—1974年的3.13亿英镑,到1989—1990年的23.4亿英镑[1]。1982年,撒切尔政府推出《北爱尔兰法案》,试图解决上述困境。1982年《北爱尔兰法案》是在1973年和1974年《北爱尔兰议会法案》的修订基础上提出的,最显著的特点是对权力下放后的行政机关进行了规范,但因诸多分歧而没能实现。

多次失败之后,保守党政府不仅备感力不从心,而且还改变策略,认为复杂的北爱尔兰问题或许需要借助外部力量才能得到解决。"厌战情绪、善变的性格、欧洲层面的社会经济影响尤其是在减少边界冲突上的实际影响,加上对寻求内部解决办法的无疾而终,促使人们认识到需要外部参与,将爱尔兰政府带入到这一进程中来"[2]。早在1981年,英国与爱尔兰就建立了"政府间委员会"。1982年法案"闯关"未果后,1985年两国政府又签署了"英爱协议"(the Anglo-Irish Agreement),不过该协议在北爱尔兰引起了一些不满,有许多呼声要求中止或签署成立新的南北合作机构。

1990年,大量的党际会谈展开。在新一轮的谈判中,横亘着两个非常有争议的问题:一是英国和爱尔兰对"国家领土"的"合法权利的主张",它与"英爱协议"第1条和爱尔兰宪法第2条和第3条相抵触;二是引渡危机的延续[3]。随着80年代的结束,人们对北爱尔兰问题前景感到悲观。好在90年代,这一暗淡的境况得到改观。1996年,政府起草《北爱尔兰法案》,其中涉及参与谈判等内容,并就政治对话论坛的选举作出规定。布莱尔接任工党领导人之后,也积极支持保守党的和平努力,从旁给予协助。1997年大选工党

---

〔1〕 Paul Carmichael, Devolution—The Northern Ireland Experience, Public Money & Management, Vol. 16, No. 4, 1996, p. 9.

〔2〕 Paul Carmichael, Devolution—The Northern Ireland Experience, Public Money & Management, Vol. 16, No. 4, 1996, p. 11.

〔3〕 Sidney Elliott and Paul Bew, The Prospects for Devolution, An Irish Quarterly Review, Vol. 80, No. 318, 1991, pp. 126-127.

重返执政舞台,布莱尔不屈不挠地继续按照梅杰政府制定的三大支柱[1]与北爱尔兰各方进行周旋和谈判,于1998年终于艰难达成《耶稣受难日协议》。当年底旋即出台的《北爱尔兰法》则为重启北爱尔兰的自治画上比较圆满的句号。

保守党基本上把所有精力都投入在北爱尔兰问题上,对苏格兰事务摆出一副心不在焉的态度。1980年的地方选举,再次突显民族主义政党的实力不可小觑。纵使保守党在其后成立苏格兰事务特别委员会,以及启动提升处理苏格兰事务议会程序的党际对话,但这与权力下放并无实际关联,很大程度上仅是装点门面[2]。可是,苏格兰和威尔士的权力下放问题没有因为保守党的视而不见而停滞,反倒是激发了民间力量的膨胀和团结,并形成以工党为主导的攻势,尽管工党在1979年后出现了内部分裂和组织衰退的问题。如果说70年代的权力下放是中央政府自上而下的主动作为,那么80年代开始的放权进程就是民间倒逼中央政府的自下而上的自发运动。

作为苏格兰唯一的中道政党,工党为调和严肃的统一主义政党——保守党与不妥协的分离主义政党——民族党在放权问题上的争执,表现出较之于以往更为激进的立场。1980年,在苏格兰工党会议上通过的一项决议,建议成立一个拥有真正经济权力的议会,但不能侵犯联合王国的经济统一[3]。但有个问题是,工党在推进权力下放的过程中,在很多时候跟民族党似乎有合流的趋向,即越来越采取民族主义的立场,它在80年代的政策方向与70年代的民族党毫无二致,它甚至还支持民族党提出在欧共体内"独立"的理念。激进归激进,工党即便是有民族党化的势头,但与民族党仍是有根本上的不同,因为民族党坚持苏格兰主权属于苏格兰人民的主张,而工党则一向奉行的政治信条是议会主权。不过,在根本原则上的不同,并不意味着两者之间没有交集,相比民族党更为极端的做法,工党的中道路线似乎更能获得

---

[1] 三大支柱是:在一个分享权力的责权下放的系统里,如何统治北爱尔兰;英国和北爱尔兰(东西)之间的关系;爱尔兰共和国和北爱尔兰(南北)之间的关系。参见[英]托尼·布莱尔:《旅程:布莱尔回忆录》,李永学、董宇虹、江凌 译,南京:译林出版社,2011年,第144页。

[2] David Heald, Michael James Keating, The Impact of the Devolution Commitment on the Scottish Body Politic, Australian Journal of Politics and History, Vol. 26, No. 3, 2008, p. 399.

[3] J Barry Jones, Michael Keating, The Resolution of Internal Conflicts and External Pressures: The Labour Party's Devolution Policy, Government and Opposition, Vol. 17, No. 3, 1982, p. 292.

大多数民众的认同。

当然,不得不承认工党在80年代对权力下放的立场发生了一些转变,不但向精力充沛的苏格兰放权游说团体屈服,而且还与其他政党一道认为建立议会是保护苏格兰免受"撒切尔革命"掠夺的手段。1982年的政党纲领无视1979年《苏格兰法案》的困境,接受了"苏格兰人民有权选择议会的决定"。1983年2月,全国执行委员会发布声明承诺下届工党政府将成立一个直选的议会,其拥有许多增税权力和工业权力。该承诺随后写进1983年的大选宣言[1]。1984年2月,工党苏格兰委员会要求所属的所有机构参与到"苏格兰议会"的全党(all-party)运动中来,同时该机构还编制了一份题为"苏格兰制宪会议"(The Scottish Constitutional Convention)的讨论文件,提出如若政府拒绝该提案之后的腹案。

1984年9月,工党发表《权力下放:工党的绿皮书》。1987年大选,工党在苏格兰地区赢得42.4%的选票,并取得72个议会席次中50个席位[2]。工党由此认为这可以被视为对主导权力下放事务的授权,于是在1987年11月,提出"苏格兰议案"(Scotland Bill),但最终夭折。1988年,工党发布一份权力下放白皮书。由于前一年的法案"闯关"失败,党内一些积极分子成立了骨干小组——苏格兰劳工行动(Scottish Labour Action),吸引少数议员和党员的参加,借此向工党领导层施压,以加速推动权力下放。

民间的推进力量最早是成立于1980年的"苏格兰国民大会运动"(The Campaign for a Scottish Assembly,后来改为"苏格兰议会运动"——The Campaign for a Scottish Parliament),该组织是在1979年苏格兰公投被否决后成立的,成员大多是工党成员,同时也有一些民族党的人员参与,其主要任务是向撒切尔政府施压以实现权力下放。"苏格兰议会运动"拥有自己的执行委员会,该委员会在1988年7月建议成立"苏格兰制宪会议",以期为苏格兰未来治理擘画蓝图。1989年3月,"苏格兰制宪会议"正式成立,并签署一份《权利宣言》(Claim of Right),其成员来自各个政党、地方政府、教会以及包括妇女团体在内的民间组织、工会和商业界的代表等。

---

[1] Jack Geekie, Roger Levy, Devolution and the Tartanisation of the Labour Party, Parliamentary Affairs, Vol. 42, No. 3, 1989, p. 400.

[2] Lukas Audickas, Richard Cracknell, Philip Loft, UK Election Statistics: 1918—2019: A Century of Elections, Briefing Paper, Number CBP 7529, London: House of Commons Library, 18 July 2019, pp. 20-21.

民族党一开始拒绝参加,但后来改为支持,不过保守党始终排斥,尽管有些党员以个人名义参加。"苏格兰制宪会议"正式取代了"苏格兰议会运动",主要任务是预计在1990年11月提出《迈向苏格兰议会》的报告,后因在选举方式和某些问题上难以达成一致,该最终报告即"苏格兰议会:苏格兰的权利"(Scotland's Parliament: Scotland's Right)在1995年11月30日(即圣安德鲁日)才得以提交[1]。可见,"苏格兰制宪会议"可谓最具代表性的民间组织,不仅将不同利益团体的分歧在内部消化,更重要的是形成一股团结的力量,它直接导致1997年大选保守党在苏格兰的全军覆没以及在全国的垮台。后来,1997年7月24日工党政府发布的权力下放白皮书《苏格兰议会》便是以此为蓝本。

工党在80年代至90年代的放权问题上基本都是以苏格兰问题为主轴,威尔士很大程度上只是作为一个"陪衬"。工党仅在1987年的《苏格兰法案》中提及将苏格兰的权力下放延伸至威尔士和英格兰等地区。威尔士没有类似于苏格兰制宪会议这样的组织,同时工党也拒绝了商业联合会(TUC)建议成立威尔士国民大会运动的提议,该会于1992年成立政策委员会,以就国民大会的权力进行磋商。1996年5月,"迎接新威尔士"(Preparing for a New Wales)在工党大会中通过。"现实的情况是,1995年和1996年在威尔士工党大会上提出的概述其议会结构和权力的文件都是该党内部非公开讨论的产物"[2]。1997年7月22日,威尔士权力下放白皮书《威尔士之声》正式发布[3]。

不难发现,工党采取的策略是"先难后易""分进合击",直到苏格兰权力下放快要胜利在望了,工党才会将威尔士与苏格兰相提并论。例如,1996年5月在斯旺西(Swansea)举行的威尔士工党年会上布莱尔提到:"威尔士议会和苏格兰议会的建立既有利于不列颠,也有利于它们本身"[4]。一言以蔽之,威尔士权力下放的速度取决于苏格兰权力下放的进度,但亦说明威尔士

---

[1] Noreen Burrows, Unfinished Business: The Scotland Act 1998, Modern Law Review, Vol. 62, No. 2, 1999, pp. 242-243.

[2] Richard Wyn Jones and Bethan Lewis, The Welsh Devolution Referendum, Politics, Vol. 19, No. 1, 1999, pp. 41-42.

[3] Matthew Leeke, Chris Sear and Oonagh Gay, An Introduction to Devolution in the UK, Research Paper 03/84, London: House of Commons Library, 17 November 2003, p. 22.

[4] Tony Blair, Speech by the Rt. Hon. Tony Blair MP, Leader of the Labour Party to the Wales Labour Party Conference, Brangwyn Hall, Swansea, Friday 10 May 1996.

社会不像苏格兰社会那样复杂,威尔士民众对权力下放亦不像苏格兰民众那样热心。对工党来说,威尔士的权力下放虽不会给其带来太多麻烦,但也会带来不少麻烦,因为消极地不参与会使得权力下放在授权问题上大打折扣,带来另一种忧虑。诚如伯吉斯(Michael Burgess)所言:"在很大程度上,威尔士的权力下放被笼罩在苏格兰的阴影之下。威尔士公投的尖锐矛盾性表明,工党不得不努力改变自身和工党政府必须说服民众,权力下放并不意味着联合王国的解体"[1]。

1996年,工党宣布将在苏格兰议会和威尔士国民大会成立之前举办公投,工党充分汲取上一次公投失败的教训,将公投放在提出法案之前,给其如何应变留下充足的时间和空间,以防重蹈覆辙。1997年5月1日的大选,已连续执政18年的保守党在巨大的反对声浪中狼狈下台,工党一如所愿再次尝到执政的滋味。此次选举的胜利,意味着推行权力下放的时机完全到来,工党更是欲以此大展宏图,建功立业。果然,在当选两周后,布莱尔就马不停蹄地向议会提交了第一个法案,即《公投(苏格兰和威尔士)法案》,并于7月31日获得皇家批准成为法律。同时,大选结束还不到三个月,工党政府就夜以继日、快马加鞭地发布了两部权力下放白皮书。

1997年9月11日和18日,苏格兰和威尔士放权公投如期拉开帷幕,结果分别以74.3%对25.7%、50.3%对49.7%获得通过[2]。随后,工党政府以两份白皮书为模板,于该年11月26日和12月17日在议会提交了《威尔士政府法案》和《苏格兰法案》,并于次年7月31日和11月19日,分别获得皇家批准成为法律。除此之外,北爱尔兰亦在此时露出一线曙光。经过1997年9月举行具有历史性意义的多党会谈最终促成该问题在1998年4月取得重大突破,两国政府和八个政党共同签署了一份新的《耶稣受难日协议》(也称《贝尔法斯特协议》),并被赞誉为是未来建设新爱尔兰的坚实基础[3]。1998年5月22日,在北爱尔兰举行的是否支持该协议的公投结果显示,

---

[1] Michael Burgess, Constitutional Change in the United Kingdom: New Model or Mere Respra, South Texas Law Review, Vol. 40, No. 3, 1999, p. 725.

[2] Lukas Audickas, Richard Cracknell, Philip Loft, UK Election Statistics: 1918—2019: A Century of Elections, Briefing Paper, Number CBP 7529, London: House of Commons Library, 18 July 2019, pp. 86-88.

[3] Michael Burgess, Constitutional Change in the United Kingdom: New Model or Mere Respra, South Texas Law Review, Vol. 40, No. 3, 1999, p. 726.

71.1%的选民表达支持,并创下81.1%的投票率[1]。根据《耶稣受难日协议》的相关规定,《北爱尔兰法案》在该年7月15日提交议会,并于1998年与《苏格兰法案》一起获得皇家批准。

至此,有关苏格兰、威尔士和北爱尔兰的权力下放立法任务就圆满完成,接下来的工作就是这三个地区根据法令规范进行权力下放在实践层面的操作。纵观这次波折不断的权力下放过程,不仅历时久而且困难极大。好在这伟大的"宪改工程"能够以胜利的姿态迎接新世纪曙光的到来。遗憾的是,作为"宪改工程"伴生物的"英格兰问题"未能如愿解决。直到今日,"英格兰问题"仍是一个痼疾,一直"沉睡"在那里,"似乎在等待,似乎又是在得过且过"。

2.2 英国权力下放的制度设计

权力下放的载体是政治制度的设计与实施,而制度设计在很大程度上又决定着非对称的放权模式是否能够满足每个地区不同的政治诉求,更决定着作为遏制分离主义运动的一种办法的成败。制度设计不仅要体现权力下放的方式与内容,而且还必须彰显其原则与限制。当然,任何的制度设计都不可能一劳永逸,自治法不同版本的制定、废除,进而再制定、再增修的过程就将权力下放的制度设计是不同地区和政党相互博弈与妥协的本质表现得淋漓尽致。

2.2.1 权力下放的白皮书及其演化

白皮书尽管不是法案,但放权法案在很大程度上是根据白皮书或其修正版来起草的[2]。换句话说,白皮书通常被视为权力下放法案的草稿,它既可以是某一政党单独的政策说明书,也可以是不同社群共同协商讨论的共识性结论。诚如前文提及,工党就苏格兰和威尔士权力下放问题共发布四份白

---

[1] Lukas Audickas, Richard Cracknell, Philip Loft, UK Election Statistics: 1918—2019: A Century of Elections, Briefing Paper, Number CBP 7529, London: House of Commons Library, 18 July 2019, p. 89.

[2] 白皮书在英国具有悠久的历史,一般发表政府对即将实行的政策的阐释,而绿皮书是工党政府在1967年发明的,一般发表那些用于讨论的政策建议,但政府并不承诺将会按照此建议付诸实施。关于白皮书和绿皮书的区别,可参见[英]迈克尔·赞德:《英国法:议会立法、法条解释、先例原则及法律改革》(第六版),江辉 译,北京:中国法制出版社,2014年,第15-16页。

书,而保守党在北爱尔兰问题上亦发布了多份白皮书[1]。基本上,不论是工党还是保守党,在行将对权力下放立法时,都会发布一份白皮书提供给社会讨论。白皮书在权力下放过程中的作用就好比是一个试探球或风向标,是权力下放立法的一个前奏。在内容上,前者是后者的重要参照。值得注意的是,白皮书如何酝酿、产生以及又具有哪些争议,直接影响到权力下放法案的通过和公投的表决。可以说,社会大众对白皮书的好感程度直接决定着权力下放工程的命运。

在"北爱尔兰问题"上,保守党为重启自治,于1972年发布绿皮书《北爱尔兰的未来:讨论稿》[2],紧接着在1973年3月又发布《北爱尔兰宪制倡议》白皮书。白皮书是在绿皮书的基础上就达成具体解决方案,为必须考虑的事实提供一些建议。核心内容包括:(1)向议会提交一份全面的宪制法案;(2)规定只要北爱尔兰大多数人民同意,北爱尔兰将继续是联合王国的一部分;(3)作为联合王国的一部分,将维持现有12名国会议员的代表权;(4)将由单一可转让投票制度(STV)选举产生成立一个约80名成员组成的四年一届的议会;(5)议会委员会的成员将反映政党的平衡;(6)事务大臣仍然是联合王国内阁成员,行使保留给联合王国的某些职能;(7)国家议会将继续有权就北爱尔兰的任何事项进行立法;(8)北爱尔兰议会的法案须经女王批准后方具有法律效力;(9)要求议会制定具体的紧急立法,以更有效地打击恐怖主义;(10)北爱尔兰的行政院由各部首长组成,他们均由事务大臣按照一定程序进行任命;(11)政府同意并准备为北爱尔兰与爱尔兰共和国之间建立磋商与合作的体制安排;等等[3]。

显然,这份白皮书仍然是站在新教徒和统一主义者的立场制定的,无法得到天主教徒和共和主义者的认可。1973年7月18日,《北爱尔兰宪制法

---

[1] 白皮书均是在保守党执政期间发表的,主要有1973年3月的《北爱尔兰宪制倡议》(Northern Ireland Constitutional Proposals),1979年11月的《北爱尔兰政府》(The Government of Northern Ireland),1980年6月的《北爱尔兰政府:进一步讨论的提案》(The Government of Northern Ireland: Proposals for Further Discussion)和1982年4月的《北爱尔兰:权力下放的架构》(Northern Ireland: A Framework for Devolution)。与北爱尔兰有关的报告、法案、白皮书,均可参见: http://cain.ulster.ac.uk/hmso.

[2] 详细内容可以参见: Northern Ireland Office. The Future of Northern Ireland: A Paper for Discussion, Green Paper, London: HMSO, 1972.

[3] 详细内容可以参见: Northern Ireland Office. Northern Ireland Constitutional Proposals, White Paper, Cmnd 5259, 20 March 1973, London: HMSO.

案》"闯关"失败。1974年7月4日,保守党又推出名为《北爱尔兰宪法》的白皮书,该白皮书确立解决"北爱尔兰问题"的中心思想,即:须达成广泛共识;须存在某种形式的权力共享和伙伴关系,且为整个英国人民和国家议会所接受;规定权力和特权的同时,必须明确义务;多数无权强加意愿给少数,但少数群体也没有绝对否决权。因此,政府建议根据1973年《北爱尔兰议会法》(Northern Ireland Assembly Act 1973)所规定的选区和选举方法选举成立制宪会议,并向国家议会提交最终报告和公投结果[1]。但因1974年大选输给工党,北爱尔兰权力下放问题一直被搁置到1979年保守党再次上台。

工党在1974年赢得大选后不久,便发布首份白皮书,它是采纳皇家宪法委员会建议的结果,可以说前者是后者的翻版。同时,首份白皮书亦回应了委员会报告中提出的一些问题。白皮书的主要内容是:首先,政府同意皇家委员会反对分离主义和联邦制的主张或基调,并将维护联合王国的政治和经济统一视为权力下放的重要和基本原则;其次,虽然在苏格兰、威尔士、伦敦和英格兰的其他地区已存在不同程度的行政权力下放,但在财政和经济管理、贸易、工业和就业、地方政府、地方事务部和代表权等问题上仍待解决,因而政府接受委员会关于采取进一步的、实质性的权力下放的方案,即在苏格兰和威尔士建立直接选举产生的议会;最后,建议赋予苏格兰议会在已经独立立法的领域(如住房、医疗和教育等)的立法权。威尔士略有不同,它只拥有授权立法,议会将负责目前由事务大臣负责的一些行政职能[2]。1975年,工党发布第二份白皮书,比较详细地界定权力下放的范畴,着重介绍经济的、政治的权力下放的具体措施。总体上,第二份白皮书仍然延续了第一份白皮书的基调。白皮书建议在爱丁堡设立具有立法权的议会,由内阁制政府和首席执行官组成;而对威尔士则实行更为有限的权力下放,其拥有在地方政府、卫生、社会服务、学校、住房、道路、环境和规划等方面的权力。在议会选举方面,苏格兰和威尔士议会分别由142人和72人组成,简单多数制(FPTP)选举产生,任期四年。保留两个地区在威斯敏斯特的现有议员数额[3]。然而,

---

〔1〕 详细内容可以参见:Northern Ireland Office, The Northern Ireland Constitution, White Paper, Cmnd 5675, 4 July 1974, London: HMSO.

〔2〕 O. Hood Phillips, The British Constitution: From Revolution to Devolution, William and Mary Law Review, Vol. 17, No. 3, 1976, p. 451.

〔3〕 O. Hood Phillips, The British Constitution: From Revolution to Devolution, William and Mary Law Review, Vol. 17, No. 3, 1976, pp. 451-452.

为维护联合王国政治与经济的统一,政府不但拒绝给予苏格兰议会增税权,而且还对事务大臣委以重任,"他/她被赋予任命、指导、否决甚至是解散苏格兰行政院的非凡权力"[1]。

可以说,两份白皮书发布后,各种批评的声音从四面八方扑来。第一种批评声音认为,政府过分强调国家主权,而没有给地区自治留下足够的空间。白皮书规定威斯敏斯特除了拥有庞大的保留权力外,并且在下放权力领域拥有最终决定权。"只要威斯敏斯特认为拟议的法案对其仍有责任的政策产生'不可接受的影响',它就可以行使一般保留权。议会至高无上的立法主权反映在它就任何事项以及任何地区通过的法律的权力上"[2]。所以,有学者评论到"权力下放问题包含如何改进英国政府制度的宪制问题,以及如何防止联合王国分裂的政治问题,白皮书它关注第二个问题"[3]。第二种批评声音认为,不应该实行简单多数选举制度。自由党在这一问题上历来都扮演着急先锋的角色,不遗余力地抨击工党不采用比例选举制度的做法。实际上,工党对简单多数制度情有独钟是出于保持在苏格兰选举中绝对优势地位的考虑,一旦改为比例选举制度,它担忧在苏格兰地区的"独占鳌头"地位将会一去不复返。第三种批评声音主要来自英格兰,他们认为既然苏格兰和威尔士的事务已经下放给地区议会,那么减少本已超标的国会席次就是势所必然。质言之,白皮书尚未解决争论已久的"西洛锡安问题"。

归纳起来,白皮书没能解决好以下三个问题:"第一,未能理解民族主义情绪产生的根源;第二,未能解决公平与自治之间的冲突;第三,难以将权力下放与地方政府的新架构匹配起来"[4]。纵然1976年工党又试图通过补充说明来疏导这些不满,并在下议院艰难"闯关"后,但仍在1979年公投中惨败而归。

1979年11月,保守党就北爱尔兰问题发布一份工作报告,其中主要讨论体制框架、行使的权力以及少数群体的地位等面向的问题。具体分为:(1)应该选举一个还是更多的机构?选举的方法是什么?是否应该采用两

---

[1] Lewis Gunn, Devolution: A Scottish View, The Political Quarterly, Vol. 48, No. 2, 1977, p. 135.

[2] Brian Smith, Confusions in Regionalism, The Political Quarterly, Vol. 48, No. 1, 1977, p. 17.

[3] Martin Meadows, Constitutional Crisis in the United Kingdom: Scotland and the Devolution Controversy, The Review of Politics, Vol. 39, No. 1, 1977, p. 53.

[4] Iain McLean, Devolution, The Political Quarterly, Vol. 47, No. 2, 1976, p. 226.

院制,如果是,如何选举上院,以及它应该具有什么权力?行政部门是内阁制还是委员会制?(2)权力下放的范围是立法和行政,还是仅限于行政权力?如果是立法性质的,那么它应该是一级立法权,还是二级立法权[1]?在增加收入和决定资源分配方面,选举产生的机构和行政部门应该具有多少财政权力?(3)在决策过程中,无论是立法的还是行政的,保护少数群体利益的最佳安排是什么?例如,是否应该为其代表保留一定比例的职位,或者某些决定是否需要经过加权绝对多数的投票?在选举产生的机构中,少数群体是否应该拥有一项向上级机关申诉的权力,以"推翻"或阻止对自己不利的法案[2]?

根据对这些问题的研究,政府形成1980年7月2日的《北爱尔兰政府:进一步讨论的提案》白皮书,但反应比较冷淡。1982年4月5日,政府发布《北爱尔兰:权力下放的架构》白皮书,该白皮书要点是:首先,确立权力下放的基本标准是两大社群需要就如何行使行政权力达成一致。如果70%以上的议会成员批准建议如何行使权力的报告,那么事务大臣将会提交给国会。国会如若批准这些提议,并考虑这些提议在北爱尔兰必要的支持程度,就会下达权力下放令。反之,没有达到70%的门槛,但事务大臣如果认为议会的建议能为双方接受,那么他/她仍可以向国会提交该报告,如获同意,就可以进行权力下放。其次,如果行政当局在完全权力下放后失去其产生(议会)的支持,则可以将下放的权力交还给事务大臣。倘若将所有权力都交给事务大臣,那么议会就有可能被剥夺权力;或者它可以继续行使审查、协商和审议的职能。假若不能再组成新的行政机构,那么议会就可以被解散。最后,在伦敦和都柏林的议会应该考虑是否要在议会一级成立一个由北爱尔兰议员参加的英爱机构。北爱政府可以在下放范围内自由地与爱尔兰共和国作出双边安排和协议[3]。这份白皮书对统一主义者来说,下放的权力太多,而对于共和主义者来说,下放的权力又太少,双方始终没有就一些问题达成共识。于是,保守党转向期冀第三方的参与来化解这些问题。

经过18年的在野孤寂,1997年工党幸得再次上台。 方面,苏格兰和威尔

---

[1] 一级立法权对应的英文名词是 primary legislation;二级立法权对应的英文名词是 subordinate legislation,亦称次级或附属立法权。

[2] 具体内容可以参见: Northern Ireland Office, The Government of Northern Ireland: A Working Paper for a Conference, Cmnd 7763, 20 November 1979, London: HMSO.

[3] Northern Ireland Office. Northern Ireland: A Framework for Devolution, Cmnd 8541, 5 April 1982, London: HMSO.

士的权力下放是工党的"未竟事业",另一方面,苏格兰地区对权力下放业已形成充分的共识。对于工党来说,这次的权力下放,无疑是志在必得。1997 年的白皮书全文共计 11 章,包含对苏格兰权力下放背景和政策的介绍,过去的经验教训,苏格兰法的介绍,议会的权力,财政金融的规定,苏格兰与欧盟的关系,苏格兰与中央政府的关系,苏格兰与地方政府的关系,经济和工业政策,过渡期的安排,以及对未来的探讨等。此次的白皮书不仅内容非常全面和翔实,而且还获得几乎所有政治派别的支持,这主要是因为它与之前的白皮书在核心问题上已有所不同:其一,在立法能力方面,法令将只列举保留给威斯敏斯特的权力清单,而不是下放给地区的权力清单,从而淡化过于强调议会主权的色彩;其二,它的建议弱化事务大臣的角色和权力,使得地区政府可以更自由地行使自治权力;其三,对"西洛锡安问题"的回应,它不再坚持保留既有席次的数量,而是根据不同地区的人口比例,重新分配议会席次,苏格兰将由 72 席减少到 59 席;其四,给予苏格兰更大的财政权和增税权力,提升苏格兰议会的能力;其五,正视和引入比例选举制度,与简单多数制度形成混合选举制度(PR-AMS)[1]。不过,威尔士的权力下放问题,虽然在事务大臣、代表权以及选举制度上已与苏格兰同步,但在立法权和增税权方面,仍与 70 年代白皮书的内容几乎保持不变。与苏格兰白皮书不同的是,"威尔士的权力下放是以功利主义的方式提出,着重强调经济目的"[2]。在白皮书的开篇、第二章及其余章节的论述均是以经济繁荣和实际收益为主线[3]。

诚然,白皮书不是权力下放方案的正式版本或定稿,但它不仅给了人们讨论的样本,也为政府改进要点提供方向。无论是漏洞百出的白皮书,还是赞誉有加的白皮书,对推进权力下放都有着不可忽视的积极作用。从正式的法案文本中,或许更能体会到法案文本是脱胎于白皮书的真切再现。

2.2.2 对三个地区放权法案的文本比较

三个地区的放权都不是一步到位,因而权力下放工程时间跨度较大,内

---

[1] 详细内容可参考:Scottish Office, Scotland's Parliament, Cmnd 3658, London: HMSO, 1997.

[2] Jonathan Bradbury, The Blair Government's White Papers on British Devolution: A Review of Scotland's Parliament and a Voice for Wales, Regional & Federal Studies, Vol. 7, No. 3, 1997, p.123.

[3] 详细内容可以参考:Welsh Office, A Voice for Wales: The Government's Proposals for a Welsh Assembly, Cmnd 3718, London: HMSO, 1997.

容纷繁复杂。对每项问题一一展开,并非本书的目的。为使行文更加聚焦,也为更好地比较同一法案的不同版本,以及比较不同地区的法案本身,根据分离主义和非对称安排,结合上文的分析,本书选取立法权、财政权、行政权、央地关系、选举制度等五个维度的问题展开论述和比较。1978年至1998年,工党政府分别出台两部苏格兰和威尔士法案以及一部北爱尔兰法,它们既有延续,也有区别,甚至有被废除。更重要的是,1998年三个自治法不仅最终确立地区议会和威斯敏斯特议会之间的权力分界,亦为各个自治区的建立提供了制度设计。

(1) 由紧转松:1978年《苏格兰法案》与1998年《苏格兰法》

立法方面:两个法案在立法权力下放的方式和内容上有着不同,1978年法案采取的是列举下放权力的办法,即只有在清单上的条目,苏格兰议会才具有立法权。但这种立法权不是壁垒分明,因为只要事务大臣认为该法案不符合下放原则他/她就可对苏格兰议会的某些法案作出干涉,比如该法第19条第2款和第40条第2款就规定如果事务大臣认为苏格兰议会制定的法规不符合欧共体义务,或联合王国任何其他国际义务,或由议会通过并履行任何此类义务的立法所规定或应当规定的事项,事务大臣有权不呈交给女王批准,或直接撤销该法规。而1998年法案改用列举保留权力的方式,即只有在清单上的领域,威斯敏斯特才有权立法;其他尚未规定的事项皆是苏格兰议会的立法范畴。虽然1998年法案仍保留事务大臣一职,但他/她已无实质权力。相较之下,1978年法案属于苏格兰立法的空间很小,而1998年则走向另一极端。在内容上,1978年法案的附录2首先列举了哪些容易混淆的事项不属于下放范畴,附录10才是列举下放事项[1],而且还详细列举出哪些事项不属于下放的具体内容。显然,这些立法领域不仅无足轻重,而且处处受限。1998年的法案,大大扩充地区议会的立法能力,即便第29条列举苏格兰议案如违背立法权限而不能成为法律的情况,但"保留事项在附件5列出,长达17页,它们包括一般性保留和特定保留……只有附件中明确列出的事项才是保留事项,同时法令第30条第2款规定,经威斯敏斯特议会和苏格兰议会同时

---

[1] 包括医疗、社会福利、教育、住房、地方政府和地方财政、土地的使用与规划、环境卫生、自然灾害、城乡建设、交通、道路、海事工程、农业、渔业、用水、消防、旅游、文物保护、民政服务、法院和法律职业、特别法庭以及调查、公共档案、民法事务、犯罪活动等。

批准后,附件所列事项可由枢密令更改"[1],由此可见,新法案对威斯敏斯特加诸的种种束缚和限制均以法律的形式确定下来。

财税方面:苏格兰民族主义者一直期待能够建立有税收能力的议会。1978年的《苏格兰法案》,不仅没有授予苏格兰拟议议会任何税收权力,而且在借贷和支出方面,均须听命于事务大臣的指令;在审计和预算方面,事务大臣亦能发挥巨大影响力。可以说,事务大臣就是苏格兰的"钱袋子"。1998年的《苏格兰法》则"给予"苏格兰议会税收税基变更权(the tax-varying power),但变动范围不得超过3便士[2]。与此同时,苏格兰的财政收入和支出,几乎完全变为由议会支配,而不再受到事务大臣指令的约束。尽管事务大臣在借贷事项上仍有一定的发言权,但1998年以后,首席部长在事实上已逐渐取代事务大臣的角色,甚至是由同一人担任。需要注意的是,工党政府在法案中给予税基变更权,是基于在制定法案之前大多数苏格兰民众对公投第二个问题的支持,否则不会主动给予这种权力。即便苏格兰议会获得税收权力,但也是非常小的权限,而且仍受制于联合王国相关法律的规制。

行政方面:1978年法案第20条至23条对行政职能和行政法规作出了规定。① 苏格兰行政院的首脑被称作首席秘书(First Secretary),其余成员称为行政官(Executive)。② 首席秘书由事务大臣任命,其余行政官由首席秘书从议会成员中任命。首席秘书的去留由女王决定,其余行政官由首席秘书决定。③ 行政院拥有一定的附属立法权或授权立法,但仅是与下放权力有关的事项,不过有在征得同意后行使或共同行使(concurrently)的其他权力。④ 事务大臣有要求行政院撤销或执行的权力。与1978年法案相比,1998年的《苏格兰法》中行政院具有更加独立的地位和权力:① 苏格兰行政院首脑改称首席部长,其余成员统称为部长。首席部长由女王从议会成员中任命,首席部长可以从议会成员中任命其他部长,经议会同意后,可向女王申请批准。② 与1978年法案不同,1998年《苏格兰法》授予首席部长在议会同意的情况下可以向女王建议任免苏格兰检察长和副检察长的权力。③ 1998年《苏格兰法》还就公务员制度作出规范,这是1978年法案所没有的。其第

---

[1] 另外,一般性保留权力主要涉及宪政制度、政党的注册和资金、外交事务、公共服务、国防、叛国罪,还包括特殊保留事项,财政与经济事务、国内事务、贸易和工业、能源、交通、公共安全、职业规范、媒体与文化等。参见:[英]迈克尔·赞德:《英国法:议会立法、法条解释、先例原则及法律改革》(第六版),江辉 译,北京:中国法制出版社,2014年,第174页。

[2] 详细内容可参见1998年《苏格兰法》第五部分,第73条至第80条的有关规定。

51条规定,首席部长可任命人员担任苏格兰行政当局的公职,其薪资和津贴（包括任何养恤金计划的缴款）均应由苏格兰综合基金（the Scottish Consolidated Fund）支付。④ 苏格兰行政院实行内阁制,即集体决策和集体负责。除享受剩余权力外,其还可以行使经同意后的权力和共享权力,以及共同体或公约所规定的权利。这些权力/权利虽在名义上不受任何干涉,但该法仍保留事务大臣要求撤销或执行的权力。

央地关系：1978年法案在第二部分对苏格兰与联合王国当局之间的关系作出规定。① 规定女王陛下可以通过枢密院令,对联合王国法律或其任何部分（包括苏格兰法案中的任何规定）进行任何修订。② 规定事务大臣在某些条件下可以否决苏格兰议会法案的权力,比如可能涉及保留事项或不符合公众利益的时候,以及前文已有提及的撤销法规或要求阻止或执行的权力。尽管法案作出设置代理机构和提供行政、专业或技术服务等安排来粉饰中央与地方的关系,但1978年法案透露出央地关系的逻辑仍然是中央政府占据绝对主导优势,在许多地方地区自治可能"有名无实"。③ 该法案没有解决所谓的"西洛锡安问题",即苏格兰在国家议会中的代表权问题,它仍维持71席不变。1998年的《苏格兰法》,直接取消将央地关系作为专章来加以说明,而是分散到不同小节：① 该法没有直接规定国家议会可就苏格兰议会法案作出修改的权力,而是规定苏格兰议会法案不能涉及保留事项,否则不能成为法律。不过,按照议会主权原则,威斯敏斯特仍有权就所有部分的任何事项立法。为排除不满人士的担忧,《斯威尔公约》应运而生,苏格兰的立法能力由此受到更好的保护[1]。当然,该法依旧保留事务大臣在一定程度上的干预权力,但这都是有备无患之举。② 在代表权方面,纵使没有明确指出议席的规模,但第86条第2款明确规定"苏格兰不少于71席"的条文被删除,这意味着往后苏格兰在国家议会的代表权会适度削减,以回应过渡代表权的问题。③ 在司法方面,1998年的《苏格兰法》与1978年的法案均规定枢密院司法委员会是权力下放争端的上诉机构,同时亦都规范了苏格兰与威尔士、英格兰和北爱尔兰之间的关系问题。

选举制度：1978年法案接受建立一个苏格兰议会（Assembly）的呼声,但对议会设置和运作的规定,却饱受各方非议。讨论最多的选举制度,在该

---

[1] 1998年《苏格兰法》第28条第8款规定：下议院通常不会在未征得苏格兰议会同意的情况下就下放事项进行立法。《斯威尔公约》在2016年的《苏格兰法》和2017年的《威尔士法》中以法律的形式正式规范下来。

法案中只字未提。毫无疑问,按照英国国会现行的选举办法,预计工党仍会在苏格兰和威尔士的议会选举采用单一选区简单多数决的选举制度。除选举制度外,与外界预期出入的是,工党有意在首次普选前增设临时议会,并按相关规定选举临时议员。临时议会有着特殊的任务,当正式普选时,除特别地区(如奥克尼、设得兰)外,临时议员的席次须退还给由苏格兰选区划界委员会指定的选区,临时议员要想继续当选,就必须在退回的选区内普选。同时,该法案亦没有公布苏格兰将由多少个选区组成,这些全都留待苏格兰选区划界委员会来研究。1998年的《苏格兰法》在选举制度方面的规定更加成熟和完善:首先,它取消临时议会和临时议员的设置,而是直接进入首次普选,符合苏格兰地区社会大众的普遍期待;其次,工党正式回应和接纳比例选举制度,在相互妥协中最后采取混合选举制度,规定区域选区议员(Electoral Region)和议会选区议员(Constituency)的席次比为56比73,但仍然保留奥克尼和设得兰的特别席位,区域选区议员由比例选举制度选举产生,议会选区议员由单一选区相对多数决产生;最后,在选举日期方面,除首次选举由事务大臣指定外,而后的选举均应在规定的时期举行,即便是要提前或延后选举,由议长作出建议即可,排除事务大臣对选举日程的干扰。

(2)似变非变:1978年《威尔士法案》与1998年《威尔士政府法》

立法方面:苏格兰两个版本立法权下放的区别是权力的大与小、规限的多与少的问题,而威尔士则直接跌落到行政权力下放的水平上,其仅在20世纪60年代地方事务部的基础上稍有拓展,即允许其有一定的行政法规(Statutory Instruments)制定权。因而,1978年的法案由于没有一级立法权,全文完全无涉立法能力的条款,对附属立法权也仅略微提及。附件2中,列举了威尔士国民大会法定权力的明细,这份清单长达26页,规定其可以就地方政府、地方事务、教育、房屋租赁、消防、医疗与社会服务、环境污染、土地规划、排水系统、淡水渔业、乡村发展、历史古迹、旅游、交通、高速公路、道路交通、登记服务等事项制定法规。同时,这17个事项还有许多注明了被排除的职能。对威尔士国民大会所制定的法规,该法案还建议成立一个委员会专门对其进行审查,以检查是否超出权力下放的范畴。事务大臣凌驾于地区政府之上,要求国民大会按照其相关指令行使职能,以及其有权根据国会决议废止相关法规。1998年的《威尔士政府法》对附属立法权作出了更为明确和详细的规定:在第58条中将附属立法审查委员会作为法定的委员会之一,用了七款内容来说明该委员会的目的、任务和职能范围；规定了制定附属立法的一般程序。在法定职能方面，基本上与1978年的法案相同，但也增加了林业、经济发展、威尔士语三个事项，事务大臣可以干涉与水资源有关的事项等。可见，威尔士的两个放权法案仅是对法定职能加以罗列，并不像苏格兰那样在附件中列出保留权力的清单。

财税方面：威尔士几乎没有财税自主权，一方面是它本来就比较落后，它没有财政税收自主的诉求，另一方面是这一权力亦不在工党的考虑范围之内。本质上说，威尔士的权力下放是行政权力下放的延续，而非立法权力的下放。与1978年《苏格兰法案》相同的是国民大会应有财政倡议权，并可根据相关授权订立相应的法规，但苏格兰议会提出的相关法案必须得到事务大臣的提议，才可以通过该法案。除有些微的差异外，1978年《苏格兰法案》和《威尔士法案》在综合基金和贷款基金的设置与使用、借贷与支出、统计与审计、修订现行条例、现有债务以及事务大臣的规定上如出一辙。1998年的政府法对财政的规定更加专业和细化，但主要内容与1978年的规定并无二致。其与1998年《苏格兰法》的不同在于：① 苏格兰议会获得所得税变更权，威尔士则没有取得；虽然苏格兰议会在借贷或支出方面，仍须受到事务大臣名义上的管辖，但其实际权力已转移至苏格兰首席部长手中，而在威尔士地区，事务部长依然是威尔士财政的"大管家"。② 苏格兰审计长由女王根据苏格兰议会的提名任命，在行使职权时享有独立地位，不受行政机构和议会成员的干扰，职位的解除也需要遵循严格的程序；然而在威尔士，如果事务大臣认为审计长有行为不端，在与国民大会协商之后，可向女王建议免职。并且政府法没有对审计长行使职权的独立性作出规定。值得注意的是，中央政府向苏格兰和威尔士转移支付根据的"巴内特公式"在两个文本中均无涉及，但至今为止，已行之有年。

行政方面：1978年《威尔士法案》和1998年《威尔士政府法》都规定行政机构将是委员会制，而不像苏格兰那样实行内阁制。也就是说，苏格兰的行政职能和责任明确规定由行政院履行，而在威尔士则由议会常设的委员会承担。根据1978年《威尔士法案》第17条和第18条的规定，国民大会的委员会分为两类：一类是主题委员会，另一类是执行委员会。主题委员会设立一名主席和一名领导人，执行委员会由主题委员会的领导人以及不超过这些领导人三分之一的其他成员组成，执行委员会的主席和领导人为同一人，"虽然其他委员会都必须反映议会中党派平衡性,但执行委员会可以限于多数党"[1]。1998年《威尔士政府法》规定所有委员会均为法定委员会,以专章的形式列出,按照顺序分别是执行委员会、主题委员会、附属立法审查委员会、审计委员会、地区委员会。可见,其对委员会的规定更加重视,且重要性也发生变化,执行委员会排在首位,同时领导人称谓也由委员会主席改为首席秘书,这一称呼与1978年《苏格兰法案》对行政院领导人的称谓一致。从这里似乎能够看出,威尔士有走向内阁制的趋势。基于平衡区域发展的考量,1998年版本增设地区委员会,其功能是就影响该地区的事项向国民大会提供咨询意见。设置行政监察专员,以调查民众对议会和其他公共机构管理不善的投诉。其他均与1978年的法案几无变化。

央地关系:尽管与1978年《苏格兰法案》内容大致相同,但在次序上,《威尔士法案》更强调事务大臣的三项权力,即该法案第34条至第36条规定事务大臣阻止或要求其采取行动的权力、撤销附属法规的权力以及国民大会在行使某些权力需要征得事务大臣同意的权力,但没有《苏格兰法案》中"女王可通过枢密院令为其立法",以及"事务大臣可以否决苏格兰议会议案"的权力。实际上,没有规定并不意味着威尔士没有这样的枷锁,因为威尔士的主要立法仍由威斯敏斯特负责。排在第二的是有关工业与经济的规定,与《苏格兰法案》一样,均是在财政部的批准下由事务大臣编撰议会行使相关权力的准则,最后才是相互协助和提供服务机构的安排。地区在国家议会的代表权问题,依旧维持着36席。此外,《威尔士法案》还就国际事务作出规范,规定议会在行使职权时,不得与联合王国以外的任何国家建立关系,如果因履行共同体义务或联合王国的任何其他国际义务需要行使某些权力制定法规,可由王室大臣行使这样的权力。《苏格兰法案》第64条亦有类似规定。1998年《威尔士政府法》刻意淡化央地关系的凸显性,特别是与苏格兰一样,取消前述提及事务大臣的三项特权,但保留在立法事项上与议会的协商权(第31条),且有权出席和参加议会全体会议或者任何委员会的任何程序,但无投票权。1998年《威尔士政府法》亦下放了更多的工业和经济权力。值得留意的是,威尔士没有像苏格兰那样代表权过多的问题。关于放权问题的争议与上诉,皆与《苏格兰法》的规定相同。

---

[1] J. D. Stewart, The Local Government Approach to Devolution, The Political Quarterlty, Vol. 48, No. 4, 1997, p. 444.

选举制度：威尔士地区对权力下放的消极诉求，亦反映在它对议会如何组成没有特别的偏好。1978年两个地区的选举制度几乎是一模一样，差别可能仅在于议会规模和选区的具体划分。相同点：① 普选之前，建议组建临时议会；除首次选举时间由事务大臣指定外，其后均是在第四年三月的第三个星期四举行，当然事务大臣可以根据相关规定提前或延后举办。② 国民大会议员任期皆为四年；选举人资格、取消议员资格（例外、司法程序）具有一致规定。③ 选举方式和议员席次都未在法案中载明。与1978年法案相比，1998年《威尔士政府法》和《苏格兰法》的相同点：① 规定议会由议会选区议员和区域选区议员组成。② 规定议会选区议员由单一选区简单多数决选举产生，区域选区议员由比例代表制选举产生。③ 规定议员候选人不得同时出现在区域选区和议会选区的名单上。④ 明确界定议会选区与区域选区的比例。不同点：① 从第二届议会选举开始都将时间定在第四年五月的第一个星期四，事务大臣对威尔士往后的选举时间仍有干涉权，但在苏格兰已被取消。② 议会规模不同，威尔士议会由20名区域选区议员与40名议会选区议员组成，共60席，苏格兰议会则由56名区域议员和73名选区组成，共129席，后者比前者高出一倍多，可苏格兰的人口并非威尔士的两倍。"小规模是威尔士工党对组建议会矛盾心理的另一个产物，但它开始变得愈加反常，北爱尔兰人口不到威尔士的一半，其议会规模几乎是威尔士的两倍"[1]。从议会规模中可以看出，威尔士议会的权力和地位既不如苏格兰，也更加不如北爱尔兰。

（3）异大于同：1920年《爱尔兰政府法》与1998年《北爱尔兰法》

爱尔兰自治作为英国权力下放的先行者，在时间上比苏格兰和威尔士足足提前了近60年，因而在时空环境上，与后两者有诸多不同。1998年的《北爱尔兰法》，虽与苏格兰和威尔士的法案同期出台，但却有着与之不同的外力因素和特殊安排。从《爱尔兰政府法》到《北爱尔兰法》，既有一个时间跨度的问题，也有一个族群分裂的问题。它可以当成一个自治个案被单独处理，但也可以看作一个放权缩影被放大解释。总之，北爱尔兰经验教训是联合王国权力下放事业不可或缺的重要一环。

立法方面：与其他两个地区的单一议院（Unicameral）不同，1920年《爱尔兰政府法》规定南爱尔兰和北爱尔兰均由上议院（Senate）和下议院（House

---

[1] Robert Hazell and David Sinclair, The British Constitution in 1997—1998: Labour's Constitutional Revolution, Parliamentary Affairs, Vol. 52, No. 2, 1999, p.166.

of Commons)组成。南北议会主要目的之一是组建爱尔兰理事会(Council of Ireland),以促进双方在整个爱尔兰事务上的相互交流和统一,并最终建立一个全爱尔兰议会。从这里看,南北议会只是一个过渡议会,其立法权力服务于过渡时期的特殊任务。在立法能力方面,它采用否定排除法:① 南北议会均有权就相互的和平、秩序和善政制定法律,但仅涉及它们管辖范围的部分事务,明令不能在国王、战争、军队等13个事项上立法。② 禁止干涉宗教平等法律,并不加补偿地获取财产。③ 南北议会均无权废除或修改既有法令的任何条款。④ 总督拥有是否将南北议会通过的法案提请女王批准的权力。1998年的《北爱尔兰法》,议会已由原来的两院制(Bicameral)转变成一院制,其立法权限也发生诸多变化。体现在:① 权力分为保留权力、例外权力和下放权力三种,北爱尔兰议会只享有下放权力,不像苏格兰那样还具有共享权力。② 涉及其他领土、超出下放权力范畴、不符合公约和共同体法律、宗教歧视、不平等等法案均无效。③ 涉及例外和保留事项的立法,须征得事务大臣的同意。④ 所有法案须经由事务大臣提交女王批准方可成为法律,同时他/她有权决定是否将某些法案提交女王批准。⑤ 女王可根据枢密院令,对联合王国任何地方的法律作出在她看来是必要的或适当的修正(第85条或86条)。显而易见,1998年《北爱尔兰法》比1920年的《爱尔兰政府法》所规定的立法权力要大,但比1998年《苏格兰法》的限制要多,这样规定是减少"多数暴政"的必要之举。

财税方面:比起后来其他自治法,1920年《爱尔兰政府法》在财政上的规定,中央政府似乎慷慨许多:① 第20条规定在南爱尔兰和北爱尔兰分别设立国库(Exchequer)和综合基金。② 第21条规定南爱尔兰和北爱尔兰的税收权,议会可以在各自的管辖范围内制定与强制税、征收税、消费税、公司利润税、货物税、所得税、某些关税有关的法律,这些税收所得应缴纳给南爱尔兰或北爱尔兰的综合基金,但议会无权对资本征收任何性质的普通税。③ 第22条对属于保留权力的税目做了划分。当然,因为爱尔兰有很大的税收权,故而它需要每年向帝国债务和支出捐款,费用由南北爱尔兰共同分摊(第23条)。④ 南北爱尔兰国库能够获得保留税的一部分的剩余款项,款额等于保留税减去该年度爱尔兰支付的债务与支出捐款以及投入爱尔兰的服务成本(第24条)。⑤ 拥有减免所得税和附加税的权力,南北爱尔兰议会有权分别向居住在其境内的个人提供所得税和附加税或其中任何一种税的减免。相比1920年《爱尔兰政府法》,1998年《北爱尔兰法》对税收权力进行了大幅度瘦身,近乎完全抽掉原有的一切税收权力,该法仅有两处提及极为有限的税收权力:① 除非由财政部和人事大臣,或由他/她的代表提出,否则议会不得就征收或增加税款进行表决、决议或制定法案。② 在没有跨社群支持的情况下,议会不得就征收或增加税款进行表决、决议或法案制定议事规则(standing orders)(第63条)。③ 适用于整个联合王国的任何法律规定下的税收或关税,指定日期之前在北爱尔兰实行的印花税都属于例外事项(附件2第9条)。不难看出,北爱尔兰的财税权不仅在纵向上今不如昔,而且在横向上与苏格兰亦无法相提并论。

行政方面:1920年《爱尔兰政府法》规定爱尔兰实行内阁制。① 与后来的苏格兰类似,苏格兰一切官员的法定职能都是代表女王行使,爱尔兰的行政权也归女王所有,总督、首席执行官或官员代表陛下行使相关权力。② 根据南北爱尔兰议会法,它们可以分别设立行政部门,但如若议会法案遭到任何修改,则可由总督接管,并任命管理这些部门的官员,任期与总督一致。③ 担任南北爱尔兰部长的人员应分别是各自执行委员会的成员,以向总督提供建议和协助他/她行使处理有关南或北爱尔兰事务的行政权力。④ 总督在行使权力时,不得因宗教信仰而给予任何人优待、特权和好处,亦不得因宗教信仰对任何人施加不公和不利。⑤ 在某些情况下,根据枢密院令,总督可以解散南北爱尔兰议会,并代行相关职权(第72条)。毋庸置疑,总督是爱尔兰的最高长官,他/她对爱尔兰议会和行政的影响无处不在,所谓的"自治"在本质上是总督治下的"自治",远不能满足爱尔兰民族主义者的要求。时过境迁,1998年《北爱尔兰法》在行政方面的规定呈现出与众不同的特点:① 首席部长和首席副部长必须一同参选,由议会从其成员中按照过半多数产生,或满足跨社区指定多数[1]。② 首席部长和首席副部长共进退,如果其中一人辞职,那么另一人也必须辞职,"尽管他们头衔不同,但所享有的地位和权力是相同的……他们既要广泛的认可度,又需要具有广泛代表性"[2]。③ 首席部长和首席副部长均为执行委员会主席,但北爱尔兰的部长和执行

---

[1] 1998年《北爱尔兰法》第4条规定,"跨社区支持",对于任何事项的投票,意指(a)过半数的成员投票支持,过半数的指定民族主义者投票支持,过半数的指定联合主义者投票支持;或(b)过60%的成员投票支持,过40%的指定民族主义者投票支持,过40%的指定联合主义者投票支持。当然,这里还面临着无法获得跨社区支持的情况,因此议会有可能就此暂停或中断,如2002年所发生的那样。

[2] Robert Hazell and David Sinclair, The British Constitution in 1997—1998: Labour's Constitutional Revolution, Parliamentary Affairs, Vol. 52, No. 2, 1999, p. 167.

委员会的部长将不由首席部长提名,而是按照分配公式从选举获胜的政党中分配。以第一届选举为例,"执行委员会的部长由在议会选举中得票最多的四个政党提名,而不是首席部长"[1]。从对比中可以看出,1920年《爱尔兰政府法》强调的是南北议会之间的对称,而1998年的《北爱尔兰法》更注重北爱尔兰内部的权力分享,且这种分享程度不是苏格兰和威尔士可以企及的。

央地关系:1920年《爱尔兰政府法》开宗明义设立南北议会的旨趣在于最终建立一个统一的爱尔兰议会。换句话说,英国中央政府的目的显然是试图通过自治阻止分离:① 总督在央地关系中的作用被发挥得淋漓尽致,总督既被视为中央政府在爱尔兰的最高代表,同时也是爱尔兰地区的最高长官。② 爱尔兰在威斯敏斯特议会共有46名议员。③ 关于宪法问题决定的特别规定,假若总督或事务大臣认为其有利或不利于公共利益,应将上述问题立即提交枢密院司法委员会,听取并根据其建议采取决定。④ 第38至53条规定撤销爱尔兰最高法院,分别设立南北爱尔兰最高法院,以及一个在整个爱尔兰具有上诉管辖权的高等上诉法院。高等上诉法院为上议院,但任何案件的上诉须获得前者的准许后才可向后者提出上诉,同时规定有关联合财务委员会的法律问题,均可移交枢密院司法委员会。最重要的是,上议院和枢密院司法委员会可以对南北爱尔兰制定的任何法案的法律效力问题作出最终裁决,对所有法院均具有约束力。⑤ 建立公务员委员会。1998年《北爱尔兰法》对央地关系的规定是:① 在北爱尔兰前途地位上,较1920年《爱尔兰政府法》有所软化,破天荒地承认北爱尔兰拥有"自决权"。该法第1条规定:"未经多数北爱尔兰人民同意,其仍将是联合王国的一部分……如果多数人在投票中表达了脱离联合王国的愿望,事务大臣应向中央政府和爱尔兰政府商定实现这一愿望的提案。"② 对于涉及例外事项和保留事项的北爱尔兰法案,事务大臣有权撤销(第25条),同时在国际义务方面,事务大臣可以命令指示北爱尔兰政府不得采取拟议的行动或采取适当行动的权力(第26条)。③ 1998年《北爱尔兰法》还就联合王国与北爱尔兰部门之间机构作了安排,规定在联合王国的任何部门、公共机构、公职人员与北爱尔兰的任何部门、职能部门或公职人员之间建立协作机构。④ 为处理北爱尔兰问题,贯彻贝尔法斯特协议,建立南北部长理事会、英爱理事会和英爱政府间会议等机制。

---

〔1〕 Matthew Leeke, Chris Sear and Oonagh Gay, An Introduction to Devolution in the UK, Research Paper 03/84, London: House of Commons Library, 17 November 2003, p. 27.

⑤ 在司法方面,其任何规定均不属于议会的立法权限。司法委员会仍是最高上诉机构,其裁决在所有法律诉讼中具有约束力(第 82 条)。比较可得,其特点之一是 1998 年撤销总督一职,取而代之的是权力略小的事务大臣;特点之二是加入国际因素以更好地解决北爱尔兰问题。

选举制度:1920 年《爱尔兰政府法》对选举的规定与其他两个地区在许多方面都不同:① 爱尔兰从一开始就实行比例代表制度(STV)。② 南爱尔兰上议院由三名当然议员(爱尔兰大法官、都柏林市长、科克市长)、由总督提名的 17 名议员以及 58 名由选举产生的议员组成,下议院由 128 名议员组成,北爱尔兰上议院由两名当然议员(贝尔法斯特市长、伦敦德里市长)和 24 名选举产生的议员组成,下议院由 52 名议员组成。③ 北爱尔兰上议院议员任期八年,每四年改选一半;南爱尔兰上议院的提名议员和选举议员任期为十年,但由县级委员会选举产生的议员任期为三年。南爱尔兰和北爱尔兰下议院议员的任期均为五年。④ 女王可根据枢密院令就选举法进行她认为必要的或适当的修正。⑤ 担任南北爱尔兰部长的议员,有权在南北爱尔兰下议院就座和发言,但仅在他/她担任议员的议院才有投票权。1920 年《爱尔兰政府法》尚未就首次选举和后续选举的时期作出具体指定。物换星移,1998 年对选举的规范与 1920 年相去甚远,但跟其他两个地区倒是愈加接近:① 仍然坚持 1920 年的比例选举制度,但裁撤上议院后,也就没有提名议员的存在,全部议员均由选举产生。② 北爱尔兰议会、欧洲议会和区议会的选举均属于例外事项。每届议会任期四年,下一届选举在第四年五月的第一个星期四,但事务大臣可在任何时候以命令形式指示下届议会选举的投票日期。③ 议员从议会选区中选出,每个议会选区应选 6 名议员,与苏格兰和威尔士不同的是,北爱尔兰没有区域选区,而且在议会选区直接实行比例选举制度。④ 女王可以根据枢密院令就北爱尔兰地区普通选举和选区作出规范,事务大臣亦可以命令形式对选举或与选举有关的任何事项作出规定。

表 2-1 苏格兰、威尔士和(北)爱尔兰自治法在五个向度上的比较

		苏格兰		威尔士		(北)爱尔兰	
		1978 年法案	1998 年法令	1978 年法案	1998 年法令	1920 年法令	1998 年法令
立法方面	是否具有立法权	有	有	无	无(法规权)	有	有
	权力是否分享	否	否	否	否	否	是

续表

		苏格兰		威尔士		(北)爱尔兰	
		1978年法案	1998年法令	1978年法案	1998年法令	1920年法令	1998年法令
立法方面	权力清单类型	下放权力	保留权力	下放权力	保留权力	保留权力	保留权力
	议会模式	一院制	一院制	一院制	一院制	两院制	一院制
	女王是否有权干涉	有	有	有	有	有	有
	事务大臣的干涉权（否决权）	强	弱	强	强	强	弱
	议案是否必须通过事务大臣转呈女王签字	是	否（议长）	不涉及	不涉及	是	是
财税方面	是否具有税收权	无	无	无	无	有	无
	是否设立综合基金	是	是	是	是	是	是
	是否设立贷款基金	是	是	是	是	是	否
	是否设立国库	否	否	否	否	是	否
	是否具有自由支配权	有限	相对	有限	有限	相对	有限
	是否具有税率变更权	无	有	无	无	无	严格限制
	事务大臣是否具有财政方面的权力	是	是（首席部长向事务大臣贷款）	是	是	是（很少）	是

续表

		苏格兰		威尔士		(北)爱尔兰	
		1978年法案	1998年法令	1978年法案	1998年法令	1920年法令	1998年法令
行政方面	行政权归属	女王	女王	女王	女王	女王	女王
	议会跟行政是否分离	是	是	否	否	是	是
	事务大臣是否有阻止或要求采取行动的权力	有	有	有	有	有	有
	行政首脑任命权(Appointment)	事务大臣	女王	无规定	无规定	总督	无规定
	首席部长是否具有其他部长提名权(Nomination)	是	是	否	是	是	否
	是否体现党派对称	否	否	否	否	否	是
	是否设立地方委员会	否	否	否	是	否	否
	是否设立监察专员	否	否	否	是	否	是
央地关系	是否有未来地位条款	无	无	无	无	无	有
	中央政府是否有就任何法律进行修改或为其立法的权力	有	有	有	有	有	有

续表

		苏格兰		威尔士		（北）爱尔兰	
		1978年法案	1998年法令	1978年法案	1998年法令	1920年法令	1998年法令
央地关系	事务大臣是否有撤销某些法规或法令的权力	有	有	有	有	有	有
	国家议会中的代表数	71席	不多于71席	36席	40席	46席（北：13席）	18席
	最高上诉法院[1]	上议院	上议院	上议院	上议院	上议院	上议院
	是否有相互协作安排	有	有	有	有	有	有
	是否有国际因素	否	否	否	否	否	有
	是否需要宣誓效忠女王	是	是	是	是	是	否
选举制度	议会规模	未明确规定	129席（56∶73）	未明确规定	60席（20∶40）	北：52席	108席
	选举制度	FPTP	PR-AMS	FPTP	PR-AMS	STV	STV
	有无区域选区	无	有	无	有	无	无
	正式普选前有无临时议会	有	无	有	无	无	无
	议员任期	4年	4年	4年	4年	5年（下议院）	4年

〔1〕虽然所有地区的最终上诉法院都是上议院，但在上议院司法程序中出现的任何有关权力下放的问题均应提交枢密院司法委员会，特殊情况除外。也就是说，枢密院司法委员会是所有权力下放案件的最终上诉机构。

续表

		苏格兰		威尔士		(北)爱尔兰	
		1978年法案	1998年法令	1978年法案	1998年法令	1920年法令	1998年法令
选举制度	后续选举时间	第四年三月的第三个星期四	第四年五月的第一个星期四	第四年三月的第三个星期四	第四年五月的第一个星期四	未规定	第四年五月的第一个星期四
	事务大臣是否能就后续选举日期进行干涉	能	否	能	能	能	能

资料来源：作者自制。

表2-2 苏格兰、威尔士和(北)爱尔兰各种权力内容的比较

	苏格兰		威尔士		(北)爱尔兰	
	1978年法案	1998年法令	1978年法案	1998年法令	1920年法令	1998年法令
权力划分的列举方式	下放权力	保留权力	下放权力	下放权力	保留权力	保留权力
有无共享权力(及其内容)	无	《交通运输部法》《联合国法》《科学与技术法》《矿物勘探和投资赠款法》《工业法》《就业与培训法》《道路交通法》等部分条款以及其他附属立法所规定的内容	无	无	无	无

续表

	苏格兰		威尔士		(北)爱尔兰	
	1978年法案	1998年法令	1978年法案	1998年法令	1920年法令	1998年法令
权力划分的列举方式	下放权力	保留权力	下放权力	下放权力	保留权力	保留权力
有无例外权力(及其内容)	无	无	无	无	无	与王室相关的一切事项、国家议会、国际关系、防御部队、核武器和生化武器、叛国罪、移民、适用于全国的税收或关税、任免北爱尔兰最高司法法院法官以及其他成员、北爱尔兰议会选举、欧洲议会选举、地区议会选举、政党登记、货币、国家储蓄银行、国家安全、核能、渔业、对外关系等等

续表

	苏格兰		威尔士		(北)爱尔兰	
	1978年法案	1998年法令	1978年法案	1998年法令	1920年法令	1998年法令
权力划分的列举方式	下放权力	保留权力	下放权力	下放权力	保留权力	保留权力
下放权力的内容	医疗、社会福利、教育、住房、地方政府和地方财政、土地的使用与规划、环境卫生、自然灾害、城乡建设、交通、道路、海事工程、农业、渔业、用水、消防、旅游、文物保护、民政服务、法院和法律职业、特别法庭以及调查、公共档案、民法事务、犯罪活动等	无	地方政府、地方事务、教育、房屋租赁、消防、医疗与社会服务、环境污染、土地规划、排水系统、淡水渔业、乡村发展、历史古迹、旅游、交通、高速公路、道路交通、登记服务	在1978年的基础上,增加了林业、经济发展、威尔士语三项事务	无	无

续表

	苏格兰		威尔士		(北)爱尔兰	
	1978年法案	1998年法令	1978年法案	1998年法令	1920年法令	1998年法令
权力划分的列举方式	下放权力	保留权力	下放权力	下放权力	保留权力	保留权力
保留权力的内容	无	一般性保留权力主要涉及：宪政制度、政党的注册和资金、外交事务、公共服务、国防、叛国罪；特殊保留事项包括：财政与经济事务、国内事务、贸易和工业、能源、交通、公共安全、职业规范、媒体与文化等	无	无	与王室有关的一切事项、战争与和平、军队、签署条约、荣誉称号、叛国罪、婚姻、爱尔兰的对外贸易、海底电缆、无线电报、空中导航、灯塔、浮标或信标、货币、商标、专利、税收(部分)等	将与北爱尔兰有关的职能授予王室大臣，王室财产、航运、与海洋相关的自然资源、管道和电缆、户籍(domicile)、邮政服务、对北爱尔兰议会的特权与权力、刑法、维护公共秩序、紧急法、警察部队、火器与爆炸物、民防、文官委员会的职能与程序、社会保障、对外贸易、疫苗伤害赔偿、最低工资、养老金、金融服务、建筑、洗钱、市场竞争、知识产权、计量单位、电信、移植、彩票、医学、工业、消费保障、技术标准、环保、数据保护等

资料来源：作者自制。

2.3 英国权力下放的内在结构

上一节的内容只是对自治法文本的直观性描述和笼统式比较,无法相对清晰地厘清贯穿于其中的多重脉络和复杂线条,亦无法捕捉这些条款及其内容与维护国家主权和阻止分离运动的内在关联。因此,需要从顶层设计的宏观视角对制度建构的重要元素进行剖析和评估,才能较好地把握和解释权力下放后民众身份认同、政治认知和宪制偏好的变化。

2.3.1 自治法维护国家统一的基本元素

维护联合王国的统一是权力下放的根本目的,因而在三个地区的自治法中,必须通过规定女王至高无上的法律地位、中央主权权力的不可动摇性以及对国家宣誓效忠的必要性来等来确保这一旨趣。

(1) 女王的至高权力以及事务大臣的角色

六个自治法文本均规定了女王的至高权力,体现在:① 所有行政权都归女王所有,自治区在女王的授予下行使其所谓的行政权,如果女王撤销这种授予,那么行政权就可以由女王重新授予其他人或机关行使。例如,首席部长需要由女王或女王的代理人来任命与撤换。所有的议员和行政人员必须宣誓效忠女王(北爱尔兰除外)。② 女王对所有的法律都有实质性或名义上的同意权,倘若女王不批准某项法案,那么该项法案就不可能成为法律。也就是说,地方自治机关只拥有立法权,不具有立法的最终同意权。同时,女王可以对任何已经制定的法律作出必要的修正或取消,甚至还可以解散地区议会。③ 在司法方面,但凡与权力下放有关的法律争议的最终上诉机构皆是枢密院司法委员会,最后由女王根据枢密院司法委员会的意见进行裁决。由此可见,女王是集行政、立法和司法于一身的国家与主权象征,这跟后文的权力的两种划分相辅相成。也就是说,保留权力与下放权力皆是女王主权权力之下的次类型,但它们均不能超越女王权力本身。所以,这两种权力是分是合,皆由女王及其代理者决定。虽然波格丹诺指出这些权力都在很大程度上已流于形式,对英国中央政府来说要推翻地区议会的任何立法,在政治上都是极其困难的[1],但女王作为国家与主权的象征地位仍然是牢固和不可动摇的。

事务大臣(Secretary of State)作为中央政府在权力下放过程中的"安全阀",在不同时期主要具有以下权力:① 对议会立法的干涉权;② 对议会法案呈请女王签署的提交权;③ 对选举时间及相关事务的处理权;④ 要求地方行政机构采取行动或阻止行动的权力;⑤ 对地区行政机构首长的任命权;⑥ 撤销地区某些法规或法令的权力;⑦ 财政方面的某些支配权和借贷权等。因而,1920年和1978年的权力下放法案,事务大臣被赋予巨大的权力,在爱尔兰有任命权或一切权力的最终决定权,他/她与总督无异。正因如此,面对1978年放权法案的照本宣科,民族主义者对事务大臣的设置及其职权极为不满,认为这不是真正意义上的"权力下放",并将之视为"总督"或"监视者",这是导致放权公投失败的原因。实际上,他们对事务大臣的地位有所误解,因为这并非英国权力下放的独有现象。在单一制国家例如法国,均有类似的职位或机构在地方扮演着维护国家利益的角色。可是,由于对权力下放急功近利,以及迫于民族主义者日渐强大的压力,1998年的三个自治法对事务大臣作出了某种程度上的"祛魅":一方面是直接取消事务大臣的某些权力,诸如总督或事务大臣对首席部长的任命权和对选举日程与事务的干涉权等;另一方面是弱化或虚化事务大臣的某些权力。换句话说,事务大臣这一职位仍被保留,他/她的大部分职权也被保留下来,但在很大程度上都由实质性转向"象征性",因为在地区议会的愈加强势与中央政府的妥协让步的政治竞争中,事务大臣的权力显然是不可同日而语。不过,由于一切权力仍然属女王所有,所以作为女王/中央政府代理人的事务大臣,并没有完全空洞化或虚空化,他/她一直都在拥有和履行着法律赋予他/她的职权,而唯一的变化或许是这种职权在一般情况下是备而不用。

(2) 保留与下放权力的划分及其列举方式

保留权力与下放权力的区分有两个不可忽视的意涵:其一,无论是保留权力还是下放权力,其原初归属都是中央所有。换句话说,下放的权力是"过

---

[1] Vernon Bogdanor, Devolution in the United Kingdom, Oxford: Oxford University Press, 1999;Vernon Bogdanor, Asymmetric Devolution: Towards a Quasi-Federal Constitution? in Developments in British Poliitics 7, Patrick Dunleavy et al, eds. , London: Palgrave, 2003, pp. 222-241.

程性权力",而非"本源性权力"[1],这意味着中央政府可以随时授予或撤销这种派生性质的权力,过程性权力不受成文宪法的保护和保障。其二,保留权力与下放权力和联邦制下的联邦权力与州的权力具有本质上的区别,前者在原初归属上均是中央的权力,而后者在原初归属上都是州的权力。同时,前者能以普通法的方式改变权力的运作模式,后者虽然也可以改变让渡给联邦的权力,但它必须经过严格的宪法程序且须获得绝大部分成员单位的同意。从这个层面上看,英国的权力下放并没有破坏它单一制和议会主权的内在本质,"权力下放不同于联邦制与准联邦制,不会限制威斯敏斯特的权力,亦不会巩固民族或地区议会的权力"[2]。所谓的"半联邦制"转向,仅是一种表象。或许,民族分离主义者可能会以1707年的《联合法案》作为反驳这种观点的盾牌,但根据著名法学家戴雪等人的研究,"《联合法案》对英格兰和苏格兰的政治制度进行了四项革命性或根本性的改革",其中之一就是实现"两个王国的政治统一"[3],即政治权力全部集中于威斯敏斯特的议会手中。诚然,《联合法案》有其"联合"的性质,不过1998年《苏格兰法》第37条已明确规定,《联合法案》将受到该法的约束。在法律位阶上,《苏格兰法》高于《联合法案》,这等于是说《苏格兰法》看似给了苏格兰更多的自治权,但也将苏格兰与联合王国更紧密地联系在一起。

廓清权力划分的性质之后,至于权力划分采取哪种方式,则只是具体操作层面的问题。如何列举,在于权力下放的主导者要给自治区多大的权力空间。议会主权是至高无上的政治原则,因而无论采取列举保留权力还是列举下放权力,站在中央政府的角度上来看,本质上已无关大碍。但是,民族主义者沉迷于"半联邦制"的幻想之中不能自拔,认为列举保留权力后剩余权力全归自己,而且是"神圣不可侵犯"的权利。既然是权力下放,民族地区普遍更

---

[1] 童之伟教授将国家权力分为"本源性权力"和"过程性权力"两种类型。本源性权力是指相对而言处于原始形态的政治结合体从其自身的物质属性和组织结构中产生的一种权力,它属于政治权力而非法律权力,因为从根本上说它的出现先于现行法律,它不是从任何实在法中产生的,相反是由它制定实在法;所谓过程性权力是指本源性权力的主体通过宪法和法律在国家机构体系内配置的、由不同国家机关和官员掌握和运用的职权,参见童之伟:《国家结构形式论》(第二版),北京:北京大学出版社,2015年,第260页。当然,这种过程性权力,也可以称之为派生性或授予性权力。

[2] Dawn Oliver, Government in the United Kingdom: The Search for Accountability, Effectiveness and Citizenship, London: Open University Press, 1991, p. 95.

[3] [英]A. V. 戴雪,R. S. 雷特:《思索英格兰与苏格兰的联合》,戴鹏飞译,上海:上海三联书店,2016年,第193页。

倾向于列举保留权力,以使自己的权力最大化和有保障。在实践层面,开权力下放之先河的1920年《爱尔兰政府法》,由于它的取向是建立统一的爱尔兰自治政府,所以从一开始就强调列举保留权力的方式,而1978年的《苏格兰法案》和《威尔士法案》却坚持用列举下放权力的方式。也就是说,"北爱尔兰的经历对预测苏格兰和威尔士权力下放的前途了无助益,因为北爱尔兰的权力下放并不像苏格兰那样,不是为了迎合分离主义的诉求,而是英国政府在某种程度上为放松地区与联合王国的联系而施加的"[1]。源于工党的失策和民族分离主义者的抵制,列举下放权力的方式没有得到公投的支持,遂在1998年三个自治法中均采取列举保留权力的办法。这说明在民族主义者的要求下,中央政府无奈地通过自我限制的规约以争取民族地区的支持,但权力列举方式的改变并不意味着下放权力性质的改变。

(3) 作为政治象征和仪式的就职宣誓制度

就职宣誓(oath)是一种政治仪式,亦是一种政治象征,作为维护国家主权的体现和彰显,在政治层面上意义重大,在政治生活中更是不可或缺。美国布朗大学教授大卫·科泽认为:"现代战争依赖于一种国家忠诚感,但国家并无实形,只能通过象征被构想出来"[2]。实际上,何止现代战争需要国家忠诚感,在民族国家的治理过程中,亦需要国家忠诚感。那么,国家忠诚感应该如何建构和传承呢?科泽认为是通过仪式和象征的交互作用,"仪式提供了一种方式,让人们参与到戏剧之中,并看到自己扮演的角色……象征为仪式提供了内容,因此,我们可以从象征的本质和使用象征的方法中看到仪式的本质和影响"[3]。国旗、国歌等随处可视可听的存在成为政治场域中培养国家认同和忠诚的首选,但并非只有国旗、国歌才是国家的象征。如果说国旗、国歌更像是面向普罗大众形塑国家忠诚的一种政治仪式的话,那么对宪法或国王的宣誓效忠就更像是面向国家官僚队伍培植国家忠诚的一种政治仪式。对宪法或国王的宣誓效忠无疑是履行政治职责的前提和基础。换句话说,不进行政治宣誓,就不具备行使相应权力的资格。英国比较特殊,因为

---

[1] [英]韦农·波格丹诺:《新英国宪法》,李松锋 译、李树忠 校订,北京:法律出版社,2013年,第125页。

[2] [美]大卫·科泽:《仪式、政治与权力》,王海洲 译,南京:江苏人民出版社,2016年,第7页。

[3] [美]大卫·科泽:《仪式、政治与权力》,王海洲 译,南京:江苏人民出版社,2016年,第14-15页。

它没有成文宪法,又是君主立宪制。女王是国家的化身,效忠女王就意味着效忠国家,对女王的宣誓效忠是一项极为重要的政治仪式。

因而,对民族地区进行的权力下放,不但不能缺少这项连接中央与地方的政治仪式,而且还应该通过强化这项政治仪式来塑造自治政府对国家的忠诚和认同。1920年《爱尔兰政府法》规定下议员必须在规定时间内完成宣誓程序,方可履行作为议员的职权,但不能非法宣誓。1978年《苏格兰法案》和《威尔士法案》承袭这一传统,规定议会议员,或被任命为苏格兰秘书的人,必须按照1868年《宣誓法》第2节规定的内容进行宣誓,否则将不能参加议会任何立法活动,也不会获得任何薪水,而且超期仍未宣誓的,将丧失议员资格。1998年《苏格兰法》和《威尔士政府法》对宣誓的规定基本与1978年的规定一致,而1998年《北爱尔兰法》则作出不宣誓的明确规定,第77条第1款规定,"任何当局和机构不得要求个人进行宣誓或发表声明",这么规定是因为北爱尔兰是一个由两大不同宗教社群构成的异质性社会,为巩固来之不易的和平成果,降低政治指向性,宣誓效忠这一政治仪式被暂时搁置。值得注意的是,宣誓效忠不能直接进阶为政治认同或政治信仰,"忠诚仅仅呈现出对权力的服从,不能为权力自身的存在提供足够的证明"[1]。换句话说,单单依靠效忠宣誓并不足以建构其维护国家主权与统一的自觉性,英国苏格兰议员就在宣誓效忠后大张旗鼓地推动分离运动,没有宣誓效忠的北爱尔兰议员则未出现类似情形,但无法保证以后亦不出现。

2.3.2 保留权力对敏感事项的特别规定

某种意义上,对敏感事项的特别规定是中央控制地方的一种手段,以避免地方在权力下放后跟中央渐行渐远甚或背离权力下放的初衷。在任何国家,司法终审、财政税收和政党规范都是中央与地方关系中极为敏感而又重要的事项。

(1) 枢密院司法委员会与保留司法终审权

如果按照三权的划分以及从英国放权的理路来看,司法权既是一项独立于行政与立法的权力,也是一项保留的权力(即便是会下放某些司法权力)。有学者指出:"将司法权下放给地方当局,难道不会对权力分立这一西式民主

---

[1] 王海洲:《政治仪式——权力生产和再生产的政治文化分析》,南京:江苏人民出版社,2016年,第191页。

的基本精神造成不可承受的侵犯吗？"[1]英国的权力下放，几乎不涉及司法权力的内容。历史上，苏格兰在1707年前就已建构自己的司法体系，故在签订《联合法案》之后，仍保留着自己的法律系统，但只限于私法领域。也就是说，为达成苏格兰和英格兰的联合，它们相互妥协，在法律问题上实现了公法上的统一，私法上的分立[2]。威尔士和北爱尔兰受到英格兰法律的同化颇深，没有自己的法律体系。然而，权力下放的到来，意味着司法领域的微调与变革在所难免：一方面，权力下放重新划定各个地区的权限范围，它必然包括原有的一些法律权限；另一方面，权力下放实施过程中所引发的法律争议或权力纠纷，需要由相应的司法机关加以裁决或处理。实际上，在讨论和起草放权法案之初，一些学者就建议英国应设立联邦制国家中的宪法法院来解决类似的法律困境[3]。但这一提议并未被中央政府采纳，根本原因在于英国是实行不成文宪法的议会主权体制的国家，如果建立宪法法院，无疑将从司法领域推倒承延已久的政治根基。

那么，这一艰巨任务落到谁身上了呢？毫无疑问，英国在该问题上的考量和处理上显然不会碰触固有的政治底线，因而司法问题定然会被置于议会主权之下：其一，中央政府必须保留与权力下放有关问题的最终审判权；其二，最终审判权的执行者，参照惯例将继续由枢密院司法委员会负责[4]。本书所考察的六个自治法或法案文本皆载明枢密院司法委员会是这些地区权力下放案件的最终上诉机构，但不是所有案件都需要或有权提交枢密院司法委员会审理。更重要的是，1998年的权力下放法案创制了一项重要的先例原则，即枢密院司法委员会根据自治法所作出的任何判决应对包括上议院上诉委员会在内的所有法律程序都具有约束力[5]。同时，枢密院司法委员会对权力下放案件的审理，以苏格兰为例，其"只能就苏格兰的行为而不能就威

---

[1] M. L. Dixon, Devolution in Constitutional Law, Journal of South African Law, Vol. 21, No. 1, 1983, p. 41.

[2] Brian P. Levack, The Formation of the British State: England, Scotland, and the Union, 1603—1707, Oxford: Clarendon Press, 1987, p. 63.

[3] 例如韦农·波格丹诺就持这种观点，参见 Vernon Bogdanor, Devolution and the Constitution, Parliament Affairs, Vol. 31, No. 3, 1978, pp. 252-267.

[4] 关于枢密院的前世今生，可参见[英]A. V. 戴雪 等：《枢密院考》，戴鹏飞 译，上海：上海三联书店，2017年；关于枢密院司法委员会的前世今生，可参见王涛：《英国枢密院司法委员研究》，北京：法律出版社，2020年。

[5] 王涛：《英国枢密院司法委员研究》，北京：法律出版社，2020年，第77页。

斯敏斯特的立法发表意见。它能够宣布苏格兰的一项法规与自治法相抵触，但不能说威斯敏斯特的一项法律与宪法相悖"[1]。由此可见，英国的权力下放与联邦制国家的纵向分权有着本质上的区别。

2009年10月1日英国最高法院成立后，关于权力下放的终审权由枢密院司法委员会移交至最高法院，但这仅是职能的转移，而非性质的改变。换言之，英国最高法院只是自治区的"宪法法院"，而非联合王国的宪法法院。值得注意的是，尽管最高法院对苏格兰的绝大多数民事案件享有终审权（改革之前由上议院所有），但苏格兰高等法院对其刑事案件依旧拥有最终审判权[2]。不过，由于英国是普通法国家，倘若将来民族分离主义政党因不满中央政府拒绝授予举行"独立"公投的权利而诉诸法律途径，那么情况可能又会有所不同，就像当年加拿大面对魁北克的情况那样。就目前看，用法律手段化解像强行单方面"独立"或暴力冲突是中央政府的一大漏洞或软肋，这在很大程度上与英国的政治文化有关。

(2) 中央政府对财政税收权力的完全主导

长久以来，英国经济都是以英格兰一马当先，苏格兰紧随其后，爱尔兰和威尔士次之，由此便形成英格兰为国家财政的净贡献者，而其他三个地区为负贡献者的失衡局面。因而，关系着财政拨付的"巴内特公式"就是这种经济格局下的产物。一般来说，税收在严格意义上并不是主权权力或保留权力，一个国家存在多种税制实属正常，比如我国就曾有过国家税与地方税的分税制度，美国亦分为联邦税和州税两种。单一制国家的税收权力，由中央政府决定是否下放一部分给地方政府，其依系于不同的经济环境和政治考量。但是，对分离地区而言，赋予更多的税收权力就意味着将获得更多支持分离主义事业的经济资源，特别是那些拥有丰富自然资源或发达工业的地区，尽管民族主义者或分离主义者时常将"经济分离论"剥离成纯粹的经济叙事，例如西班牙加泰罗尼亚不断呼吁其中央政府给予更多的经济自主权。反之，倘若民族分离地区没有足够的经济支撑，那么对于"独立"主张的意愿就会大打折扣。因此，对经济前景的消极判断是2014年苏格兰"独立"公投败北的主要原因。无独有偶，加拿大魁北克分离公投的折戟以及民族主义运动随之降

---

[1] Vernon Bogdanor, Devolution: Decentralisation or Disintegration? The Political Quarterly, Vol. 70, No. 2, 1999, p.188.

[2] 江国华、朱道坤：《世纪之交的英国司法改革研究》，载《东方法学》2010年第2期，第125页。

温,也与"独立"后经济的不确定性有着密切关联[1]。可以看出,对税收和经济权力的限缩,是遏制分离主义运动的重要法宝。

对财政和贷款的规定是自治法的题中之义。英国在这方面的做法包括:① 在三个地区均设立综合基金(Consolidated Fund)甚或贷款基金(Loans Fund),而这些基金的资金来源主要依靠中央政府的注资,并严格规定使用综合基金的具体款项;② 事务大臣在对综合基金的拨付(从议会和国家贷款基金,经财政部同意)以及对综合基金的收取方面具有巨大影响力;③ 对首席部长、事务大臣以及法定机构的贷款作出规范;④ 在北爱尔兰,自治法规定议会不得提出财务法案、讨论并表决;⑤ 仅给予三个自治区极为有限或吝啬的税收权。某些项目税收变更权的下放,对中央政府的伤害微乎其微,"只要财政部有责任保持对英国经济政策的严格控制,就很难想象这种自主权会有任何实质性的提高,特别是随着欧洲经济一体化进程的日益加深,其正在为财政协调而非财政多元化增加压力"[2]。纵然,相较 1978 年的自治法案,1998 年的自治法已赋予苏格兰首席部长和财务机构一定程度的自主支配权,但相比联邦制国家的州的税收权仍相差甚远。需要提醒的是,苏格兰对所得税上调 3 便士的权力直到 2016 年《苏格兰法》才得到威斯敏斯特的明确,其原因是中央政府兑现应对 2014 年"独立"公投许下的承诺[3]。换句话说,假若没有公投运动的施压,中央政府授予苏格兰议会的税率变更权可能只是徒有虚名。某种意义上,没有充足的经济收入来源和实质性的财政税收来源,民粹分离运动就几无成功的可能,哪怕是单方面的非法公投,亦难有胜算。

(3) 对政党组织注册以及资金收支的规范

本书所涉的六个自治法文本,除 1920 年《爱尔兰政府法》没有对政党作出规定外,其余自治法文本均有涉及。1978 年的《苏格兰法案》和《威尔士法案》,有关政党的事项并未列举在下放权力清单上,故而可以判断这一事项属于中央政府的保留事项。1998 年,政党事项在《苏格兰法》中被明确列为保

---

[1] Jordi Muñoz and Raül Tormos, Economic Expectations and Support for Secession in Catalonia: Between Causality and Rationalization, European Political Science Review, Vol. 7, No. 2, 2015, pp. 318-320.

[2] Bell, D., How Much Money Would Scotland Have? Parliamentary Brief, November 1994, p. 87; Arthur Midwinter, Murray Mcvicar, The Devolution Proposals for Scotland: An Assessment and Critique, Public Money & Management, Vol. 16, No. 4, 1996, p. 16.

[3] 许川:《试析分离主义视角下的苏格兰公投——兼论台湾地区"独立公投"的非法性》,载《台湾研究》2019 年第 2 期,第 56 页。

留权力,在《北爱尔兰法》中被明确列为例外权力,在《威尔士政府法》则未提及,原因是威尔士不属于严格意义上的立法权力下放,故依此逻辑政党事项仍是中央政府的权限范围。然而,自治法对政党事项的规范非常简单,《苏格兰法》涉及政党事项的内容包括:① 事务大臣可就限制候选人与已登记政党的选举费用作出规定,② 对反对党给予支持,③ 在任命委员会和小组委员会成员时,应考虑议会政治党派的平衡性;《威尔士政府法》中,事务大臣一样拥有限制候选人与已登记政党选举费用的权力,并可在限制此种费用方面确立刑事犯罪,此外,还规定任何已注册的政党,均可提交议会选区的议员候选人名单;《北爱尔兰法》则无其他规定。

诚然,自治法虽未对政党事项作出详尽规定,但指明了政党事项的权力归属,且有关政党事项的立法已在1998年的《政党登记法》中有所规范。它带来的变化体现在:一方面是1998年的《政党登记法》首次将政党置于法律的管辖之下;另一方面是对政党经费有了更加有序和详细的管理[1]。纵使政党事项划归为保留权力或例外权力,有利于中央政府将政党活动纳入法律的控制范围,但英国对政党事项的规定仍有一些不足:

第一,尚未对不同政治取向的政党作出不同的法律规范。也就是说,即便是那些支持"独立"的政党,均可以获得合法的身份,并可以合法地夺取政治权力。此处的悖论是,一个主张分裂国家的政党,为何要参与政治选举,以及为何能参与政治选举?因为政治选举的前提是认同这个国家,以及不能逾越或破坏目前的民主边界和领土边界。如果说"公民的自治共同体"即国家是西方民主理论的精髓的话,那么"共同体及其成员、集团一起组成一个最高权力机构,并使自己服从它,他们同意把自己的行为限制在一定的法律和制度框架之内"[2]。本质上讲,政治选举是选举治理的人,但治理绝对不包括分离,除非宪法或宪制性法律已对其有所规范。相比而言,德国政党法和俄罗斯联邦政党法均对政党及其活动作出不得与联邦宪法相抵触(例如不得分裂主权、从事极端主义活动等)的限制,否则就是违法,宪法法院可以依照相关程序予以取缔,法国的宪法亦规定政党及其活动必须遵守国家主权和民主

---

[1] Robert Hazell and David Sinclair, The British Constitution in 1997-1998: Labour's Constitutional Revolution, Parliamentary Affairs, Vol. 52, No. 2, 1999, p. 176.

[2] 何包钢:《民主理论:困境和出路》,北京:法律出版社,2008年,第60页。

原则[1]。由此可见,对政党加以宪法规约是世界上主要国家规范政党行为、维护主权的必要之举。

第二,对政党组织的政治行为没有明确的规范。结社自由是民主社会的核心价值,但也不是毫无规章和限度,基本上绝大部分国家都对政党组织的注册和行为有着明确而又严格的程序规定。在英国,虽然2000年的《选举、政党和全民公投》规定成立新的政党注册局取代原先由公司注册官管辖的政党注册机构以负责政党的注册事宜,但该法只是机械性地涉及政党的注册流程、财务规定和政治献金等内容,而没有对政党出现与宪制性法律(如《苏格兰法》《威尔士法》和《北爱尔兰法》)相抵触的行为给予限制。这一方面是因为英国本无成文宪法可作为政党行为规范的准则,另一方面是三个自治法本身也无涉及不可分割主权等条款,所以这就给那些民族分离主义政党留下了法外之地,遂而它们能够在选举中堂而皇之地提出分离诉求。

2.4 本章小结

本章内容勾勒了英国权力下放的漫长历史和波折历程。英国的自治启蒙可以追溯至19世纪中后期的爱尔兰民族主义运动,也正是从这个时间节点开始,权力下放走进了议会辩论的中心。虽然,后来其随着(南)爱尔兰的独立而短暂离开人们的视线,但是20世纪60年代末又很快重新回到政治的舞台,而后一直延续至今。爱尔兰的独立并没有抚平民族主义者的激动情绪,反而是开辟了一个新的战场。与此同时,苏格兰和威尔士的民族主义运动逐渐抬头,在选举中的表现亦有起色。三个地区的民族主义看似是孤立存在的个体,实则是相互策应和共振的"战友",引起全国性政党的极大不安。

在此情况下,如何阻止民族主义势力对政治格局的继续侵蚀,成为执政者的当务之急。也就是说,对权力下放的再次拾起与选举情势变迁息息相关。由于工党和保守党的选举票仓相互错位,因此民族主义势力在苏格兰和威尔士崛起的负面影响对工党是首当其冲的。工党是权力下放政策最积极的行动者,其目的就是要守住它在这两个地区的优势地位。于是,工党在任期间,迅速成立了相关委员会,也先于保守党发布有关权力下放的白皮书以及在议会推出权力

---

[1] 参见张文红:《世界主要政党规章制度文献:德国》,北京:中央编译出版社,2016年;徐向梅:《世界主要政党规章制度文献:俄罗斯》,北京:中央编译出版社,2016年;李姿姿、赵超:《世界主要政党规章制度文献:法国》,北京:中央编译出版社,2016年。

下放法案,以展现其挽回颓势的姿态。遗憾的是,工党的仓促行动以及民族主义者对下放权力过小、限制过多的反对,让其在首次公投中铩羽而归。

随后上台的保守党改变工党的权力下放策略,将重心挪到北爱尔兰问题上,但收效甚微。在其执政的绝大部分时间,北爱尔兰权力下放举步维艰,直到快要离任的时候,借助国际因素才有所进展。保守党执政的18年里,苏格兰和威尔士权力下放问题被政府束之高阁,然而越是这样被冷藏,地方和工党对之的热情就越高涨。1997年的大选,工党带着庞大自信卷土重来,保守党狼狈下台。工党的再度执政,不是说它已经重获苏格兰和威尔士地区民众的足够信任,而是说大家认为它能够不断向民族地区作出更大的让步。

不难想见,此时工党已与"苏格兰制宪会议"紧紧捆绑在一起,因而工党在权力下放问题上近乎完全照搬民间版本,将大量的立法权和有限的税基变更权授予苏格兰和北爱尔兰,行政权等同于完全自主行使,同意和接受比例选举制度,中央与地区政府间无正式的制度安排,均给双方的政治关系和往后的选举结果增添无尽的变数。

诚然,自治法亦着重强调其维护国家主权和统一的立场,比如确立女王至高无上的地位,赋予事务大臣新的角色,保留司法终审的权力以及完全掌控财政税收的权力;但受制于英国的政治文化,缺乏对公职人员违背宣誓效忠行为的硬性约束、缺乏对政治组织和个人挑战领土统一的明确而又严格的规范、缺乏对国家认同和国家能力下渗的制度建构,以及全国性政党缺乏打击分离主义势力的决心和定力等,不仅弱化自治法维护国家主权的效力,而且还为某些政治组织和个人从事分裂活动留下法律和制度上的漏洞。除此之外,由权力下放的非对称模式所衍生的政治争论、地区冲突和政策分歧,又进一步加剧原本就已凸显的离心倾向。

根据学界惯常采用的指标和数据,下一章将从民众在政党倾向、身份认同和宪制偏好三个向度上的变化来分析权力下放的既有制度设计之于分离主义的影响,以及澄清相关理论联系的误区。

第 3 章

英国放权后民众政治偏好的变化

权力下放在英国还远未落幕,但由此带来的国家结构转型的喧嚣却渐渐趋于宁静,反倒是更激进分离运动似乎已成为后权力下放时代若隐若现的主轴。2014年9月举世瞩目的苏格兰公投,使得权力下放再次被推上风口浪尖,因为愈演愈烈的分离运动确实是在权力下放之后发生的。英国权力下放到底对国内政治尤其是对民族地区产生了哪些影响,是考究权力下放与更激进分离运动的制度联系的重中之重。本章拟从权力下放后民族主义政党、民众身份认同和宪制偏好(constitutional preferences)的变化来探析两者之间直观而又细微的关系。

3.1 权力下放与民众对政治党派的选择

"苏格兰和威尔士的权力下放可能取决于政党政治的发展演变,不仅是爱丁堡和加的夫的政党政治,还包括威斯敏斯特的政党政治"[1]。民族主义政党在有形无形之中推动着权力下放,相对地,权力下放无疑也会对民族主义政党产生反作用力。至于这种反作用力对民族主义政党是起到强化还是弱化的影响,可从两个向度来体现:一方面是根据民族主义政党在多层次选

---

[1] [英]韦农·波格丹诺:《新英国宪法》,李松峰 译,李树忠 校订,北京:法律出版社,2009年,第125页。

举中的具体表现来衡量,就英国而言,民族主义政党能够在三个层面参与竞争,分别是地区议会选举、下议院选举以及欧洲议会选举[1];另一方面是根据民众的政党认同或偏好来衡量。其实,这两个向度可以合二为一,因为在某种程度上,政党得票率无疑能够折射出选民的政党认同,在理论上两者是正相关关系[2]。

英国每一自治区都至少有一个民族主义政党,例如1925年成立的威尔士党(Plaid Cymru, PC)、1934年成立的苏格兰民族党(SNP)、1970年成立的新芬党(Sinn Féin, SF)[3]等,并且这三个均是支持分离主义的政党。它们从成立之初到首次取得国会议席,大多经历较长的空窗期。需要说明的是,管窥民族主义政党在历史长河中的跌宕起伏,必须以权力下放作为时间分界点,既要了解权力下放之前民族主义政党的选举表现,也要了解权力下放之后民族主义政党的选举表现。形成前后的对比,才有利于厘清权力下放是否对民族主义政党产生了积极或消极的影响。

3.1.1 国家选举中政党格局的"变"与"不变"

国家选举是指英国国会下议院的选举。英国一直以来对政党的规定并不是很明晰和规范,因而政党一般均能参与各级选举。民族主义政党在国家选举中的表现可从全国和地区两个角度来分析,即从在全国和地区的得票率来刻画它们的影响力。

权力下放对民族主义政党的作用应以2001年权力下放后的首次选举作为比较起点。在全国层面,从表3-1可以得知,2001—2010年,苏格兰民族党和威尔士党的总席次维持在9席,基本上与权力下放诉求高峰期1974年持平,但从未达到1974年10月的14席。2001—2010年与1992—1997年相

---

[1] 在本书写作时,英国与欧盟还处于脱欧过渡时期,不过这并不影响权力下放至今这段时期内民族主义政党在欧洲议会选举中的角色与表现。

[2] 当然也有得票率与政党偏好并不完全吻合的情况。比如:(1) 在不同选举层次,选民可能会选择支持不同的政党,纵使他/她有着明确的政党立场,但转投其他政党的情况时有发生,甚至选前倒戈的案例俯拾即是;(2) 民众的政党认同并不是恒稳的,政党的价值取向和执政绩效会影响到其受众(追随者)的扩散或限缩;(3) 一些选民是基于候选人个人魅力而进行的投票。

[3] 新芬党的成立可追溯至1905年,当前北爱尔兰的新芬党是1970年分裂后原有政党一部分,另一部分则组成了爱尔兰工人党;同时新芬党在历史上与爱尔兰共和国军也有着或多或少的连带关系。目前在北爱尔兰,新芬党已发展成为仅次于民主统一党(DUP)的第二大党。

比，席次总体是增长态势，尽管这种趋势较为微弱。2010年，三个民族主义政党在650席中仅有14席，约占席次总数的2%；2015年，民族主义政党在全国层面的表现迎来巨大拐点，它们共斩获650席中的63席，约占总席次的10%，五年之间净增长约8个百分点，其主要是得益于民族党在苏格兰地区破天荒地获得了59席中的56席。虽在2017年势头有所回落，但2019年又反弹回升至2015年的水平，这说明"次等社群，以及文化的、民族的、区域的少数民族，确实在政府的较低层次（他们所生活的领域）具有权力的可及性"[1]。不过，民族主义政党的得票率从未超过全国的6%。

从全国角度来讲，纵使民族主义政党取得三个地区的所有117席，所获席次也仅占全国席次的18%，其仍然无法撼动全国性大党的主导性或绝对优势的地位。"权力下放往往是对民族主义政党诉求的回应，但即便是在高度分散的政治体系中，全国性政党通常依然主导着政治制度的运作"[2]。不得不说的是，从表3-1与表3-3的对比中可以发现，在全国选举层面，当民族主义政党在自治区获得的支持越多，越有利于该党在地区选举层面获得更大的支持。换句话说，倘若全国性政党或联合主义政党在全国大选中都无法与民族主义政党相互抗衡或取得多数，那么它们在地区选举中的劣势地位或边缘化趋势就会愈加凸显。

国家选举对于地区性政党来说，带有某种与生俱来的偏见本身就是不争的事实，因为地区性政党区别于其他政党的特性是它们赖以生存的地域基础，尽管可以参加国家内部任何层次的选举，但其主要是在某一地区竞选并赢得选票的政党。当然，这里有几种情况需要考虑：

（1）如果一个国家只有两个地区，且两个地区的选民基数大致相同或者差距并不悬殊，那么国家选举对地区性政党的限制就小得多，地区性政党可能在国家选举中获胜并顺利执政；但也可能出现分属于两个地区且实力相当的地区性政党同台竞争的情况，一旦某一方不服从选举结果，就容易引发新的政治冲突甚或武装冲突，捷克斯洛伐克就是最好的例证。捷克斯洛伐克没有全国性政党，其规定地区性政党在国家选举中必须获得一定比例的跨社区支持才能当选。即便如此，捷克斯洛伐最后还是走向分裂。北爱尔兰的案例

---

〔1〕［美］曼纽尔·卡斯特：《认同的力量》，夏铸九、黄丽玲 等译，北京：社会科学文献出版社，2003年，第312页。

〔2〕Jonathan Hopkin, Devolution and Party Politics in Britain and Spain, Party Politics, Vol. 15, No. 2, 2009, p. 180.

其实也在一定程度上佐证了这一观点,北爱尔兰国民大会选举没有全国性政党参与,这无异于在某种程度上已形同"国家选举"。北爱尔兰的情况是:新教徒社群选民数略高于天主教社群,即便在共享政府架构的特殊安排下,自治地位多次被叫停,其间社群武装冲突亦屡见不鲜,在1921—1972年实行完全政党政治的情势下更是如此。

(2) 如果一个国家只存在两个异质(即因各种原因无法兼容)的地区,且选民基数差距过大,那么国家选举可能由较大社群的"全国性政党"(在本质上是地区性政党)一手控制,处于少数地位的地区性政党则永远无法执政,纵然在有保障席次的情况下,也可能出现抵制国家选举的情况。特别是在当所谓的"全国性政党"推行一些歧视性政策的时候,其可能直接触发少数社群的武装反叛,原南斯拉夫联盟部分成员国以及南苏丹等非洲的一些国家皆上演过此种情形。

(3) 如果一个国家存在众多地区,但尚有一个或多个主导地区,那么国家选举对地区性政党的限制就相当大,因为以主导地区为根据地的全国性政党不仅能够凭借"一己之力"顺利执政,并且它还可以在其他少数民族地区建立据点,从而挤压地区性政党的生存空间。相反,地区性政党很难将自己的大本营扩散至其他地区:一方面其他地区亦有本地区的政党,另一方面即便其他地区没有本地区的政党,全国性政党也早就将其招至麾下。这种情况下,地区性政党几无与全国性政党抗衡的实力,但这样的国家选举及其国家治理也相对平稳,例如英国就是一例,除此之外还有西班牙、印度和伊拉克等等。

表3-1 民族主义政党在国家选举中的表现

年度	全国层面				地区层面									
		SNP/PC			苏格兰(SNP)				威尔士(PC)				北爱尔兰(NAT./SF)			
	总席次	提名数	当选数	得票率(%)	总席次	提名数	当选数	得票率(%)	总席次	提名数	当选数	得票率(%)	总席次	提名数	当选数	得票率(%)
1929	615	3	0	0.0	71	2	0	0.1	35	1	0	0.0	12	3	2	4.7
1931	615	7	0	0.1	71	5	0	1.0	35	2	0	0.1	12	3	2	43.6
1935	615	9	0	0.1	71	7	0	1.1	35	2	0	0.3	12	3	2	22.5

续表

年度	总席次	全国层面 SNP/PC			地区层面 苏格兰(SNP)				威尔士(PC)				北爱尔兰(NAT./SF)			
		提名数	当选数	得票率(%)	总席次	提名数	当选数	得票率(%)	总席次	提名数	当选数	得票率(%)	总席次	提名数	当选数	得票率(%)
1945	640	15	0	0.2	71	8	0	1.3	35	7	0	1.1	12	3	2	20.6
1950	625	10	0	0.1	71	3	0	0.4	36	7	0	1.2	12	2	2	11.6
1951	625	9	0	0.1	71	2	0	0.3	36	4	0	0.7	12	3	2	20.0
1955	630	13	0	0.2	71	2	0	0.5	36	11	0	3.1	12	—	—	—
1959	630	25	0	0.4	71	5	0	0.8	36	20	0	5.2	12	—	—	—
1964	630	28	0	0.5	71	15	0	2.4	36	23	0	4.8	12	—	—	—
1966	630	43	0	0.7	71	23	0	5.0	36	20	0	4.3	12	1	0	3.7
1970	630	101	1	1.7	71	65	1	11.4	36	36	0	11.5	12	—	—	—
1974(F)	635	106	9	2.6	71	70	7	21.9	36	36	2	10.8	12	—	—	—
1974(O)	635	107	14	3.5	71	71	11	30.4	36	36	3	10.8	12	—	—	—
1979	635	107	4	2.1	71	71	2	17.3	36	36	2	8.1	12	—	—	—
1983	650	110	4	1.5	72	72	2	11.8	38	38	2	7.8	17	14	1	13.4
1987	650	109	6	1.7	72	71	3	14.0	38	38	3	7.3	17	14	1	11.4
1992	651	107	7	2.4	72	72	3	21.5	38	35	4	8.9	17	14	0	10.0
1997	659	112	10	2.6	72	72	6	22.1	40	40	4	9.9	18	17	2	16.1
2001	659	112	9	2.6	72	72	5	20.1	40	40	4	14.3	18	18	4	21.7
2005	646	99	9	2.2	59	59	6	17.1	40	40	3	12.6	18	18	5	24.3
2010	650	99	9	2.3	59	59	6	19.9	40	40	3	11.3	18	17	5	25.5
2015	650	99	59	5.5	59	59	56	50.0	40	40	3	12.1	18	18	4	24.5
2017	650	99	39	3.6	59	59	35	36.9	40	40	4	10.4	18	18	7	29.4
2019	650	99	52	—	59	59	48	45.0	40	36	4	9.9	18	15	7	22.8

说明：(1) 由于全国层面的数据将北爱尔兰划归到其他部分,故无法单独列出；(2) 北爱尔兰地区1929年至1979年为民族主义群体（NAT.）的笼统数据,1983年至2019年为新芬党的数据；(3) 新芬党2017年的得票率有33.1%和29.4%两个版本,本书选取后者。

数据来源：Lukas Audickas, Richard Cracknell, Philip Loft, UK Election Statistics: 1918—2019: A Century of Elections, Briefing Paper, Number CBP 7529, 18 July 2019, London: House of Commons Library, pp. 12—24; Elise Uberoi, Carl Baker, Richard Cracknell, General Election 2019: results and analysis, Briefing Paper, Number CBP 8749, 19 December 2019, London: House of Commons Library, pp. 14－24.

在地区层面,苏格兰民族党在地区的表现与民族主义政党在全国的表现紧密相关,因而民族党的变化与全国的变化基本一致。只是,为什么民族党会在2015年的选举中出现天翻地覆的变化,是值得探究的问题。本书认为可能有两个方面的直接原因:其一是2014年苏格兰地区刚刚举行所谓的"独立"公投,尽管公投未通过,但支持"独立"的民众却高达44.7%,而2015年大选民族党的得票率是50%,这说明支持"独立"的民众在一年之后不仅没有消散反而还略有增长的态势;其二是保守党政府此时已许诺在2016年举行"脱欧"公投,而苏格兰的主流民意尤其是民族主义势力是"留欧派",因此欲借助此次大选表达抗议。"脱欧"前景的不确定性,使政党把意识形态发展成为权力斗争的武器,其简化了选民权衡政策的过程,并为选民投票提供了决策的捷径[1]。

2017年大选,民族党执政十年期间苏格兰的教育、经济和社会公平状况并未出现多大起色,其固然遭受到不小的挫折,但随着"脱欧"时程的临近,"独立"的热情又得以熊熊燃烧,第二次"独立"公投呼之欲出。2019年大选,苏格兰民族党止跌回升,所获席次接近50席,可谓是在"十年之痒"或"十年平静期"以后,苏格兰民族党无异于脱缰的野马,在权力下放的制度空间里,一发不可收拾。类似地,北爱尔兰新芬党在权力下放后亦呈现持续发展态势,从2001年的4席上涨至2019年的7席,虽然所获席次维持在40%左右,但得票率从未超过30%。放权对威尔士党几乎没有任何变化,它从1992年以来就在3至4席之间来回摆动。横向上来看,权力下放之后,民族主义政党在全国选举中的成绩较权力下放前有了更为强劲的表现,哪怕是爆发周期并不一致,但最终结果无疑是显而易见的。

将范畴和视角聚焦到地区层面,就会发现民族主义政党在地区持续坐大的势头,这说明随着民族主义政党对地区事务的经营,其逐渐获得本地区选民的认同,进而造就了一批信众。选民的这种政党认同或身份的转变,在地区选举中的投射尤为明显。

选民的政党认同在权力下放之后会发生如此大的转变,与权力下放给了地区性政党更多活动空间是分不开的:首先,权力下放创设的地区议会,在无形之中让选民将更多的注意力集中在与地区有关的议题上,对全国性事务

---

[1] [美]安东尼·唐斯:《民主的经济理论》,姚洋、邢予青、赖平耀 译,上海:上海人民出版社,2017年,第88-94页。

或其他地区事务的关心由此逐渐淡化。其次,地区性政党天然地比全国性政党更关心本地区的事务,并且从选举洗礼中已经逐渐证明自己比全国性政党更能提出切合实际的地区政策。全国性政党因需要兼顾多重地区利益,在对本地区置若罔闻的情势下,"在我们不同的归属与社会关系中,我们每个人都在不断地决定何者更为优先,哪怕只是在下意识地这么做"[1],选民往往无疑会将地区性政党作为维护自身利益的第一选择,并会在往后的政治活动中不断强化着这种政党倾向[2]。最后,从表3-2可以发现,自权力下放在国家结构中置入地区一级政府之后,选民对国家选举的热情或参与度有所降温,相较于1997年及其以前国家选举70%以上的投票率,除北爱尔兰外,其他三个地区的数据均有不同程度的下降,虽然到2019年时已在逐渐回升,但与放权之前的投票率仍有一段距离。

理论上说,国家选举的低投票率对本来就拥有优势的全国性政党较为不利,对地区性政党的影响相对较小。尽管地区性政党在国家选举中日渐强势,但受制于席次配额的限制,其亦无法突破极限。更重要的是,英国国家议会实行的是"一院制",这就避免了地区性政党在地区院或联邦院对全国性政党的进一步挑战,因为许多国家的地区院和联邦院议席在各个地区是等额分配的,或由指派产生,或由选举产生。毋庸置疑,这些舞台对民族主义政党来说,都是发挥政治影响力的重要机会和平台。

表3-2 英国大选四个地区的投票率

年度	地区及比率(%)				
	英格兰	威尔士	苏格兰	北爱尔兰	联合王国
1929	76.6	82.4	73.5	63.8	76.3
1931	76.1	79.3	77.4	74.5	76.4
1935	70.7	76.4	72.6	72.0	71.7
1945	73.4	75.7	69.0	67.4	72.8
1950	84.4	84.8	80.9	77.4	83.9

---

[1] [印]阿玛蒂亚·森:《身份与暴力——命运的幻象》,李风华、陈昌升、袁德良 译,刘民权、韩华为 校,北京:中国人民大学出版社,2014年,第4页。

[2] 对于这一问题的解释,亦可以参见许川:《何以放权?又何以分离?——基于英国和西班牙五个地区的比较分析》,载王逸舟等主编:《区域国别研究和比较政治学:新问题与新挑战》,上海:上海人民出版社,2020年,第29-65页。

续表

年度	地区及比率(%)				
	英格兰	威尔士	苏格兰	北爱尔兰	联合王国
1951	82.7	84.4	81.2	79.9	82.6
1955	76.9	79.6	75.1	74.1	76.8
1959	78.9	82.6	78.1	65.9	78.7
1964	77.0	80.1	77.6	71.7	77.1
1966	75.9	79.0	76.0	66.1	75.8
1970	71.4	77.4	74.1	76.6	72.0
1974(F)	79.0	80.0	79.0	69.9	78.8
1974(O)	72.6	76.6	74.8	67.7	72.8
1979	75.9	79.4	76.8	67.7	76.0
1983	72.5	76.1	72.7	72.9	72.7
1987	75.4	78.9	75.1	67.0	75.3
1992	78.0	79.7	75.5	69.8	77.7
1997	71.4	73.5	71.3	67.1	71.4
2001	59.2	61.6	58.2	68.0	59.4
2005	61.3	62.6	60.8	62.9	61.4
2010	65.5	64.8	63.8	57.6	65.1
2015	66.0	65.7	71.0	58.1	66.2
2017	69.1	68.6	66.4	65.4	68.8
2019	67.1	68.1	66.6	61.8	67.3

数据来源：Lukas Audickas, Richard Cracknell, Philip Loft, UK Election Statistics: 1918—2019: A Century of Elections, Briefing Paper, Number CBP 7529, 18 July 2019, London: House of Commons Library, p. 25; Elise Uberoi, et al., General Election 2019: results and analysis (Second edition), Briefing Paper, Number CBP 8749, 28 Janurary 2020, London: House of Commons Library, p. 63.

3.1.2 民族主义政党在地区选举中的崛起

英国的地区选举采取与全国选举不同的选举制度。下议院选择的是单一选区相对多数决(SMP/FPTP)，而苏格兰和威尔士则采用的是混合选举制度(PR-AMS)，北爱尔兰实行的是单一可转让选举制度(STV)。不同的选举制度可能造就不同的选举格局,美国政治科学家阿伦·李帕特教授指出选举公式、选区规模以及当选门槛作为选举制度三个最基本的属性或要素在很大程度上决定着选举的结果[1]。选举政治的实际运作过程,主要是跟选区划分、选民结构以及选举策略有着相当大的关系,比如得票率最多的政党,不一定也是席次最多的政党,反之得票率少的政党,可能获得超过这一比率的席次。

民族主义政党在地区选举中的表现跟在全国选举中的表现既有相似性,也有不同点。威尔士的情况与全国选举近乎一致,受选举制度影响并不突出,因为它在本质上与英格兰没有太大差别,更没有所谓的"独立"诉求。从表3-3可知,1999年地区议会首次选举,威尔士党在议会选区和区域选区均取得历史最高点的成绩,议会选区其获得28.4%的选票,斩获9个席次,成为仅次于工党的第二大党,保守党紧随其后,不过之后得票率则一直在20%左右浮动,席次亦在6席上下起伏,政党位次由第二名下滑至第三名;区域选区方面,威尔士党更获得超过30%的选票,斩获8个席次,与保守党并列第一,虽其后偶尔被保守党超越,但基本上两者不分伯仲。

从1999—2016年的五届选举结果来看,威尔士党的总席次大致维持在第二位(2011年除外),但最高与最低差值比较大,为6席,而工党与保守党则分别为4席和5席。得益于议会规模较小的缘故,这种变化幅度几乎不影响政党格局。除1999年的选举外,其后的四次选举均比较稳定。反倒值得注意的是,威尔士党在议会选区和区域选举的得票率双双呈现不断下滑的趋势,而传统的全国性大党工党和保守党皆有涨有降,且分别维持着在议会选区和区域选区第一大党的地位。这就衍生出一个有趣的现象:工党与保守党在议会选区和区域选区分庭抗礼,但由于议会选区席次比区域选区席次整整多出一半,所以工党往往能够凭借在议会选区中的优势而一直占据着威尔士执政党的地位。就目前看,威尔士党在议会选区毫无取得过半席次的可能,因为该地区仅有它一个民族主义政党,其余都为全国性政党。不过,从表3-4中可知,威尔士议会选举的投票率从未达到50%,如果投票率在未来渐次升高,那么政党格局亦必然随之变化,而民族主义政党能否乘势而上,还有待继续观察。

---

[1] [美]阿伦·李帕特:《选举制度与政党制度——1945—1990年27个国家的实证研究》,谢岳 译,上海:上海人民出版社,2008年,第11页。

表3-3 民族主义政党在地区选举中的表现

地区	选区类别	政党	席次及得票率(%)									
			席次	得票率	席次	得票率	席次	得票率	席次	得票率	席次	得票率
			1999		2003		2007		2011		2016	
威尔士	议会选区(40)	工党	27	37.6	30	40.0	24	32.2	28	42.3	27	34.7
		威尔士党	9	28.4	5	21.2	7	22.4	5	19.3	6	20.5
		保守党	1	15.8	1	20.0	5	22.4	6	25.0	6	21.1
		独立党	0	—	0	2.3	0	1.8	0	—	0	12.5
		自民党	3	13.5	3	14.1	3	14.8	1	10.6	1	7.7
	区域选区(20)	工党	1	35.4	0	36.6	2	29.6	2	36.9	2	31.5
		威尔士党	8	30.5	7	19.7	8	21.0	6	17.9	6	20.8
		保守党	8	16.5	10	19.2	7	21.5	8	22.5	5	18.8
		独立党	0	—	0	3.5	0	3.9	0	4.6	7	13.0
		自民党	3	12.5	3	12.7	3	11.7	4	8.0	0	6.5
			1999		2003		2007		2011		2016	
苏格兰	议会选区(73)	民族党	7	28.7	9	23.8	21	32.9	53	45.4	59	46.5
		保守党	0	15.6	3	16.6	4	16.6	3	13.9	7	22.0
		工党	53	38.8	46	34.6	37	32.1	15	31.7	3	22.6
		自民党	12	14.2	13	15.4	11	16.2	2	7.9	4	7.8
		绿党	—	—	—	—	—	0.1	—	—	—	0.6
	区域选区(56)	民族党	28	27.3	18	20.9	26	31.0	16	44.0	4	41.7
		保守党	18	15.4	15	15.5	13	13.9	12	12.4	24	22.9
		工党	3	33.6	4	29.3	9	29.2	22	26.3	21	19.1
		自民党	5	12.4	4	11.8	5	11.3	3	5.2	1	5.2
		绿党	1	3.6	7	6.9	2	4.0	2	4.4	6	6.6

续表

地区	选区类别	政党	席次及得票率(%)									
			席次	得票率	席次	得票率	席次	得票率	席次	得票率	席次	得票率
			1998		2003		2007		2011		2017	
	不分区(108)	民主统一党	20	18.1	30	25.3	36	30.1	38	30.0	28	28.1
		新芬党	18	17.6	24	23.3	28	26.2	29	26.9	27	27.9
		阿尔斯特统一党	28	21.3	27	22.3	18	14.9	16	13.2	10	12.9
		社会民主工党	24	22.0	18	16.7	16	15.2	14	14.2	12	11.9
		联盟党	6	6.5	6	3.6	7	5.2	8	7.7	8	9.1
		英国统一党	5	4.5	1	0.8	0	1.5	—	—	—	—
		进步统一党	2	2.5	1	1.1	1	0.6	0	0.2	0	0.7

数据来源：Lukas Audickas, Richard Cracknell, Philip Loft, UK Election Statistics: 1918—2019: A Century of Elections, Briefing Paper, Number CBP 7529, 18 July 2019, London: House of Commons Library, pp. 53-58.

苏格兰民族党在地区议会选举中的成绩对权力下放的检测具有指标性意义。在议会选区和区域选区均实现了跳级式的突破，尤其以2007年选举为分水岭，这可能是因为在国家机制的地域性分化即权力下放后，随着时间的推移，民众逐渐发现他们的认同及其利益在地区层级上更容易得到彰显[1]，特别是在由地区性政党主导地区政府的情势下（可见后文3.3.1节的分析）。议会选区方面，1999年民族党初次参选，便获得28.7%的选票，比长期在此经营的工党(38.8%)仅少约10个百分点，位居第二，亦由此获得7个席次；2001年选举的得票率略降5个百分点，但席次却增加2席；2007年选举，民族党迎来重大转折，其得票率跃居第一，尽管只比工党多出0.8个百分点，但它依靠32.9%的高得票率，获得21个席次。换句话说，得票率仅较

---

〔1〕[美]曼纽尔·卡斯特：《认同的力量》，夏铸九、黄丽玲 等译，北京：社会科学文献出版社，2003年，第313页。

1999年多出近4个百分点,但所获席次则翻了一番。

相对地,工党在2007年选举的得票率仅比1999年少6个百分点,可席次却掉下16席。2007年以后,民族党可谓如日中天,得票率一路上蹿到2016年的46.5%,席次也达到不可思议的59席,比工党1999年的53席还多出6席。工党则呈现断崖式下跌,到2016年选举得票率为22.6%,仅比保守党多出0.6个百分点,席次亦跌至个位数,仅占6席。从议会选区的变化轨迹可以看出民族党与工党呈现负相关的发展态势,几乎可以说是位置的完全互换。民族党和工党位置的变化从更深层次上折射出全国性政党与地区性政党的实力消长。

区域选区方面的情况与议会选区略有不同。相同点体现为:民族党和工党在得票率方面延续了在议会选区的态势,即民族党基本维持上升势头,从1999年的27.3%跃升至2016年的41.7%,工党则从1999年的33.6%一直跌落到2016年的19.1%;不同点体现为:工党和民族党在席次方面与得票率呈现相反的结果,即工党低开高走,而民族党则高开低走(2007年除外)。工党由1999年的3席飙升至2016年的21席,民族党则由1999年的28席暴跌至2016年的4席,可以说在区域选区层面工党和民族党亦实现了位置的互换。为什么在区域选区会出现"低得票—高席次"或"高得票—低席次"的怪相?这主要是因为民族党在区域选区的票源比较分散,而工党的票源比较集中,从而能以最少的选票获得最多的席次。

保守党在议会选区和区域选区的表现都较稳定,长期处于第三的位置。自由民主党则双双下挫,泡沫化或边缘化危机隐然成形。由此可见,在苏格兰,作为民族主义阵营唯一代表和一枝独秀的民族党,从一开始就来势汹汹,到2007年最终实现对全国性政党的反超,成为第一大党并持续执政至今,可谓是将权力下放提供的各种制度空间和政治机会利用得淋漓尽致。更重要的是,从表3-4可知,苏格兰历届选举的投票率均介于50%与60%之间(2003年略低于50%),不难想见该地区的政党格局可能仍会持续下去,特别是在"脱欧"和新冠疫情后苏格兰急于重新定位自己的大环境之下,因为苏格兰和中央在经济领域和政治领域的重大分歧为政治对立注入了源源不断的动能,"任何宗教、道德、经济、种族(ethnische)或其他领域的对立,当其尖锐到足以有效地把人类按照敌友划分成阵营时,便转化成了政治对立"[1],持续的政治对立,对中央政府和全国性政党来说本身就是一种潜移默化的伤害。

北爱尔兰情况与苏格兰有些相似,但变化没有像后者那样剧烈。与苏格兰和威尔士不同的是,北爱尔兰实行比例选举制度,没有所谓议会选区和区域选区的界分,同时实行共享政府的制度,并非完全的政党政治。

由于北爱尔兰社会族群结构的特殊性,因而除新芬党是民族主义政党之外,还有社会民主工党,两者区别在于新芬党主张与南爱尔兰合并,而社会民主工党则主张在下放更多权力的情况下继续维持英国的一部分。得票率方面,除1998年以17.6%的得票率位居第四之外,自2003年以来新芬党的得票率稳定维持在23%以上,长期位居第二,且在2017年(27.9%)与得票率第一的民主统一党(28.1%)仅相差0.2个百分点;而社会民主工党则出现相反的态势,即从1998年以22.0%的得票率位居第一跌落到2017年以11.9%的得票率位居第四,但是两者相加的得票率总和变化不大,均接近40%(39.6%对39.8%)。席次分配方面,新芬党从1998年18席扩增至2017年的27席,增幅较大,自此以后均维持在28席左右;社会民主工党则从1998年的24席缩减到2017年的12席,足足流失了一半,不过两者加总的变化不大,保持在40席上下(42席对39席)。

相对地,在联合主义阵营,民主统一党从1998年18.1%的得票率上涨到2017年的28.1%,净增10个百分点,且在2003年就实现由第三到第一的华丽转身并保持至今,席次分配亦从2003年稳居第一,增幅从8席到18席不等。阿尔斯特统一党则在得票率和席次方面皆走下坡路,得票率从1998年的21.3%下降至2017年的12.9%,少了近10个百分点,席次也从1998年的28席一路下滑至2017年的10席,可谓是"惨淡经营"。将两者的得票率加总,1998年(39.4%)和2017年(41%)相差无几,甚至还略有增长,但席次方面的总数则从1998年的48席下滑到了2017年的38席,整整减少10席。

由此可见,权力下放对民族主义力量似乎有固化甚或强化作用,"人民接受民族主义,因为他们认为民族主义能够满足他们的利益"[2],而对于联合

---

[1] [德]卡尔·施密特:《政治的概念》,刘宗坤、朱雁冰 等译,上海:上海人民出版社,2015年,第45页。

[2] [美]杰克·斯奈德:《从投票到暴力:民主化和民族主义冲突》,吴强 译,北京:中央编译出版社,2017年,第181页。

主义力量则有消极或弱化作用,纵然这些作用都是微弱的。此外,需要注意的是,北爱尔兰的投票率在三个自治区高居榜首,每届选举均维持在60%以上(2011年除外),倘若持续下去,以新芬党为代表的民族主义势力很有可能取代以民主统一党为代表的联合主义势力的位置。但即便如此,受制于共享政府架构,以及《北爱尔兰法》对未来地位变更的规定,民族主义政党要改变既有的宪制结构绝非易事。

表3-4 三个自治区议会选举的投票率

地区	选区类别	选举年度及其投票率(%)				
		1999	2003	2007	2011	2016
威尔士	议会选区	46.4	38.2	43.5	41.5	45.5
	区域选区	46.3	38.1	43.4	41.4	45.3
	平均投票率	46.35	38.15	43.45	41.45	45.4
	总均投票率	42.98				
		1999	2003	2007	2011	2016
苏格兰	议会选区	58.8	49.4	51.7	50.4	55.6
	区域选区	58.7	49.4	52.4	50.4	55.7
	平均投票率	58.75	49.4	52.05	50.4	55.65
	总均投票率	53.25				
		1998	2003	2007	2011	2017
北爱尔兰	不分区	68.7	64.0	62.3	54.7	64.0
	平均投票率	68.7	64.0	62.3	54.7	64.0
	总均投票率	62.74				

说明:(1)平均投票率的数据由议会选区和区域选区计算得出,总均投票率(历届选举的平均投票率)的数据由每届选举平均投票率计算得出;(2)北爱尔兰的总均投票率若加上2016年54.2%的投票率,其最后数据应该为61.32%。

数据来源:Lukas Audickas, Richard Cracknell, Philip Loft, UK Election Statistics: 1918—2019: A Century of Elections, Briefing Paper, Number CBP 7529, 18 July 2019, London: House of Commons Library, pp.53-58.

从上面数据分析可知权力下放之后,民族党在苏格兰地区取得了相当大的成功,新芬党和社会民主工党则维持住既有的政治地位,成为共享政府不可或缺的一部分,威尔士党虽没有取得执政权,但已稳稳占据第二的位置。换句话说,权力下放助推了民族主义政党的发展,至少是固化了民族主义势力的存在。实际上,这不是英国的独有现象,而是权力下放或分权的一种共通逻辑。相较于国家选举,民族主义政党在地区选举获得了更大的动能,许多民族主义政党在少数民族地区纷纷上台执政,例如苏格兰、巴斯克、加泰罗尼亚和魁北克等地区。不难想见,随着民族主义政党在政治选举中的出色表现,分离运动被它们逐渐推向政治前台,因而此起彼伏的分离公投运动才会遍地开花。

诚如有学者所言:"在欧盟成员国内部,推动当代最重要独立运动的动能是通过参与民主进程,特别是少数民族主义政党的选举成功和独立公投运动。因此,公共领域和其中的民主审议过程已成为分离谈判的重要场所"[1]。毫无疑问,作为一种制度的权力下放为民族主义政党夺取地方政权和推动公投分离运动提供了天然养分和土壤。而权力下放之所以能成为治理分离主义的一种选择,也跟全国性政党的政治考量有着莫大联系,即受到民族主义政党威胁的全国性政党,可能会通过满足它们的诉求作出回应,以最大限度的巩固甚或扩大它们的选票份额,并削弱民族主义政党在民族问题上的发言权。反之,倘若没有受到民族主义政党的威胁,它们就有可能采取压制或敌对战略[2]。

从这里可以看出,工党一直推行的权力下放均是以选票作为政策出发点,而非从整个国家结构和国家治理体系的顶层设计来思考这一问题。更致命的是,选择公投作为权力下放的合法性来源实为不明智之举。一方面它破坏议会主权的最高原则;另一方面亦将权力下放的制度设计权力拱手相让(给民族主义势力)。工党自诩的"以退为进"到头来是得不偿失。除英国以外,西班牙和伊拉克也因为嵌入公投程序,为后来的权力下放乃至地方分离公投均埋下相当大的隐患。因此,1998 年的《苏格兰法》表面上看似以维护国家统一作为最高旨趣,但实则又贯穿着民族主义的逻辑。因而,可谓前者掉进后者的陷阱,或后者紧紧将前者嵌套在一起。

另外,还有一个规律是地区选举的投票率皆低于国家选举的投票率,且

---

[1] Angela K. Bourne, Europeanization and Secession: The Cases of Catalonia and Scotland, Journal on Ethnopolitics and Minority Issues in Europe, Vol. 13, No. 3, 2014, p. 96.

[2] Daniel Cetrà, Malcolm Harvey, Explaining Accommodation and Resistance to Demands for Independence Referendums in the UK and Spain, Nations and Nationalism, Vol. 25, No. 2, 2019, p. 621; Bonnie M. Meguid, Party Competition Between Unequals: Strategies and Electoral Fortunes in Western Europe, Cambridge: Cambridge University Press, 2008; Eve Hepburn, Introduction: Re-Conceptualizing Sub-State Mobilization, Regional and Federal Studies, Vol. 19, No. 5, 2009, pp. 477 – 499.

苏格兰和威尔士的总均投票率仅为53.25%和42.98%。从这里衍生出的一个问题是：为什么在低投票率的情况下，民族党还能从工党手中抢走绝大部分票源，或者说为什么投票率起伏不大的情况下，工党的选举优势几乎被完全挖空？可能的一种解释是，前期参与投票支持全国性政党的选民变得消极冷漠了，而之前那些持观望态度或没有特定政党偏好的选民在地区利益的刺激下变得激情高昂了，特别是在后者群体效应不断扩散的条件下，支持全国性政党的选民会变得越来越被动和渺小，进而也就无法捍卫自身权益，"如果一些人主动地不享有参政的权利，政府就可能无视他们的兴趣和需要；这样，他们也就愈加没有勇气和信心去获取政治信心和表达自己的利益"[1]。

3.1.3 民族主义政党向欧洲议会前进的政治考量

相比于国家议会和地区议会的选举，欧洲议会选举的关注度和参与度都比较低，这从表3-5历届投票率中可以反映出来。1979年至2019年，联合王国欧洲议会选举的平均投票率仅为34.7%，低于国家选举的62.26%和地区选举的52.52%[2]。即便如此，欧洲联盟及其欧洲选举仍然是民族主义政党发挥影响力的重要政治场所。1975年的与欧洲共同体（即欧洲联盟的前身）成员关系的公投，威尔士地区的投票率为66.5%，赞成率为64.8%，苏格兰地区的投票率为61.6%，赞成率为58.4%，只有北爱尔兰从最初就对欧洲共同体疑心重重，其投票率不到50%（47.3%），赞成率亦刚刚过半（52.1%）[3]。

威尔士和苏格兰拥抱欧洲共同体除前文已经提及的经济考量外，更重要的是它为民族主义政党提供更为宽广的发声或参与机会。实际上，早在权力下放在英国遇挫的初期，一些激进的权力下放支持者就开始寻求"在欧洲独立"的路线，例如，身为旗手的西拉尔斯（Jim Sillars）就"致力于苏格兰在欧洲经济共同体内'独立'的事业，他确信'独立'的潮流正在向苏格兰袭来，如果

---

〔1〕 杨光斌：《政治学导论》（第四版），北京：中国人民大学出版社，2011年，第310页。
〔2〕 国家选举的数据为1979至2019年历届下议院选举的平均值，地方选举的数据由三个地区总均投票率计算得出，北爱尔兰的总均投票率以六次选举的数据计算得出。
〔3〕 数据来源 Lukas Audickas, Richard Cracknell, Philip Loft, UK Election Statistics: 1918—2019: A Century of Elections, Briefing Paper, Number CBP 7529, 18 July 2019, London: House of Commons Library, p.86.

工党不与时俱进,那么就将被无情摧毁"[1]。换句话说,"在欧洲独立"路线的出台主要是基于两个原因:一是作为权力下放的替代品,二是方便与欧洲其他风潮汹涌的分离主义运动相互勾连。

  为什么"在欧洲独立"会得到民族主义政党的吹捧?第一,可以一步到位地直接追求"独立",避免在"曲线建国"的道路上挣扎徘徊;第二,企图借机将分离问题欧盟化,逃避在国内政治上中央政府对它的追责;第三,摆脱孤军奋战的困境,在欧盟内部与其他分离主义势力形成合力,目前欧洲大约还存在20个重要的独立运动[2];第四,欧盟作为一个行动者或制度背景,本身为分离运动留下某些空隙:自由贸易降低分离的预期成本,以及来自欧盟的经济援助,为其经济生存能力提供了一些保证[3]。

  随着工党在权力下放问题的沉潜以及东山再起,"在欧洲独立"的提议始终未能进入中央的视野,但是"在欧洲独立"的大旗亦未因权力下放的推进而从此倒下。1980年,西拉尔斯从工党脱离后,随即就加入了民族党,继续鼓吹"在欧洲独立"的思想。1988年,他代表民族党投入格拉斯哥—戈文国会议员的补选并顺利当选,民族党在此次竞选活动中抛出两大主题:一是工党无力保护苏格兰(表现在人头税上);二是提出更加细化的"在欧洲独立"的旗舰目标[4]。"在欧洲独立"的旗帜被民族党接续过来,成为该党过去长期奉行的政治主张,因而积极参与欧盟事务是民族党不遗余力的事业。

  威尔士和北爱尔兰的情形与苏格兰有所不同,以它们目前的体量,威尔士几乎没有提出过"独立"诉求,甚至连权力下放都是工党政府所强加的,北爱尔兰的民族主义也不主张"独立",而是期望脱离英国后与爱尔兰重组共和国。自然地,"在欧洲独立"不是威尔士和北爱尔兰民族主义者追求的政治方向。那为什么威尔士和北爱尔兰对参与欧盟事务同样热情不减?这主要是

---

[1] David Heald, Michael Keating, The Impact of the Devolution Commitment on the Scottish Body Politic, Australian Journal of Politics and History, Vol. 26, No. 3, 1980, p. 389.

[2] Bruno Coppieters, Secessionist Conflict in Europe, in Secession as an International Phenomenon, Don H. Doyle ed., Georgia: University of Georgia Press, 2010, p. 240.

[3] Stéphane Paquin, Globalization, European Integration and the Rise of Neo-Nationalism in Scotland, Nationalism and Ethnic Politics, Vol. 8, No. 1, 2002, pp. 57-58.

[4] James Mitchell, The Creation of the Scottish Parliament: Journey Without End, Parliamentary Affairs, Vol. 52, No. 4, 1999, p. 656; James Mitchell, The Evolution of Devolution: Labour's Home Rule Strategy in Opposition, Government and Opposition, Vol. 33, No. 4, 1998, pp. 487-488.

出于经济利益的考虑,因为威尔士和北爱尔兰属于欧盟发展较为或最为滞后的地区之一,是欧盟重点扶植的对象。

所以,无论是出于政治的惯性还是出于经济的诱惑,欧洲议会选举与国家选举和地区选举一样是兵家必争之地。只是,它们越是积极投身于欧盟事务,就越容易将自己当成其在欧盟似是而非的唯一代言人,但欧盟事务在英国的自治法中属于中央政府的保留或例外权力。

表3-5 英国主要政党在欧洲议会选举中的表现

年度及总席次	概况	政党类型							
		脱欧党	保守党	绿党	工党	自民党	独立党	威尔士党	民族党	新芬党
1979 (81)	席次	—	60	0	17	0	—	0	1	—
	得票率	—	51%	0%	33%	13%	—	1%	2%	0%
	投票率	32.7%								
1984 (81)	席次	—	45	0	32	0	—	0	1	0
	得票率	—	41%	1%	37%	19%	—	1%	2%	13%
	投票率	32.9%								
1989 (81)	席次	—	32	0	45	0	—	0	1	0
	得票率	—	35%	15%	40%	6%	—	1%	3%	9%
	投票率	36.8%								
1994 (87)	席次	—	18	0	62	2	0	0	2	0
	得票率	—	28%	3%	44%	17%	1%	1%	3%	10%
	投票率	36.5%								
1999 (87)	席次	—	36	2	29	10	3	2	2	0
	得票率	—	36%	6%	28%	13%	7%	3%	2%	17%
	投票率	24%								
2004 (78)	席次	—	27	2	19	12	12	1	2	1
	得票率	—	27%	6%	23%	15%	16%	1%	1%	26%
	投票率	38.5%								

续表

年度及总席次	概况	政党类型								
		脱欧党	保守党	绿党	工党	自民党	独立党	威尔士党	民族党	新芬党
2009 (72)	席次	—	25	2	13	11	13	1	2	1
	得票率	—	28%	9%	16%	14%	17%	1%	2%	26%
	投票率	34.5%								
2014 (73)	席次	—	19	3	20	1	24	1	2	1
	得票率	—	24%	8%	25%	7%	27%	1%	2%	26%
	投票率	35.4%								
2019 (73)	席次	29	4	7	10	16	0	1	3	1
	得票率	32%	9%	12%	14%	20%	3%	1%	4%	22%
	投票率	36.9%								

说明：由于选举制度的不同，大不列颠（名单比例选举制度）和北爱尔兰（单一可转让选举制度）的席次和得票率为分别计算的结果，同时表中投票率为全英（UK-wide）的数据，但北爱尔兰的平均投票率（约51.5%）高于大不列颠的平均投票率（约33.9%）。

数据来源：Lukas Audickas, Richard Cracknell, Philip Loft, UK Election Statistics: 1918—2019: A Century of Elections, Briefing Paper, Number CBP 7529, 18 July 2019, London: House of Commons Library, pp. 51–52.

表3-6 欧洲议会选举英国的选区及席次分布（2004—2019年）

	2004年	2009年	2014年	2019年
东北选区	3	3	3	3
西北选区	9	8	8	8
约克郡—亨伯选区	6	6	6	6
东米德兰兹郡选区	6	5	5	5
西米德兰兹郡选区	7	6	7	7
东部选区	7	7	7	7
伦敦选区	9	8	8	8
东南选区	10	10	10	10
西南选区	7	6	6	6
威尔士选区	4	4	4	4
苏格兰选区	7	6	6	6
北爱尔兰选区	3	3	3	3
总计	78	72	73	73

数据来源：Stefano Fella, Elise Uberoi, Richard Cracknell, European Parliament Elections 2019: results and analysis, Briefing Paper, Number 8600, 26 June 2019, London: House of Commons Library, p. 24.

从表 3-5 可知,威尔士党在权力下放后的首次选举就旗开得胜,以 2 席过半,其后虽有下滑,但仍稳定地维持着自己的一席之地;苏格兰民族党从 1979 年至 1989 年均占有 1 席,1994 年至 2014 年间长期拥有两席(三分之一),2019 年选举更是取得过半席次,为历史最好成绩;北爱尔兰的民主统一党、新芬党和阿尔斯特统一党历来都是"疑欧派",它们对参与欧盟选举自然没有多大兴致,即便如此,三席中的两席一直被民主统一党和阿尔斯特统一党瓜分,新芬党亦在 2004 年取代社会民主工党的位置,夺得最后一席。

不过,在"脱欧"问题上,它们的立场并不一致:民主统一党鼓吹"脱欧",但阿尔斯特统一党支持"留欧",而新芬党因担心进一步"分裂"该岛,在该问题上举棋不定,社会民主工党和绿党等倾向"留欧";在苏格兰,由民族党领导的政府明确主张"留欧",而且议会还有一个法定的欧洲和对外事务委员会,负责对欧事务;威尔士党和威尔士工党亦尤为关注欧盟对其的冲击,强烈支持英国继续留在欧盟[1]。为此,"脱欧"公投通过后,苏格兰政府和威尔士政府在 2016 年 12 月和 2017 年 6 月分别出台《苏格兰在欧洲的地位》(Scotland's Place in Europe)和《威尔士政府的脱欧与权力下放》(the Welsh Government's Brexit and Devolution)以对政府施压,但无济于事。

总体上说,民族主义政党在三个自治区均占有一定的政治市场,且基本上都是"亲欧派"。在欧盟架构下,经济和社会政策并非完全由国家政府决定,欧盟法律越来越凌驾于国家法律之上,民族主义政党在没有完全"独立"的情况下也有实现其政治目标的途径[2]。毫无疑问,"脱欧"对民族主义政党的打击无疑是巨大的,因为它们失去了提高能见度以及与别国民族主义政党合纵连横的最佳场合和机会。

除此之外,全国性大党在欧洲议会选举中选票和席次的流失不能归因于民族主义政党的分食,原因是这些选票并没有从前者转移到后者,后者的得票和席次基本上是固定的。反观保守党和工党在欧盟选举中的表现有起有伏,保守党在 1979 年以 60 席取得最好成绩,但随后一直降至 1994 年的 18

---

[1] Rachel Minto, Jo Hunt, Michael Keating and Lee Mcgowan, A Changing UK in a Changing Europe: The UK State Between European Union and Devolution, The Political Quarterly, Vol. 87, No. 2, 2016, pp. 180-181.

[2] Janet Laible, Separatism and Sovereignty in the New Europe: Party Politics and the Meanings of Statehood in a Supranational Context, New York: Palgrave Macmillan, 2008, pp. 1-2.

席,1999年选情回升翻了一倍,但其后就一路下滑至2019年的4席,可谓历史最差;工党的得票轨迹在1994年及之前与保守党刚好相反,它从1979年的17席飙升至1994年的62席,之后便跌至2009年的13席,但2014年又迎来一波小高潮,升至20席,可在2019年又降至10席。显然,保守党和工党都呈现整体式微甚至完全被其他政党取代的趋势。自由民主党在1994年首次取得席次,1999年至2009年维持着11席左右,2014年选举仅剩1席,2019年卷土重来又获得16席。值得注意的是,英国独立党(UKIP)从1993年的3席持续上涨至2014年的24席,虽然2019年全军覆没,其可能是因为其选民结构与刚成立的"脱欧党"完全重叠,故而后者初次选举就拿下29席的战绩。

可以看出,欧洲议会选举中的全国性政党席次的转移似乎绝大部分都是在全国性政党之间完成,而很少流转至地区性政党。也就是说,尽管地区民族主义政党能在欧洲议会中有立足之地,但有其极限(选区划分致使其不可能在全国其他地区获得足够的选票当选),即它无法撼动和吸收全国性政党的票源;同时也说明在超国家事务上,选民更愿意支持全国性政党,而非地区性政党或民族主义政党。质言之,越是高层次(国家、超国家)的选举,民族主义政党发挥的空间越小,反之亦然。

3.2 权力下放与民众对各自身份的认同

认同或身份认同(identity)可谓是民族主义的灵魂,失去对群体身份认同的依靠,民族主义也就失去得以下渗和延绵的根基。在心理层面,民族主义甚或分离主义都被可被视为一种对身份的"承认政治"。查尔斯·泰勒认为"扭曲的承认不仅表现为缺乏应有的尊重,它还能造成可怕的创伤,使受害者背负着致命的自我仇恨"[1]。换句话说,由"主义"转向"运动"的根源就在于他者对我群既有身份及其利益的歧视或压制,导致我群对他者的不满,进而引发民族主义运动或分离主义运动。权力下放无疑是对愈加强烈的身份认同及其运动的回应,其目的是抑制身份认同及其运动的继续膨胀。在身份认同调查的过程中,使用的类别一般分为排他性的两/四分法(forced choice)

---

[1] [加拿大]查尔斯·泰勒:《承认的政治》,载汪晖、陈燕谷 主编:《文化与公共性》,北京:三联书店,2005年版,第291页。

以及包容性的五分法(Moreno),本节将对这两种类别加以讨论。

3.2.1 苏格兰认同在两种测量方法上的反差

身份认同不可能一成不变,它很容易随着社会环境或重大事件发生改变,"当国家面临危机——社会、经济或政治系统的大变化,或国际地位的大变化——时,选民作为一个整体来看会对政治表现出更大兴趣"[1],但改变的机理较为复杂:一种情况是从一极向另一极转移,一种情况是从中间向两极转移或从两极向中间转移,再一种情况是同类身份之间的转移。第一种情况比较少见,而身份认同的变化多出现在后两种情形。

从表3-7中可以发现,权力下放后苏格兰民众的各种身份认同均未发生结构性的变化,但呈现一些微幅的起伏。只认同苏格兰人的比例在2000年达到最高值,1992年至2000年呈现微幅递增趋势,而2000年以后则出现小幅递减走势,特别是2006年以后,认同苏格兰人的民众一直处于30%以下,最低值出现在2012年的23%;相对地,只认同英国人的民众在2012年之前基本维持稳定,但在2012年和2014年间增幅较大,达到两位数,虽然2015年和2016年被"打回原形"回落到2012年之前的水平,但2020年又出现大幅反弹,达到有史以来的最高值14%。这似乎能够说明权力下放起码对单一地区认同起到了松动的作用,以及对单一国家认同起到了加固的作用。

认同"更喜欢苏格兰人"和"都一样"的民众均在1992年达到最高值,分别为40%和33%,但其后至2000年两者都在递减,最低值均出现在2020年,分别为21%和19%,几乎不分上下。而同期认同"更喜欢英国人"和"英国人"的民众又保持大致不变,因此递减的这一部分民众转移到只认同"苏格兰人"的模块中去了。也就是说,权力下放的前夕,认同苏格兰人的民众逐渐增多,这是因为民族主义势力在推动权力下放的动员过程中,凝聚了一批新的支持者。但这种凝聚力很有可能具有短时性,权力下放的动员很难持久,人们的热情亦会随着动员的降温而消散,转移过来的民众可能在平静期又回移到原来的位置,甚至向中间靠拢。

2016年"脱欧"公投前,"都一样"或双重认同的民众总体上呈现微幅上扬趋势,而"更喜欢英国人"的民众也相对稳定。因此,就包容性的五分法来

---

[1] [美]西摩·马丁·李普塞特:《政治人——政治的社会基础》,张绍宗 译,沈澄如、张华青 校,上海:上海人民出版社,2011年版,第145页。

看,权力下放之后,国家认同和双重认同都至少得到一定程度的巩固甚或增强,而地区认同在某种程度上有所弱化,但更倾向于地区认同的民众则比较坚固。就苏格兰而言,权力下放对国家认同发挥着积极作用。

表3-7 苏格兰民众身份认同调查

年度	身份类别及比率(%)						
	地区认同			双重认同	国家认同		
	苏格兰人	更喜欢苏格兰人	合计	都一样	更喜欢英国人	英国人	合计
1992	19	40	59	33	3	3	6
1997	23	38	61	27	4	4	8
1999	32	35	67	22	3	4	7
2000	37	31	68	21	3	4	7
2001	36	30	66	24	3	3	6
2003	31	34	65	22	4	4	8
2005	32	32	64	22	4	5	9
2006	33	32	65	21	4	5	9
2007	27	30	57	28	5	6	11
2009	27	31	58	26	4	4	8
2010	28	30	58	26	4	4	8
2011	29	33	62	23	5	5	10
2012	23	28	51	28	6	8	14
2013	27	27	54	27	4	10	14
2014	27	24	51	29	5	10	15
2016	28	28	56	29	4	6	10
2018	24	33	57	23	9	5	14
2020	27	21	48	19	5	14	19
均值	28.33	30.94	59.28	25	4.39	5.78	10.17

数据来源:1992、1997、1999、2000、2001、2003、2005、2006、2007、2009、2010、2011年的数据来源于:British Social Attitude 30, p. 145. https://www.bsa.natcen.ac.uk/media/38458/bsa30_devolution_final.pdf, accessed:2020-10-01;2012、2013、2014、2016、2018年的数据来源于:YouGov调查,转引自:https://whatscotlandthinks.org/questions/where-on-this-scale-would-you-place-your-identity/#, accessed:2020-10-01;2020年的数据来源于:https://docs.cdn.yougov.com/d30xfonwnh/YouGov%20-%20UK%20break%20up%20attitudes%20%28Britain%20England%29.pdf, accessed:2020-10-01.

然而，从二分法来看，在不同历史时期和重要节点，苏格兰认同皆占据绝对优势，英国人认同完全无法与之匹敌。1979年首次权力下放时，苏格兰认同处于最低值57％，而英国人认同则处于最高值39％，但当年公投的失败对英国人认同的影响尤为深重，到1999年再度公投时，其跌幅已超过20个百分点。有两点原因值得关注：一是民众对工党政府权力下放政策的不满（但不一定是对权力下放本身的不满，相反可能是抱有某种很高的期待），换句话说，国家认同的滑落反映出一些民众对中央政府既抱有希望却又感到失望的心理；二是民众对保守党政府在权力下放问题上消极和高冷姿态的反感，进而加剧对权力下放进程的不满。

严重的是，这种对中央政府的不满，似乎成为强化地区认同的助推器。撒切尔开启的保守党治下的时代，"地方公民（local citizen）所具有的主动性和荣誉感受到了强烈的破坏……没有自治，公民的主动性很难持续下去"[1]。苏格兰认同从1979年57％就一路爬升至1999年的77％，足足增加20个百分点，并在2000年达到历史最高值80％。地区认同的涨幅与国家认同的跌幅几乎吻合。第二次放权公投的通过是民族主义胜利的最大标志，但亦暗含着其已经达到极限，而对中央政府来说，权力下放可谓在国家认同方面有着止跌或回升的功效。2001年开始，地区认同就持续下滑至2012年的69％，2005—2006年折返升高，其后又延续下行态势，但仍在69％至79％之间摇摆；国家认同在2000年以后有所回温，但涨幅不大，无法跟1997年之前相提并论，其支持率一直维持在14％至20％之间。

不难看出，在排他性身份认同面前，国家认同会显得脆弱不堪，这是因为在二分法的结构中，民众基于地理边界和地域文化是他们选择地区身份的自然条件反射。用社群主义的观点来解释，即"个人先是从属于各种不同的社区，再从属于国家……这些社群之所以会成为自我置身所在，必然有历史及社会文化上的原因……也就在这偶然、特定的脉络中长大成人，并由此生活经验中获得了自我认同"[2]。需要区分的是，地区身份认同并不完全会投射到地区的政治认同。危险的是，一旦地区身份认同与地区政治认同大致重叠或完全一致时，这种基于地域认同的政治认同就很容易衍生为政治冲突，"为

---

[1] [英]德里克·希特：《公民身份——世界史、政治学与教育学中的公民理想》，郭台辉、余慧元 译，长春：吉林出版集团有限责任公司，2010年，第420页。

[2] 江宜桦：《自由主义、民族主义与国家认同》，台北：扬智文化事业股份有限公司，1998年，第84-85页。

承认而斗争"的分离运动或许就会层出不穷,"很多情况下,一种强烈的——也是排他的——群体归属感往往可造就对其他群体的疏远与背离"[1]。苏格兰民族党的崛起就有力地刻写了这一转变的过程。

从表3-1和图3-1的比较中可知,1979年认同"苏格兰人"的民众高达57%,但在同年的国家选举中,民族党仅获2席,在该地区的得票率不到20%(17.3%),这说明认同地区身份的民众并不一定就支持民族主义政党,而且这一现象一直持续到2015年才有所改变。2015年国家选举,民族党斩获苏格兰地区超过50%的选票,2017年跌落到36.6%,但2019年底的大选又立马回弹到45%。同样地,在地区选举层面,1999年认同苏格兰身份的民众高达77%,但民族党在议会选区和区域选区中均表现平平,分别获得28.7%与

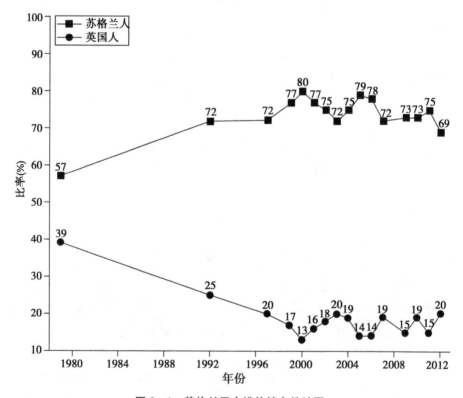

图3-1 苏格兰民众排他性身份认同

数据来源:British Social Attitudes 30,p.171。

---

[1] [印]阿玛蒂亚·森:《身份与暴力——命运的幻象》,李风华、陈昌升、袁德良 译,刘民权、韩华为 校,北京:中国人民大学出版社,2014年,第1页。

27.3%的选票。不同的是,在区域选区民族党凭借27.3%的得票率获得50%的席次,这是比例选举制度所致,但不能以席次率取代得票率。真正的转折点在2011年,民族党在当年选举的议会选区中获得45.5%的选票,而此时认同"苏格兰人"的民众为75%,这似乎可以窥探到认同"苏格兰人"的民众与支持民族主义政党的选民开始出现大部分交叠;区域选区中的转折点比议会选区提早一届,在2007年的时候支持率就已来到31%,其后在2011年又上升至44%,而此时的认同"苏格兰人"的民众皆超过70%。可以说,民族党的选民结构大部分是来自认同"苏格兰人"的民众,但认同"苏格兰人"的民众并不都支持民族主义政党。

根据上述分析,大概能够得出以下结论可供继续讨论和验证:

一是要将对地区身份的认同转移到对民族主义政党的支持,需要有一个较长的时间周期,或许是渐渐转移,也或许是陡然突变,而且一旦达到一个高度后,其就很难再有直线回落跌至谷底的可能,而是会维持在一个相对次高的位置。

二是民族主义政党迎来转折的时间节点均是在权力下放之后。从表3-1中可知,民族党(包括其前身)从1929年就开始参与国家议会选举,到1966年均是全军覆没,其后虽次次都有收获,但所占席次屈指可数,直到2015年才迎来翻天覆地的质变。从表3-3中可知,民族党在首届地区选举中就获得近1/3的席次,可见这时民族主义势力已经较为强大,2007年其在第三届地区选举中成为第一大党,并首次执政组成少数政府,成长速度惊人,在2011年更是夺得69席,接近总席次的1/2,可谓"一飞冲天",彻底击垮全国性政党,这其实也为在2015年国家选举中的大爆发埋下伏笔。民族主义政党在国家选举和地区选举中双双夺魁,固然离不开中央政府对地区权力的下放与松绑,但更离不开权力下放为民族主义政党提供游刃有余的制度环境,而且形成地方倒逼中央的选举优势。

三是地域认同与政治认同是两个不同范畴的指涉,它们之间有其内在联系,但没有天然的彼此共生。也就是说,选择地域认同的民众不一定就是支持民族主义政党的选民,因为其中有一部分仅是基于文化归属的认同,与政治无涉,即便是支持民族主义政党的选民,在一开始也是基于文化归属的认同,进而才是对民族主义政党政治理念的认同。因此,民族主义政党仅仅是获得了认同"苏格兰人"中的部分选民而非所有选民的拥护。在某种程度上,"对自治区的认同感越强,就越倾向于在地区选举中投票给地区主义者或民族主义者"[1]。

四是与第三点紧密相关,民族主义政党的执政并不意味着该党已获得民族地区大部分选民的认同,且两者永远都不可能完全或大部分重合。就已经举行的五次选举来说,民族党无论是在议会选区还是在区域选区,其得票率都从未超过50%,议会选区维持在45%左右,区域选区已在2016年探底至7%。那为什么民族党还可以长期执政?这与苏格兰地区的选举制度密切相关。但不得不承认,权力下放后民族主义政党在地方已经具有越来越牢固和不断扩张的选民基础。

五是权力下放可能会激发地区认同强烈的民众参与投票,换句话说,具有只认同或更认同地区身份比只认同或更认同国家身份的民众或许更具有投票意愿。这一方面反映在放权的两次公投尤其是1997年的公投中,尽管投票率不高,但67%的只认同"苏格兰人"的民众投了赞成票,仅6%投反对票,60%的更认同"苏格兰人"的民众也投了赞成票,仅11%投反对票[2];另一方面反映在权力下放一段时间后在投票率仅超过一半的情况下,民族主义政党的得票率和席次比还能高于全国性政党。

值得一提的是,纵然民族主义政党能够借助执政优势推行与分离有关的议案和行动,但如果要将前途走向交由公民投票(前提是取得中央政府的授权),那么单纯依靠民族主义政党的支持者实则难以取胜,2014年公投就是例证;如果它不交由全民决定,其分离动议或宣告又会显得合法性不足,且还会招来中央政府和国际社会的反对。还有一点是,支持民族主义政党不能与支持分离主义画等号,因为支持民族主义政党可能仅仅是出于文化归属和维护地方利益的因素,所以即便是民族主义政党把持着地方政权,但它要将对民族主义的支持完全转化成对分离主义的支持,无疑是比较困难的。同时,也不能否认的是支持分离主义的群体必定来源于支持民族主义的群体,它们是前者包含于后者的关系。"民族意识或多或少是一个社会群体集体认同感的被动表达,但民族主义在某种程度上却是积极地参与了为建构或捍卫一个

---

[1] Lachen T. Chernyha, Steven L. Burg, Devolution and Democracy: Identity, Preferences, and Voting in the Spanish "State of Autonomies", Paper Presented at the Conference on Rethinking Ethnicity and Ethnic Strife: Multidisciplinary Perspectives, Budapest, Hungary. September 25-27, 2008, p. 19.

[2] Nathalie Duclos, The 1997 Devolution Referendums in Scotland and Wales, French Journal of British Studies, Vol. 14, No. 1, 2006, p. 163.

国家而进行的政治动员"[1]。

3.2.2 威尔士身份类别双重趋向的交错出现

诚然,威尔士是对放权最不积极和权力最小的地区,但是在权力下放之后,不同类型的身份认同均有些变化,尽管这种改变并不是剧烈的。在兼容性身份调查中,只认同"威尔士人"的民众虽从未超过25%的上限,但1997年放权前夕到2007年这10年间,单一的地区认同却呈现上升势头,最高达到24%,这说明权力下放对民族主义势力似乎有起到推进作用,即便这种推力在威尔士比较弱小,"宪法改革一个出乎意料的后果是,民族认同在威尔士政治中获得了新的角色和地位"[2]。可是在2012至2018年间,单一的地区认同又开始持续下跌,跌幅最大接近10个百分点。

如果说放权后到2011年之前民众对放权还怀有余热的话,那么当2011年顺利实行对立法权力的下放后,民众对民族主义势力的支持就会持续消退,从而单一的地区认同也会随之退场。认同"更喜欢威尔士人"的比例时高时低,这意味着"只认同威尔士人"和"更认同威尔士人"之间尚未发生明显的转移。但是,有三个时间节点需要留意,即1997年、2003年和2018年"更喜欢威尔士人"的比率几乎都是最高值(但均未超过30%),原因或许是1997年属于权力下放前夜,在苏格兰放权运动的刺激下,威尔士民族主义势力必然受其鼓励;2003年是威尔士第二届议会选举,且民族主义政党利用民众对放权太少的不满,强化了一部分人的地区认同;2016年英国如期举行"脱欧"公投,加上"脱欧"谈判迟迟未果,使得本来就倾向"留欧"的威尔士地区厌烦情绪高涨。

相对地,国家认同方面则显得较为冷清,"由于威尔士公民社会的发展以及对进一步权力下放的日益支持,使得作为英国人的意识虽没有显著地降低,但一直是平淡无奇"[3],直到2011年才出现逆转。双重认同方面,1997

---

[1] Neil Davidson, Scotland, Catalonia and the "Right" to Self-Determination: a Comment Suggested by Kathryn Crameri's "Do Catalans Have the 'Right to Decide'?" Global Discourse, Vol. 6, No. 3, 2016, p. 443.

[2] Richard Wyn Jones, On Process, Events and Unintended Consequences: National Identity and the Politics of Welsh Devolution, Scottish Affairs, Vol. 37, No. 1, 2001, p. 35.

[3] Jonathan Bradbury, Rhys Andrews, State Devolution and National Identity: Continuity and Change in the Politics of Welshness and Britishness in Wales, Parliamentary Affairs, Vol. 63, No. 2, 2010, p. 240.

至 2014 年间,近乎稳居第一的位置,介于 28% 至 37% 之间。2001 年,双重认同跌落近 10 个百分点,在国家认同总量不变的情况下,锐减的部分几乎全部转移到地区认同一端,且这一态势大致持续到 2007 年。2007 年之后,或许是遭受到金融危机的波及和打击,对国家政府的依赖加深,此时地区认同减弱,而国家认同则相对增强,从 2007 年的 18% 上升到 2011 年的 28%。值得注意的是,2012 至 2020 年间双重认同大幅下跌,在地区认同相对不变的情况下,这一部分民众几乎全部转移到国家认同的模块中,虽然国家认同跟地区认同仍有一定差距,但差幅已由 2003 年的 31 个百分点锐减至 2018 年的 8 个百分点。

表 3-8 威尔士民众身份认同调查

年度	身份类别及比率(%)						
	地区认同			双重认同	国家认同		
	威尔士人	更喜欢威尔士人	合计	都一样	更喜欢英国人	英国人	合计
1997	17	26	39	34	10	12	22
1999	17	19	36	37	8	14	22
2001	24	23	47	28	11	11	22
2003	21	27	48	29	8	9	17
2007	24	20	44	32	9	9	18
2011	19	19	38	30	8	20	28
2012	21	17	38	35	8	17	25
2014	15	20	35	33	7	13	20
2018	15	25	40	24	12	20	32
2020	21	17	38	22	9	17	26
均值	19.4	21.3	40.3	30.4	9	14.2	23.2

数据来源:1997—2012 年的数据来源于:John Curtice, Future Identities: Changing identities in the UK-the next 10 years, DR8 National Identity and Constitutional Change, National Centre for Social Research, Strathclyde University, January 2013, p. 17;2014 和 2020 年的数据来源于 SSA, https:// whatscotlandthinks. org/gb _ questions/which-of-the-following-best-describes-how-you-see-your-national-identity-welsh/, accessed: 2020 - 10 - 03;2018 年的数据来源于:YouGov / Future of England Survey Results, 30th May-6th June 2018, https://yougov. co. uk/topics/politics/trackers, accessed: 2020 - 10 - 03。

总体上看,地区认同经历了一个由升到降的过程,国家认同则是一个先降后升的过程,双重认同则经历了两次先升后跌的过程(1997—1999—2001年,2001—2012—2020年),第一次跌幅转移到地区认同,第二次跌幅转移到国家认同。因此,就威尔士的情况来说,在放权之初,权力下放确实对地区认同有着强化作用,但将时间拉得越长,对国家认同的助益似乎越大,"强调威尔士意识的主张一般不会对联合王国构成威胁,威尔士民众和那些支持放权的政党都将其视为改善威尔士政府的一种实践"[1]。

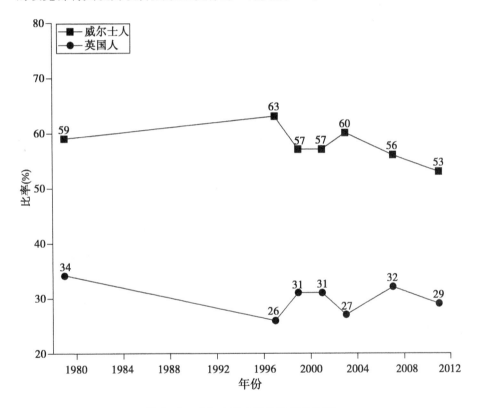

图3-2 威尔士民众排他性身份认同

数据来源:John Curtice, Future Identities: Changing identities in the UK-the next 10 years. DR8: National Identity and Constitutional Change, National Centre for Social Research, Strathclyde University, January 2013, p.16.

从图3-1和图3-2的对比中可以发现,二分法当中的身份标识,令人非常诧异的是在1979年认同"威尔士人"的民众高于该年认同"苏格兰人"的民

---

[1] Jonathan Bradbury, Rhys Andrews, State Devolution and National Identity: Continuity and Change in the Politics of Welshness and Britishness in Wales, Parliamentary affairs, Vol. 63, No.2, 2010, p.246.

众，分别为 59% 和 57%，但仅此一年，其后年度里"威尔士人"的认同皆低于"苏格兰人"的认同。不过，相比"苏格兰人"认同，权力下放后"威尔士人"认同虽然也有涨幅和跌幅，但跨度比苏格兰地区要小。最大值（1997 年的 63%）和最小值（2011 年的 53%）之差为 10 个百分点，最大涨幅（1997 年）为 4 个百分点，最大跌幅（1999 年）为 6 个百分点，最大涨幅与最大跌幅差值为 10 个百分点，因此威尔士民众的地区认同比较平稳，从未超过 65%，但亦从未跌破 50%，历年平均值为 57.9%。"苏格兰人"认同起伏比较大，最大值（2000 年的 80%）与最小值（1979 年的 57%）之差为 23 个百分点，最大涨幅（1997 年）为 15 个百分点，最大跌幅为 6 个百分点，最大涨幅与最大跌幅差值为 21 个百分点，苏格兰民众的地区认同变化较大。

毫无疑问，权力下放对威尔士民众地区认同的影响比对苏格兰民众地区认同的影响要小。也就是说，相比那些民族主义滞后的地区，权力下放在那些民族主义发达的地区可能会激发出更加强烈的地区认同。具体而言，权力下放后，不同地区在地区认同的涨幅方面存在较大差异，但在地区认同的跌幅方面几乎不存在区别，"权力下放似乎加强了自治区独特的民族意识，在权力下放前，那些具有民族认同感的民众很可能将其与英国人意识结合起来，但现在英格兰、苏格兰和威尔士越来越多的民众在完全拒绝英国人的身份"[1]。换言之，权力下放对地区认同至少会起到固化甚至强化的作用。但必须质问的是，根据第一章所述内容，威尔士是受英格兰同化最深的地区，除在西北部保留少许的威尔士语外，它早已与后者融为一体，为什么其地区认同仍然高出国家认同一倍？以及为什么与"苏格兰人"认同仅相差仅 15.6 个百分点？

本书认为原因主要有：其一，威尔士虽很早就与英格兰共存一体，但从历史上看威尔士曾经亦是独立的王国，拥有自己的语言与文化，同化政策仅仅是让原有的本土特征归于沉寂，异质性尚难消除，"形形色色的各种群体，无论是大于还是小于民族，都遵循着心照不宣的自我认同原则"[2]。其二，

---

[1] Jennifer Todd, The British State since Devolution: Reconfigurations and Continuities, in Europe's Old States in the New World Order: The Politics of Transition in Britain, France and Spain, Joseph Ruane, Jennifer Todd and Anne Mandeville, eds., Dublin: University College Dublin Press, 2003, p.74.

[2] [英]内斯特·盖尔纳：《民族与民族主义》，韩红 译，北京：中央编译出版社，2002年，第 71 页。

它在20世纪初期就受到其他两个地区民族主义运动风潮的浸染,使得原本沉睡已久、差不多被完全淡忘的威尔士意识又死灰复燃。其三,权力下放为保存和延续威尔士身份提供了制度要件,随着国民大会开始通过向人们输出有效率的民主治理从而提高他们的生活品质,它将帮助威尔士人在方方面面保存对过去的记忆,这是一种给他们的多层面的认同以力量的方式[1]。其四,威尔士地区长期处于落后边缘,地区差异和不平等给民族主义势力以可乘之机。除此之外,亦需要看到另一面,同化政策并不是完全无效的,威尔士的本土认同从未超过65%就是最好的佐证。

国家认同方面,最高值为1979年的34%,最低值为1997年的26%(此时为地区认同的最高值),最高值与最低值之差为8个百分点;最大涨幅为5个百分点(1999年和2007年),最大跌幅为8个百分点(1997年),最大涨幅与最大跌幅差值为13个百分点。而苏格兰地区的国家认同,最高值为1979年的39%,最低值为2000年的13%,最高值与最低值之差为26个百分点;最大涨幅为5个百分点(2007年和2012年),最大跌幅为14百分点,最大涨幅与最大跌幅差值为19个百分点。

比较来看,奇怪的是威尔士国家认同最高值仅低于苏格兰国家认同最高值5个百分点,前者的最低值高于后者的最低值13个百分点,威尔士国家认同最大跌幅低于苏格兰国家认同最大跌幅9个百分点,最大涨幅均为5个百分点。威尔士国家认同的平均值高于苏格兰国家认同平均值11个百分点,并且除1979年外,其他年份均高于苏格兰。权力下放对国家认同的影响体现在:① 权力下放前的国家认同均高于权力下放后的国家认同;② 权力下放冰封期(1979—1997年)对国家认同的损伤最大(跌幅最大);③ 权力下放削弱了民族主义发达地区的国家认同,而在民族主义滞后地区负面作用较小;④ 权力下放后,民族地区国家认同涨幅均低于跌幅,且民族主义越发达跌幅越大;⑤ 民族地区国家认同涨幅之间几乎没有差异,也就是说无论民族主义发达与否,权力下放在各个地区增进国家认同的功效尚无不同。

最后,再来探讨身份认同与政党倾向的关系(以二分法为基准)。虽然威尔士地区认同高达57.9%,但这似乎完全没有实现身份认同与政治认同的挂钩,某种意义上来说更像是处于脱钩状态。国家选举中,作为该地区唯一一

---

[1] [英]吉拉恩特·H. 詹金斯:《威尔士史》,孙超 译,上海:东方出版中心,2017年,第330页。

个参与各级选举的民族主义政党,威尔士党的表现一直处于低潮,在该地区1979年至1997年大选期间的平均得票率仅为8.4%,2001年至2019年的平均得票率亦仅为11.8%。在地区选举中,威尔士党议会选区的平均得票率为24.2%,在区域选区的平均得票率为21.98%[1]。对比可知,权力下放对民族主义政党在国家选举中的表现几无什么影响;在地方选举中,民族主义政党仅吸纳了三分之一的认同地区身份民众的选票,而这一数据与只认同"威尔士人"的比值基本契合。

因此,交叉分析得出,那些"更喜欢威尔士人"的民众更多的是出于语言和文化上的情愫,但他们的选票并没有投给民族主义政党,而是投给了全国性政党。"在后权力下放时代,选民们非但没有抛弃工党,反而更加认同该党及其在威尔士地区正在践行的劳工主义政策"[2]。实际上,这再次证明了本书提出的身份认同并不等于政治认同的论点,"身份认同不像我们想象的那样能巧妙地映射在政治观点上……身份认同与政治态度之间的互动具有高度复杂性。身份认同固然重要,但在其程度和方式上或许亦不是我们所期待的那样"[3]。

然而,不可忽视的是,也正是权力下放的使然,让民族主义政党找到了发挥更大政治影响力的舞台,威尔士党在地区议会中长期占据着第二大党的位置,即便它的得票率并不高,但由于全国性政党众多,以及选举制度的形塑,使得民族主义政党能够以凝聚的选票取胜于分散的选票。进言之,纵然是在民族主义发展滞后的地区,权力下放所提供的制度空间,对民族主义政党的放纵与包容,易养虎为患。

3.2.3 北爱尔兰地区"二分天下"的完全内循环

北爱尔兰是由天主教和新教两个异质性社群组成的社会,后者的人口基数略高于前者,因而民众身份认同具有特殊性。权力下放在北爱尔兰的实施不是一帆风顺的,它先后四次被中止和恢复[4]。可以说,1999至2007年北

---

[1] 平均得票率由威尔士党在该地区的地区选举历年得票率加总求均值得出。

[2] Mark Drakeford, Wales and a Third Term of New Labour: Devolution and the Development of Difference, Critical Social Policy, Vol. 25, No. 4, 2005, p. 503.

[3] Ross Bond and Michael Rosie, National Identities in Post-Devolution Scotland, Scottish Affairs, Vol. 40, No. 1, 2002, pp. 52-53.

[4] 北爱尔兰权力下放始于1921年,第一次中止发生在1972年,第一次恢复是在1999年,第二次中止发生在2000年2月,第二次恢复是在2000年5月,第三次中止发生在2002年10月,第三次恢复是在2007年5月,第四次中止发生在2017年1月,第四次恢复是在2020年1月。

爱尔兰的自治仍旧处于摸索调适阶段,其后的权力下放才算步上平稳运作的轨道,因而分析2007年至今的身份认同更能透视权力下放对它的影响。

地区认同层面,从表3-9可知,只认同"爱尔兰人"的民众在2007年至2015年处于小幅上升态势,从18%增至29%,增幅达11个百分点;2015年至2019年则处于微幅下降态势,从29%跌至21%,跌幅达8个百分点。也就是说,"爱尔兰人"认同在权力下放十余年间经历一个先升后降的过程后又重新回到原点。较为奇怪的是,"更喜欢爱尔兰人"认同在2007至2015年却处于下滑趋势,从17%滑落到9%,降幅达8个百分点,但同期的国家认同和双重认同均保持不变,这说明"更喜欢爱尔兰人"认同中的一部分民众转移到"爱尔兰人"认同的模块中去了,两者实现互补;2015至2019年则保持稳中有进的势头,但同期的单一地区认同和双重认同均处于下落状态,这意味着增加的部分(1—3个百分点)民众主要来源于这两个板块。

双重认同方面,2007年至2014年降低3个百分点,2016年回升到17%,可其后又跌落至2019年的12%,下降约5个百分点。在地区认同处于下滑态势的同期,双重认同的一部分民众被转移到国家认同模块。

国家认同方面,"更喜欢英国人"的民众在2007至2014年间处于跌落状态,跌幅达9个百分点,但同期的"英国人"认同则从19%增长至28%,增幅达9个百分点,可以说在某种程度上两者实现了完全转移。从2014至2015年,"更喜欢英国人"的民众增长4个百分点,达17%,其后到2017年再涨1个百分点至18%,可这之后又滑落到2019年的12%,降幅达6个百分点;而"英国人"认同在2014年(28%)至2016年(21%)间不停下滑,但跌落的部分并未完全转移至"更喜欢英国人"模块,其中一部分还流失到双重认同模块。2017年以来,单一国家认同呈现上升势头,到2019年达33%,增幅达12个百分点,可见增加的这一部分民众不单单来自原本就认同国家身份的群体,而且也来自原本就认同地区身份的群体。

总体上说,权力下放在实施前期对地区认同(2007—2015年)比较有利,对双重认同(2007—2014年)和国家认同(2007—2016年)相对不利;但是在后期(2016—2019年)对国家认同较为有利,对地区认同和双重认同较为不利。然而,受制于北爱尔兰特殊的社群结构,地区认同和国家认同在宏观上的变化均很小,例如2007年地区认同和国家认同之差为8个百分点,到2019年双方之差为12个百分点,仅上涨4个百分点;地区认同的最大涨幅为3个百分点,最大跌幅为也为3个百分点;而国家认同的最大涨幅为2个百分点,最大跌幅为4个百分点。可以说,双方平分秋色。

从地区认同、国家认同和双重认同三者的关系来看,地区认同和国家认同均在各自内部实现增减互补的内循环,无法转移至双重认同,且它们还在同时分夺双重认同的民众。不难看出,权力下放以及共享政府架构安排似乎更加挤压了双重认同的生存空间,"英国三个地区的民族认同通常倾向于双重(或实际上是多重)的论点能够成立,但其不能扩展至北爱尔兰"[1]。到2019年仅有12%的民众认同双重身份,这是与其他三个地区身份认同之间的最大区别。

表3-9 北爱尔兰民众五分法的身份认同

年度	身份类别及比率(%)						
	地区认同			双重认同	国家认同		
	爱尔兰人	更喜欢爱尔兰人	合计	都一样	更喜欢英国人	英国人	合计
2007	18	17	35	17	24	19	43
2012	24	14	38	17	16	23	39
2013	24	14	38	15	16	25	41
2014	26	12	38	14	13	28	41
2015	29	9	38	16	17	26	43
2016	24	11	35	17	18	21	39
2017	23	10	33	15	18	23	41
2018	23	11	34	13	14	29	43
2019	21	12	33	12	12	33	45
均值	23.5	12.2	32.3	15.1	19.1	24.1	41.7

说明:由于没将其他答案和未回答的数据纳入表中,因而表中数值之和未到100%;均值由作者根据表中数据加总求均值四舍五入所得。

数据来源:North Ireland LIFE & TIMES, https://www.ark.ac.uk/nilt/results/polatt.html, accessed:2020-10-06。

---

[1] Ross Bond and Michael Rosie, National Identities and Attitudes to Constitutional Change in Post-Devolution UK: A Four Territories Comparison, Regional & Federal Studies, Vol. 20, No. 1, 2010, p. 90.

基于北爱尔兰特殊的宗教属性,其必然有投射到身份认同中去。从表3-10中可知,认同"爱尔兰人"的天主教徒在2007年为43%,可2012年立马上升到53%,增幅达10个百分点,虽然2013年很快又跌至48%,但2015年则迎来最高点59%,其他年份均维持在54%左右。也就是说,2007至2019年,天主教徒有超过半数(52.5%)的民众只认同地区身份。"更喜欢爱尔兰人"的认同中,天主教徒在整体上处于下滑态势,最高值为2007年的32%,最低值为2015年的18%,落差达14个百分点。但即便如此,天主教徒中仍有高达75.8%的民众认同地区身份,其次是认同双重身份,占12.8%。而新教徒中认同地区身份仅3.7%。

表3-10 北爱尔兰民众身份认同在宗教信仰中的分布情况

身份认同	宗教信仰	年度及占比(%)									
		2007	2012	2013	2014	2015	2016	2017	2018	2019	均值
爱尔兰人	天主教	43	53	48	54	59	53	54	54	55	52.5
	新教	0	2	2	1	0	1	2	3	1	1.3
	无信仰	7	7	14	11	10	12	10	9	10	10.0
更喜欢爱尔兰人	天主教	32	25	26	23	18	21	20	20	25	23.3
	新教	4	3	2	3	1	3	2	2	2	2.4
	无信仰	23	11	11	7	8	9	7	10	11	10.8
都一样	天主教	14	12	14	12	14	13	12	13	11	12.8
	新教	18	18	14	14	17	19	14	14	12	15.6
	无信仰	22	16	18	22	18	21	22	14	18	19.0
更喜欢英国人	天主教	4	4	4	2	3	2	2	1	1	2.6
	新教	40	29	28	23	30	31	33	24	20	28.7
	无信仰	26	17	18	18	21	26	24	22	18	22.2
英国人	天主教	1	1	2	1	2	1	1	2	2	1.4
	新教	35	45	49	56	48	41	44	53	61	48.0
	无信仰	14	28	29	31	28	21	22	30	28	25.7

说明:均值由作者根据表中数据加总求均值四舍五入所得。

数据来源:North Ireland LIFE & TIMES, https://www.ark.ac.uk/nilt/results/polatt.html, accessed:2020-10-08。

双重认同方面,天主教最大值(14%)与最小值(11%)的差值为3个百分点,而新教的最大值(19%)与最小值(12%)的差值为7个百分点,天主教的最大涨幅和最大跌幅均为2个百分点,新教的最大涨幅为3个百分点、最大跌幅为7个百分点。比较得出,新教徒和天主教双重认同的涨幅一致,但跌幅前者大于后者,天主教徒认同双重身份的均值(12.8%)略低于新教徒(15.6%),但都不及无宗教信仰民众的均值(19%)。值得注意的是,2019年各个社群的比值均低于2007年。

国家认同方面,天主教徒"更喜欢英国人"的占比呈下倾走势,由2007年的4%将至2019年的1%,只认同"英国人"的占比则在1%与2%之间摆动,幅度不大。新教徒"更喜欢英国人"亦出现下滑态势,从2007年的40%降至2019年的20%,最大跌幅达11个百分点,而只认同"英国人"的占比则大幅提升,由2007年35%上升到2019年的61%,最大涨幅达10个百分点。新教徒中认同国家身份的占比为76.7%,与天主教徒认同地区身份的占比旗鼓相当。总体上说,权力下放后,地区认同和国家认同内部均实现了由倾向性认同到单一性认同的转移,但没有出现跨社区的迁移,泾渭分明的态势依旧稳固,而双重认同在一定程度上遭到排挤,有所压缩。

1998年《北爱尔兰法》赋予该地区"自决权",其引起新教徒在某种程度上的担忧,"民族主义者目前是少数社群,但如果人口趋势持续下去的话,联合主义者恐会发现自己将失去多数地位"[1]。因此,考察权力下放后不同年龄段尤其是中青年民众对身份认同的看法,对于研判北爱尔兰未来发展局势至关重要。

如表3-11所示,在18—24岁年龄段,2007年认同地区身份的接近该群体中的一半(48%),而认同国家身份的仅略多于三分之一(34%),认同地区身份的比认同国家身份的高出14个百分点。权力下放恢复五年后的2012年,认同地区身份的占比大致维持不变(46%),但单一性地区身份认同净增8个百分点,而更倾向地区身份认同则锐减10个百分点,同期的国家身份认同几乎保持平稳(31%),可见地区身份内部实现了完全转移。到恢复权力下放的第十年即2017年,地区认同骤减至35%,国家身份认同仍表现稳定(34%)。但经过"十年之痒"的2018年,地区身份认同跌至历史最低值24%,

---

[1] Robert Hazell and David Sinclair, The British Constitution in 1997 - 1998: Labour's Constitutional Revolution, Parliamentary Affairs, Vol. 52, No. 2, 1999, p. 167.

而此时的国家认同则来到历史最高值52%,但好景不长,随后的2019年认同地区身份的民众又反弹到历史最高值51%,国家认同则回降至正常状态。就平均值来说,认同单一性地区身份的民众(28.6%)高于认同单一性国家身份的民众(21.3%),认同更倾向于地区身份的民众(13.6%)略低于认同更倾向于国家身份的民众(14.2%)。整体上看,仍是认同地区身份的民众(42.2%)高于认同国家身份的民众(35.5%)。

在25—34岁年龄段,恢复权力下放五年后的2012年,"爱尔兰人"认同上涨2个百分点,为23%,"更喜欢爱尔兰人"认同下跌1个百分点,为15%;"更喜欢英国人"认同则下跌9个百分点,为13%,"英国人"认同增加2个百分点。也就是说,在恢复放权的前五年,对更倾向于国家认同的群体影响最大,其跌落的民众大多数被转移到单一性国家认同和双重认同的模块。恢复权力下放第十年即2017年,认同"爱尔兰人"的民众由2012年的23%上涨至2017年的27%,上涨4个百分点,认同"更喜欢爱尔兰人"的民众则由2012年的15%降至2017年的14%;认同"更喜欢英国人"的民众由2012年的13%下滑到2017年的12%,认同"英国人"的民众由2012年的21%滑落至2017年的17%,双重认同增加2个百分点。由此可见,在恢复权力下放第五年至第十年间,其对双重认同和单一性地区认同起到了积极作用。平均值方面,认同"爱尔兰人"的占比(23.8%)高于认同"英国人"的占比(21.8%),认同"更喜欢爱尔兰人"的占比(12.1%)略低于认同"更喜欢英国人"(13.3%)的占比。地区认同(35.9%)略高于国家认同(35.1%)。

由于35岁及其以后年龄段民众都是权力下放之前出生的人,政治意识大多已经定型,权力下放对身份认同影响较小。从表3-11的数据分析得出,34岁以后年龄段的均值在整体上皆是国家认同高于地区认同,此处不再一一赘述。通过比较分析,权力下放重启至今,如果以35—44岁年龄段为分界线,可以发现越年轻的民众越是支持地区身份认同,越年长的民众则越是支持国家身份认同。但是,需要留意的是2018年至2019年的变化,除18—24岁年龄段的地区身份认同在2019年胜于国家认同外,18—44岁年龄段的国家认同均高于地区认同,而在65岁以上年龄段,有超过50%的民众支持国家认同。权力下放十年阵痛期后,如何继续发展,值得追踪观察。

表 3-11 北爱尔兰民众身份认同在不同年龄段中的分布情况

身份认同	年龄段	年度及占比(%)									
		2007	2012	2013	2014	2015	2016	2017	2018	2019	均值
爱尔兰人	18—24	27	35	34	34	29	29	21	12	36	28.6
	25—34	21	23	24	27	24	24	27	25	19	23.8
	35—44	16	24	24	20	25	25	28	20	19	22.3
	45—54	19	24	27	26	28	25	20	29	23	24.6
	55—64	12	24	16	31	24	22	24	26	22	22.3
	65及以上	18	20	20	24	21	20	21	20	16	20
更喜欢爱尔兰人	18—24	21	11	16	7	11	15	14	12	15	13.6
	25—34	16	15	15	16	8	9	14	8	8	12.1
	35—44	24	13	10	13	9	9	8	13	11	12.2
	45—54	17	15	15	13	8	12	10	13	17	13.3
	55—64	16	12	24	12	10	12	13	7	8	12.7
	65及以上	11	14	7	13	8	10	5	11	11	10
都一样	18—24	15	13	10	10	15	16	20	14	6	13.2
	25—34	11	15	12	15	13	14	12	10	12	12.7
	35—44	21	15	15	16	16	18	17	13	10	15.7
	45—54	13	20	15	15	15	16	15	12	14	15
	55—64	21	20	18	14	18	16	16	14	12	16.6
	65及以上	22	16	17	16	17	19	14	13	17	16.8
更喜欢英国人	18—24	16	13	9	13	15	16	15	21	10	14.2
	25—34	22	13	8	10	16	15	12	14	10	13.3
	35—44	18	16	23	14	15	15	18	11	17	16.3
	45—54	33	15	15	14	21	15	17	10	11	16.8
	55—64	26	20	18	13	19	23	20	14	13	18.4
	65及以上	27	18	18	12	16	20	24	17	13	18.3

续表

身份认同	年龄段	年度及占比(%)									
		2007	2012	2013	2014	2015	2016	2017	2018	2019	均值
英国人	18—24	18	18	23	25	22	11	19	31	25	21.3
	25—34	19	21	22	18	20	18	17	26	35	21.8
	35—44	18	23	19	29	19	19	16	23	28	21.6
	45—54	15	22	24	26	22	22	28	25	25	23.2
	55—64	21	20	21	29	26	22	21	31	37	25.3
	65及以上	21	30	37	35	36	28	32	36	39	32.7

数据来源：North Ireland LIFE & TIMES, https://www.ark.ac.uk/nilt/results/polatt.html, accessed：2020-10-18。

倘若采用四分法的身份认同量表，从图 3-3 中可知，国家身份认同从未超过 50%，仅 2000 年达到最高值 49%，其他三种身份类型均可归类为地区认同。1989 至 1998 年间北爱尔兰仍处于中央政府直接统治之下，国家认同平均维持在 43.7%；1999 至 2007 年这段试验期，国家认同平均维持在 42.9%；而在 2007 年重启权力下放至 2012 年间，国家认同平均维持在 37%。不难发现，从直接统治到权力下放，国家认同是在缓慢递减的。也就是说，权力下放在新教徒占多数的社会都有弱化国家认同的负面作用，那更何况在苏格兰和威尔士地区。综合得出，权力下放会在潜移默化中冲淡国家认同，同时亦会在时间推移中聚合地区认同。诚如政治家叶礼庭所指出的那样"像加拿大、印度、比利时和其他多种族国家所发现的，对国家的依附可能比对构成国家之民族的依附要弱"[1]。最后，由于北爱尔兰的社会结构基本上决定着政党选票结构，以及共享政府架构和没有全国性政党的参选（不存在以整对零的格局），故而此节略去对身份认同与政党认同、政治认同的分析。

---

[1] [加拿大]叶礼庭：《血缘与归属：探寻新民族主义之旅》，成起宏 译，北京：中央编译出版社，2017 年版，第 282 页。

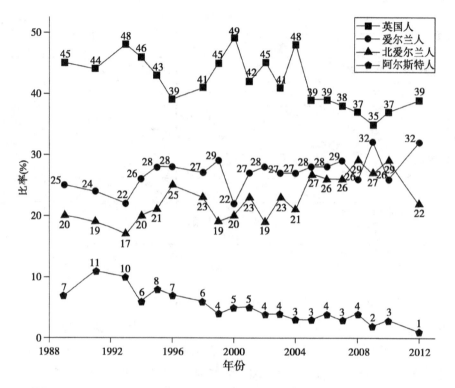

图 3-3 北爱尔兰民众四分法身份认同

数据来源：Alison Park et al., British Social Attitudes: the 30th Report, London: NatCen Social Research, 2013, p. 171.

3.3 权力下放与民众对宪制偏好的态度

目的论意义上，权力下放对民众的政党倾向和身份认同的影响可能是次要的，而最重要的是看其是否遏制住了分离态势的蔓延。民众对待分离的看法，在本质上是民众宪制偏好（constitutional preferences）的体现，宪制偏好是指民众的权力观念和对治理方式的选择，其中包括对权力大小和独立与否的看法。政党倾向和身份认同与宪制偏好并非绝缘，反倒是前者的立场可能会决定着后者的态度，"身份认同和党派关系对于理解不同宪制偏好的看法至关重要"[1]。政党倾向和身份认同是宪制偏好的必要条件，也就是说，宪

---

[1] Arno van der Zwet and Craig McAngus, How Different are Assessments of Independence and Devolution Max? An Analysis of the Role of National Identity and Party Affiliation, Scottish Affairs, Vol. 23, No. 1, 2014, p. 3.

制偏好对政党倾向和身份认同具有可还原性,但反过来则不行。

3.3.1 被一种激进意识形态所支配的苏格兰

从本章前面两节的内容可知,苏格兰民众的地区认同稳定且远高于国家认同,这种身份认同差异首先被投影到不同层级的政治选举中,在经历一段不短不长的时间后,民族党在苏格兰地区所有选举中的得票都遥遥领先于全国性政党。这样的背景下,民众的宪制偏好如何?从图3-4中不难发现,1997至2014年"独立"公投前的这段时间,支持"权力下放"的民众占据大半部分份额,长期在50%至62%之间浮动(2004—2005年除外),而同期苏格兰民众的地区认同一直处于高空状态(70%至80%之间),但民族主义政党在地区选举中的力量则与日俱增。可奇怪的是,民族主义政党的不断壮大似乎并没有影响到民众对宪制的偏好,同时似乎亦没有影响到民众的身份认同,甚至在2007年首次执政后,地区身份认同还出现下滑。

也就是说,民族主义政党在地区议会选举中的表现,好像既不会强烈影响到民众对身份认同的认知,也不会强烈影响到民众对宪制偏好的认知。民众的身份认同和宪制偏好与地区议会选举的关联似乎不大,不是同步或正相关关系。然而,民族党在2015年国家选举中取得跳跃般的突破,获得苏格兰地区50%的选票,几乎囊括全部席次(56/59),恰好同年苏格兰民众的宪制偏好亦发生质变,来到历史上第一个高点,支持"独立"的民众从2014年的33%上涨至2015年的39%,激增6个百分点,2016年继续保持更快增速,达到46%,尽管2017年国家选举后,民族党席次锐减近20席,但支持"独立"的民众却居高不下,特别是2019年国家选举,民族党又回弹到最好状态,此时支持"独立"的比例则来到历史第二个高点,即51%。

倘若仅从身份认同、政党倾向和宪制偏好三者关系而论,在国家选举中,地区认同与其他两者的关联不大,反倒是民众越是支持民族主义政党,似乎就越支持"独立",因为此时的地区认同甚至还处于下行状态。从时间上看,民众宪制偏好的转折点发生于2015年,即"独立"公投之后,但英国中央政府已通过2016年《苏格兰法》对权力下放作出进一步深化,为什么效果适得其反?这或许不得不考虑"外因"的作用,重要的政治事件对民众的宪制偏好可能会产生重大冲击。2015年保守党赢得大选后立马兑现"脱欧"公投的承诺,而此举对一贯主张"留欧"的苏格兰来说无疑是背道而驰。换句话说,当中央与地区在重大的国家问题上出现不可调和的分歧时,自治区民众为维护既得利益,或许会重新审视自己的宪制偏好,甚至作出与当前状态相冲突的选择,而选民宪制偏好的更动,定然会投射在他们的身份认同和政党倾向上。

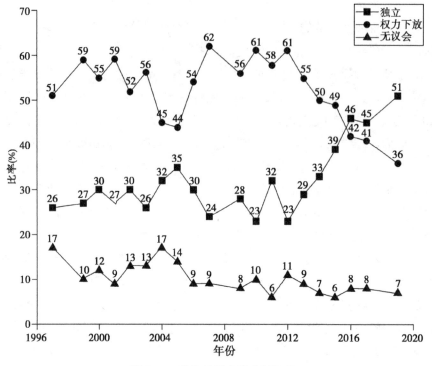

图 3-4 苏格兰民众的宪制偏好

数据来源：1997—2012 年的数据来源于：Alison Park et al. , British Social Attitudes: the 30th Report, London: NatCen Social Research, 2013, p. 172;2013—2017 年的数据来源于：Daniel Phillips et al. , British Social Attitudes: The 35th Report, London: The National Centre for Social Research, 2018, p. 223;2019 年的数据来源于：Scottish Social Attitudes, 2019, https://whatscotlandthinks. org/questions/how-should-scotland-be-governed-five-response-categories-collapsed-to-three/,accessed: 2020-10-20。

1997 至 2015 年民众对权力下放可谓是始终保持着热情,但 2015 至 2019 年间其好感度大幅退减,将第一偏好让位给了支持"独立"的选项。实际上,地区议会建立十年后,民众对权力下放的态度悄然发生不少的转变。从表 3-12 中可知,2010 年民众对地区议会的权力是否扩增仍保持着较为克制的态度,但拓展地区议会权力的态度逐渐显露。2011 年认为议会应该拥有"决定所有事务的权力"的比例由 2010 年的 28％陡增至 43％,净增 15 个百分点,同期支持议会拥有"除国防和外交以外所有事务的权力"亦较之前增长 6 个百分点。2012—2013 年人们对议会拥有"决定所有事务的权力"的极端看法似乎有所保留或迟疑,但 2014 年又开始回升至 41％,其后的 2015 年和2019年分别迎来第二个和第三个历史高点,比例分别为51%和52%。

为什么高点出现在2011、2015和2019年?有以下两个原因值得探讨:其一,这三个年份都是选举年,而且都是地区性政党大获全胜之年;其二,2011年威尔士议会获得一级立法权,这对"高高在上"的苏格兰地区产生了负面影响,优越感不断丧失致使苏格兰民众对权力现状的不满;其三,2014—2019年保持高支持率与"独立"公投和"脱欧"公投有着直接联系。换言之,只要民族主义政党无论是在地区选举还是国家选举获得胜利,它都会增进民众对更大权力的诉求,且在后者中的胜利比在前者中的胜利对权力欲望的影响更大,"在某些情况下,政党忠诚可以强化附于一定社会结构的制度和感情,不然这些制度和感情就会失去它们的意义和重要性"[1]。同时,权力弱小地区的追赶以及攸关地区和国家的重大政治事件亦可能触发民众对更大权力的诉求,它们起着催化剂的作用。就苏格兰的案例来说,权力下放"十年之痒"期间,民众对权力现状会较为满意,但"十年之痒"结束后,民众或许就会萌生更加强烈的自治甚或"独立"的诉求。

表3-12 关于苏格兰议会权力的调查

调查主题	年度及占比(%)								
你认为议会应该拥有……?	2010	2011	2012	2013	2014	2015	2016	2017	2019
决定所有事务的权力	28	43	35	31	41	51	49	46	52
除国防和外交以外所有事务的权力	23	29	32	32	27	30	31	32	26
除国防、外交、税收和社会福利外所有事务的权力	27	21	24	25	22	12	12	14	16
不需要权力(由中央政府制定所有决定)	10	5	6	6	6	3	4	4	5
尚未考虑	10	5	6	8	6	3	4	4	2

数据来源:2010—2017年数据来源于:Daniel Phillips et al., British Social Attitudes: The 35th Report, London: The National Centre for Social Research, 2018, p. 223;2019年的数据来源于:Scottish Social Attitudes, 2019, https://whatscotlandthinks.org/questions/who-should-make-decisions-for-scotland-6/,accessed: 2020-10-21。

---

[1] [美]西摩·马丁·李普塞特:《政治人——政治的社会基础》,张绍宗 译,沈澄如、张华青 校,上海:上海人民出版社,2011年,第215页。

对更大权力的诉求隐含和透露着民众对各级政府的信任问题,以及期望与现实的落差和错位问题,因为"人们认同于那些最像他们自己的人,那些被认为有着共同的民族属性、宗教信仰和传统以及传说的共同祖先和共同历史的人"[1]。如表3-13所示,1999年首届议会政府组成之际,民众的高地区身份认同致使其对之抱有高度期待,但或许是由于地区政府仍由全国性政党执政,故对地区议会的信任度在2000年下挫27个百分点,因为表3-14和表3-15中已表达出民众希望地区政府对地区事务发挥最大作用的同时中央政府的影响降至最低的愿望。全国性政党在地区政府的掌权,使民众既对地区政府的幻想破灭,也对中央政府"通吃"的印象加深,但对(由地区性政党执政的)地区政府的渴求依旧强烈。尽管,民众对全国性政党掌握地区政权并不十分满意,不过比起由中央政府直接统治,还勉强能够接受,因此对地区议会的信任度始终维持在50%以上。直到2007年民族党组成少数党政府后,民众对地区议会的信任度才有了较为显著的回升,上涨到71%。

值得注意的是,在选举年即2007、2011和2015年,民众对地区议会的信任度都处于高值,这很大一部分原因在于民众期待地区性政党的上台,反过来民族党的胜选,进而又给民众营造了一种"真正自治"的假象。在非选举年,民众对地区议会的信任度与工党执政期间并无明显差异。随着民族党在地区议会的掌权,民众对中央政府的刻板印象亦发生改观,他们对地区议会在苏格兰的影响力逐渐有了信心,对中央政府的集权和干预形象也因为前者而有所缓解,在2015年民族党以多数优势组阁后,民众对地区议会和中央政府在苏格兰治理的影响力的感受大致相同。然而问题是,民众的这一认知会带来潜在冲突:由于民众天然地认为地区议会是苏格兰治理的第一选择,可民族党在多数执政的情况下其影响力才与中央政府不相上下,因而他们就会认为地区议会的权力与民意基础不相匹配,这必定会衍生出要求下放更大权力甚至分离的诉求。一言以蔽之,身份认同、政党倾向与政府认知的错位,俨然影响着民众对宪制偏好的看法。

---

[1] [美]塞缪尔·亨廷顿:《我们是谁?——美国国家特性面临的挑战》,程克雄 译,北京:新华出版社,2005年,第12页。

表 3-13 苏格兰民众对中央政府和地区政府的信任度调查

调查主题：你认为以下哪个政府"几乎一直是"或"大多数时候是"在为苏格兰的利益而工作？									
	调查年度及比值(%)								
	1999	2000	2001	2002	2003	2004	2005	2006	2007
地区议会	81	54	65	52	63	52	56	51	71
中央政府	32	17	22	19	21	22	23	21	35
	2009	2010	2011	2012	2013	2015	2016	2017	2019
地区议会	61	61	71	62	59	73	65	61	61
中央政府	25	22	18	31	26	23	25	20	15

说明：因对地区政府和中央政府的调查是分开单独进行的，故数值相加或超过100%。

数据来源：Scottish Social Attitudes 2016,2017,2019.

表 3-14 民众对不同政府治理苏格兰的看法

调查主题：你认为以下哪个政府对苏格兰的治理影响最大？									
	调查年度及比值(%)								
	1999	2000	2001	2003	2004	2005	2006	2007	2009
地区议会	41	13	15	17	19	23	24	28	33
中央政府	39	66	66	64	48	47	38	47	39
地方政府	8	10	9	7	20	15	18	8	11
欧洲联盟	5	4	7	5	6	8	11	9	10
不知道	8	8	—	6	7	7	9	7	7
	2010	2011	2012	2013	2015	2016	2017	2019	2020
地区议会	37	38	34	30	41	42	43	40	—
中央政府	45	38	41	41	42	41	41	42	—
地方政府	7	13	10	10	6	5	5	7	—
欧洲联盟	7	7	9	9	5	8	7	6	—
不知道	5	4	6	6	6	4	4	—	—

数据来源：Scottish Social Attitudes 2017,2019.

表 3-15 苏格兰民众对地区治理的政府期待

调查主题：你认为以下哪个政府应该对苏格兰的治理影响最大？									
	调查年度及比值(%)								
	1999	2000	2001	2003	2004	2005	2006	2007	2009
地区议会	74	72	74	65	67	67	64	71	72
中央政府	13	13	14	20	12	13	11	14	13
地方政府	8	10	8	9	17	15	19	9	11
欧洲联盟	1	1	1	1	1	1	1	1	—
不知道	—	5	—	—	3	4	4	4	3
	2010	2011	2012	2013	2015	2016	2017	2019	2020
地区议会	74	73	63	63	76	75	74	73	—
中央政府	16	14	24	20	14	14	15	15	—
地方政府	6	11	8	13	7	8	8	8	—
欧洲联盟	1	1	1	1	1	1	1	1	—
不知道	3	2	4	3	2	2	3	—	—

数据来源：Scottish Social Attitudes 2017，2019.

当然，对权力下放检视的落脚点在于其后分离主义的发展态势。从图 3-4 和表 3-12 可知，支持分离的民众在 2016 年以来就超过赞成权力下放的民众，且在 2019 年突破 50%。即便是在权力下放本身，支持完全由自己决定所有事务的比例亦在 2019 年超过 50%，其形同于超过一半的民众支持完全自治。不得不承认，建立地区议会政府后，民众对权力下放和分离的态度发生了较大转变，对下放权力的欲求由小变大，对分离路线的推行也由保守变得主动。2014 年的"独立"公投是对这一现象的初次写照，虽遭封杀，但"未来可期"，因为支持分离阵营冲刺到最后仅以 10 个百分点吞败，这让民族党看到其中的潜力，尤其是看到民众对支持更大权力甚或分离的欲望。遂而，在 2014 年公投余波未散之际，就提出再次公投（Indyref2）的口号。

幸运的是，在表 3-16 中，2014 至 2019 年间，反对第二次公投和反对"独立"的民众占据了主流民意。可好景不长，2019 年情势又渐次出现反转，支持"独立"的民众以 1 个百分点之差紧逼反对"独立"的民众，2020 年支持第二次公投和支持"独立"的民众皆以微弱优势战胜反对派，"独立"运动持续燃烧，并占领着民意高地。换句话说，2020 年，苏格兰地区实现了极为罕见的

"支持分离""支持完全自治""支持举行第二次公投"以及"支持公投'YES'"的共振现象。更让人忧心的是,2020年62%的民众认为苏格兰议会拥有是否举行第二次公投的最终决定权,同时49%的民众认为苏格兰议会应该就"独立"问题举行单方面公投[1]。倘若苏格兰地区顺势强行举行公投,其很有可能获得通过,但也必然会引发一场巨大的央地冲突和宪制危机。

客观地看,目前仍不太清楚这种现象是常态还是昙花一现,但不容否认的是,权力下放在实践20余年后,它并没有满足民族主义者的欲求,反倒是给其提供了推进其分离路线的空间和平台。"若取得自治权的合理要求经过长期的努力仍然满足不了,便会重新燃起对自决权的膨胀欲望"[2],国家将深陷分裂危机之中。

表3-16 民众对第二次公投的看法及其投票意向(2015—2020年)

	调查年度及占比(%)					
调查主题1:你是否觉得苏格兰需要举行第二次"独立"公投?						
	2015	2016	2017	2018	2019	2020
需要	45	37	42	40	42	44
不需要	50	50	51	52	48	41
不知道	6	13	7	8	8	15
调查主题2:如果举行第二次"独立"公投,你将如何投票?						
	2015	2016	2017	2018	2019	2020
支持	46	38	39	41	44	45
反对	49	49	50	50	45	40
未决定	6	13	7	6	11	9

说明:YouGov在2015年对第二次公投的调查进行了细分,例如你是否同意在未来10年、15年、25年或50年举行第二次公投,表中数据为笔者合并同类项所得,其后年份采取了笼统的调查方式。

数据来源:YouGov Survey,2015—2020.

---

[1] 数据来源:YouGov Survey, 2020-02-14, https://whatscotlandthinks.org/questions/should-the-scottish-parliament-or-the-uk-parliament-ultimately-have-the-power-to-decide-whether-there-should-be-a-second-independence-referendum/, accessed: 2020-10-22; Panelbase, 2020-06-19. https://whatscotlandthinks.org/questions/should-the-scottish-parliament-be-able-to-unilaterally-call-a-referendum-on-independence/, accessed: 2020-10-22.

[2] [德]奥特弗利德·赫费:《全球化时代的民主》,庞学铨 等译,上海:上海译文出版社,2007年,第354页。

3.3.2 对权力和"独立"皆敢于想象的威尔士

威尔士民众的宪制偏好不像苏格兰那样赤裸裸地追求分离,而是在既有的权力框架内谋求更大的自治空间。1998年的权力下放,似乎打开了威尔士倾泻更大自治权的阀门。2007年5月,新版的《威尔士政府法》(2006)正式生效,该法将威尔士政府从威尔士国民大会中分离出来,改行内阁制。首席部长得到该法的承认,其国民大会通过相对多数选举出一名议员进行提名后,由女王任命。首席部长任命其他部长、副部长以及检察总长,须经女王同意。更重要的是,通过该法,威尔士获得有限的立法权,且涉及进一步扩充立法权力的具体规定。从这里看,威尔士在形式、外观甚至在本质上已与苏格兰无异。2011年3月3日,威尔士地区举行扩增立法权力的公投并获得通过。随后,英国威斯敏斯特议会赋予其与苏格兰同等位阶的一级立法权,但立法领域仅限于所罗列的20个事项。2020年1月15日,《威尔士议会及选举法》获得皇家御准,其正式将"威尔士国民大会"(National Assembly for Wales)改名为"威尔士议会"(Senedd Cymru / the Welsh Parliament),以体现议会的建制地位。

中央政府本来希望授予更大的权力能够阻止威尔士民众对完全自治的渴求,然而事与愿违,"在威尔士,身份认同或许是最具有宪制上的意义,因为任何朝着更纯粹的威尔士身份转变的趋势都会触发对进一步自治的呼求,而最有可能的形式就是具有立法权的议会(Legislative Parliament)"[1]。由表3-8和图3-2的数据就不难发现在图3-5中,2012年至今,认为"议会应该拥有更大的权力"的民众常年占据着宪制偏好的第一位,甚至在2019年接近50%;认为"议会应该被废除"的民众在不断减少,这意味着原本不情愿建立议会的民众,随着权力下放的深入,也越来越多地接受地区自治,而下降比例中的一部分人,被转移到支持"议会应该拥有更大的权力"或"应该独立"的模块中,因为2012至2020年,所有模块只有"应该拥有更少的权力"的选项几乎处于停滞状态。

"维持现状"的民众从2015年以来就在微幅走低,这说明随着时间的推移,人们对权力现状的不满开始增多,一部分人转而支持"议会应该拥有更大

---

[1] Ross Bond & Michael Rosie, National Identities and Attitudes to Constitutional Change in Post-Devolution UK: A Four Territories Comparison, Regional & Federal Studies, Vol. 20, No. 1, 2010, p. 100.

的权力"或"应该独立"。换句话说,即便是民族主义发展较为滞后的威尔士,在经历 20 余年的实践后,对权力下放的保守和消极认知也已有松动迹象,而变得更加积极和主动,这似乎印证了安东尼·史密斯对民族主义的理解,即"一种为某一群体争取和维护自治、统一和认同的意识形态运动,该群体的部分成员认为有必要组成一个事实上的或潜在的'民族'"[1]。虽然支持"独立"的民众始终停留在 10% 以下,对国家主权和央地关系构不成任何威胁,但是随着地区议会权力的不断扩张以及民族主义政党在地区选举中居于第二的优势,其必定削弱中央政府在一些问题上的国家能力。

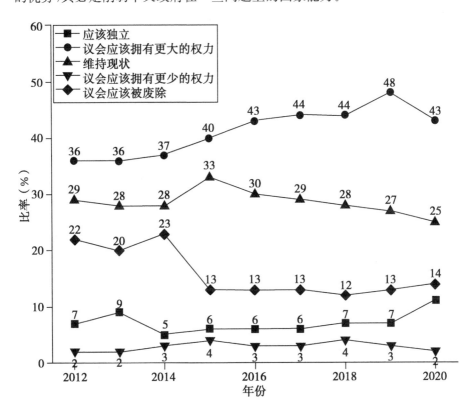

图 3-5 关于威尔士民众认为该地区应该被如何治理的调查

数据来源:ICM 2012—2019,(Scottish Social Attitudes)
https://whatscotlandthinks.org/gb_questions/how-should-wales-be-governed-welsh-views-1/, accessed:2020-10-23。

---

[1] [英]安东尼·史密斯:《民族主义:理论、意识形态、历史》,叶江 译,上海:上海世纪出版集团,2006 年,第 10 页。

在扩增议会权力的面向上,威尔士一贯向苏格兰看齐,希望能拥有与之相同的税收权力。2002年7月,威尔士首席部长建立"权力与选举安排委员会",俗称"理查德委员会"(Richard Commission),2004年该委员会的报告建议到2011年应赋予威尔士国民大会与苏格兰议会相似但不完全相同的主要立法权。工党政府接受这一建议,但对其他建议则是有选择性地采纳。2011年10月,由威尔士前首席部长谢丽尔·吉兰领导的独立委员会——"威尔士权力下放委员会"在加的夫成立,也即著名的"西尔克委员会"(Silk Commission),该委员会于2012年和2014年分两次提出建议报告,2012年的报告主要是关于威尔士财政权力(包括税收)方面的评估,2014年报告则提出了一揽子扩充立法权力的计划。

表3-17 关于威尔士民众对议会所得税权的调查

	调查年度及占比(%)			
	2013	2014	2015	2016
支持获得变更所得税的权力	35	37	37	54
反对获得变更所得税的权力	38	38	40	42
不知道	26	25	22	4
拒绝回答	0	0	0	0

数据来源:2016年的数据来源于"ICM观察"当年2月22日发布的结果,其问卷题目是"威尔士政府是否应当拥有控制某些所得税的权力?",https://whatscotlandthinks.org/gb_questions/should-the-welsh-government-have-the-power-to-control-some-income-taxes/,accessed: 2020-10-24; 2013—2015年的数据来源于YouGov的调查结果,https://whatscotlandthinks.org/gb_questions/if-there-was-a-referendum-tomorrow-on-giving-the-nationalassembly-powers-to-var/,accessed: 2020-10-24。

2014年,中央政府随即出台首部《威尔士法》,该法对威尔士的增税权作出一定程度的规定。2015年国家选举后,保守党旋即宣布将继续对下放权力进行扩增。2017年,下议院又重新制定《威尔士法》,该法对威尔士在陆上石油、道路交通、港口、电力和水资源等方面的立法权和行政权作出了进一步深化。从2012年"西尔克委员会"提出税收权力开始,民众对获得变更所得税权力的支持就逐渐升高,到2016年达到54%,超过半数,但反对者没有什么变动,倒是之前游移不定的绝大部分中间选民在2015年大选后几乎全部投奔到支持者阵营。有研究指出,"越是能够流利使用威尔士语或相当了解威尔士的人越倾向于支持加强权力下放(立法权和增税权),而不是支持现状

(权力有限的议会)"[1]。这说明权力下放不仅会让单一地区认同的民众努力争取自身权力,而且还会同化和磁吸中间选民。

不难看出,英国权力下放的非对称性,导致尽管三个自治区权力的起点并不一致,但受制于权力大小的结构性差异,权力较小的地区往往会向权力较大的地区模仿和学习,并要求中央政府作出同等位阶的放权。财税分配制度往往是政府间冲突的触发点,根据ICM在2014年的调查,有71%的威尔士民众认为主导央地财政转移支付的"巴内特公式"不应该保留,支持保留者仅占15%[2]。对财政分配体系的不满,是苏格兰和威尔士要求进一步放权的直接动因。"苏格兰人和(特别是)威尔士人认为他们相对于英格兰处于不利地位;而英格兰人则认为他们相对于其他人来说处于不利地位"[3]。换句话说,即便是那些民族主义发展滞后的地区在一开始没有要求权力下放,但只要权力下放"强加于身",那么其后这些地区也有可能在低度自治的环境中萌生出高度自治甚或"独立"的政治诉求。

因而,有学者认为对威尔士权力下放的最佳理解是将它看作"一个被动的革命过程",它导致威尔士出现一系列的病态症状,如脱离政治、极右势力的崛起以及对英国"脱欧"的不支持等[4]。更深层的问题是:第一,非对称的权力下放到底是利大于弊还是弊大于利?威尔士从边缘的角色,到目前与苏格兰和北爱尔兰几乎平起平坐,至少已经打破英国中央政府最初的设想,如果它打算维持这样的权力差序格局的话;第二,中央政府对权力下放一再让步,到底是有利于维护国家统一还是有利于分离主义?苏格兰的案例业已在某种程度上证明权力下放的失败,威尔士虽不像苏格兰那般激进,但向中央政府的无限要权似乎是其始料未及的。或许,这与英国中央政府的立场本来就有很大关联,"能给则给"的放权思维,无疑会向地区释放一种"能要则要"的错误信号。

不可小觑的是,尽管分离运动在威尔士尚未形成气候,但对"独立"议题

---

[1] Alistair Cole, Beyond Devolution and Decentralisation: Building Regional Capacity in Wales and Brittany, Manchester: Manchester University Press, 2006, p.129.

[2] https://whatscotlandthinks.org/gb_questions/do-you-think-the-barnett-formula-should-be-kept-to-ensure-the-unity-of-the-uk-o/, accessed: 2020 - 10 - 24.

[3] Paul Cairney, The Scottish Independence Referendum: What are the Implications of a No Vote? The Political Quarterly. Vol. 86, No. 2, 2015, p.191.

[4] Daniel John Evans, Welsh Devolution as Passive Revolution, Capital & Class, Vol. 42, No. 3, 2018, p. 489.

的讨论可谓不绝于耳,特别是苏格兰"独立"运动对之的感染,使得分离成为"不是问题的问题"。"在北部和西北部,威尔士一词不只意味着种族、文化和语言上的区隔,而且还意味着对该地区自治甚或独立思想的政治支持"[1]。从图3-5可知,2020年支持"独立"的民众已上涨至一成,在"脱欧"公投和苏格兰第二次公投的发酵下,这一苗头很有可能会被延续。

在表3-18中亦能得到相应的印证。诚然,"独立"公投在威尔士从未被提上日程,但民众对是否支持"独立"的表态,却出现惊人的走势。2013年至2020年,支持威尔士应该成为一个"独立"国家的比值上涨15个百分点,高达25%,这比图3-5中对治理方式的调查还高出14个百分点。相对地,反对成为一个"独立"国家的民众在同期下降10个百分点,从62%跌至52%,同时未决定的民众一直维持在20%左右。也就是说,一部分反对"独立"的民众随着时间的推移,要么转向支持"独立",要么就变得犹疑。可以看出,当民众只在"三选一"选项进行抉择时,支持"独立"的民众比在治理方式调查中支持"独立"的民众多出一倍。倘若真要举行"独立"公投,想必支持成为一个"独立"国家的民众还会增多,就像苏格兰"独立"公投运动所展示的那样。

表3-18 民众对威尔士是否应该成为一个"独立"国家的看法

	调查年度及占比(%)						
	2013	2014	2016	2018	2019	2020	均值
支持	10	12	15	19	24	25	17.5
反对	62	74	65	65	53	52	61.8
未决定	28	14	20	16	23	23	20.7

说明:均值由笔者根据表中数据计算得出。
数据来源:YouGov Survey, 2013—2020, https://www.yougov.co.uk/, accessed: 2020-10-24。

非常明显,"独立"议题尚未占据威尔士社会的主流,亦尚难成为主流。然而,一个客观的事实是:权力下放后支持威尔士"独立"的民众在不断爬升,而反对"独立"的民众却在逐渐下降。单从身份认同和政党倾向上来看,在像威尔士这样民族主义发展落后的地区,权力下放确实可以起到稳定民众的国家认同和全国性政党在选举中占据优势的作用,但同时也必然固化民众

---

[1] Bartłomiej H. Toszek, Political Dimension of Welsh Identity after Devolution: Fact or Fiction? Polish Political Science Yearbook, Vol. 45, 2016, p.358.

的其他身份认同和民族主义政党的选民基础。可是,在宪制偏好方面,权力下放则可能弱化对国家的向心力,而强化对本地区的归属感。

在威尔士,捍卫语言的权利是威尔士民族主义的逻辑起点,权力下放本是对它的制度回应,但保护语言权利的同时,也无意间激活因捍卫语言权利所衍生出的其他极端诉求,"主张语言的权利,能够激发一种离心的要素,进而鼓励身处边缘的民族主义者的情绪"[1]。分离主义有了得以存续的空隙。换而言之,尽管威尔士没有像苏格兰那样具有丰富的独立国家和民族历史,以及自成一体的法律、宗教和教育制度,但哪怕只有一个民族主义的因子,其亦有可能在权力下放的制度空间中发生变异进而诱发出分离主义的火种。同样,也应该看到单一因子的局限。实际上,支持分离的均值(17.5%)低于只认同"威尔士人"的均值(19.4%)以及民族主义政党在地区选举中的得票率均值(22.17%)[2],这说明支持分离的民众充其量只是狭隘的民族主义者那一部分,其很难撼动绝大部分民众对宪制偏好的选择。

3.3.3 既有归属仍被风险长期包围的北爱尔兰

北爱尔兰权力下放在前进与折返中交错,既没有动摇中央政府维护联合王国的决心,同时也没有促使民族主义者放弃脱离联合王国的路线。"分离"与"联合"的对峙主导着权力下放的旋律。需要指出的是,民族主义者追求的分离,并不是"独立","独立"选项在威尔士和北爱尔兰的宪制偏好中几乎没有进入到大众视野。与威尔士不同的是,北爱尔兰对"独立"的冷淡在于天主教社群是一个跨国家族群,它的目标是实现与南部国家的统一。从图3-6可知,权力下放过渡期(1998—2006年),在自治多次被叫停的情况下,"维持英国的一部分"始终是北爱尔兰社会的共识,均值为56%,同时"主张与爱尔兰统一"亦保持不变,均值为23.2%。值得注意的是,1998年即在中央政府直接统治的近30年后,支持维持联合的民众仍然高达57%,而选择脱离的民众仅逾两成,这意味着不论是在自治时期还是在直接统治时期,治理方式的改变几乎没有影响到人们对宪制认同的改变。

---

[1] Christopher McCrudden, State Architecture: Subsidiarity, Devolution, Federalism and Independence, in The Cambridge Companion to Public Law, Mark Elliott and David Feldman, eds., Cambridge: Cambridge University Press, 2015, pp. 202-203.

[2] 威尔士党的数值由在议会选区和区域选举的得票率计算得出[(22.36%+21.98%)/2=22.17%]。

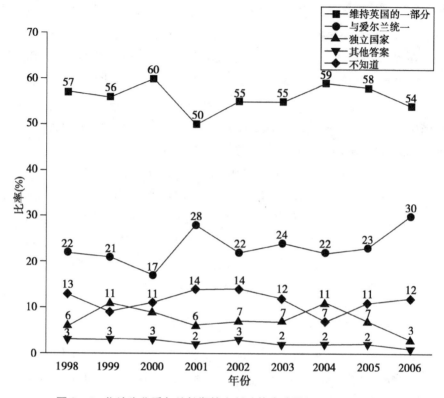

图 3-6 你认为北爱尔兰长期的宪制政策应该是(1998—2006 年)

数据来源：https://www.ark.ac.uk/nilt/results/polatt.html, accessed: 2020-10-24。

民众坚持这样的宪制偏好背后的逻辑是什么？第一，虽然天主教徒对新教徒的统治心有余悸，但在长期的生活相处过程中，整个北爱尔兰社会对联合王国还是较有历史情感的，这一思维其实亦暗含在苏格兰民众的宪制逻辑中。第二，英国中央政府对北爱尔兰的有效治理。由表 3-19 可知，1998 年地区政府成立后，枪击和暴力事件并没有减少，反而在 2000—2002 年达到史无前例的高度，但在 2002 年 10 月至 2007 年 5 月中央政府接管统治期间，暴力事件直线下降，到 2007 年仅 65 起，故而有调查指出权力下放与直接统治的区别在于直接统治更受民众欢迎[1]。第三，在经济和社会发展方面，相比爱尔兰共和国，联合王国能给予其更大的帮助，"对少数群体成员来说，承认

---

[1] Robin Wilson and Rich Wilford, Northern Ireland: Renascent? Has Devolution Made a Difference? in The State of the Nations 2004, Alan Trench ed., Exeter: Imprint Academic, 2004, p.111.

和接纳群体身份可能比彻底的分裂更为重要……他们担心分离主义可能引发潜在的社会暴力和经济不稳定"[1]。可是,既然大部分民众都希望维持联合王国的一部分,为什么在过渡期间还有那么多枪击和暴力事件发生,进而迫使中央政府暂停权力下放?

实际上,根据第1章的内容可知,权力下放的前提是确保和平进程,而其中的核心就是爱尔兰共和军问题。《贝尔法斯特协议》规定,武装解除须在两年内完成,然而在自治政府建立后,爱尔兰共和军方面似乎并没有履行先前的承诺,在该问题上迟迟不愿推进,反倒是制造出更多的暴力袭击,这是权力下放被中止的直接原因。从深层次上说,爱尔兰共和军在北爱尔兰之所以能够得到一些民族主义者的暗中支持,是因为内置于他们内心的一个矛盾心理,"虽然大多数民族主义者选民反对爱尔兰共和军的暴力,但他们仍然希望有一个坚定的'捍卫者'来维护他们的社群"[2]。要消除处于少数地位的天主教徒对多数人口的新教徒的恐惧,十分困难,"族群之间,只要在关联与血缘上有足够的区隔性,猜疑、恐惧、敌意与暴力便很难避免"[3]。所以,北爱尔兰和平进程才显得举步维艰,不仅给予"自决权"、设计"共享政府架构",而且还引入国际因素等等,但都无法得到圆满的解决。

表3-19 1998—2007年北爱尔兰枪击和炸弹袭击事件统计 (数量:件)

	1998	1999/2000	2000/2001	2001/2002	2002/2003	2003/2004	2004/2005	2005/2006	2006/2007	2007/2008
枪击	187	131	331	358	348	207	167	156	58	42
炸弹袭击	123	66	177	318	178	71	48	81	20	23
合计	310	197	508	676	526	278	215	237	78	65

说明:合计由笔者根据表中数据计算得出。
数据来源:https://www.psni.police.uk/inside-psni/Statistics/security-situation-statistics/security-situation-statistics-archive/,accessed:2020-10-24。

---

[1] John Nagle, From Secessionist Mobilization to Sub-State Nationalism? Assessing the Impact of Consociationalism and Devolution on Irish Nationalism in Northern Ireland, Regional & Federal Studies, Vol. 23, No. 4, 2013, p. 468.

[2] Catherine McGlynn, Jonathan Tonge, Jim McAuley, The Party Politics of Post-Devolution Identity in Northern Ireland, British Journal of Politics and International Relations, Vol. 16. No, 2, 2014, p. 282.

[3] [美]哈罗德·伊罗生:《群氓之族》,邓伯宸 译,桂林:广西师范大学出版社,2015年,第354页。

2006年10月,《圣安德鲁斯协议》(St. Andrews Agreement)的达成开启了北爱尔兰复归权力下放的进程,而权力下放最为关键的事件是中央政府同意将治安和司法权力下放,这是以新芬党为首的民族主义者支持自治的前提条件,因为其破除了他们对警察服务机构和司法机构的不信任问题。2007年5月8日,权力下放机构在各个党派的支持下得以恢复运作。

可以说,此次自治的复归,是在新芬党充分支持下达成的,加上爱尔兰共和军已在2005年彻底解除武装,因而权力下放不存在什么阻碍,北爱尔兰和平进程终于得以步入平稳阶段。果不其然,从表3-20可知,2007—2019年,民众在"继续维持联合王国的一部分"上的宪制偏好更加坚定了,均值达到66%,较过渡期上涨10个百分点,而其他选项"与爱尔兰统一"和"独立国家"分别下降4.9个百分点和3.4个百分点。2016年英国"脱欧"之后,支持权力下放的比例出现微幅下滑,而与爱尔兰统一的比例则有小幅上升。

不难看出,1998—2019年的20余年间,北爱尔兰大部分的宪制偏好是一以贯之的支持继续维持联合王国的一部分,尽管其间在新世纪初年伴随着为数较多的暴力事件,但这并没有改变绝大部分民众对宪制偏好的选择。换句话说,暴力袭击事件可能是异质性社会的常态。需要指出的是,发起暴力恐怖袭击的人一般都是偏狭的极端主义者,"尽管爱尔兰共和军的暴力事件和像1981年的绝食者那样的情绪化运动可以强化身份认同,但同时其有可能导致民众'与民族主义和爱尔兰身份的疏离'"[1]。暴力冲突或许是族群关系的一个缩影,但其不能取代它的全部叙事。

表3-20 你认为北爱尔兰长期的宪制政策应该是(2007—2019)

年度	调查选项及占比(%)					
	以直接统治维持英国的一部分	以权力下放维持英国的一部分	与爱尔兰统一	独立国家	其他回答	不知道
2007	11	55	23	5	1	5
2008	17	53	18	6	2	5
2009	18	51	21	4	3	3

---

[1] Jennifer Todd et al., Fluid or Frozen? Choice and Change in Ethnonational Identification in Contemporary Northern Ireland, Nationalism and Ethnic Politics, Vol. 12, No. 3-4, 2006, p. 338.

续表

年度	调查选项及占比(%)					
	以直接统治维持英国的一部分	以权力下放维持英国的一部分	与爱尔兰统一	独立国家	其他回答	不知道
2010	15	58	16	3	3	6
2012	12	50	16	5	2	14
2013	12	54	15	6	1	12
2014	16	50	17	4	1	11
2015	19	51	14	3	1	13
2016	12	54	19	4	1	10
2017	14	47	20	3	2	14
2018	21	41	19	2	1	16
2019	16	44	22	3	2	14
均值	15.3	50.7	18.3	4	1.7	10.3

说明：均值由笔者根据表中数据计算得出。
数据来源：https://www.ark.ac.uk/nilt/results/polatt.html，accessed：2020-10-24。

除此之外，根据民众对宪制偏好的选择，亦可以探究他们对与爱尔兰统一的看法。由表3-21可知，1998—2013年民众对爱尔兰统一可能性的看法无疑呈现暴跌态势，从1998年的42%下降到2013年的13%，跌幅近30%，但2014年后，或许是受到苏格兰"独立"公投和英国"脱欧"公投的刺激，认为可能统一的民众又一直处于回升状态，到2019年飙升至31%。相对地，在"不可能"方面，几乎与"可能"方面的数值互补，1998至2013年间，认为爱尔兰不可能统一的民众上涨32个百分点，但2014年至2019年，又处于回落态势，到2019年下降到47%，跌幅27%。也就是说，有30%左右的民众在"可能"与"不可能"之间来回摆动。

从摆动的规律看，权力下放前期更能坚定民众对维持现状的认知，但随着权力下放的持续和深化，加上其他地区和国家层面重大事件的冲击，权力下放似乎又会大幅解构民众对维持现状的认知。值得一提的是，其他选项（"都一样"和"不知道"）的占比从2013年的13%上升至2019年的23%，增幅达10个百分点。毫无疑问，在目睹苏格兰"独立"公投和亲身参与"脱欧"公投之后，一些民众对南北关系不确定的看法增多，这其实对维持现状是一种不太积极的信息。危险的是,倘若民众对南北统一的认知达成了可能性的共识,那么这有很大概率会被投射到身份认同、政党倾向和宪制偏好三个层面上,当然它们并不是单向的,而是相互建构的关系。

表3-21 你认为未来20年可能与爱尔兰统一吗

年度	调查选项及占比(%)								
	可能			不可能			其他		
	非常可能	很可能	合计	很不可能	非常不可能	合计	都一样	不知道	合计
1998	10	32	42	22	20	42	8	8	16
1999	9	31	40	23	21	44	8	7	15
2000	8	27	35	21	27	48	5	12	17
2001	14	29	43	18	20	38	6	14	20
2002	7	24	31	21	31	52	7	10	17
2003	6	23	29	25	27	52	9	10	19
2012	3	12	15	25	41	66	4	15	19
2013	2	11	13	30	44	74	3	10	13
2014	3	13	16	30	42	72	4	9	13
2016	3	16	19	26	40	66	5	10	15
2017	5	20	25	19	33	52	8	15	23
2018	7	21	28	18	30	48	8	16	24
2019	11	20	31	18	29	47	6	17	23
均值	6.77	21.46	28.23	22.77	31.15	53.92	6.23	11.77	18

说明:合计与均值由笔者根据表中数据计算得出。

数据来源:https://www.ark.ac.uk/nilt/results/polatt.html,accessed:2020-10-24。

影响民众对宪制偏好的选择还受到其自身政治属性的制约,"北爱尔兰是身份认同与政治态度之间紧密结合的一个例子,它将其他领土放置在情境之中"[1]。理论上说,认为自己是"联合主义者"的民众可能会倾向于认同国家身份、支持联合主义政党以及选择维持现状;反之,认为自己是"民族主义

---

[1] Ross Bond & Michael Rosie, National Identities and Attitudes to Constitutional Change in Post-Devolution UK: A Four Territories Comparison, Regional & Federal Studies, Vol. 20, No. 1, 2010, p. 99.

者"的民众则可能会倾向于认同地区身份、支持民族主义政党以及选择维持现状或改变现状。但比较奇怪的是,从表3-22中可以隐约发现,"联合主义者"(均值34.6%)和"民族主义者"(23.6%)都不是民众对自身政治属性的主要依附,"两者皆否"(39.9%)受到大部分民众青睐,这意味着很大一部分民众并不希望被族群政治所绑架。

权力下放后,认为自己是"联合主义者"的民众在总体上是递减的,从1998年的40%下滑到2019年的33%,降幅达7个百分点,认为自己是"民族主义者"的民众则基本上保持稳定,在24%左右浮动,这一数值跟"南北可能统一"的28.3%,支持"统一和独立"的22.3%(2007—2019年),只认同"爱尔兰人"的23.5%以及新芬党在地区选举的平均得票率24.6%基本接近。不难发现,认为自己是"民族主义者"的民众是民族主义阵营中比较激进的那一部分。与此同时,认为"两者皆否"的民众则在权力下放后实现大幅度攀升,从1998年的33%猛增到2018年的50%,增幅达17个百分点,虽然2019年有所回落,但仍保持平均水准。

就权力下放与民众政治属性的关系来说,权力下放似乎淡化了民众"联合主义者"的政治属性,但固化了民众"民族主义者"的政治属性,更重要的是它扩增了民众对"无色彩"政治属性的偏爱。权力下放之于"联合主义者"的负面作用是"对于未来而言,忠诚派也许会对现代英国政府是否会继续作为他们的坚强后盾感到焦虑不安"[1]。换句话说,"无政治色彩"(观望/中间)民众的增多,对于维护既有宪制偏好也不是一个很积极的信号,因为其中部分民众是由"联合主义者"阵营转移过去的。

表3-22 你认为你是联合主义者、民族主义者还是皆否

类型	调查年度及占比(%)										
	1998	1999	2000	2001	2002	2003	2004	2005	2006	2007	2008
联合主义者	40	39	43	35	38	38	39	40	36	36	37
民族主义者	25	29	21	27	28	24	23	22	23	24	19
都不是	33	30	36	35	32	35	37	35	40	40	43
不知道	2	2	1	2	1	2	1	2	1	0	1

---

[1] [英]罗伯特·基:《独立之路:爱尔兰史》,潘兴明 译,上海:东方出版中心,2019年,第377页。

续表

类型	调查年度及占比(%)										
	2009	2010	2012	2013	2014	2015	2016	2017	2018	2019	均值
联合主义者	32	34	28	29	32	33	29	32	26	33	34.6
民族主义者	24	20	23	25	25	25	24	21	21	23	23.6
都不是	43	45	47	43	40	40	46	45	50	39	39.9
不知道	0	1	2	2	1	1	1	2	2	3	1.6

说明：合计与均值由笔者根据表中数据计算得出。
数据来源：https://www.ark.ac.uk/nilt/results/polatt.html,accessed：2020-10-24。

3.4 本章小结

本章从政党倾向、身份认同和宪制偏好三个向度对苏格兰、威尔士和北爱尔兰地区的政治生态进行了一定程度上的描述和分析，发现自治地区在三个向度上既有相似性也有不同点，这些特征和趋势当然不能全部归因于权力下放本身，但在权力下放后，某些特征和趋势变得更加突出了，这就不得不追问为什么权力下放后民众在政党倾向、身份认同和宪制偏好上皆出现类似的走势，尽管它们之间有着程度上的不同。客观地说，权力下放或许对分离主义能够起到暂时的缓和，但从长远来看，选民的国家身份认同、选民对既有宪制偏好的维护以及全国性政党在地区选举中的得票率均有可能"亮红灯"。如此一来，权力下放助推民族主义的"一边倒"态势将会更加显著，权力下放的民族主义逻辑亦将会更加坚固。

首先，权力下放与政党倾向。由前述分析可知，全国性政党在地区选举中的优势随着权力下放的逐步深入而渐次流失。在苏格兰地区，工党早在2007年就失去执政党的位置，其后欲振乏力，再也没能重新执政；在威尔士地区，工党虽继续保有执政权，但有时并无法取得执政多数，因而不得不组成少数党政府，这样所受的掣肘必然增多；在北爱尔兰地区，由于实行共享政府架构，根本就没有全国性政党可以发挥的余地，而仅存在与之有着共同价值的地区性政党。也就是说，除威尔士外，全国性政党在地区选举和国家选举中近乎都没能成为民族地区民众的第一选择，其席次亦不断被地区性政党挖空，所剩无几。这说明权力下放所建构的政治制度在某种意义上确实加速了地区性政党在地方的成长，而削弱了全国性政党在地方的实力。

其次,权力下放与身份认同。一般来说,民众的身份认同本就内在地带有地域情结,更加偏爱地区身份无可厚非,因此地区民众在排他性身份认同选择中,认同地区身份明显高于国家身份,即使是在新教徒占人口多数的北爱尔兰地区,亦是如此。然而,权力下放后,可以肯定的是国家身份认同在苏格兰和北爱尔兰地区都遭到不同程度的削弱,相对地,地区身份认同在这两个地区则获得相应的增强,威尔士地区的国家身份认同和地区身份认同基本上维持平稳态势。质言之,身份认同方面,权力下放至多具有稳定国家认同(同时也有固化地区认同)的作用,但无法起到强化国家认同的作用。不过,身份认同并不天然隐含着特定的政治指向,而只有在民族主义发达的地区,这种地区身份认同才会被架入政治场域,进而政治化。具体表现在威尔士和北爱尔兰地区都有着较高的地区身份认同,但两个地区的地区性政党并没有获得大多数这一类型选民的支持,同时这些地区的民众绝大部分都不支持"独立"。只有苏格兰属于例外,随着身份认同被嵌入政治叙事,给外界造就了一副高身份认同就意味着特别支持"独立"和"民族主义政党"的假象。

最后,权力下放与宪制偏好。无论民族主义是否发达,权力下放之后各个地区的民众对更多、更大权力的欲求皆有不同程度的膨胀,甚至出现了对"独立"的支持也在微幅走高的严峻态势。当然,权力欲望的陡增不必然会将权力下放偷渡到"独立"。本章所考察的三个地区,只有苏格兰地区在2014年以后民众才将对权力下放的支持转移到了对"独立"的支持,在此之前均是呼吁更大的权力,其他两个地区皆未出现由权力下放向"独立"的跨越。需要指出的是,地区身份的高支持率和民族主义政党的高支持率不等于对追求"独立"的高支持率,例如2014年之前的苏格兰和西班牙巴斯克地区都是例证;但如果受到其他重大事件的影响,这一公式在民族主义发达的地区则有可能成立,例如2014年之后的苏格兰、西班牙的加泰罗尼亚等。不过,仅就权力下放与宪制偏好的关系来论,这些自治地区的共性在于:随着地区政府的建立,民众对中央政府的依赖感和信任度下降,对地区政府的依赖感和信任度上升,这种心理期待定然会导生民众要求中央政府下放更大权力给地区政府的政治诉求,以更好地实现和维护本地区的各种利益。

那么该如何看待英国及其他国家在权力下放后出现的这种政治现

象，即如何看待权力下放后地区认同的高支持率、民族主义政党的高得票率以及更大权力欲求的高支持率，以及与"独立"之间的关系？本章仅是根据现有数据的直观分析，碍于主客观条件的限制，无法对它们之间的因果关系作出判断，下一章的内容将梳理和评析对英国（和类英国）现象的既有理论解释，并通过比较研究的方法，尝试就其中的某一问题提出本书的见解。

第 4 章

英国现象的既有理论解释及局限

英国常常被当作研究权力下放与分离主义二者关系的经典案例。根据上一章的分析,权力下放在苏格兰、威尔士和北爱尔兰出现了不同的实践结果,那么它是否达到了治理民族分离问题的效果呢?从民众政治偏好的变化上看,其既不能说是完全成功,亦不能说是完全失败,因为包括英国在内的权力下放地区,均出现了地区民众对权力的欲望越来越大、民主分离运动愈加活跃的新现象。该如何解释这种新现象,即在本质上该如何解释权力下放与分离主义运动之间的内在关系?实际上,很早以前学术界就对两者之间的因果关系进行了诸多探讨,但在结论上却呈现出两种泾渭分明的观点:一派认为权力下放缓解了民族分离主义运动,另一派则认为权力下放加剧了民族分离主义运动。不难看出,权力下放与分离主义运动之间的关系既是多样的也是复杂的。鉴于主客观条件所限,本章仅对权力下放与分离主义的关系进行既有理论研究的梳理和评析,并通过比较的视角,尝试对类似英国权力下放后出现的新现象提出第三种解释。

4.1 权力下放缓解了民族分离主义运动

相对于过去的武装分离活动,在实行权力下放/分权后许多地区的民族分离主义运动趋于和缓,走向实质性分离的地区更是少之又少,绝大多数国家通过这一办法相对有效地缓解了民族矛盾或民族分离问题。

4.1.1 权力下放缓解民族分离运动的论点

权力下放是如何缓解民族矛盾或民族分离运动的呢？抑或说民族矛盾或民族分离运动的缓解体现在哪些方面呢？美国学者赫克特认为只有在"集体行动总体成本的增加、民族认同凸显的弱化，以及对国家主权要求的降低"[1]三种条件下，民族主义冲突才会减少。但是，这一框定似乎太过狭隘。总体上说，一部分学者认为以下方面均能体现出权力下放/分权治理民族矛盾或民族分离问题的有效性。

（1）国家主权和领土完整得到有效维护

妥协是一项政治艺术。权力下放是主权国家既不愿意改变国家根本形态又不愿意给予少数民族分离的情况下作出的务实选择[2]。毋庸置疑，维护国家主权和领土完整是国家政府通过合理的政治安排为民族地区提供独特权力需求的最终旨趣，同时也是其前提。早在英国权力下放以前，拉泽尔（Harry Lazer）就指出，分离的案例毕竟是少数，在某种程度上，权力下放在大多数国家总体上是成功的[3]。就英国目前的情况来看，它的主权和领土仍完好无损，退一步讲，即便是2014年苏格兰地区举行了分离公投，但大部分民众还是选择继续留在英国。除此之外，其他发生过分离危机的国家例如西班牙、比利时、伊拉克、加拿大和印度等亦属于这一种情形。

也就是说，权力下放/分权最主要的宗旨——国家主权和领土完整——得以实现，这是权力下放/分权成功与否最具有直接说服力的指标。国家主权和领土完整之所以能够得到有效维护，除民族地区的利益诉求得到了较大满足外，权力下放/分权政策隐含着一条公认的政治原则，即权力下放/分权是中央政府与民族地区达成的政治妥协，进而是在法律上的一种制度安排，双方应共同遵守，如单方面违反，则另一方有权进行捍卫，"只要国家在人权、领土自治和投票权方面给予充分保护，那么国家的领土完整就应该受到

---

[1] [美]迈克尔·赫克特：《遏制民族主义》，韩召颖 等译，欧阳景根 校，北京：中国人民大学出版社，2012年，第172页。

[2] Marc Weller and Katherine Nobbs, eds. , Asymmetric Autonomy and the Settlement of Ethnic Conflicts, Philadelphia: University of Pennsylvania Press, 2010, pp. 9-24.

[3] Harry Lazer, Devolution, Ethnic Nationalism, and Populism in the United Kingdom, Publius: The Journal of Federalism, Vol. 7, No. 4, 1977, pp. 49-69.

尊重"[1]。

作为国家整合路径的权力下放/分权,本来就潜藏着民族主义地区会继续走向分离的政策风险。鉴于此,绝大多数国家在宪法层次对其加以规范,就有未雨绸缪的考量。当加泰罗尼亚和库尔德单方面强行举行分离公投,中央政府有权根据法律规定采取措施使地区自治重新回到原点。所以,不能简单地以出现民主分离运动就否定权力下放的积极功能,这是不明智的做法。实际上,进入21世纪以来,仅有科索沃、克里米亚和南苏丹等地区在实行权力下放/分权后走向实质性分离,但这不能完全归咎于权力下放或分权的制度,而是往往跟地缘政治、大国干涉和人道主义救援有关,它们并非单纯的国内治理问题。

(2) 族群暴力冲突向非暴力冲突转变

当代分离运动的形态主要由暴力冲突转向非暴力冲突即民主分离,这与主权国家采行权力下放/分权的民族自治政策有着十分重要的制度关联。20世纪90年代以来,诸多经验研究已在一定程度上证明联邦制或权力下放之于冲突或反叛的作用。国王学院教授科恩指出联邦制减少了叛乱,但增加了更多的抗议,也就是说,随着权力下放的推进,冲突从风险较高的中心转移到了风险较低的地方[2]。赛德曼等人的研究也指出联邦制降低了族群叛乱[3]。

加拿大著名政治哲学家金里卡(Will Kymlicka)从种族歧视、个人权利、经济繁荣和群体平等四个指标得出结论认为权力下放/分权形式的领土自治在总体上是成功的,尤其是与过去几个世纪它们采取镇压少数民族引发族群冲突的情况相比[4]。民主分离意味着民族分离势力必须遵循一定的民主程序和法律规范来表达它们的分离诉求,同时中央政府可以使用软硬兼施的办

---

[1] Amandine Catala, Remedial Theories of Secession and Territorial Justification, Journal of Social Philosophy, Vol. 44, No. 1, 2013, p. 75.

[2] Svante E. Cornell, Proportional Versus Majoritarian Ethnic Conflict Management in Democracies, Comparative Political Studies, Vol. 30, No. 5, 1997, pp. 607 - 630; Svante E. Cornell, Autonomy as a Source of Conflict: Caucasian Conflicts in Theoretical Perspective, World Politics, Vol. 54, No. 2, 2002, pp. 245 - 276.

[3] Stephen Saideman et al., Democratization, Political Institutions and Ethnic Conflict: A Pooled Time-Series Analysis, 1985—1998, Comparative Political Studies, Vol. 35, No. 1, 2002, pp. 103 - 129.

[4] Will Kymlicka, Federalism and Secession: At Home and Abroad, Canadian Journal of Law and Jurisprudence, Vol. 8, No. 2, 2000, pp. 207 - 224.

法来反对分离,而不像过去那样以武力镇压进而演变为冲突的做法。换句话说,与武装分离相比,民主分离的伤害和破坏程度比较小,且在可控的范围之内。

英国华威大学教授雷克斯对比利时、法国、希腊、捷克、斯洛伐克和匈牙利的比较研究得出和平的权力下放是处理国内族群问题的可行办法,因为很少有极端主义分子会试图通过暴力手段实现变革[1]。哥伦比亚大学的布兰凯蒂通过对1985至2000年间30个民主国家的研究同样指出,比起那些实行中央集权政府制度的国家,实行权力分散政府制度的国家更不可能发生族群冲突和武装反叛[2]。图4-1所示的欧洲暴力和非暴力冲突的统计似乎从某种程度上佐证了两位作者的观点。东欧剧变以后,欧洲国家纷纷进行地方权力改革,1993至2002年暴力冲突总体上是递减的,并保持在极低水平;非暴力冲突略有增加,一部分是来自暴力冲突的转型,另一部分是新增的冲突。

可以说,权力下放/分权至少遏制住了武装冲突继续蔓延甚或升级的态势,从这一点来看,它们的确缓解了民族分离主义运动。不仅英国的"爱尔兰共和军"和西班牙的"埃塔"(ETA)等暴力分离势力在权力下放一段时间后变得妥协,而且东南亚的"自由亚齐运动""摩洛伊斯兰解放阵线"亦在权力下放后放弃了与中央政府的武装对抗[3],伊拉克在联邦化改造后,库尔德人与其他两大教派的武装冲突大幅减少,总体上实现了和平。纵使少数国家仍出现零星的暴力冲突,分离运动均以失败告终,"没有任何一个暴力分离运动在联邦民主政体中取得过成功"[4]。

---

[1] John Rex, Gurharpal Singh, Multiculturalism and Political Integration in Modern Nation-States—Thematic Introduction, International Journal on Multicultural Societies, Vol. 5, No. 1, 2003, p. 13.

[2] Dawn Brancati, Decentralization: Fueling the Fire or Dampening the Flames of Ethnic Conflict and Secessionism? International Organization, Vol. 60, No. 3, 2006, p. 681.

[3] 李捷、杨恕:《反分裂主义:共识和应对》,载《国际政治研究》2019年第4期,第30页。

[4] Nancy Bermeo, The Import of Institutions, Journal of Democracy, Vol. 13, No. 2, 2002, p. 108.

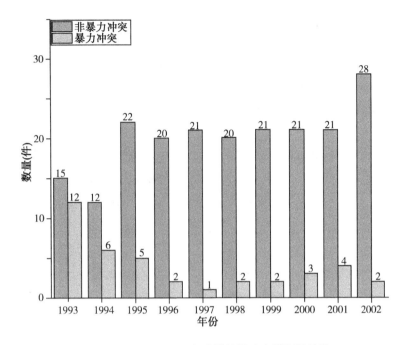

图 4-1　1993—2002 年欧洲地区冲突类型的统计

数据来源：德国海德堡国际冲突研究所（The Heidelberg Institute for International Conflict Research, HIIK），https://www.hiik.de/, accessed: 2020-11-01。

（3）民众对国家身份仍具有较大认同

一些学者认为权力下放虽然可能强化民众的地区身份，但它对国家身份/双重身份至少起到了维系甚或是巩固的作用。贝拉蒙迪（Pablo Beramendi）和马伊兹（Ramón Máiz）认为"只要在自治区的发展、双重身份的扩张与排他性身份的缩小之间存在着显著关联"[1]，那么权力下放就是成功的。双重身份的增强意味着公民身份或共同身份的出现。辛普金斯（Fiona Simpkins）认为自1997年以来，苏格兰所有认同都非常稳定，这表明权力下放政治、民族党的选举胜利或2014年"独立"公投均没有在过去20年中持续影响苏格兰的国家认同[2]。

其实，除苏格兰外，威尔士、北爱尔兰和西班牙的巴斯克、加泰罗尼亚的

---

[1] Pablo Beramendi and Ramón Máiz, Spain: Unfulfilled Federalism (1978—1996), in Federalism and Territorial Cleavages, Ugo M. Amoretti and Nancy Bermeo, eds., Baltimore: Johns Hopkins University Press, 2004, p. 138.

[2] Fiona Simpkins, Twenty Years of Devolution in Scotland: The End of a British Party System? Revue Française de Civilisation Britannique, Vol. 24, No. 4, 2019, p. 3.

数据皆在一定程度上说明了权力下放既不会直接导致国家身份的弱化，也不必然会导致地区身份的强化[1]。地区身份的强化往往与其他因素有着较大关联。比利时鲁汶大学的杜普伊（Claire Dupuy）等人就指出民众对地区身份的支持可能与他们争取差异化的地区政策有关，一部分是出于功利主义的目的[2]。同时，重大的政治事件和全球性的经济危机均有可能对身份认同产生影响。

也就是说，在理论上，地区身份与国家身份不是互斥关系。剑桥大学教授肯尼（Michael Kenny）直言国家认同是一种零和游戏的假设太过离谱，特别是在一个有着多重认同而非单一认同的国家[3]。在很大程度上它们是可兼容的。吉布诺认为"权力下放通常会导致地域和国家的双重认同，地域认同的提升与整个的国家认同是相容的"[4]，学者们承认，民族身份认同的增强业已是大部分自治地区不争的事实，但是民族身份的增强并不表示国家认同将受到威胁，因为在不少的民族地区，双重认同一直是最为稳定甚至是比重最大的部分。英国经济社会研究理事会（ESRC）的调查数据指出权力下放并没有强化对英国人认同的坚持，反而好像加强了英格兰、苏格兰和威尔士的民族认同，但这还不足以对英国人认同造成侵蚀，亦不足以威胁联盟的凝聚力[5]。伦敦政治经济学院的贝尔福（Sebastian Balfour）认为权力下放和国家建设政策并没有破坏民族地区的国家认同，地区认同的增强是由于以前只认同国家身份的民众随着自治权力的巩固而开始逐渐接受地区身份[6]。

所以，不能因为地区身份凸显就悲观地认为国家认同式微，更不能因为地区身份的强化就断然认为权力下放之于缓解民族分离主义的失效。

---

[1] 许川：《何以放权？又何以分离？——基于英国与西班牙五个地区的比较分析》，载王逸舟 等主编：《区域国别研究和比较政治学：新问题与新挑战》，上海：上海人民出版社，2020年，第37－39页。

[2] Claire Dupuy et al., Support for Regionalization in Federal Belgium: The Role of Political Socialization, Publius: The Journal of Federalism, Vol. 51, No. 1, 2021, pp. 54－78.

[3] Michael Kenny, The Many Faces of Englishness: Identity, Diversity and Nationhood in England, Public Policy Review, Vol. 19, No. 3, 2012, p. 157.

[4] Montserrat Guibernau, National Identity, Devolution and Secession in Canada, Britain and Spain, Nations and Nationalism, Vol. 12, No. 1, 2006, p. 71.

[5] ESRC, Interim Findings of the Devolution and Constitutional Change Programme, Devolution: What Difference Has It Made? 2004, p. 8.

[6] Sebastian Balfour and Alejandro Quiroga, The Reinvention of Spain: Nation and Identity since Democracy, Oxford: Oxford University Press, 2007, pp. 153－160.

(4) 更大的权力欲望不等于追求"独立"

从前文内容可知,随着权力下放的开启和深化,要求更大的权力成为民众的一致呼声。那么,应该如何看待这种现象呢? 部分学者认为,更大的权力本身是权力下放逻辑中的一种自然惯性,更大的权力欲望与追求"独立"之间没有必然的内在联系。希尔德雷思(Paul Hildreth)提出的"有限地方主义"(conditional localism)就具有这一指涉,自治意味着随着地方当局展现出它们的能力和执行力,于是会要求更大的放权[1]。伦敦政治经济学院的罗德里格斯-波塞(Andrés Rodríguez-Pose)等人也指出权力下放的主要目的是赋予公民或其民选代表更多的公共决策权力,促进多元政治和代议制政府,以及匡扶民主制度[2]。因此,更大的权力欲望可以从权力下放自身来进行合理解释,而无须过渡到对"独立"的曲解。

其实,更大的权力意味着更大的责任,而不是更趋近于"独立",在权力下放与"独立"之间过分联想,是徒劳无益的。洛基(Guy Lodge)等人认为强迫选民在"独立"和"维持现状"之间作出选择不是他们想要的,这不是解决宪法辩论的正确方法,而下放更多权力也不应被认为是对苏格兰民族党的一个奖赏[3]。很大意义上,下放更大的权力在苏格兰、威尔士和北爱尔兰都被认为是促进公共责任的做法。在苏格兰,所有人都认为围绕着社会融合、包容和公平的社会福利政策在未来是相当重要的,使得需要更大的权力在实现这一观念中被提出[4],所以"进一步放权"和"独立"只是现实这一目标的途径,而非目的本身。特伦奇认为进一步权力下放是常态民主政治的一个关键要素,对于北爱尔兰来说,也是让政治家更充分地参与决策,承担更多的责任,推进

---

[1] Paul Hildreth, What is Localism, and What Implications Do Different Models Have for Managing the Local Economy? Local Economy, Vol. 26, No. 8, 2011, pp. 702 – 714.

[2] Andrés Rodríguez-Pose and Vassilis Tselios, Well-Being, Political Decentralisation and Governance Quality in Europe, Journal of Human Development and Capabilities, Vol. 20, No. 1, 2019, p. 73.

[3] Guy Lodge and Alan Trench, More Devolution Would Benefit and Improve the Whole of the United Kingdom, Democratic Audit, 18 Mar 2014, http://www.democraticaudit.com/, accessed: 2020 – 12 – 03.

[4] Gill Scott and Sharon Wright, Devolution, Social Democratic Visions and Policy Reality in Scotland, Critical Social Policy, Vol. 32, No. 3, 2012, pp. 446 – 447.

和平进程从避免冲突转向社区彼此共存的重要组成部分[1]。

由此可见,更大权力欲求在英国的出现,一是基于权力下放的本身的逻辑,二是基于经济社会发展的逻辑,三是基于推进民主进程的逻辑。从这里看,下放权力或下放更多的权力给地区议会或地方政府,对中央政府没有实质性的伤害。"过去20年来,联合王国的权力发生了重大变化,决策责任从中央政府转移到新的立法机构、地方政府、社区和个人。在此期间,威斯敏斯特的决策权力基本保持不变"[2]。既然理由都不与"独立"有着天然的连带关系,那为什么总是要将"更大的权力"与"独立"挂钩呢?这是因为这些理由有可能被支持分离的民族主义者利用,进而混淆视听。

4.1.2 对缓解民族分离主义运动的解释

无论是哪一派的学者,几乎都是从政治维度、经济维度和文化教育维度来进行论证的。只是,他们看待问题的角度和选取的指标各有不同,因而导致在结果上有所差异。

(1) 在政治维度上的解释

政治维度的论证包括以下方面:

第一,建立地区权力中心,推进地区民主化,在吸纳少数民族政治精英的同时,让政府更加贴近民意,提升民众的政治参与热情。吉布诺认为权力下放可以为少数民族提供重要的权力和资源,能够以声望与特权来吸引地方政治精英,从而驯服分离主义。此外,权力下放也倾向于加强民主,使决策更接近人民,地方政府通常对选民的需求有更多的认识,能够及时发现、分析和解决问题[3]。正是因为权力下放可以为企图脱离母国的地区或族群提供一定程度的自治权和决策权,既能满足它们当家做主的诉求,又没有损害主权,故其才备受利普哈特(Arend Lijphart)、诺德奎斯特(Kjell-Ake Nordquist)、伯莫(Nancy Bermeo)、呼吉(Liesbet Hooghe)等人的推崇。

第二,权力下放具有制度上的多样性和包容性,实现政治平等、减少偏

---

[1] Alan Trench, Devolution and the Future of the Union, in Democracy in Britain: Essays in Honour of James Cornford, Guy Lodge and Glenn Gottfried, eds., London: Institute for Public Policy Research, 2014, p.125.

[2] Cabinet Office, The Implications of Devolution for England, Cmnd 8969, London: Majesty's Stationery Office, December 2014, p.18.

[3] Montserrat Guibernau, National Identity, Devolution and Secession in Canada, Britain and Spain, Nations and Nationalism, Vol.12, No.1, 2006, p.72.

见。杜克大学教授霍罗威茨（Donald L. Horowitz）指出权力下放会带来不同层面的多样化，以满足各个地区的发展诉求，国家的多元化政治可以阻碍新的分离主义获得牵引力[1]。卢森堡大学法哈特（Nadim Farhat）等人的研究也指出以分权为核心的联邦制之所以在那么多国家取得成功，其关键是在于它为不同社群提供权力分享的解决方案，减少相互之间的歧视和排斥感[2]。就像在北爱尔兰那样，包容和多元的制度安排不仅包纳了不同民族的身份，而且也让它们在地区政治或国家政治中有了更大的话语权[3]。

第三，能将族群冲突最小化。少数民族依托权力下放或分权而实行的自治，在一定程度上能够将族群冲突控制在比较小的范围内，将一些原来看似属于全国层面上的族群冲突降级为地区层面的政治分歧，阻止了族群冲突的扩大化。霍罗威茨的研究指出，赋予少数民族在次国家单位行使政府权力可以规避他们脱离的企图，并且次国家单位的建立能够将紧张局势保持在较小的地域限度内，而不致引发更大范围乃至全国性冲突的风险[4]。在领土自治的情况下，将本可能造成全国性危机的地方问题交由地方自己处理，就像印度、尼日利亚、巴布亚新几内亚所体现的那样。国家权力的分散，不但可以增加民族团结的前景，也使得中央政府能够更好地平衡区域和国家的利益[5]。事实证明，权力下放有效降低了族群冲突爆发的可能性，塞德曼（Lars-Erik Cederman）、特朗尚（Jean-Pierre Tranchan）等人使用"族群—权力关系"数据库中全世界 800 多个政治族群的资料，通过实证的方法也得出

---

[1] Donald L. Horowitz, Ethnic Groups in Conflict, Berkeley: University of California Press, 1985, p. 604.

[2] Nadim Farhat, Transforming Unitary States into Federations: Path-Dependent Construction of Political Identities in Belgium and Lebanon, Publius: The Journal of Federalism, Vol. 50, No. 4, 2020, p. 593.

[3] John Nagle, From Secessionist Mobilization to Sub-State Nationalism? Assessing the Impact of Consociationalism and Devolution on Irish Nationalism in Northern Ireland, Regional and Federal Studies, Vol. 23, No. 4, 2013, p. 470.

[4] Donald L. Horowitz, The Many Uses of Federalism, Drake Law Review, Vol. 55, No. 4, 2007, pp. 953–966.

[5] Yash Ghai, Introduction: Nature and Origins of Autonomy, in Practising Self-Government: A Comparative Study of Autonomous Regions, Yash Ghai and Sophia Woodman, eds., Cambridge: Cambridge University Press, 2013, p. 11.

了领土自治和财政分权都分别有助于减少种族内战的结论[1]。

(2) 在经济维度上的解释

一些学者认为权力下放/分权对于少数民族地区来说始终是受益的,因为富裕地区可以拥有不同于其他地区的财税制度,例如西班牙在民主转型之初,巴斯克和纳瓦拉就获得比其他15个自治区更大的财政自主权;而贫困地区则可以得到来自中央政府更多的财税挹注,例如英国中央政府将伦敦的财富大量转移至威尔士、北爱尔兰乃至苏格兰等。

美国马里兰大学经济学教授奥茨(Wallace E. Oates)将财政的权力下放视作"财政联邦制",是指将增加收入和/或支出的权力下放给地方政府,同时将财政责任保持在中央政府[2]。也就是说,地方政府将拥有在税收或支出问题上的决策权,这意味着它们将有更大的自主权来确定自己的税基,设定自己的税率和决定自己的公共支出。阿伯丁大学教授基廷的观点在于财政依附关系可以减少政治分歧,因为权力下放可能增强本地区的财政收益,形成对中央财政再分配的持续依赖,可以减少分歧,进而建构一个模仿、学习和开放式协议的机制[3]。在那些发展中地区,权力下放带来的好处可能更加具有诱惑力。有学者的研究就指出,对所有国家尤其是发展中国家来说,权力下放能提供更加切合于实际的公共服务。发展中国家普遍存在着财富分配不均和区域发展不平衡的问题,而通过非对称权力下放,既可以减少中央政府的干预,又能够让中央政府有效地利用资源来支持落后的地区[4]。还有一些解释是相对于中央政府,因自治政府有了更大的政策自主性,故其能为地区和民众提供更加适合实际的、更有效率的公共政策和公共服务,"权力

---

[1] Lars-Erik Cederman et al., Territorial Autonomy in the Shadow of Conflict: Too Little, Too Late? American Political Science Review, Vol. 109, No. 2, 2015, pp. 354-370; Jean-Pierre Tranchan, Is Regional Autonomy a Solution to Ethnic Conflict? Some Lessons from a Dynamic Analysis, Peace Economics, Peace Science and Public Policy, Vol. 22, No. 4, 2016, pp. 449-460.

[2] Wallace E. Oates, Fiscal Federalism, New York: Harcourt-Brace Janovich, 1972.

[3] Michael Keating, Intergovernmental Relations and Innovation: From Co-Operative to Competitive Welfare Federalism in the UK, British Journal of Politics and International Relations, Vol. 14, No. 2, 2012, p. 218; Michael Keating, Rethinking Sovereignty: Independence-Lite, Devolution-Max and National Accommodation, Revista d'Estudis Autonòmics i Federals, Vol. 8, No. 2, 2012, pp. 9-29.

[4] Evrim Tan, Decentralization and Governance Capacity: The Case of Turkey, Switzerland: Palgrave Macmillan, 2019, pp. 221-222.

下放的政府制度更有能力使其所提供的服务与公民的偏好相匹配,因而也更有效率"[1]。

经济联系在一定程度上能够降低分离风险的原因除了资源禀赋所带来的经济繁荣和生活水平的提高外,还在于选民对经济前景的担忧,即分离成本的问题。

一个地区在强行分离后,经济可能受到严重挫折:一方面,政治单位空间面积的缩减,虽然有利于实现人口规模与经济规模之间更好的匹配,提高人民的生活水准,但脱离也意味着国内市场的缩减,公共产品的供应变得更加昂贵;另一方面,那些强行分离的地区,可能遭受到来自母国的反击性经济和政治制裁,融入国际组织和全球经济市场可能受阻,进而造成在政治和经济上的双重孤立[2]。即便是那些通过协议式方案获得独立的地区,经济发展也未必就符合预期。雷诺兹(Jo Reynaerts)和范绍贝克(Jakob Vanschoonbeek)的研究指出,分离的成本非常高昂,差不多占到人均GDP的20%,且在逐年增高。独立后的经济境况亦十分糟糕,不仅经济发展速度比一般国家要慢,同时因分离带来的经济恶化等负面效应在短期内均难以消除[3]。这是当今大部分分离地区民众不愿意支持独立的主要因素,魁北克和苏格兰公投就是例证。

(3) 在文化教育维度上的解释

独特的民族文化往往被视为寻求分离的主要理由之一。实际上,权力下放或分权后,少数民族在文化、语言、宗教和教育等方面的独特诉求和权利均得到了充分保障和落实,比利时的大区、魁北克、西班牙有六个自治区和英国的威尔士都实行两种官方语言和双语教学,许多地区还拥有自己的旗帜、歌曲等官方标识。那么,学者们又是如何来论述权力下放/分权缓解民族分离运动的呢?

首先,如法国和伊拉克在历史上拒绝语言多样性那样,族群的矛盾很多

---

[1] Andres Rodríguez-Pose, Adala Bwire, The Economic (In)efficiency of Devolution, Environment and Planning A, Vol. 36, No. 11, 2004, p. 1909.

[2] David Eichert, Separation Amidst Integration: The Redefining Influence of the European Union on Secessionist Party Policy, The Journal of International Organizations Studies, Vol. 7, No. 2, 2016, p. 65.

[3] Jo Reynaerts and Jakob Vanschoonbeek, The Economics of State Fragmentation: Assessing the Economic Impact of Secession, Journal of Applied Econometrics, Vol. 37, No. 1, 2022, pp. 82-115.

情况下都是由于文化压制、语言同化等措施所引致,当承认内部差异性的权力下放/分权为文化和语言提供制度上的保障后,基于文化和语言之间的对抗就应该有所减缓,因为这种制度允许他们保持自己的文化和语言,并将政治参与建立在共同的价值观和原则上,而且这种对公民价值观的承诺成为多样性和自由个体之间凝聚力和团结的源泉[1]。没有文化威胁,就不会有从文化路径中寻求分离的欲求。

其次,相较于税收、安全和国际关系等权力,与文化和福利有关的权力更容易转移,由权力下放衍生出的文化多样性,一方面不会对国家造成任何影响,另一方面至少不会在文化层面引起少数民族地区对国家的不满。穆罗(Diego Muro)等人指出,在母国内建立一个具有区域文化和特定民族历史的地区既不会导致身份政治,也不会导致分离主义,因为许多民族对现状感到满意,它们只寻求渐进的政治变革[2]。法哈特等人对比利时和黎巴嫩的比较研究指出,比利时之所以能避免像黎巴嫩那样走向国家失败,其原因在于它用路径替代置换路径依赖,通过联邦制为瓦隆人和弗莱芒人提供自主行动,增强他们的自治权,使其语言文化权力得到充分保障,进而造就了向心民主[3]。

最后,是从权力下放/分权之于文化权利的好处方面来谈。那些因语言文化而获得自治的地区,均可以一定身份参加国际组织的文化活动甚或政治活动。例如,魁北克政府每年定期组织150到200个文化、政治和商业代表团;作为一个"参与政府",在法语国家国际组织中亦是活跃。能与之比肩的还有比利时的弗莱芒省和西班牙的加泰罗尼亚自治区[4]。加州伯克利大学教授汉纳姆(Hurst Hannum)认为不应该给予少数民族"分离权",权力下放/分权是解决文化权利问题的可行办法,它能够实现这些权力在事实上和法律

---

〔1〕 Montserrat Guibernau, Nations Without States: Political Communities in the Global Age, Michigan Journal of International Law, Vol. 25, No. 4, 2004, pp. 1272 – 1282.

〔2〕 Diego Muro and Martijn C. Vlaskamp, How do Prospects of EU Membership Influence Support for Secession? A Survey Experiment in Catalonia and Scotland, West European Politics, Vol. 39, No. 6, 2016, p. 1120.

〔3〕 Nadim Farhat, Transforming Unitary States into Federations: Path-Dependent Construction of Political Identities in Belgium and Lebanon, Publius: The Journal of Federalism, Vol. 50, No. 4, 2020, pp. 611 – 615.

〔4〕 [加]金·理查德·诺萨尔、斯特凡·鲁塞尔、斯特凡·帕奎因:《加拿大对外政策政治》,唐小松 译,北京:外语教学与研究出版社,2018年,第335 – 336页。

上的平等,文化、语言和宗教权利得到尊重,少数人和多数人都不能将其价值观强加于另一方[1]。金里卡教授认为多元主义的联邦制减轻了少数民族文化边缘化的历史模式,自治使文化更加平等地得到尊重和承认,例如在公共场所更加公平地承认少数民族的语言和文化,减少群体之间的偏见和歧视[2]。

4.2 权力下放加剧了民族分离主义运动

随着权力下放/分权的推进,许多地区涌现出愈加强大的民族身份认同,民族主义政党亦不断壮大,成为地区政治中不可小觑的政治力量,一些包括支持分离主义在内的民族主义政党甚至取得了地区议会的执政权。更为严重的是,少数地区还爆发了协议式或单方面的分离公投,使得权力下放治理分离主义运动的效果备受质疑。

4.2.1 权力下放加剧民族分离运动的论点

认为权力下放/分权加剧民族分离运动的学者更多的是从缓解民族分离运动观点的反面来论证,主要根据社会调查和访谈的数据及其定量研究,强调权力下放给身份政治、政党政治和权力政治带来的变化及与民族分离运动的关系。

(1) 地区民众民族身份认同的凸显

本书第 3 章已对英国三个自治区民众的身份认同作了较为详细的分析,正如学者们所论述的那样,在排他性身份认同中,权力下放后地区认同远远高于国家认同。支持地区身份认同似乎就会支持"独立"的假设是基于这样一种概念,即身份认同及其关于宪制偏好的政治表达是民族文化再生产的结果[3]。那么,地区身份认同与支持权力下放或"独立"之间是否存在着必然的联系呢?学者们的观点如下:

---

[1] Hurst Hannum, The Specter of Secession: Responding to Claims for Ethnic Self-Determination, Foreign Affairs, Vol. 77, No. 2, 1998, pp. 13–18.

[2] Will Kymlicka, Multicultural Citizenship Within Multination States, Ethnicities, Vol. 11, No. 3, 2011, p. 286.

[3] Thomas Jeffrey Miley, Against the Thesis of the "Civic Nation": The Case of Catalonia in Contemporary Spain, Nationalism and Ethnic Politics, Vol. 13, No. 1, 2007, p. 9.

一是证明越具有地区身份就越倾向于权力下放。亨德森（Ailsa Henderson）等人的分析揭示了民族认同与宪制偏好和政策偏好之间的关系，即越是具有民族身份的民众就越是支持权力下放甚或"独立"，也会支持多样化的地区政策[1]。斯蒂芬斯（Mark Stephens）和菲茨帕特里克（Suzanne Fitzpatrick）亦指出苏格兰和威尔士权力下放在动机上主要是民主的，并以民族认同作为支撑，这在一定程度上解释了为什么在伦敦以外的地区建立民选地区政府的尝试会失败[2]。换句话说，民族认同是权力下放的驱动力，由于近年来民族身份持续走高，因而导致了他们政治态度的变化。

二是对权力下放之于国家认同的消极看法，即认为权力下放后国家认同没有好转，就意味着民族主义得到了更大的发展。格拉斯哥大学皮克特认为现在的苏格兰更加独立于英格兰，而不是与之联合。同时他认为卡尔曼委员会的调查结果仅仅是证明了苏格兰身份没有被国家身份削弱或稀释，而他则发现政治精英们在乐此不疲地承认和推进建立一个独特的苏格兰社会的需要[3]。即便是在民族主义最不发达的威尔士，权力下放对身份认同的影响也是不可忽视的。1997年以来，威尔士属性已超过不列颠属性占据着公共话语的主导地位，这既涉及威尔士身份得到提升，宪制偏好亦进一步改变。无疑，权力下放强化了民族身份的重要性，但却牺牲了国家认同[4]。

三是从身份认同的变化引申出对更大权力甚或"独立"的诉求。基于民族认同是权力下放的原始动因，当民族认同在权力下放后不断扩张时，学者们对权力下放的前景表示担忧，因为民族认同的增长可能与支持"独立"之间存在逻辑上的关系。塞拉诺亚（Ivan Serrano）的研究指出加泰罗尼亚的认同结构在权力下放后发生了巨大转变，认同地区身份的民众从1979年的24%稳步增长到过去十年的40%以上，而认同国家身份的民众则减少三分之一，

---

[1] Ailsa Henderson, Charlie Jeffery, Robert Liñeira, National Identity or National Interest? Scottish, English and Welsh Attitudes to the Constitutional Debate, The Political Quarterly, Vol. 86, No. 2, 2015, pp. 265-274.

[2] Mark Stephens and Suzanne Fitzpatrick, Country Level Devolution: Scotland, SPDO Research Paper 1, November 2018, p. 7.

[3] Murray Pittock, Scottish Sovereignty and the Union of 1707: Then and Now, National Identities, Vol. 14, No. 1, 2012, pp. 11-21.

[4] Jonathan Bradbury and Rhys Andrews, State Devolution and National Identity: Continuity and Change in the Politics of Welshness and Britishness in Wales, Parliamentary Affairs, Vol. 63, No. 2, 2010, pp. 229-230.

跌至目前的15%。他通过定量分析的方法进一步指出,占主导地位的地区身份对"独立"的态度有着重大影响,且得到了加泰罗尼亚社会的广泛支持,两者之间的关系相当复杂[1]。换句话说,如果前文贝拉蒙迪和马伊兹的评价指标尚属合理的话,那么西班牙的权力下放就是不成功的,因为在加泰罗尼亚、巴斯克和加利西亚等地区,纵使双重认同在权力下放后有所增强,但排他性的地区认同也在同步增强[2]。在英国的三个自治区,亦是如此。

(2) 民族主义政党的崛起以及执政

如果身份认同的变化还不足以反映民众政治态度的变化的话,那么权力下放后民族主义政党的崛起,则可以在某种程度上说明民众对中央政府或全国性政党产生了或高或低的离心倾向。

英国和西班牙权力下放后,民族主义政党在地区议会中快速崛起,在苏格兰、威尔士、北爱尔兰、加泰罗尼亚和巴斯克五个地区,仅有民族主义最不发达的威尔士地区才是由全国性政党执政,其他四个地区均由地区性政党(很多情况下它们都是民族主义政党)掌权[3]。实际上,在民族特色或地域文化独特的地区,均是由地区性政党(或民族主义政党)执政,例如加拿大的魁北克地区、意大利的北部地区和撒丁岛、伊拉克的库尔德地区、印度尼西亚的亚齐地区等。纵然是在公民身份强大的单一制国家法国,行政的权力下放似乎也催生了民族主义政党[4]。

为什么在有的学者看来民族主义政党的崛起是一种危险呢?这是因为民族主义政党的崛起与民族身份认同的上涨有着相互促进的关系。英国的情况已在第3章有所论及,其他地区也大多一样。有着强烈地区身份和特定地区利益的选民不仅关心能否在一套不同于全国范围内的政策方案中作出选择,而且还关心哪些政党在治理他们,以及是否可以信任某一/某些政党来

---

[1] Ivan Serrano, Just a Matter of Identity? Support for Independence in Catalonia, Regional & Federal Studies, Vol. 23, No. 5, 2013, pp. 523-545.

[2] Enric Martínez-Herrera, From Nation-Building to Building Identification with Political Communities: Consequences of Political Decentralisation in Spain, the Basque Country, Catalonia and Galicia, 1978—2001, European Journal of Political Research, Vol. 41, No. 2, 2002, pp. 431-436.

[3] 许川:《何以放权?又何以分离?——基于英国与西班牙五个地区的比较分析》,载王逸舟 等主编:《区域国别研究和比较政治学:新问题与新挑战》,上海:上海人民出版社,2020年,第53-54页。

[4] Frans J. Schrijver, Electoral Performance of Regionalist Parties and Perspectives on Regional Identity in France, Regional and Federal Studies, Vol. 14, No. 2, 2004, pp. 187-210.

决定和执行符合该地区最大利益的政策[1]。因此,地区身份认同的高涨和地区利益的诉求助推了地区性(民族主义)政党的发展,相对地,这意味着地区选民对全国性政党及其公共政策的排斥。在本质上,它凸显了选民对全国性政党和中央政府的忠诚危机。

忠诚危机的影响体现在:一方面,全国性政党对其自身在地区选举中是否需要地区主义化存在分歧,抑或已经地区化,如果它们要在该地区的选区中取得成功的话[2]。但这样的结果可能是全国性政党仍无法重建选民对它的忠诚,反而会助长民族主义的极端诉求,因为在民族主义强烈的地区,全国性政党始终无法建立起与选民直接的天然连带关系,进而也就无法获得信任。英国和西班牙的研究已充分说明了这一点。另一方面,民族身份认同和民族主义政党在相互强化中实现共振,"身份认同的变化是由地区政府的创建和地区性政党的出现所引起的"[3],民族主义运动可能愈演愈烈。

(3)对更大的权力甚或"独立"的追求

与"更大的权力欲望不等于追求独立"的观点相反,支持"权力下放加剧民族分离主义运动"的学者认为更大的权力诉求对于中央政府来说是一种相当危险的信号。

一种观点是认为更大的权力是走向"独立"的前奏,获得的权力越多就越靠近独立。麦加里指出,对少数地区的让步,会使得如果这些地区获得一点自治权,其政治精英就会得寸进尺,要求更多的自治权,即便不是彻底的分裂。严重的是,当自治是非对称时,危险性可能更大,特殊地位似乎将这些地区视为"分开的地方"[4]。2014年英国中央政府在公投后兑现进一步权力下

---

[1] Emanuele Massetti and Arjan H. Schakel, From Class to Region: How Regionalist Parties Link (and Subsume) Left-Right into Centre-Periphery Politics, Party Politics, Vol. 21, No. 6, 2015, pp. 866 – 886.

[2] Lachen T. Chernyha and Steven L. Burg, Devolution and Democracy: Identity, Preferences, and Voting in the Spanish "State of Autonomies", Paper Presented at Conference on Rethinking Ethnicity and Ethnic Strife: Multidisciplinary Perspectives, Budapest, September 25 – 27, 2008, p. 13.

[3] Enric Martínez-Herrera, From Nation-Building to Building Identification with Political Communities: Consequences of Political Decentralisation in Spain, the Basque Country, Catalonia and Galicia, 1978—2001, European Journal of Political Research, Vol. 41, No. 2, 2002, pp. 421 – 453.

[4] John McGarry, Asymmetry in Federations, Federacies and Unitary States, Ethnopolitics, Vol. 6, No. 1, 2007, pp. 105 – 116.

放的承诺,但这并没有阻止苏格兰继续迈向分离的步伐,第二次公投呼之欲出。加泰罗尼亚的案例似乎从反面也证明了这一观点。

所以,莱克纳尔-休斯(Jane Frecknall-Hughes)等人认为在"进一步的权力下放"和"独立"下产生的许多问题将是相同的,不同的只是程度或规模上的区别[1]。从这里可以看出,国家政府迫于无奈同意的权力下放,本意是维护联盟,但民族主义政党并不这么理解。此种情况在比利时也同样存在,2010—2011年期间,为组建联合政府,其主要政党同意进一步权力下放,但最大反对党、致力于分离的新弗拉芒人联盟(N-VA)领导人德韦弗(Bart De Wever)拒绝加入联合政府,他的设想是通过继续向各地区移交权力,让比利时逐渐解体,就像蜡烛燃烧一样,悄无声息[2]。

另一种观点是更大的权力是民族主义政党谋求"独立"的一种策略。苏格兰民族利用新宪法体制本身的缺陷要求议会获得更多的权力而非"独立",其目的是用前者包装后者,让独立变得不那么直接和刺眼,进而瓜分更多的选票[3]。可以说,民族党的这种策略是十分成功的。2013年3月,由苏格兰社会调查(SSA)奥姆斯顿(Rachel Ormston)和柯蒂斯(John Curtice)等人进行的研究指出进一步权力下放之所以在苏格兰受到欢迎是因为对一些人来说这或多或少正是他们梦寐以求的,而另一些人则认为这至少是更接近于所希望的国家地位,因而他们能够达成多数共识[4]。

在这样的情况下,中央政府似乎进退两难,如果进一步放权,就有可能激发民族主义更大的欲求;倘若拒绝进一步放权,又会得罪中间选民甚或本来支持中央政府的群体。在那些民族主义发达的地区,"进一步权力下放"的议题对中央政府来说很大程度上是"吃力不讨好"。

(4)分离公投运动在少数地区上演

21世纪以来,世界上实行自治的少部分地区爆发了分离公投运动,比如

---

[1] Jane Frecknall-Hughes, Simon James, Rosemarie McIlwhan, The Tax Implications of Scottish Independence or Further Devolution, Edinburgh: ICAS, 2014, p. 66.

[2] Christopher K. Connolly, Independence in Europe: Secession, Sovereignty, and the European Union, Duke Journal of Comparative & International Law, Vol. 24, No. 5, 2013, p. 66.

[3] Fiona Simpkins, Twenty Years of Devolution in Scotland: The End of a British Party System? Revue Française de Civilisation Britannique, Vol. 24, No. 4, 2019, p. 6.

[4] Rachel Ormston and John Curtice, More Devolution: An Alternative Road? Edinburgh: ScotCen Social Research, 2013, p. 11.

科索沃、南苏丹、苏格兰、克里米亚、加泰罗尼亚和库尔德等。虽然，这些地区所在国家都有着较为特殊的民族矛盾甚或分离问题，但苏格兰和加泰罗尼亚公投使不少人意识到，国家并非坚不可摧，即便是实行权力下放/分权后，一些欧盟成员国仍然存在着分离主义势力[1]。马塞蒂和沙克尔两人甚至将2014年的苏格兰公投视为二战结束以来西欧国家领土完整性面临的最大威胁[2]。可以说，分离公投运动这种现象可能还会持续下去。

  一般来说，分离公投的出现是民族身份认同和民族主义政党发展的必然结果。在西欧许多民族国家，地区主义政党在选举中的成功，往往对现存政治秩序的稳定和完整性都带来了新的挑战，除苏格兰和加泰罗尼亚在民族分离主义政党的支持下举行了"独立"公投，其他地区具有越来越多民意基础的地区主义政党也要求进行领土重组，例如巴斯克、弗兰德斯、南蒂罗尔、威尼托、撒丁岛和科西嘉等地[3]。

  因此，诸多学者以推动公投作为批驳权力下放的立足点。早在2007年民族党按照混合选举制度首次组建少数政府时，就有学者指出如果当时工党同意单一选区的话，民族党可能会将这种微弱优势转化为大多数优势，无论怎样，关于"独立"的公投或多或少是不可避免的[4]。毫无疑问，"独立"公投的辩论甚或举行与权力下放的初衷是背道而驰的。后来，莱兰德也指出在苏格兰执政的、热衷于"独立"公投的民族党仅是将目前的安排当作迈向完全独立道路上的一个中转站，并批评作为不成文宪法一部分的权力下放，不是一个能真正解决问题的方案，相反它启动了相当复杂的、永无止境的宪法改革[5]。

  诚然，那些业已举行的分离公投虽有合法与否的差异，不过它们在本质

---

[1] Thierry Madiès et al., The Economics of Secession: A Review of Legal, Theoretical, and Empirical Aspects, Swiss Journal of Economics and Statistics, Vol. 154, No. 1, 2018, p. 1.

[2] Emanuele Massetti and Arjan H. Schakel, Between Autonomy and Secession: Decentralization and Regionalist Party Ideological Radicalism, Party Politics, Vol. 22, No. 1, 2016, pp. 59-60.

[3] Anwen Elias, Making the Economic Case for Independence: The Scottish National Party's Electoral Strategy in Post-Devolution Scotland, Regional & Federal Studies, Vol. 29, No. 1, 2019, p. 1.

[4] Jason Sorens, The Partisan Logic of Decentralization in Europe, Regional & Federal Studies, Vol. 19, No. 2, 2009, p. 261.

[5] Peter Leyland, The Multifaceted Constitutional Dynamics of U.K. Devolution, International Journal of Constitutional Law, Vol. 9, No. 1, 2011, pp. 252-273.

上都是咨询性公投,尚无法律上的拘束力。也就是说,在议会主权国家或成文宪法国家,国家政府有权对公投进行反对或否决。可是,在崇尚直接民主的今天,公民投票有压倒一切的可能,对于民族主义政党来说这是只赚不赔的政治生意。民族主义政党一旦发起"独立"公投动议,就意味着它们在权力下放所提供的制度空间中着实得到了壮大,也意味着它们不再满足于现有的自治。从这个层面看,权力下放似乎为民族主义者推动民主分离运动提供了某种便利。权力下放/分权给西方多民族国家的教训是,它既没有办法阻止一个自治的少数民族地区选举分离主义政党,也没有办法阻止举行关于分离的公投[1]。

4.2.2 对加剧民族分离主义运动的解释

辩证地看,权力下放之于分离主义运动似乎定然具有两面性,而权力下放的负面效应则是解释加剧民族主义运动最主要的立论之处。学者们亦同样从政治维度、经济维度和文化教育维度来加以剖析。

(1) 在政治维度上的解释

分离主义运动是一种政治现象和事件,它本身不是实体,其必须依附于一定的主体才能存在,因此权力下放不能直接作用于分离主义运动本身,而是通过作用于分离主义运动的主体来影响分离主义运动的发展。分离主义运动的主体在民主社会往往是支持分离的民族主义政党。这样,权力下放之于分离主义运动的负面作用,首先或主要体现在民族主义政党这个实体身上。

布兰凯蒂的实证研究指出权力下放制度允许那些支持分离主义的地区性政党的存在和参与选举,产生以下影响:一方面赋予政党身份的合法性,似乎也赋予了它们主张分离的权利,因而它们会一如既往地谋求分离;另一方面允许参与选举给它们提供了赢得选举和影响政策的机会,从而增加了推行分离主义运动的动员能力[2]。反过来,对于政党而言,权力下放创建了地

---

[1] Will Kymlicka, Federalism and Secession: At Home and Abroad, Canadian Journal of Law and Jurisprudence, Vol. 8, No. 2, 2000, p. 221.

[2] Dawn Brancati, Decentralization: Fueling the Fire or Dampening the Flames of Ethnic Conflict and Secessionism? International Organization, Vol. 60, No. 3, 2006, pp. 651-685; Dawn Brancati, The Origins and Strengths of Regional Parties, British Journal of Political Science, Vol. 38, No. 1, 2008, pp. 135-159.

区政府及其制度,在伸张和强化少数民族身份的同时定义身份边界,并为政党精英们提供激励,使其能够表达和利用这些身份,以作为提升自身权力的一种手段[1]。此外,在选举策略上,为夺得席次或政权,它们还会尽最大所能,煽动民众的不满和对立,使其候选人当选[2]。

当然,给予民族主义政党政治合法地位的做法并不必然会导致分离主义运动的加剧,因为民族主义政党的成长需要一个时间过程。也就是说,具有一定选民基础的民族主义政党在一开始并不具备推行分离主义运动的真正实力和能力。

转折点出现在民族主义政党在一定时间后经过选举洗礼逐渐进入地区权力中心甚或夺得执政权以后。这个时候,权力下放的负面效应会进一步凸显,主要体现在:其一,民族主义政党治下的自治政府会倾向于强化其独立的身份,并鼓动民众向中央政府要求更大的权力[3]。其二,当民族主义政党掌控自治政府后,它们就拥有更多的机会来管理和使用分配给它们的权力和资源,以保障其福祉和独特的利益。换言之,它们有机会来实现它们所设想的社会,并将其与选举战略结合起来,以谋得政党利益最大化和推进分离的目标[4]。

由民族主义政党执掌地区政权的后果是:一方面,因独特身份和诉求所引发的政府间矛盾或冲突越来越多,权力下放制度沦为民族主义政党反制中央政府的工具;另一方面,随着民众逐渐接受民族主义政党治理下的政府,独特的集体身份和钟情于地区政府的政治格局双双得到巩固,因而无形之中也

---

[1] Lachen T. Chernyha and Steven L. Burg, Devolution and Democracy: Identity, Preferences, and Voting in the Spanish "State of Autonomies", Paper Presented at Conference on Rethinking Ethnicity and Ethnic Strife: Multidisciplinary Perspectives, Budapest, September 25-27, 2008, p. 4.

[2] Henry E. Hale, The Foundations of Ethnic Politics: Separatism of States and Nations in Eurasia and the World, Cambridge: Cambridge University Press, 2008.

[3] Christopher K. Connolly, Independence in Europe: Secession, Sovereignty, and the European Union, Duke Journal of Comparative & International Law, Vol. 24, No. 5, 2013, p. 66.

[4] Emanuele Massetti, and Arjan Schakel, Ideology Matters: Why Decentralisation Has a Differentiated Effect on Regionalist Parties' Fortunes in Western Democracies, European Journal of Political Research, Vol. 52, No. 6, 2013, p. 801; Anwen Elias, Making the Economic Case for Independence: The Scottish National Party's Electoral Strategy in Post-Devolution Scotland, Regional & Federal Studies, Vol. 29, No. 1, 2019, p. 4.

消解了民众对国家的依赖和忠诚[1]。简言之,当利益出现相互对立的冲突时,民众对独特身份的认识就会转换成政治行动,从而形成对中央的离心力,同时也会诱使民族主义政党去利用这种异质性和离心力,与地方民众组成一个相互供给的"精英—大众"的权力闭合圈,而在这样封闭的政治结构中,其他地方的政治精英很难深入其中,取得他们的信任。于是,民族主义政党可以借着合法的外衣,打着民众要求更大权力的旗帜,堂而皇之地谋求分离。

（2）在经济维度上的解释

经济上的不公平往往也成为分离主义动员的现实借口。无论是因权力下放而自由融入全球化所带来的经济繁荣,还是因权力下放并没有带来经济状态的显著改善或发展,均导致民族地区不再忠诚于既有的制度安排。作为国家财政净贡献者的地区不满中央政府"劫富济穷"的政策,而负贡献者在经济没有提振的情势下也会不满中央政府没有尽到责任,于是对中央政府的不满最后延伸到对权力下放制度的不满[2]。经济上的不公平在深层次透露的是权力下放的非对称问题。

鉴于民族属性和政治诉求的差异性,权力下放在许多国家的实践都是以非对称的面貌出现。非对称的制度设计固然有区别对待之用意,但它也给民族分离主义势力留下了可供利用的资源。

其一,权力下放带来地区之间的模仿和追赶,使得彼此之间的不满和抱怨激增。非对称的制度安排让人们认为中央政府厚此薄彼,不公平或不平等之感会随着地区差异的扩增而逐渐显现甚至恶化。在魁北克以外的加拿大地区一直存在着对非对称安排的抵制,并坚持认为某些地区不应该拥有更多的自治权,或者如果要这么做,那么就应该全面扩大自治权[3]。在英国,英

---

[1] Stephen Tierney, Federalism in a Unitary State: A Paradox Too Far? Regional & Federal Studies, Vol. 19, No. 2, 2009, p. 246; Philip G. Roeder, Ethnofederalism and the Mismanagement of Conflicting Nationalisms, Regional & Federal Studies, Vol. 19, No. 2, 2009, pp. 203-219.

[2] Anwen Elias and Ludger Mees, Between Accommodation and Secession: Explaining the Shifting Territorial Goals of Nationalist Parties in the Basque Country and Catalonia, Revista Destudis Autonomics I Federals, Vol. 25, No. 1, 2017, pp. 129-165; Allen Buchanan, Federalism, Secession, and the Morality of Inclusion, Arizona Law Review, Vol. 37, No. 1, 1995, pp. 60-61.

[3] Michael Keating, Rethinking Sovereignty: Independence-Lite, Devolution-Max and National Accommodation, Revista d'Estudis Autonòmics i Federals, Vol. 8, No. 2, 2012, pp. 9-29.

格兰则时常抱怨自治区的代表权过大以及苏格兰和威尔士在福利、教育方面的支出过高。同样,在西班牙和意大利亦是如此,"随着时间的推移,非对称安排或许会导致混乱和不平等。在这两个国家,要求对其他地区采取类似于特殊地区待遇的压力都在增加"[1]。反过来,对非对称特征的些微调适,都引起了民族主义者的不安和"过敏反应"。

其二,地区和群际矛盾丛生,致使民族主义者的离心倾向增强。基廷指出非对称秩序有其自身弱点:在实践层面它可能由于不同地区之间为获得更多权力而展开竞争,带来秩序上的不稳定,更危险的是随着宪法政治成为日常事务,各种各样的问题都将被宪法化,因为这些地区会认为这是将它们的问题纳入政治议程或巩固政策偏好的最简单方法[2]。所以,权力下放产生的意料之外的后果就是地区与地区之间的"相对不满"愈加增多或出现"滚雪球效应",即非民族地区或权力较少的地区努力玩追赶游戏。也就是说,以前没有自治传统或强烈地区认同感的地区要求自治权利,这使许多民族主义者感到他们开始失去了在国家当中的特殊地位[3]。

无疑,"特殊地位"或"优势地位"的逐渐淡化,是独特地区强化民族身份认同、支持民族主义政党、要求更大自治权的现实背景。严重的是,假若地区之间的这种追赶永不停歇,而中央政府能够给予的权力又已经达到极限,如此一来,分离似乎就成为民族主义者的唯一选择,就像苏格兰和加泰罗尼亚所演绎的那样。

(3) 在文化教育维度上的解释

从中央政府的立场看,权力下放在文化教育上的功能是希望扭转不断式微的国家认同,抑或使民族身份与国家身份能够兼容。但残酷的事实是,权力下放所提供的宽松环境并不能为之创造条件。

首先,基于历史记忆或民族创伤的身份认同本来就很难改变,无论是借助权力下放还是其他什么方法。早在权力下放/分权运动盛行之初,宾夕法

---

[1] Matt Davies et al. , Asymmetric Fiscal Decentralization: Italy and Spain, in Managing Fiscal Decentralization, Ehtisham Ahmad and Vito Tanzi, eds. , London: Routledge, 2002, p. 159.

[2] Michael Keating, Asymmetrical Government: Multinational States in an Integrating Europe, Publius: The Journal of Federalism, Vol. 29, No. 1, 1999, pp. 14 - 16.

[3] Benito Giordano and Elisa Roller, "Te para todos"? A Comparison of the Processes of Devolution in Spain and the UK, Environment and Planning A: Economy and Space, Vol. 36, No. 12, 2004, pp. 2176 - 2177.

尼亚大学教授卢斯蒂克（Lan Lustick）就指出基于高度政治化的身份认同的社会对立和分割，不仅持续时间很长，而且还制造出各种各样的问题。除少数例外，成员的身份认同是不可改变的[1]。后来，麻省理工学院教授埃维拉（Stephen Van Evera）亦给出类似看法，尽管民族身份是被建构的，但一旦塑造就很难改变，改变所需的条件非常罕见，特别是在当代那些处于冲突的民族群体之间[2]。而利埃拉（Robert Lieira）和塞特拉（Daniel Cetrà）的比较研究则指出，虽然身份认同既不是分离运动的必要条件，也不是充分条件，但独特的身份认同却是所有案例中最重要的共同因素，民族认同之所以被视为支持"独立"的解释变量，是因为它是一种非常稳定、短期内不易被改变的政治态度[3]。权力下放在民族身份认同面前倍感无力的原因就在于此。

其次，权力下放对民族地区既有文化、语言和宗教等属性的承认和保护，具有制度化的功能。民族主义者之所以接受权力下放/分权就是看到权力下放无法改变身份认同既有格局的事实，并且权力下放还有可能为其提供强化民族认同的制度环境。在严重分裂的地区如北爱尔兰，对种族身份的持有是长久的，要在这些地区实施权力分享，其前提就是社会或种族分裂是可再生的而不是迅速消散，种族身份必须得到承认，而不是期待它消失[4]。因此，对少数民族的实质性或象征性承认是权力下放必不可少的内容，正如法莱蒂（Tulia G. Falleti）和马奥尼（James Mahoney）所言，如果没有对少数群体的承认，领土改革就会导致自我膨胀的结果，即偏离现状（权力下放）会随着时间的推移而加强[5]。可是，对群体身份的承认，又给了民族主义政党进行选举动员的资本。由于民族主义活跃地区的地区身份和民族身份的持续存在，民众倾向于支持保护和促进这些身份认同的政策并投票给地区性政党，这为

---

[1] Lan Lustick, Stability in Deeply Divided Countries: Consociationalism versus Control, World Politics, Vol. 31, No. 3, 1979, p. 325.

[2] Stephen Van Evera, Primordialism Lives! APSA-CP: Newsletter of the Organized Section in Comparative Politics of the American Political Science Association, Vol. 12, No. 1, 2001, p. 20.

[3] Robert Lieira, Daniel Cetrà, The Independence Case in Comparative Perspective, The Political Quarterly, Vol. 86, No. 2, 2015, pp. 257-258.

[4] John McGarry and Brendan O'Leary, Explaining Northern Ireland: Broken Images, London: Wiley-Blackwell, 1995, p. 338.

[5] Tulia G. Falleti and James Mahoney, The Aomparative Sequential Method, in Advances in Comparative-Historical Analysis, Kathleen Thelen and James Mahoney, eds., New York: Cambridge University Press, 2015, p. 221.

地区政治精英创造了重要的额外激励,要求中央进一步权力下放,甚至分离[1]。

最后,中央政府普遍缺乏培植国家认同的制度建构,权力下放很少能增强地区对国家的向心力,反而强化着民族地区独特的身份认同,为民族主义输入源源不断的动力。许多学者认为,领土自治使得排他性身份得以强化,刺激了更加雄心勃勃的政治主张,并为它们提供可用于破坏国家稳定性的制度武器[2]。随着民族主义政党的上台执政,它们可以依凭下放的文化和教育的权力,在该地区范围内推行有利于巩固与强化具有民族属性和民族身份的文化教育政策。多个地区的实践已经证明,权力下放后自治地区对张扬民族身份的主张重新抬头,这可能会加剧不同地区公民身份概念的差异性,更可能导致公民身份概念受到不同教育制度的支承[3]。因此,地区身份与国家身份之间的距离会越来越疏远。倘若在权力下放/分权的同时无法建构培植国家认同的方式和路径,那么在冲突型的社会结构中,民族认同就会变得更加具有侵略性。

总而言之,权力下放后民族身份的存续甚或强化、地区之间不对称发展的矛盾,共同助推了民族主义政党的崛起,进而形成对权力下放的挑战。

4.3 对缓解或加剧分离运动观点的理论评析

从前面两节的内容中可知,权力下放缓解抑或加剧了民族分离运动的观点各自都具有一定的说服力,每一种论点都能举出若干例证和给出多种解释,似乎要分出孰对孰错是一件十分困难的事情。为什么对于同一种现象,不同的学者会得出两种截然不同甚或对立的结论?这需要我们对其进行剖析,才能厘清他们分析的逻辑以及解释困境所在。

第一,研究的指标不同,导致结论的不同。认为权力下放缓解了民族分

---

[1] Lachen T. Chernyha and Steven L. Burg, Accounting for the Effects of Identity on Political Behavior: Descent, Strength of Attachment, and Preferences in the Regions of Spain, Comparative Political Studies, Vol. 45, No. 6, 2012, pp. 799 – 800.

[2] Karlo Basta, The State Between Minority and Majority Nationalism: Decentralization, Symbolic Recognition, and Secessionist Crises in Spain and Canada, Publius: The Journal of Federalism, Vol. 48, No. 1, 2017, p. 54.

[3] Rhys Andrewsa and Andrew Mycock, Dilemmas of Devolution: The "Politics of Britishness" and Citizenship Education, British Politics, Vol. 3, No. 2, 2008, p. 148.

离运动的学者(以下简称"缓和派")使用的指标是:国家是否分裂、暴力是否消解、强调国家认同的兼容性,以及强调更大权力的正面功能。而认为权力下放加剧了民族分离运动的学者(以下简称"加剧派")使用的指标是:分离公投是否发生、民族政党是否崛起、强调地区身份的排他性,以及强调更大权力的负面功能。

可以看出,它们的共同点在于都关注身份认同和权力需求,不同点在于"缓和派"更多的是从宏观和中央的角度来检视权力下放的效果,而"加剧派"更多的是从中观和微观、地区的角度来发现权力下放的问题。换句话说,是因为看待问题的角度和关注的面向不一样,使得他们的研究结论并不完全一致,不一致并不等于互斥,而是一种互补的关系,即它们共同组成了权力下放治理民族分离运动的全貌。从这个意义上讲,两派学者的研究都具有积极意义。

但是,这些指标是否具有科学性?首先从"缓和派"的指标论起:

① 以"国家是否发生分裂"作为衡量指标,其反例可以是自晚近以来发生分裂的现象本来就屈指可数,无论其是否有实行自治制度。国家发生分裂更多的是跟国际大环境相关,而跟国内采取何种治理方式似乎没有必然的联系,将没有发生分离归功于权力下放/分权的自治政策难免有些牵强。

② 以"暴力是否消解"作为衡量指标也存在一定的欠妥性。当然,不可否认在实行自治后某些国家的民族矛盾和民族分离运动不再以暴力的形式出现,但这不能完全就归结于是权力下放/分权的功劳,因为还有一部分原因是分离主义势力本身亦意识到通过战争的方式不仅损耗巨大而且成功的可能性愈加渺茫,因而谋求转型,试图"长线作战"。暴力的减少很大意义上是从暴力的烈度和程度上来说的。事实上,实行自治后暴力的数量并没有明显的变化,耶鲁大学桑巴尼斯(Nicholas Sambanis)和马里兰大学米兰诺维奇(Branko Milanovic)的论文指出,在那些取得自治权的地区,虽然许多暴力都是处于较低水平的武装冲突,但在221个发生冲突的地区中,仍有46个地区存在暴力[1]。不难看出,"缓和派"是就暴力的程度而言的,但在冲突和暴力数量上缺乏解释力。

③ 以强调"国家认同的兼容性"全然否定身份认同的变迁具有片面性,

---

[1] Nicholas Sambanis and Branko Milanovic, Explaining Regional Autonomy Differences in Decentralized Countries, Comparative Political Studies, Vol. 47, No. 13, 2014, p. 1842.

同样"加剧派"以强调"地区认同的排他性"也具有片面性。因为在地区身份认同度高的苏格兰和加泰罗尼亚地区出现了分离公投，而在威尔士和巴斯克与国家认同度高的北爱尔兰地区则没有出现类似情况，从这里看不出身份认同与分离运动有着因果联系。

④ 以强调"更大权力的正面功能"，有一定的合理性，因为不宜将任何诉求都全部"政治化"。正如亨德森等人的研究指出，无论人们生活在什么样的地区——历史的、制度的还是富裕的——所有地区的公民似乎都渴求更大的权力，因为他们希望地区政府能够做得更多而不是更少[1]。但是，他们忽略了更大权力的负面功能，即如果在那些由支持分离的民族主义政党执政的地区，给予更大的权力可能会让它们拥有更大的权力来推行分离。相对地，"加剧派"仅看到了"负面功能"，而忽视"正面功能"，不论是以偏概全还是一概否定，都有失全面性和客观性。

如果说③和④是"缓和派"和"加剧派"共同持有的指标的话，那么"加剧派"的政党指标和公投指标是否更具有说服力呢？

⑤ 以"民族主义政党的崛起及其执政"作为权力下放加剧民族分离主义运动的指标似乎有一定的道理：一方面，在那些寻求分离的地区，民族主义政党均是主张或支持分离路线的政党；另一方面，随着权力下放的深入，民族主义政党在地区选举和国家选举的表现均有上扬态势，而全国性政党的优势逐渐流失，甚至失去地区政权的控制权。然而，不是所有的民族主义政党都追求分离，例如巴斯克民族党和北爱尔兰的社会民主工党就是主张自治的政党，而非"独立"。也就是说，这一指标放在某些地区具有解释力，但在另一些地区就缺乏解释力，即不具有周延性。

⑥ "加剧派"最具有说服力的指标或许是将"分离公投运动在少数地区上演"作为检验权力下放成功与否的标准，因为推行分离公投运动意味着对权力下放的背叛，是改变现状的做法，不论公投运动成功与否，对权力下放政策都是一种伤害。尽管已然发生的公投事件还为数不多，但许多具有分离意向的地区均在蠢蠢欲动，不得不引起警觉。同样需要注意的是，分离公投到底是权力下放导致的还是其他因素导致的？对此应该有所区分或进一步剖析其中的联系。

---

[1] Ailsa Henderson, Charlie Jeffery, Daniel Wincott and Richard Wyn Jones, Reflections on the "Devolution Paradox": A Comparative Examination of Multilevel Citizenship, Regional Studies, Vol. 47, No. 3, 2013, p. 307.

第二,研究方法的不同,导致结论的不同。在研究权力下放/分权与分离主义二者关系的文献中,大量定性研究集中在"缓和派",但也有不少定量研究集中在"加剧派"。同时,这些研究都不单是个案的研究,更多是比较研究。要研究权力下放/分离主义之间的因果关系,按理说都需要用规范的研究方法,才能得出相对科学的结论。所谓科学的方法,即要遵循提出假设—建立分析框架—设计调查问卷—田野调查—数据统计和分析—得出结论的路径。

如果按照这样的理路来研究权力下放与分离主义的因果关系,将是一个耗费大量人力、物力、财力和时间才能得以完成的艰难工程,因为要保证足够的案例和样本数量,它不仅要求研究者具备雄厚的理论功底和高超的研究技能,还需要研究者熟练掌握对象国的语言、文化和政治,并且需要有大量时间去进行蹲点和跟踪研究。或许,只有经过这样的跨国性和历时性的比较研究,才能弄清权力下放与分离主义之间的内在逻辑。但主客观条件的限制,不仅让本书在该路径上望而却步,国外的研究者也未能完全做到这样的标准。所以,目前的研究良莠不齐,其结论或多或少具有一些狭隘性和失真性。体现在:

① 研究案例的选择。既有的研究成果大多集中在西欧,主要以英国、西班牙和比利时为典型,若拓宽一点,还包括意大利和法国等。可是,全世界存在民族矛盾和民族分离问题的国家远不止这些,它们还分布于中东欧、南亚、东南亚和非洲等地区;同样,权力下放/分权亦常见于各个国家。因此,不宜用西欧的现象来代替普遍的规律,更不宜用个别国家的现象来判定权力下放的成功与否。权力下放在每个国家的实践及其模式选择,由所在国家的特殊性决定,其成功或失败也可能是由其他因素导致。

南苏丹的案例表明,权力下放的失败要归结于中央政府破坏制度在南方强制推行伊斯兰法的做法,根由是相互的不信任。正如莱克(David A. Lake)和罗斯柴尔德(Donald Rothchild)指出,有助于缓解冲突的并不是权力下放本身,而是多数人提出权力下放的善意,减轻了少数人的某些担忧,但这一办法的长期可行性又受制于国家的后续行动如倾向于巩固中央集权等威胁,进而有可能重新点燃冲突[1]。

反之亦然,权力下放在某些国家的成功,是依托于相互间的妥协与信任,

---

[1] David A. Lake and Donald Rothchild, Territorial Decentralization and Civil War Settlements, in Sustainable Peace: Power and Democracy after Civil Wars, Philip G. Roeder and Donald Rothchild, eds., Ithaca, NY: Cornell University Press, 2015, pp. 109 – 111.

或更加充分和全面的制度设计。而这里的问题是,在判断权力下放之于分离主义运动的成功与否之前,学界应先就成功与否的标准达成一致,而在标准不一致的情况下,显然就会得出不同的结论,同时也找不到某些地区何以成功、某些地区又何以失败的正解。

② 研究时间的迟滞性。事物永远都是变化发展的,这对研究者来说是巨大考验。21世纪伊始,公投分离运动在一些国家勃然兴起,使得分离公投运动能够迅速上升为评断权力下放成功与否的关键指标。但是,在2000年以前,那些实行权力下放/分权的地区并未出现挑战既有现状的民主分离事件,而且选民的政治偏好也未出现急转直下的情况。这就是说,在民族主义政党尚未取得执政权和民主分离公投尚未爆发之前,大部分学者的研究均是以此节点之前的数据作为结论的支撑,所以他们的结论放在该节点之后,就会出现失真。基于此,21世纪以来的一些成果便开始修正"缓和派"之前的观点,或趋于保守,强调权力下放在短期内是有效的,但长期看国家领土完整性仍有可能存在动摇。虽然地域分权增加了和平解决方案在接下来5年得到执行和落实的可能,但能否长此以往却不得而知[1]。可是,所谓的"长期"是多久?三十年还是五十年?抑或更久?学界均没有对此进行相关探讨。

③ 调查主题和数据来源。几乎无一例外,不管是定性研究还是定量研究都将身份认同、政党倾向和宪制偏好作为调查问卷的主题和研究的重点,认为这三个问题与权力下放治理分离主义运动的效果有着某种天然联系。不得不承认,它们是有一定的关联性,这是学界的共识,也是所有研究的逻辑起点。可是,即便如此,研究者所使用的数据都不是经过自己的田野调查得来,而是直接从一些大学科研院所和社会调查机构抓取的二手数据。于是,就造成了研究是找数据来验证作者的假设,而不是作者根据自己的研究设计去进行田野调查以发现问题和得出结论。当前,绝大多数论著和论文都属于此类。

退一步讲,就算这些数据和研究结论具有一定的价值,但是将主题局限在身份认同、政党倾向和宪制偏好仍带有某些狭隘性和主观性,因为它们在调查问卷中暗含着某种导向性,即它们会引导人们去思考并作出选择。更何况认同政治本来就是一个十分复杂的问题,不能简单用数据来说明。对权力

---

[1] Christa Deiwiks, The Curse of Ethno-Federalism? Ethnic Group Regions, Subnational Boundaries and Secessionist Conflict, Paper Presented at the Annual Meeting of the International Studies Association, 7 February, New Orleans, LA, 2010, p. 4.

下放治理民族矛盾和民族分离问题效果的调查还应该拓展至或聚焦于具体事物的满意度上,例如对民族权利的保障、对民族文化(语言、宗教)的承认、对经济发展现状等是否满意的问题上。或许,这样的数据和结论才能尽可能避免误导性和片面性。

第三,两种论点的解释困境及未来研究路径。不论以哪一派的论点和论据去检验权力下放之于分离主义的效果,都会出现以下差异:一些国家相对成功了,另一些国家则相对失败了,而在后一种情况中又分为权力下放在该国的一些地区成功了,而在另一些地区则失败了。并且这些国家/地区既包括发达的国家/地区,也包括不发达的国家/地区,但它们都是采行西式民主的国家/地区。这就出现了解释上的困境,即两派的论点和论据都无法完全诠释这些结果。有学者笼统地并带有偏见地认为,自治在某些国家之所以取得成功是因为它们都是相当繁荣的民主国家,这些国家都承认少数民族基于固有身份和民族认同的自治,并认为这是与共产主义国家和后殖民世界中的失败联邦制的区别所在[1]。可问题是,在成功与否的标准都不统一的情况下就贸然下此定论有违常理。如果以"加剧派"的论点作为标准的话,那为什么所谓民主国家例如加拿大的魁北克、英国的苏格兰、西班牙的加泰罗尼亚一样爆发了更为激进的分离公投运动呢?

显然,上述学者的研究要么只是停留在对权力下放或分权与分离主义之间的理论推演层次,要么就是带有西方中心主义的意识形态来分析权力下放或分权为什么会成功,又为什么会失败。毫无疑问,这样的分析框架欠缺理论周延,也很难具有说服力。要弄清权力下放与分离主义的因果机制,恐怕必须得像亨廷顿写作《变化社会中的政治秩序》那样,运用科学规范的方法,利用田野调查和足够多的比较分析,才能得出相对可靠的结论[2]。

鉴于问题本身的复杂性,本书不打算探讨权力下放/分权与分离主义的因果机制。实际上,这个问题还可以剥离出许多小问题,比如作为"加剧派"核心论点的公投分离运动为什么均发生在权力下放之后而不是之前?即以公投运动为代表的更激进分离运动与权力下放之间是什么关系?这是能够

---

[1] John McGarry and Brendan O'Leary, Federation as a Method of Ethnic Conflict Regulation, in From Power-Sharing to Democracy: Post-Conflict Institutions in Ethnically Divided Societies, Sid Noel, ed., Montreal: McGill-Queen's University Press, 2005, pp. 263–296.

[2] [美]塞缪尔·P. 亨廷顿:《变化社会中的政治秩序》,王冠华、刘为 等译,上海:上海人民出版社,2015年。

在比较案例的基础上进行理论推演的。虽然有学者已发现不能用权力下放来进行全部的解释,并主要聚焦经济危机、中央政府的态度以及围绕着自治法修订等因素最终导致加泰罗尼亚选择"独立"[1],但其无法解释其他国家的分离现象,也无法解释为什么权力下放或分权后分离主义运动总体是向前发展的趋势。因此,在下一节中拟就这一问题进行尝试性探讨。

4.4　放权后更激进分离运动的尝试性解释

更激进分离运动是指在实行自治的西式民主国家,具有一定实力的民族分离主义政党发起相较于一般停留在思想和想象层面的政治动员和立法动议,包括在选举中以分离议题作为竞选主轴、在进入权力中心或执政后推动有关分离公投的立法动议,借助所谓的民主程序谋求(象征性/实质性)独立的活动等。典型的案例包括英国的苏格兰、西班牙的加泰罗尼亚、乌克兰的克里米亚和伊拉克的库尔德等地区。更激进分离运动是权力下放加剧民族分离运动的一种外在表现。不同于学者们从政治、经济和文化教育等维度进行解释,本书试图从权力下放这个制度本身去比较和分析这些共同的现象,以寻求这些共同现象的相对合理并具有一定周延性的解释。

4.4.1　权力下放与分离运动的应然逻辑

在绝大多数国家,分离运动都是贯穿于权力下放的前后两个阶段。也就是说,两者是分离运动导致权力下放,而权力下放又导致更激进分离运动的关系。要弄清权力下放是否导致更激进分离运动首先需要对它们的原初关系进行溯源。

(1) 权力下放与分离运动之间的还原性问题

分离主义问题总是跟国家建构问题相伴相生,成为挑战国家主权的最大威胁。治理分离主义问题是国家建设与发展过程中的一项重要任务。全球化时代,"国家主权的关键特征被削弱,例如制定和执行法律的能力、界定和捍卫领土边界的权力、塑造和监管经济绩效的能力,这是因为超国家机构全

---

[1] Montserrat Guibernau, From Devolution to Secession: The Case of Catalonia, in Multinational Federalism: Problems and Prospects, Michel Seymour and Alain-G. Gagnon, eds., UK: Palgrave Macmillan, 2012, pp. 149-171.

球治理的建立,以及权力下放到城市和地区等次国家行为体"[1]。换句话说,受到市场经济及其超越国家疆界趋势的挑战,传统意义上的对外主权和对内主权均遭到不同程度的弱化。即便如此,传统主权仍然是民族国家捍卫的核心,英国"脱欧"就是逆转这一势头的体现。

与此同时,主权国家亦不能用传统的路径(中央集权或武力镇压)处理国内的民族问题。这种情况下,"有意义的权力下放、照顾到特殊的种族需要和接受多样化,这些措施都有助于预防危机"[2],作为一种折中办法的权力下放就顺理成章地成为国家政府在该问题上的首选。而权力下放/分权之所以会在全世界流散开来,被主权国家普遍接纳,也是因为现代民族国家或多或少都面临着类似的民族问题,"民族国家概念包含着普遍主义和特殊主义之间的紧张,即平等主义的法律共同体与历史命运共同体之间的紧张"[3]。不难看出,在被民族问题困扰的国家,抑制分离运动的蔓延是选择权力下放或分权的原始动因。目前,世界上主要存在着全国性权力下放与局部性权力下放两种形式。

并非所有的权力下放都是由民族主义或分离主义所造就的。换句话说,不是一个国家的所有地区都怀揣着自治的梦想,而在这些地区的放权,大多数是因为中央政府欲图在该国所有地区推广权力下放的使然。英国的威尔士地区几乎从未主动寻求过自治,它的权力下放是工党政府强加的结果,但工党在英格兰地区的提议却遭到否决;西班牙的非少数民族地区亦从没有强烈呼吁中央政府给予自治权力;伊拉克库尔德之外的其他地区在联邦化和民主化之后反而要求中央政府加强集权等[4],这些都说明全国性的权力下放与分离运动之间不具有可还原性。那么,针对某个或某几个地区的局部性权力下放与分离运动之间是否具有可还原性呢?

---

[1] Thomas Ilgen ed., Reconfigured Sovereignty. Multi-Layered Governance in the Global Age, Aldershot: Ashgate, 2003; Jens Bartelson, The Concept of Sovereignty Revisited, The European Journal of International Law, Vol. 17, No. 2, 2006, p. 466.

[2] Viva Ona Bartkus, The Dynamic of Secession, Cambridge: Cambridge University Press, 2004, p. 226.

[3] [德]尤尔根·哈贝马斯:《包容他者》,曹卫东 译,上海:上海人民出版社,2002年,第135页。

[4] International Republican Institute Survey, July 9 – 14, 2005, cited in Michael E. O'Hanlon and Nina Kamp, Iraq Index: Tracking Variables of Reconstruction & Security in Post-Saddam Iraq, Brookings Institution, www.brookings.edu/iraqindex, August 29, 2005, accessed: 2020 – 11 – 10.

需要分两种情况讨论：一种是针对民族文化或特殊地位的局部性权力下放，它们之间不具有可还原性，这一般存在于民族文化浓郁的地区、国家政治首都、经济发达省份或城市、旅游开发岛屿等等。中央政府给予它们自治权力，其目的是更好地保护和发扬这些地区的民族传统和地域文化，或强化其既有的优势地位。另一种是针对分离运动的局部性权力下放，两者之间具有可还原性，例如1921—1972年的北爱尔兰和2005—2011年的南苏丹，可它们的结局要么是走向终结，要么是走向分裂。也就是说，局部性权力下放与分离运动具有可还原性，即构成直接的因果联系，但很有可能以失败收场，或者潜藏着失败的危机。

比较而言，假若以是否分裂作为成败的评判标准，那么权力下放与分离运动之间不具有可还原性比具有可还原性更易取得成功，全国性权力下放比局部性权力下放更易取得成功，针对民族文化或特殊地位的局部性权力下放比针对分离运动的权力下放更易取得成功。

为什么会出现这样的差异？第一，不可还原性的权力下放超越了民族主义的逻辑，而可还原性的权力下放则一直被围困在民族主义编织的话语体系中，超越民族主义显然比陷入民族主义的权力下放更能有效应对分离运动的挑衅，"权力分享和民族联邦主义，因系于族群认同，在这个意义上步入了错误的方向"[1]；第二，全国性权力下放优于局部性权力下放体现在，一方面它有充足的理由回绝民族主义地区提出的特殊待遇要求，另一方面是国家宪法作为最高和最根本的法律保障，能够从法律上保证权力下放的原初状态，例如西班牙和伊拉克；第三，针对民族文化或特殊地位的局部性权力下放本身就不存在分离主义问题，而针对分离运动的局部性权力下放容易坠落到"分离—放权"的循环怪圈，因为权力下放将次国家运动与中央政府锁定在不稳的结构中，它们享有实质性的权力但要求获得更多的资源和立法权[2]。如此一来，中央与地方之间的冲突难以避免，譬如苏格兰。还原性问题揭露了分离运动对权力下放的作用力和反作用力的问题。

（2）权力下放不是引发更激进分离运动的根本动因

前面章节提及，"在大多数情况下，当代对权力下放的要求是根据以某些

---

〔1〕 [美]杰克·斯奈德：《从投票到暴力：民主化和民族主义冲突》，吴强 译，北京：中央编译出版社，2017年，第345页。

〔2〕 Montserrat Guibernau, National Identity, Devolution and Secession in Canada, Britain and Spain, Nations and Nationalism, Vol. 12, No. 1, 2006, p. 70.

地方或族群的自决主张而提出的"[1]，这里隐含着两层意思：一方面，分离主义是权力下放之前就已然存在的客观事实；另一方面，不可否认分离主义运动是权力下放的肇因。某种意义上讲，权力下放是分离运动刺激的产物，而非对称的模式似乎就是分离运动发展不对称的产物。一个国家可能存在多个民族，也可能存在谋求分离的多个地区，但这些地区在经济和社会发展、政治意识形态方面各有差异，故而即便是在宏观架构上力求对称性权力下放的国家，在中观和微观层面也会倾向不对称的政策偏好，最典型的国家就是西班牙。

但是，反过来权力下放却不能推导出分离主义运动，原因是：其一，全世界的放权运动，并非都是应对分离运动发展的结果，在绝大部分国家都是基于国家治理的需要，显然两者之间不具有可还原性；其二，针对分离主义的权力下放/分权在一些地区取得了成功，例如法国、比利时、印度尼西亚和菲律宾等，仅少数地区出现更加激进的分离运动。所以，赫切特（Michael Hechter）和冈本（Dina Okamoto）两位教授的研究同样指出，"潜在分离少数民族的制度化授权与分离主义兴起之间的因果关系是复杂的、非直线的，而且对时空环境高度敏感"[2]。也就是说，在很大程度上分离运动的爆发与共时性的重大事件息息相关。

从第3章英国权力下放后三个地区的数据中也可以看到相似的关系链条。首先需要承认的是，权力下放后苏格兰、威尔士和北爱尔兰的国家认同几乎没有得到加强，同时三个地区亦产生出更为强大的自治诉求。不过，地区身份认同的加强和对自治的更大需求，是否会转化成对分离的支持？这一问题的答案在英国的案例中是否定的。到目前为止，英国仅仅只在苏格兰地区才发生了更加剧烈的分离运动，威尔士和北爱尔兰地区近乎从未出现过类似苗头。显而易见，苏格兰的公投分离运动是权力下放运转过程中的一个特例和个案，而非普遍特征。

或许有人会质疑说除苏格兰外，加泰罗尼亚、库尔德的情况又该如何解释。客观而言，在众多自治地区，爆发分离公投的只是零星的极少数。退一步说，即使是停留在分离路线的主张上，其也不是主流。要求立即建国的是

---

〔1〕 James A. Gardner, Devolution and the Paradox of Democratic Unresponsiveness, South Texas Law Review, Vol. 40, No. 3, 1999, p. 759.

〔2〕 Michael Hechter and Dina Okamoto, Political Consequences of Minority Group Formation, Annual Review of Political Science, Vol. 4, No. 1, 2001, pp. 189–215.

例外,不是通病,大多数的民族主义政党都更倾向于分权或联邦制,而不是分离主义[1]。与其对分离运动和权力下放强加相互的因果关系,倒不如从宪制偏好这一视角来重新检视这对组合。实际上,在绝大部分民众看来,权力下放与分离并不是独立建国前后相续的两个阶段,而更多的是在宪制偏好上被放于同等位置但又相互独立的两个选项。在排他性的限定条件下,二者不能兼容,即民众只能在两个选项中进行移动,但选项本身是对立的。我们可以说民众因为某种原因选择了其中一个选项,但不能说是其中某一个选项导致了他们选择另一个选项。也就是说,直观上不能将支持分离归咎于权力下放。

此外,还有一种比较特殊的情势,即分离主义的确是在权力下放之后才衍生的,这又该作何解释[2]？一般来说,这个地区与该国其他地区有着不同的历史,独特的历史经历(例如独立王国、殖民地)塑造了其独特的政治意识,中央政府对其进行权力下放是希冀在给予它特殊地位和权力的同时维护国家的主权和领土完整。然而,如果中央政府没有采取适当措施及时消解渗透于该地区各个角落的守旧观念,那么在独特历史经历的作祟下,其就会逐渐萌生对现状的不满,这种不满既有可能是经济的、文化的,也有可能是政治的,导致不满的原因或许是"自我"优越地位的没落,也或许是来自"他者"的竞争压力。

总之,这些因素掺杂在一起,造就了"我们"与"他们"之间更加固化的高墙。为发泄这种对现状不满的情绪,从对过去"美好时光"的追忆,再到对未来"独立自主"的憧憬,都有可能成为政治叙事的中心。更为扭曲的是,当所有社会问题都被极端政治叙事话语所裹挟时,对各个层面的抱怨和不满,最后都容易被分离主义势力转嫁成是对政治制度所给予的政治地位及其权力的排斥和抵抗。权力下放做了替罪羊,分离被幻想成为治愈一切问题的药方。倘若国家政府也认为是权力下放的不足或不当导致政治运动的迸发,那么这无疑是把权力下放推向无底深渊,权力下放将永远洗不净被外界有意涂

---

[1] Michael Keating, Rethinking Sovereignty: Independence-Lite, Devolution-Max and National Accommodation, Revista Destudis Autonòmics I Federals, Vol. 8, No. 2, 2012, p. 10.

[2] 国内学者屠凯认为"如果单一制国家及其自治地方政权的主要政治力量就自治地方的前途出现两极分化的认识,公民投票因而产生不可逆转的结果,有关国家在国际组织中茕茕孑立,那么单一制多民族国家这一政制模式就难以为继,立刻濒临生死关头"。参见屠凯:《西方单一制多民族国家的未来——进入 21 世纪的英国和西班牙》,载《清华法学》2015 年 4 期,第 142 页。

抹的"污点",分离被纳入可能的选项;反之,如若国家政府强力反击分离主义的这种人为杜撰,对权力下放/分权正本清源,那么它们就能维系国家主权与领土完整。

4.4.2　发生机理之一：权力下放对政党政治的刺激

毋庸讳言,苏格兰公投事件的产生意味着权力下放虽不是分离运动的始作俑者,但权力下放对分离运动却有着间接的推进作用[1]。前面章节已经指出身份认同与更激进分离主义之间没有天然的连带关系。那么,又该如何解释权力下放这种制度与苏格兰等地区更激进分离运动之间的关系呢？本书认为,政党政治是西式民主的重要支撑,而权力下放作为西式民主的一种体现或延伸,无疑会对政党政治产生实质性的影响。具有民族主义色彩的地区性政党如何参与国家政治或超国家政治,以及如何竞争地方政权,全国性政党又如何参与地方选举,继续发挥对地方的影响力,都将制约着权力下放的实践效果以及分离主义的发展。

(1) 权力中心的改变与政党格局的重组

"权力下放"这个词本身就暗含着中心权力的转移[2],这种转移集中在权力由上向下的流动,即地方政府的权力皆来源于中央政府的授予。权力下放有其上限,主要涉及的是与地方治理有关的权力,而不是要将作为整体的主权象征如外交、国防等统统转移。换言之,权力下放不是转移国家的整体性权力,而是转移地方的整体性权力。由于权力下放并非某一领域权力的转移,因而这种整体性权力,可以形成相对于中央的另一个权力中心。多个权力中心的诞生,不只意味着权力的分层性,而且还凸显了权力的分散性。分层性与分散性之间的叠交,同时也增强了权力中心之间的主体性甚或独立性。但西班牙和英国的地方权力中心不像联邦制中地方政府享有那么完整的独立权力,它们的权力依系于中央政府的授予,而且在府际关系的处理上

---

[1] Dawn Brancati, Decentralization: Fuelling or Dampening the Flames of Ethnic Conflict and Secessionism? International Organization, Vol. 60, No. 3, 2006, pp. 651-685.

[2] Ferran Requejo, Political Liberalism in Multinational States: The Legitimacy of Plural and Asymmetrical Federalism, in Multinational Democracies, Alain-G Gagnon and James Tully, eds., Cambridge: Cambridge University Press, 2001, p. 114.

更多的是依赖于中央而不是相反[1]。因此,权力中心的改变更多是从数量上而言的。换句话说,权力中心之间并不是平行关系,它们仍然是等级化的。

权力中心的扩充,增强了政党竞争的激烈程度,也改变了不同层级的政党格局,表现在:作为全国性政党的工党在苏格兰的大选得票率和所占席次近年来都在递减,于2015年出现断崖式下跌,由2010年的41席降为只剩1席;保守党比较特殊,权力下放后其席次长期维持在1席,2017年和2019年两次选举则有"突破性"进展,分别取得13席和6席[2],但跟放权之前相比,仍相差悬殊。这在一定程度上说明权力下放并未让全国性政党恢复传统上的优势,无法与民族主义政党匹敌。工党和保守党在威尔士维持平稳态势,北爱尔兰则没有全国性政党。不难发现,虽然全国性政党在国家政府中的主导地位没有受到挑战,但随着权力下放利好效应的逐渐淡化和制度漏洞的不断增多,其在民族地区的根基遭到了动摇。相比之下,地区性政党则变得日趋强大,不但在大选中攻城略地,而且在地方选举中也是一枝独秀。当前,苏格兰地区政权长期被民族党占据,而2022年北爱尔兰的地区选举,新芬党亦取得历史性突破,成为第一大党,民族主义政党入主权力中心(出任首席部长)只是时间早晚问题。而威尔士仍维持着工党执政,归根于它是三个地区中民族主义势力最弱,同时也是享有权力最小的地方,因而权力下放对该地区政党政治的影响不显著。

权力下放对地区性政党释放的空间比全国性政党大。首先,权力下放前,地方权力由中央政府统辖,地方势力难以干预到中央的地方政策,因为地区性政党很少能在国家选举中获胜。而在权力下放后,地方权力回到地方,且向任何政党开放,这就使得地方势力有机会通过竞选进入地方权力中心。"在权力下放创建民选政府的背景下,它为地区性政党进入政府,并以满足该地区福利与特殊利益而行使权力和管理资源提供了机会"[3]。其次,相较于全国性政党,地区性政党的政策偏好更能满足地方需要。作为一种制度的权力下放,它可能永久性地软化中央政府而增强地方政府的治理价值,因此竞

---

[1] Michael Keating, Intergovernmental Relations and Innovation: From Co-operative to Competitive Welfare Federalism in the UK, British Journal of Politics and International Relations, Vol. 14, No. 2, 2012, p. 223.

[2] 数据是笔者根据英国议会上议院图书馆选举文档的统计结果。

[3] Anwen Elias, Making the Economic Case for Independence: The Scottish National Party's Electoral Strategy in Post-Devolution Scotland, Regional & Federal Studies, Vol. 29, No. 1, 2019, p. 4.

争性政党更倾向于将其视为游戏规则的根本性变革,而不单是为了赢得选举而量身定做的另一种"政策输出"[1]。地区性政党的选举重心从中央移至地方,权力下放削弱了不同政党两两通吃的可能,但却强化了各自占据优势的场域,形成地方和中央权力格局的分隔与固化,造成地方与中央的持续性分立或对立。

(2) 选举制度和多层政府竞争的共振性

权力下放后,地方政权也几乎复制了国家层面的议会制和比例代表制的运作模式,这为政党开辟了另一个政治角逐的场域。那么,在权力下放的框架下,两种制度给政党政治带来了哪些改变?

一是在各级政府中皆催生出多党制。过去,由于名额和选区的限制,地区性政党很难在国家选举中获得议席,尤其是在"一院制"竞争的格局下。如今,地方权力中心的出现,不但为这些地区性政党提供了权力舞台,加上比例选举制度,没有绝对优势大党的存在,也为小党提供了进入(地方)政府的难得环境。目前,在下议院选举中有斩获选票和席次的主要政党已接近十个,其中大部分是地区性政党。与此同时,三个自治区议会也均达到五个及以上政党,苏格兰和威尔士议会的全国性政党皆多于地区性政党,北爱尔兰则全是地区性政党。此外,英国下议院、苏格兰议会、威尔士议会当前均由单一政党执政,北爱尔兰由跨社群政党共同执政,截至2022年底,北爱尔兰地区政府仍处于难产阶段。值得特别指出的是,在三个民族地区中,只有威尔士是由全国性政党执政,其他两个地区则由非全国性政党执政,这似乎逐渐形成了"地方包围中央"之势。由上述可见,权力下放加速了民族主义或地区主义政党的诞生和成长,并在比例代表制的催化下,民族主义政党纷纷在自治区掌权,分离势力也借此得以巩固,全国性政党在地方上的生存空间日渐受限。

二是大党和小党在两级议会中的角色转变。在国家选举中,由于地区性政党一样可以参与竞选,一方面,地方的大党会分食全国性政党在地方选区的选票甚至席次,减少全国性大党总的席次,进而影响到是否可以成为多数党;另一方面,即便是地方的小党没有实质性影响力,无法取得席次,但在某种程度上,它们也有可能分走小部分选票,从而降低其他大党的得票率。换

---

[1] Jason Sorens, The Partisan Logic of Decentralization in Europe, Regional & Federal Studies, Vol. 19, No. 2, 2009, p. 268.

句话说,全国性大党很难在下议院一手主导,在一些问题上它必须取得其他小党的支持,例如"悬浮议会"(Hung Parliament),就需要联合其他政党共同组阁。地方议会则有所不同,民族党在苏格兰的执政根基已日益稳固,而北爱尔兰地区民族主义势力拿下执政权已指日可待,工党在威尔士也占据着绝对优势。客观地说,选举制度的功效在于:国家层面,它让地区性政党能够参与到中央决策中来,以期地区性政党对国家保持最低限度的向心力;地方层面,全国性政党的参与,有利于在最大程度上降低民族主义政党推行激进政策的速度和程度,而且也有利于在议会中表达和捍卫中央的立场,是两级政府间沟通的另一种方式,如苏格兰工党和保守党反对第二次公投等。

三是增大政府内部政党之间的意识形态竞争。比例代表制不仅为小党的生存提供了制度保障,而且还活化了以民族主义或分离主义为底色的意识形态。一方面,两级政府的合法性来源不同使得中央和地方在政策上出现分歧。权力下放与比例代表制的结合,尽管降低了暴力叛乱的可能性,但增加了抗议的可能性[1]。严重的是,一旦中央与地方利益出现冲突,地区性政党倾向于诉诸异质结构,而原本认同双重身份的民众就很有可能倒向地区性政党。不过政党认同与身份认同有时并不是完全同步和契合的。另一方面,当两级政府分属于不同政党的时候,它们之间的对抗可能性也随之升高。一般来说,地方政府皆由民族主义政党执政,而中央政府则均由全国性政党执政,两级政府执政党之间的分殊,势必会造就在意识形态和公共政策上的不同。权力下放带来的变化是,"如果选举在不同地方产生不同的政党政府,传统的共事和非正式承诺将不足以遏制像苏格兰与英国政府之间这样的争端"[2]。

(3) 权力下放改变不同政党的政治策略

权力下放不单表现在权力层面,同时它还牵动着政党选举策略及其政策议程的改变。权力下放和选举制度都促发了相较于以往更加激烈的竞争态势。那么,全国性政党和地区性政党都是如何调整策略以适应这一变化的?

---

[1] Christa Deiwiks, The Curse of Ethno-Federalism? Ethnic Group Regions, Subnational Boundaries and Secessionist Conflict, Paper Presented to the Annual Meeting of the Swiss Political Science Association, Geneva, January 7-8, 2010, p. 3.

[2] Richard Parry, The Home Civil Service after Devolution, The Devolution Policy Papers, No. 6. 2003.

强调政党身份标识上的互异性。全国性政党往往凸显反对地方的极端民族主义政策，因而为争取到地方温和民族主义群体的选票，权力下放作为分离的替代物被推出。虽然权力下放通常难以抑制将来对分离主义者的选举支持，但全国性政党的考虑是它们希望获得并分享地方一级的权力。从某种意义上说，权力下放是政党在选举面临"赢者通吃"困境的一项保险策略[1]。相对地，地区性政党为了与全国性政党竞争，它们必须展现出自身的特殊性，才能吸引选民的注意乃至支持。"民族主义者相对满足于宪法现状，但他们希望有强大的代表能够维护自己的权利，特别是在身份和资源方面的权利"[2]。在异质性社会，作为动员工具的身份认同，可以脱离实际和凌驾于整个社会之上，从而形成规模效应。并且，如果倾向分离的民族主义政党相对强大，那么它们就能够在获得政权的基础上根据宪法所建构的制度资源来重塑或强化地方身份认同，以及动员少数民族围绕着这种身份认同来追求分离[3]。

关注非政治领域的经济问题。出于淡化选举政治色彩的需要，经济问题常常是全国性政党主打的议题，但地区性政党往往会站在它们的对立面，抨击全国性政党经济政策的失败。与社会经济问题相比，选民对历史和传统的关注要少得多，发达民主国家中分离主义政党的成功不是因为它们诉诸原始的过去，而是因为它们能够在政治和经济领域的收益方面展现出独立性或更大自治权。族群认同可能提供一种分离感，但只有被动员起来实现对他们重要的政治和经济目标时，投票者才会认为其与分离相关[4]。因此，民族主义政党擅长于将政治诉求转换成经济叙事，这一策略的优势在于，它能在最大程度上获得选民对民族主义政党的支持，因为选民的潜意识会认为地区性政党更能维护本地区的社会经济利益。苏格兰民族党的发展逻辑表明，要在

---

[1] Jason Sorens, The Partisan Logic of Decentralization in Europe, Regional & Federal Studies, Vol. 19, No. 2, 2009, p. 269.

[2] John Nagle, From Secessionist Mobilization to Sub-State Nationalism? Assessing the Impact of Consociationalism and Devolution on Irish Nationalism in Northern Ireland, Regional & Federal Studies, Vol. 23, No. 4, 2013, p. 474.

[3] Sujit Choudhry and Nathan Hume, Federalism, Devolution and Secession: From Classical to Post-Conflict Federalism, in Tom Comparative Constitutional Law, Ginsburg and Rosalind Dixon, eds., Cheltenham: Edward Elgar Publishing Limited., 2010, p. 371.

[4] Jason Sorens, The Cross-Sectional Determinants of Secessionism in Advanced Democracies, Comparative Political Studies, Vol. 38, No. 3, 2005, p. 307.

"独立"方面取得进展,就必须找到一种替代性的、更相关的方式来为宪法改革提供理由,而经济论点就是它们的不二选择[1]。

全球化治理角色功能定位的分立。随着欧洲一体化的推进,地方参与全球治理的作用日渐显现。一方面,欧洲一体化在某种程度上促进了中央政府内外功能的分解,开启了权力下放的新时代,地方政府拥有越来越多的自主权。但在欧盟坚决反对分离的前提下,民族主义者无论怎样强调自身的主体性和独立性,都无法在欧盟的架构下获得独立主权国家的身份。另一方面,全球化和欧洲一体化加速了民族主义运动的发展。全球化打破了民族主义从事分离运动的制度障碍,全球化带来的权力下放过程导致各自治区拥有越来越多的管辖区域和财政的资源。欧盟一体化使得国家治理的前景黯淡,在民族主义政党看来这是规避所谓"压迫性"国家体系的机会,于是在谋求分离的道路上,它们可以转而求助于欧盟的权力结构,而不是试图影响国家层面的政治变革[2]。简言之,像苏格兰和北爱尔兰演绎的那样,民族主义政党是坚定的亲欧主义者,而全国性政党似乎有意阻止欧盟权力对国家主权的继续侵蚀。

4.4.3 发生机理之二:异质竞争与分离主义的形塑

民族主义政党的加速成长,除了权力下放所提供的宽松环境外,还有异质性给其提供的独一无二的选举资源。围绕着异质性展开的政党竞争,不仅使得全国性政党在绝大多数地区逐渐边缘化,而且也使得地区性政党长期独占执政权。在民族主义政党操弄下,诚如前文所述,自治区民众在权力下放后均产生了更加强烈的自治要求,甚至不排斥"独立"。

(1) 异质性社会与权力下放的内生关系

多民族共存的基础是主体民族/族群与少数民族/族群能够尊重相互间的差异性;而不能很好地共存,是因为它们把差异性极端化,炮制成异质性。差异性是一种客观存在,而异质性是差异性被带入政治场域后强行异化的结

---

[1] Anwen Elias, Making the Economic Case for Independence: The Scottish National Party's Electoral Strategy in Post-Devolution Scotland, Regional & Federal Studies, Vol. 29, No. 1, 2019, p. 19.

[2] David Eichert, Separation Amidst Integration: The Redefining Influence of the European Union on Secessionist Party Policy, Journal of International Organizations Studies, Vol. 7, No. 2, 2016, p. 65.

果。异质性是指那些具有挑战领土现状的潜在后果的现象,主要有被社会组织和领土聚集起来的独特的身份认同、行为、利益和忠诚[1]。可以看出,异质不但是一种群体现象,即单一个人不能构成其依附的主体,而且还是一种主观塑造,诸如血缘、历史、文化、宗教和语言等。英国的分离问题主要是由民族或宗教引起的,西班牙则是由语言群体所导致的。异质性社会是中央政府选择权力下放的前提和基础,如果没有异质性,其不会主动选择放权。异质性程度有强弱之分,强大的异质性往往致使国家分裂。诸多国家都因血缘、文化的不可兼容性,发生族群冲突或战争,乃至走向分离,例如埃塞俄比亚、刚果、前南斯拉夫等。因此,在民主化到来之后,大部分国家都主张借助权力下放来缓解因异质性而引致的社会关系紧张甚或国家动荡不安。

然而,权力下放具有两面性,尽管它可以维护国家统一,但更多的是助长了这种异质性,权力下放无论是在外形还是在内核上都具有保护异质性的成分。许多时候权力下放都被视为避免同质化和经济变革的一种方式[2]。同时,权力下放也恰恰允许政策存在区别甚至竞争,英国的政府间关系体现得尤为明显,比如福利制度领域[3]。当国家能力无法下渗,异质性就会被固化甚至被扩大,而同质性同样被冻结甚至被压缩。分离公投就是在这种背景下引发的。因此,权力下放可能只是暂时有利于安抚地方民众,但无法真正做到减少乃至消除分离主义的隐患。卢斯蒂克等人就指出,权力分享虽然比武力镇压可能更有效,但它也倾向于鼓励更大规模的少数族裔身份认同运动[4]。严重的是,权力下放在异质性地区中会出现悖论,即权力下放的制度疏漏会潜移默化地推进分离运动,但权力回收似乎更会激发分离运动。所以,在已然权力下放的地区,面对分离主义势力的挑衅,英国和西班

---

〔1〕 Hudson Meadwell, The Political Dynamics of Secession and Institutional Accommodation, Regional & Federal Studies, Vol. 19, No. 2, 2009, p. 231.

〔2〕 Andrés Rodríguez-Pose and Nicholas Gill, On the "Economic Dividend" of Devolution, Regional Studies, Vol. 39, No. 4, 2005, pp. 407 - 408.

〔3〕 Michael Keating, Intergovernmental Relations and Innovation: From Co-Operative to Competitive Welfare Federalism in the UK, British Journal of Politics and International Relations, Vol. 14, No. 2, 2012, p. 220.

〔4〕 Ian S. Lustick, Dan Miodownik and Roy J. Eidelson, Secessionism in Multicultural States: Does Sharing Power Prevent or Encourage It? American Political Science Review, Vol. 98, No. 2, 2004, p. 209.

牙中央政府均一再退让,坚持深化放权,正是因为担心如果收回权力不但会促发更激烈的分离运动,而且还会导致在后期的国家治理中被抵触甚至泡沫化。

由此可见,异质性特征较为明显或者异质性群体较大的地区,在权力下放和政党竞争的双重催化下,易存在或明或暗的分离运动。除了本书探讨的英国三个地区外,诸如巴斯克、加泰罗尼亚、魁北克、弗莱芒以及威尼托等其他地区也都有类似征兆。似乎可以说,在异质性社会,权力下放是政治发展的必然产物,而分离主义也是西式民主的必然携带物。一味地放权,无疑会徒增更加极端的异质竞争和分离运动。反对和遏制分离主义的膨胀,需要重新审视这一俨然存在问题的逻辑。也就是说,在异质性社会,应该注重的是如何强化同质性,而不是极化异质性,因为"推动分离的主要离心力来自人口中的异质性群体"[1]。必须承认,权力下放是保护差异性的必要乃至最佳手段,但是,应将相对同质性和极端异质性的社会分开,两种社会的权力下放显然是不一致的。于此之故,异质性社会,需要摒弃不加区分的权力下放的思维,对于如文化、教育等传统下放的权力,以及一刀切的放权模式都应该重置。异质性社会的权力下放不应是一边倒、非此即彼的清单式放权,也不应是地方与中央的泾渭分明的权力区隔,而是应建立起权力之间的相互交织和相互分享的放权理路,从而建构和推动同质性与差异性的平衡发展,它是保障作为保护地方差异与增强国家认同的权力下放的重要基础。

(2) 地区性政党依托异质性的选举动员

事实上,族群分裂的在场和强度可能是民族主义政党存在的根由。苏格兰民族党的案例表明,即便是在那些没有出现族群分裂的情况下,只要有地域认同的替代性资源例如独立国家的历史传统,分离主义的政治活动一样可以被推动[2]。所以,异质性(相对它们来说即是同质性)是民族主义政党的立基之本,它们的所有路线和政策都必定是围绕着强化异质性来展开。"战略决策的出发点经常是一个政党的意识形态原则,其反映了该地区根深蒂固

---

[1] Thierry Madiès, et al., The Economics of Secession: A Review of Legal, Theoretical, and Empirical Aspects, Swiss Journal of Economics and Statistics, Vol. 154, No. 1, 2018, p. 7.

[2] Emanuele Massetti, Explaining Regionalist Party Positioning in a Multidimensional Ideological Space: A Framework for Analysis, Regional and Federal Studies, Vol. 19, No. 4-5, 2009, p. 509.

的分裂,因而各政党在制定选举方案时,都是与它们的核心意识形态承诺相一致的"[1]。然而,不是每个自治区都只有一个民族主义政党,由于比例代表制的塑造,民族主义政党可能遍地开花,政治光谱从左至右,或许都有相对应的政党,但有一个共性是,每个自治区均有一个相对强大的政党,而且可以单独或联合执政,区别仅是它们在分离和统一两极之间的刻度,例如苏格兰民族党、威尔士党、新芬党等就位于支持分离的左侧,而北爱尔兰民族统一党、科西嘉民族党、南蒂罗尔人民党和巴斯克民族党等则处于支持自治的右侧。加泰罗尼亚的民族主义政党比较特殊,它多以选举联盟参与竞选,这意味着民族主义政党分布较为多元,且没有哪一个政党可以单独获得多数选票,但联盟的前提依然是建立在它们基本同质的基础之上。

民族主义政党之所以如此强大,是因为其根植相对于自治区外部的异质性。"在分裂社会中,作为群体性的族群意识与其他群体的竞争构成了整个社会,这有力地推动着沿循群际边界而组织起来的政党的发展"[2]。同时,权力下放对异质性的固化作用,也使得民族主义政党在选举中进行身份动员不仅屡试不爽,而且还无后顾之忧,因此民族主义政党由弱小走向强大,跟权力下放的西式民主制度有着莫大关系。"群体标识确保了差异的永久化,并为少数民族精英提供延续分裂制度的既得利益;其也将拥有加强内部凝聚力的制度工具,从而强化'我们对他们'的意识"[3]。自治区民众支持民族主义政党,主要是因为在全球化和国家权力向下流动的过程中,给他们带来了被同化的紧张甚或恐惧,而民族主义政党刚好可以是他们表达内心不安的倾诉和寄托对象。在这种相互供给的"大众—精英"权力逻辑中,民族主义政党需要满足民众的身份及其利益诉求,因而它必须通过寻找和创造差异与他者,然后通过强调异质性来恢复一种在事实上或想象中备受威胁的身份[4]。由

---

[1] Judith Bara and Albert Weale, Introduction, in Democratic Politics and Party Competition, Judith Bara and Albert Weale, eds., London: Taylor & Francis, 2006, p. 3.

[2] Donald L. Horowitz, Democracy in Divided Societies, Journal of Democracy, Vol. 4, No. 4, 1993, p. 32.

[3] Jan Erk and Lawrence Anderson, The Paradox of Federalism: Does Self-Rule Accommodate or Exacerbate Ethnic Divisions? Regional & Federal Studies, Vol. 19, No. 2, 2009, p. 192.

[4] G. Lemaine, J. Kastersztein, and B. Personnaz, Social Differentiation, in Differentiation Between Social Groups: Studies in the Social Psychology of Intergroup Relations, Henri Tajfel ed., London: Academic Press, 1978, p. 287.

于社会的异质性以及民族地区均处于少数的位置,会使得这种对身份的同质化威胁长期存在,加上民族主义政党自身为呵护政治生命使其也不断强化身份属性,这从另外两个层面建构了地区性政党的异质性逻辑。

但是,支持民族主义政党并非等同于支持分离主义。在英国和西班牙的民族自治区支持分离的民众从未超过一半,绝大多数时期都不及三分之一,在有的地区甚至更低。可以看出,身份认同与支持分离不是等值关系,民众认同地方身份,支持地方政党,并不意味着支持分离,而是希望争取更多的利益和权力。换句话说,身份认同可能是分离运动的一个触发点或驱动力,但不是它的全部叙事,"独立"的经济成本、社会风险都是其关键变量。在已然举行公投的苏格兰和加泰罗尼亚,都不能归根于是民族身份/语言身份所致,在很大程度上是受到了经济危机和财税关系等非核心因素的刺激。质言之,尽管民族主义政党可以利用异质性特征获得选票甚至上台执政,但仅仅凭借异质性要走向分离却是十分艰难。也就是说,异质性特征在政治选举中会比在分离运动中的效用更大,因而在自治区的地方选举中,地区性政党普遍比全国性政党要表现得更好,在国家选举中则恰好相反,原因就在于地区性政党利用异质性制造的竞争乃至冲突,有助于其吸收基本的或更多的选票,而全国性政党基于国家选举的考虑,也不得不迁就民族主义者的要求,在地方政策上模仿其他政党或让步。但是,多层次选举并不否认异质属性在民族运动过程中的根本性作用。

(3) 分离主义对于异质性的滥用与再造

权力下放给分离主义从事"独立"运动创造了制度空间和机会。虽然不是所有的分离主义都是民族主义,但民族主义却是分离主义的主要样态,因而借助民族异质性特征似乎是对分离主张的最好诠释。有学者指出,分离主义成立的要件包括:潜在分离主义群体身份认同与主导群体身份认同的极化或异化,这种身份认同的地域集中具有一定的规模,以及表达这种"异化"身份在社会环境中与其他人的关系存在一定程度的紧张或不和谐[1]。身份认同的异化或极化是分离主义推动"独立"运动最为原初的手段。分离主义基于群体区隔和"独立"建国的指向,它倾向对民族异质性进行极端化操作:一是将所有领域异质化,即在各个层面将"我们"与"他们"完全对立;二是刻

---

[1] Ian S. Lustick, Dan Miodownik and Roy J. Eidelson, Secessionism in Multicultural States: Does Sharing Power Prevent or Encourage It? American Political Science Review, Vol. 98, No. 2, 2004, p. 217.

意增强异质性的程度和烈度,将些微的区别无限放大;三是将异质与"独立"等同起来,认为存在异质就有理由分离。三种进路皆否定了社会异质性(差异性)的合理存在,同时也否定了异质和同质共存一体的本质,显然是对异质性的滥用与再造,这要求它们必须将其置于对抗性的环境中,"民族主义时常被定义为群体身份的对抗性实践"[1]。

落实到具体层面,则是它们需要不断发动以异质性为基础的冲突,冲突的动态性既能增强自我与他者之间的区别[2],同时也能宣泄对其他权力组织的不满。作为对冲突的回应或管理,一些西方学者将分离视为解决种族冲突和暴力问题的答案[3],这是分离主义者不断制造冲突的理论根源。除了利用这一软肋外,分离主义者还善于从现实政治中寻找空隙,权力下放和比例代表制本身就意味着中央政府承认族群异质性,允许和包容由异质性所衍生的冲突。"比例代表制激励政治行动者去强化他们与核心支持群体的纽带,多党制则奖励那些对异质群体具有吸引力的政党"[4]。同样,分离主义不仅会利用与中央政府的既有冲突,而且还会不断制造新的冲突,例如苏格兰在福利教育政策问题上的主张,以及加泰罗尼亚于2005年修改自治法的举动等。因此,在那些谋求分离的地区,它们总是在想方设法地制造冲突,让冲突成为社会和政府间关系的主旋律,以保持分离主义的活力。某种程度上讲,基于异质性的冲突,确实强化着基于异质性的身份认同,更划清了不同质性之间的群己界限,英国的三个自治地区就是如此。从这个角度上看,异质性的滥用与再造对分离主义起到了巩固甚或推进作用。

然而,对异质性的滥用与再造本身也有其限制和困境,分离主义难有实质性进展。其一,权力下放满足了相对温和的民族主义者的诉求,这从自治区内部限缩了分离主义的扩张。权力下放被证明可以改变政治空间的结构性问题,因为所有政党均能利用新的制度机会去采取适当选举战略以期在地

---

[1] Gerry J. Simpson, The Diffusion of Sovereignty: Self-Determination in the Post-Colonial Age, Stanford Journal of International Law, Vol. 32, No. 2, 1996, p. 276.

[2] Yash Ghai and Anthony Regan, Unitary State, Devolution, Autonomy, Secession: State Building and Nation Building in Bougainville, Papua New Guinea, The Commonwealth Journal of International Affairs, Vol. 95, No. 386, 2006, p. 601.

[3] Donald L. Horowitz, The Cracked Foundations of the Right to Secede, Journal of Democracy, Vol. 14, No. 2, 2003, p. 5.

[4] Pippa Norris, Electoral Engineering: Voting Rules and Electoral Behavior, Cambridge: Cambridge University Press, 2004, p. 4.

方选举中实现它们的政策目标[1]。比例代表制纵使有利于分离主义的成长，但其也相对有利于全国性政党及其盟友的发展。政治势力的交织性，在一定程度上可以限制分离主义的行为；选举同时也是动态的，意味着民族主义政党必须经受民意考验。其二，中央政府掌控着国家主权，且控制着地方的财政和经济命脉。一方面，国家宪法赋予中央政府有权采取一切措施制止地方分离主义的任何行为；另一方面，中央政府的财政权和经济权决定着分离主义的生存能力。换句话说，尽管英国、西班牙、法国和意大利等因不同文化和政治传统对分离运动采取的方式并不完全一致，但总体脉络是中央政府均有权力和能力来纠正分离主义对异质性特征的滥用与再造。所以，在权力下放和政党政治的框架下，看似给分离主义搭建了推动"独立"的路径，但制度本身实际上也是其难以逾越的障碍。

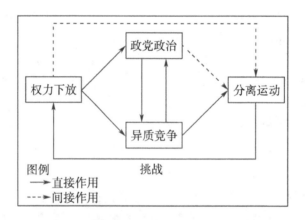

图4-2　权力下放后分离运动的简易发生机理

综上所述，纵然更激进分离运动是民族分离政党操弄的结果，但不得不承认的事实是，权力下放及其制度所营造的宽松环境和制度漏洞及缺失，均为民族主义政党进入权力中心甚或执政提供机会和平台。无论民族主义政党是否支持分离，它们都一样拥有推动更激进分离运动的条件。

---

〔1〕 Anwen Elias and Filippo Tronconi, eds. From Protest to Power: Autonomist Parties and the Challenges of Political Representation, Wienna: Wilhelm Braumuller, 2011.

4.5 本章小结

上一章英国权力下放所呈现出的分离主义运动新现象以及其他国家的类似情况表明，在权力下放与分离主义之间确实存在着一定的联系。它们之间到底是什么关系？本章通过对既有文献的归纳、梳理和分析，总结出两派不同的观点：一派学者认为权力下放缓解了民族分离主义运动，其论点是国家主权和领土完整得到有效维护、族群暴力冲突向非暴力冲突转变、民众对国家身份仍具有较大认同和更大的权力欲望不等于追求"独立"；另一派学者则认为权力下放加剧了民族分离主义运动，其论点是地区民众民族身份认同的凸显、民族主义政党的崛起以及执政、对更大的权力甚或"独立"的追求和分离公投运动在少数地区上演。两派学者为证明自己的观点，均从政治、经济和文化教育等维度给予诸多解释。客观而言，他们的论点和论据皆具有一定的说服力，但为什么会产生近乎迥异的看法呢？这主要归因于他们看待问题的角度和面向不同，以及研究指标和方法的不同。当然，还有少数学者比较保守，仅给出模棱两可的答案。

尽管如此，以上学者的论点和论据均有解释上的局限性，比如将其放置于某个地区可能具有解释力，但放置到另一个地区可能就失去了解释力。如果以是否发生实际的分离主义行为（例如推动分离公投、单方面"独立"等）为标准的话，最明显的解释困境就是权力下放在某些地区相对成功，而在某些地区则又相对失败了。那么，该如何解释权力下放在不同地区实践效果的差异性呢？本书抛开权力下放与分离主义复杂的因果关系，试图仅从制度层面回答更激进分离运动的产生原因，提出较具周延性的解释，即之所以一些地区爆发了更激进的分离运动而另一些地区没有，是因为一方面权力下放的制度设计为所有民族主义政党参与选举和夺取政权提供了机会和平台；另一方面是具有一定选举实力、支持分离的民族主义政党，在异质性结构中不断塑造选民的地区身份认同和地区利益，进而它上台后就能够利用既有的宽松环境和制度漏洞来发起和推进有关分离的立法议案，有的地区甚至出现了强行分离。反之，倘若该地区最大的民族主义政党并不支持分离，或者该地区支持分离的民族主义政党并不强大，同时也没有重大政治和经济危机出现的话，那么更激进分离运动就不易发生，权力下放就是成功的。但这不能否认权力下放在客观上仍为分离主义的延续提供了政治土壤，尽管这是任何一种国家整合方式都定然存在的潜在风险,正如厄尔克(Jan Erk)和安德森(Lawrence Anderson)指出领土自治的悖论那样,自治虽使完全独立不那么有吸引力,但它为民族主义政党提供了制度工具,以推动"独立"公投,并增强选民对集体自治能够发挥作用的信心[1]。权力下放的成功与否在根本上与该地区的民族主义生态相关,下一章将对此相关内容进行讨论。

---

[1] Jan Erk and Lawrence Anderson, The Paradox of Federalism: Does Self-Rule Accommodate or Exacerbate Ethnic Divisions? Regional and Federal Studies, Vol. 19, No. 2, 2009, pp. 191-202.

第 5 章

英国权力下放实践的评价与思考

英国权力下放已逾二十载,根据上一章的内容,从"权力下放缓解了民族分离运动"的论点来看,联合王国的统一确实得到了维护,北爱尔兰地区的暴力恐怖活动也得到有效平息;然而从"权力下放加剧了民族分离运动"的论点来看,苏格兰民族党已牢固地把持着地区政权,且一直沉迷于推动分离公投。由此可见,权力下放治理民族分离问题似乎是利弊参半。如何评价英国的权力下放实践,以及它对英国国内民族分离主义运动的发展有何影响,本章试图对此作一简要分析和回答。

5.1 权力下放之于议会主权的二重性

站在中央政府的立场看,权力下放必定是维护国家主权的重要举措,而对于民族主义者来说,它是挣脱国家框限的重要跳板,其最终指向是实现完全自治或脱离。作为统一与分离之间妥协的产物,权力下放让中央和地方都能以"以退为进"的方式维持现状,但能否长期地保持这种理想状态,从英国的实践中可以发现,权力下放在维护现状的同时,似乎亦凸显了对议会主权的某些伤害。

5.1.1 拒绝放权联邦主义化对议会主权的捍卫

英国中央政府始终秉持权力下放不能联邦化的立场,这是其同意权力下放最为重要的前提。所以,权力下放的制度设计必然蕴含和体现这一根本逻辑。

(1) 保留与下放权力的划分解套主权与自治权的两难

众所周知,英国宪制最突出的特点是"议会主权"。也就是说,一切的权力都来源于议会,议会法就是最高法。英国本土著名宪法学家戴雪曾对"议会主权"作过非常经典的论述,巴力门(Parliament)"可以造法,亦可以毁法。而且四境之内,无一人复无一团体能得到英格兰的法律之承认,使其有权利以撤回或弃置巴力门的立法。是为巴力门主权的原理所有真谛,不能增多亦不能减少"[1]。地方民族主义的自治要求给"议会主权"造成的难题是,国家议会的权力必须被拆解,而且其中一部分会被地区夺走。那么,该如何纾解这种困境?英国的做法是将议会权力一分为二,作出保留权力(国家的权力——主权权力)与下放权力(地区的权力——自治权力)的区分。毫无疑问,保留权力和下放权力都归议会所有,议会在理论上可以随时将其再"合而为一"。同时,需要注意的是,下放权力在本质上是依附于保留权力,如果保留权力荡然无存,那么下放权力也必然不是其原本的模样,自治将无以为继。

因此,"必须切记,权力下放不是联邦制,中央政府握有重要的权力维持它在法律上和政治上的主导地位,并维护整个联合王国的利益。联合王国将继续存在"[2]。英国对议会权力的拆分与联邦制国家对主权的拆分有着本质区别,这里细分如下:

首先,英国议会权力的分解并不是将一部分权力"让渡"给地区,而是"下放"。联邦制国家才存在权力之间的"让渡",并且尤指主权的让渡。换言之,一方面,"让渡"和"下放"的主体不一样,前者为联邦组成单位,后者为中央政府;另一方面,"让渡"和"下放"的内容不同,前者为"主权",后者为"治理权"或"自治权"。

其次,英国的国家议会可收回被下放的权力,且无须征得地区的同意,而联邦制国家的组成单位尽管在理论上也有权收回让渡给联邦政府的主权,但这种收回意味着退出联邦,它必须在征得联邦政府和其他成员单位的同意才可启动相关程序,但可能性几乎为零。当然,联邦政府亦没有权限收回组成单位的权力。

---

[1] [英]戴雪:《英宪精义》,雷宾南 译,北京:中国法制出版社,2017年,第128页。

[2] Michael Burgess, Constitutional Change in the United Kingdom: New Model or Mere Respray, South Texas Law Review, Vol. 40, No. 3, 1999, p. 734.

再次，英国保留权力与下放权力的区分在法律位阶上不同于联邦权力与成员单位权力的区分，前者是垂直关系，不受宪法保护，后者是平等关系，受到宪法保障。

又次，可能有人会疑惑苏格兰在事实上拥有某些与联邦组成单位相类似的"保留"权力，两者之间的区别在哪里？其根本不同就在于苏格兰所谓的"保留"权力是以放弃主权为代价的，并且更多的是"权利"而非"权力"；联邦成员单位的保留权力是其固有的主权（剩余权力），只是数量上的变化，而没有质性上的改变。

最后，保留权力和下放权力的划分是议会主权之下的次类型，都受到议会主权的约束，即议会仍然对下放权力具有最终决定权，但联邦政府与成员单位之间的权限划分是基于人民主权之上的元类型，因而它们在各自领域内均有最终决定权，互相具有拘束力。因此，两种权力的区隔，"在逻辑上不可能侵蚀议会的主权，除非构成一个新的主权国家。联邦主义将是英国利益的灾难，也是宪法的革命性变革"[1]。

保留与下放的划分，使英国权力下放具备更强的灵活性和可操作性，它既能保证国家主权不受到伤害，又能满足地区自治的需要。保留权力在某种程度上可简约为主权权力，当地区治理不能再维持既有主权状态时，那么中央政府就会运用保留权力以捍卫国家的统一与主权完整，就像1972年叫停北爱尔兰自治那样。实际上，两者的界分一方面是给"议会主权"解了套，同时也给民族自治划出上限和红线。只要存在两种权力的划分，分离主义就不可能真正将"自治权力"偷换成"主权权力"。

此外，辅之以权力下放的非对称模式作为两种权力的实践样态，其实也减少了中央政府在主权和自治权方面的压力。倘若对三个民族地区都释放同等的自治权力，至少会造成以下后果：一是中央政府的权力总量会随着地方权力的增多而递减，这无疑是不利于国家能力的下渗；二是由于三个地区的民族主义诉求并不一致，同等的权力下放会导致不平衡心理的加剧并促使不满的地区要求更大的权力；三是在某种程度上或许更能激发民族主义滞后地区的激进诉求[2]。所以，相对于对称的权力下放模式，非对称放权模式更

---

[1] W. J. M. Mackenzie, B. Chapman, Federalism and Regionalism. A Note on the Italian Constitution of 1948, The Modern Law Review, Vol. 14, No. 2, 1951, p. 182.

[2] 英国目前的非对称权力下放似乎亦出现了这三重问题，但这可能是跟其不断向对称性权力下放演变有所关联。

不可能动摇身为国之根本的"议会主权"。

（2）最高法院而非宪法法院的设置对议会主权的匡护

作为英国宪政改革工程的一部分，对最高司法权的改革也是权力下放时代的重要议题，工党1997年上台后便着手推动此事。当时，关于如何改革司法权，著名宪法学家安德鲁教授和资深常任法律贵族宾汉姆勋爵归纳、总结和分析了四种模式：第一种是维持现状，仅进行微幅调整；第二种是将上议院上诉委员会的权力和枢密院司法委员会在权力下放事务上的权力转移至一个拥有独立建制的专门机构——最高法院；第三种是学习欧洲大陆国家的经验，建立一个宪法法院；第四种是参照欧盟的欧洲法院的方式来设立最高法院[1]。最高司法权的改革因触及宪政结构的问题，对于怎么改革，各方发生了激烈的辩论和争吵，最后政府定调明确拒绝欧陆国家的宪法法院模式、联邦制国家的最高法院模式以及欧洲法院模式，因此第二种模式脱颖而出，但它希望新的最高法院的权力不能在既有管辖权的基础上有所扩张，同时也不能在政治角色上有任何新的改革[2]。

不过，权力下放激进支持者对最高法院[3]的设置时常报以诟病的态度，其部分原因是在最高法院作用上的争议：一方面，鉴于对权力下放起源的政治理解可能被作为对特殊的苏格兰宪制传统的表达，不同的法官对演变中宪法秩序的性质和苏格兰议会在其中的位置有着相异的理解，这或许会与占主导地位的英国传统相悖；另一方面，鉴于三个地区权力下放形式多种多样，建立统摄于一体的管辖权力下放问题的司法机构是不可思议的[4]。尽管如此，从维护国家主权的角度考量，最高法院而非宪法法院的设立并不是没有道理。英国一以贯之的宪制原则是"议会主权"，换句话说，任何有可能对"议会主权"构成挑战或威胁的举措都必然被抛诸脑后，弃之不用，因为一旦设置宪法法院或联邦制国家中的最高法院，英国的整个宪政体制和结构都将发生

---

[1] 张玮麟：《法治的黄昏——英国2005年宪法改革法案立法研究》，北京：中国政法大学出版社，2018年，第83-88页。

[2] 张玮麟：《法治的黄昏——英国2005年宪法改革法案立法研究》，北京：中国政法大学出版社，2018年，第116页。

[3] 这里的最高法院着重突出其不具有违宪审查的功能，当然在其他国家拥有违宪审查功能的法院也可能被称为最高法院，而非叫作宪法法院。

[4] Christopher McCorkindale, Aileen McHarg, Paul F Scott, The Courts, Devolution, and Constitutional Review, University of Queensland Law Journal, Vol. 36, No. 2, 2017, pp. 294-295.

天翻地覆的变化,而且也有可能给民族主义势力留下法律上的空隙。

当然,这并不是说英国就没有"违宪审查",而是说英国存在着几种与由宪法法院审理违宪争议不同的独特形式,"英国违宪审查实践中表现出形式多样性,其中包括通过法律解释限定乃至修改议会立法的含义,'不适用'议会立法,或者宣告其抵触人权公约"[1]。例如,在某种程度上,当英国还具有欧盟身份时,其国家行为就受到《欧洲人权公约》等欧盟法的约束。不过,现在英国已经与欧盟脱钩,那么它将不再受到欧盟法以及欧洲法院的约束,"议会主权"很有可能复归"入欧"以前的样态。从权力下放角度上来看,最高法院而非宪法法院的设置,阻止了其继续滑向联邦制的可能。

英国最高法院与其他国家宪法法院的区别体现为:第一,在法律位阶上,最高法院是英国根据普通法设置,其内在逻辑是从属于"议会主权",议会有权中止甚或撤销;而宪法法院一般是依据国家宪法设置,受到宪法的保障,任何机关均无权干涉宪法法院的运作,与立法、行政机构处于同一位阶;第二,从理论上说,最高法院的任何判决都无法推翻国家议会所制定的法律,同时法院的某些裁决将被视为惯例而承袭下来,而宪法法院的裁决(违宪审查)直接对议会的法律形成冲击,既可以肯定,也可以被推翻;第三,诚如前文所述,最高法院在权力下放事务上的仲裁只对自治区构成法律约束,对国家议会的行为则不构成约束力,而宪法法院最主要的功能就是从宪制角度来调解中央与地方的冲突,其判决结果对两者皆有约束力,但在国家主权问题上,从加拿大、西班牙和伊拉克等既有的案例上来看,宪法法院的裁决都是坚定维护国家领土和主权完整。

换句话说,在权力下放问题(devolution issue)上[2],不但最高法院无权针对中央政府的行为作出规范,而且即便是最高法院作出不利于维护国家主权和领土完整的判决,英国议会亦能够叫停有关问题的审查,极端情况下甚至可以直接撤销最高法院。这样,分离主义企图通过司法谋求独立的路径就被封堵。从表 5-1 中可知,英国最高法院(UKSC)受理权力下放的案件数寥

---

[1] 何海波:《没有宪法的违宪审查——英国故事》,载《中国社会科学》2005 年第 2 期,第 122 页;英国违宪审查的研究也可参见童建华:《英国违宪审查》,北京:中国政法大学出版社,2011 年。

[2] 关于最高法院已经审理的几桩权力下放争议诉讼案的讨论可以参考 Chris McCorkindale, Devolution in Scotland and the Supreme Court: A Question of Interpretation? Materiali per una storia della cultura giuridica, Vol. 50, No. 1, 2020, pp. 67-88.

寥无几，除2013—2014年审理4项权力下放问题的案件外，其余年份准许上诉的案件数要么为1，要么为0。而且，按照最高法院上诉程序的规定，任何上诉案件都需要先经过通常由三名法官组成的小组来决定该案件是否准许上诉，即所谓的PTA(permission to appeal)。

如此一来，就在一定程度上抑制了民族主义势力借助司法程序让权力下放上诉案件泛滥的可能。同时，最高法院的判决所依据的法律主要还是议会所制定的法律，而议会所制定的法律定然是以维护国家整体利益为旨趣，所以在有关"脱欧"问题上，尽管苏格兰政府将此上诉到最高法院，但最高法院支持中央政府的立场，理由十分简单，即欧盟事务是保留权力[1]，且《斯威尔公约》仅是对下放事项才具有法律上的约束力。故此，在"独立"公投的问题上，地区和中央都绕过最高法院。截至2020年，苏格兰从未诉诸最高法院以求得有利的法律支援，中央政府亦没有求助最高法院来驳斥苏格兰民族党的行为"违宪"。最高法院对权力下放问题的职能只停留在一般事务范畴，而不会涉及宪制的问题。

表5-1 2009—2020年英国最高法院受理权力下放上诉案件的统计

	年度以及案件数					
	2009—2010	2010—2011	2011—2012	2012—2013	2013—2014	2014—2015
准许上诉	—	—	—	1	4	1
驳回上诉	—	—	—	6	2	3
合计	—	—	—	7	6	4
	2015—2016	2016—2017	2017—2018	2018—2019	2019—2020	合计
准许上诉	0	0	1	0	1	8
驳回上诉	2	5	1	3	5	27
合计	2	5	2	3	6	35

说明：(1) 所有数据均以主题领域(by subject area)作为统计依据；(2) 2009—2012年年度报告并未将权力下放案件单独列出，故缺少数据。

数据来源：笔者根据英国最高法院每年发布的年度报告和统计整理得来，具体可参见官网：https://www.supremecourt.uk/，accessed：2020-11-02。

---

[1] Guy Laforest and Michael Keating, The Future of Federalism and Devolution in Canada and the United Kingdom, in Constitutional Politics and the Territorial Question in Canada and the United Kingdom Federalism and Devolution Compared, Michael Keating and Guy Laforest, eds., Switzerland: Palgrave Macmillan, 2018, pp.183-184.

5.1.2 直接民主的无限延伸对议会主权的侵蚀

为体现权力下放的合法性以及争取少数民族地区的支持,英国中央政府过分借重和依赖于直接民主,进而使得议会主权在无形之中受到了来自直接民主的挑战甚或威胁。

(1) 公民投票的置入及其与议会主权的冲突

在英国,"只有女王陛下的议会才能够改变或解散联盟,公投或影响与英格兰关系的苏格兰政府的任何行动都是越权行为,或者说至多仅是一个咨询"[1]。众所周知,20世纪90年代末的权力下放均是在公民投票同意后实现的。公民投票对于英国来说是一个比较晚生的事物,1970年以前它从未举行过全国性或地方性公投,直到1973年在北爱尔兰关于是否支持继续留在联合王国的问题上才首次使用,而第一次全国性公投则要等到1975年的"是否愿意继续留在欧洲共同体"的公民投票。其后,为争取民意支持,英国政府在权力下放问题上相继使用公民投票。截至目前,英国共举行13次公民投票[2]。虽然这些公投基本上都是咨询性质,对议会主权不造成直接影响,但公投所透露出来的民意,显然对议会这个民意机构形成了挑战,因为议会的立法行为不可能罔顾民意,从而减少立法自主性,进而损伤"议会主权"。正如第1章论及的那样,从历史的演变逻辑来看,英国国家发展的主要矛盾已从近代的"君主"与"议会"之间的矛盾转变为"议会"与"人民"之间的矛盾。在权力下放问题上,这一矛盾得到了充分的凸显。

本来,关于权力下放问题,英国没有任何一个法律规定需要征得公民投票的同意或支持,这完全是由工党政府强行置入的结果,谁料这一做法到头来却变成自缚手脚。1978年已经在议会三读通过的法案,画蛇添足地规定经由公民投票同意后才能施行,但在1979年的公民投票中遭遇当头棒喝,这在某种程度上是"人民主权"对"议会主权"的否决。理论上讲,议会通过的法

---

[1] Timothy William Waters, For Freedom Alone: Secession after the Scottish Referendum, The Journal of Nationalism and Ethnicity. Vol. 44, No. 1, 2016, p.127.

[2] 全国性公投包括:1975年的是否留在欧共体的公投,2011年的是否在议会选举中采用排名选择投票制度(alternative vote system)和2016年的是否留欧或脱欧的公投。地方性公投包括:1973年的北爱尔是否留在联合王国的公投,1979年、1997年分别在苏格兰和威尔士举行的两次权力下放公投,1998年的北爱尔权力下放公投,1998年的是否建立大伦敦政府的公投,2004年在英格兰东北部举行的是否建立地区议会的公投,2011年在威尔士举行的关于进一步放权的公投以及2014年苏格兰地区举行的"独立"公投。

律就是最高法,无论公投结果如何,中央政府都有权执行,但因为公民投票的反对,政府最后不得不撤销法案,工党尴尬下台。无疑,在这次对决中,"议会主权"权威遭到重击。1997年重新执政后,工党不遗余力地将被保守党封存18年的权力下放再次推向前台。工党这一次的做法与1979年略有不同,即倒置"立法在前"还是"公投在前"的次序,同时取消相应的同意门槛。为不重蹈覆辙,工党政府几乎全盘接受苏格兰制宪会议的建议(包括下放一定的所得税率变更权),因而当年公投较为顺利地获得通过,随之于次年出台《苏格兰法》和《威尔士政府法》。

诚然,1998年的《苏格兰法》没有出现像1979年那样被民意否决的难堪局面,但此次公投虽赢得了面子但输掉了里子。其一,由于苏格兰已经通过制宪会议形成新的共识和民意,若要举行公投,显然只能全部吸收才有可能获得通过,否则其结果注定失败。所谓的新共识,近乎由地方力量一手主导,主要诉求是谋求更大自治,中央政府对此没有足够的回旋余地。换句话说,中央政府几乎没有主动作为的空间,只能被动接受,被动接受的后果便是"予求予取"。其二,纵然选择"公投在前"和"立法在后"的路径可以避免"议会主权"被挑战的情况出现,但这一路径致命的后果是营造了凌驾于"议会主权"的另一重更高的民意。也就是说,虽然"直接民主"没有直接否决"议会主权",但在该问题上,"直接民主"却有指导甚或取代"议会主权"之嫌,在本质上仍然是对"议会主权"的伤害,"要宣称公决结果对议会权威丝毫无损,则需要谨慎从事。先例一经出现,党派及其他集团就会不断要求选民们为议会投票结果背书"[1]。其三,放权公投开了宪制改革的先河,它似乎已经在法律上和程序上被当作一种惯例被承袭下来(需要先得到中央政府的授权),往后的权力下放问题或有关地位前途的问题,恐怕都得经过公民投票的同意或批准,例如2011年的威尔士放权公投和2014年的苏格兰"独立"公投。公投惯例无意之中成为对"议会主权"最大的束缚。此外,2000年议会颁布《政党、选举和公投法》对其亦作出法律上的规范。

不难发现,公民投票与权力下放等宪制问题已紧紧捆绑在一起,"重新界定了立法生效的必经程序,重新界定了主权立法机关。实际上是在女王、贵

---

〔1〕 [英]丹尼斯·卡瓦纳:《英国政治文化:公民文化的衰落》,载加布里埃尔·A.阿尔蒙德、西德尼·维巴 编:《重访公民文化》,李国强 等译,北京:东方出版社,2014年,第134页。

族院和平民院之外,又创设了议会第四院,即人民"[1]。不仅如此,公民投票与权力下放或分权的嫁接,似乎也成为西方民主国家的通病,例如西班牙、意大利和伊拉克等国的权力下放/分权,都采行公投的路径,但这些国家在放权之后的国家治理,均出现重大问题;反观像法国、比利时等国,权力下放/分权直接由国家权力机关作出,其后续治理却显得相对平稳。从一定程度上说,公民投票并不是权力下放必要或必需的步骤和程序,它反而有可能导致权力下放更趋复杂化,或导向相反的一端。因此,早在公投诞生之初,就有学者对此持悲观看法,"公投在本质上是消极的,它给社会拒绝立法赠予(gifts)的机会,亦不能增加社会制度化的财富"[2]。公投不是万灵药丹,它仅是解决问题的一种办法,但问题的解决与否跟公投没有必然联系,公投不是目的本身。

(2)"自决权"的给予与国家主权潜在危机

众所周知,由《耶稣受难日协议》带来的和平进程是来之不易和弥足珍贵的,而该协议之所以能够达成是在于承认"自决权"和建立共享政府。1998年《北爱尔兰法》是英国中央政府首次将"自决权"载入法律文本,即第一次在法律上对其承认,影响巨大。在英国看来,给予"自决权"[3]有其特殊的情境性,正如布莱尔所言,"北爱尔究竟应该继续归属英国,还是跟南部统一起来成为爱尔兰共和国的一部分,这是一个历史悠久而且实际上无法调和的争论,我们无法解决这个问题,所以我们不得不寻求一些原则,把这个争议留给将来并实现和平"[4]。不过,本书认为对"自决权"的承认是权力下放最为要命的缺陷,原因在于它可能会在将来某个时刻分解国家主权,进而导致国家解体。

实际上,英国对"自决权"的运用,可以追溯到1973年的北爱尔兰公投,因而1998年的协议和法案无非是在此基础上迈进了一步。但是,给予"自决

---

[1] [英]韦农·波格丹诺:《新英国宪法》,李松锋 译,李树忠 校订,北京:法律出版社,2014年,第367页。

[2] William E. Rappard, The Initiative, Referendum and Recall in Switzerland, The Annals of the American Academy of Political and Social Science, Vol. 43, No. 1, 1912, p.139.

[3] 1998年的《耶稣受难日协议》和《北爱尔兰法》均对"自决权"进行了承认,这里的"自决权"实则是所谓的"分离权"。"自决"是国际法上的概念,主要是指殖民地、自治领和托管地等独立,而北爱尔兰在国际法意义上早就被公认为是联合王国的一部分,故此国际法上的自决不适用于北爱尔兰。为与英国相关的条约和议会法律相对应,本书仍采用"自决权"一词。

[4] [英国]托尼·布莱尔:《旅程:布莱尔回忆录》,李永学、董宇虹、江凌 译,南京:译林出版社,2011年,第159页。

权"的法律承认,产生了以下后果:"自决权"具有某种传导性,鉴于非对称权力下放的特点,没有这一权利的地区可能向拥有这一权利的地区模仿,无论是在法律还是在政治上。1998年《苏格兰法》根本就没有提及"自决权"问题,但2014年9月,在中央政府的授权下,苏格兰地区看似也行使了所谓的"自决权"。换句话说,在苏格兰看来,拥有"自决权"已成为一项社会共识,尽管在自治法中并未对之提及乃至承认,但首次"独立"公投的实践无形之中加强了它们的这种认知。1989年,苏格兰制宪会议发布的一份《权利宣言》开宗明义写道:"我们组成苏格兰制宪会议,谨以此承认苏格兰人民有权决定适合自己需要的政府形式。"所谓的"决定适合自己需要的政府形式"必然暗含着"独立"这一选项。后来,布莱尔在推进权力下放时,隐隐约约地接受了这种观点,因而"苏格兰人民也认为他们享有自决权,并且这种观点可能已经得到英国政府的承认"[1]。

英国中央政府为什么要正式或非正式地承认民族地区的"自决权"?

首先,根本缘由在于联合王国是由四个不同的地区联盟而成,每个王国都是独立的民族,拥有自己独特的历史、语言、文化、宗教和法律制度,这一背景使得联合王国天生就具有"和而求同、和而不同"的双重特性,也即是"统而不一"的社会和政治架构。根据第1章的论述,联盟均是通过联合法案得以实现,既然有联合的"自由",那么似乎也就有退出的"自由",但这不是无条件的,而是需要得到中央政府的同意[2]。

其次,"人民"与"议会"成为社会发展竞争主轴的时代到来,迫使议会不得不多倾听人民的声音,纵然中央政府有着千般不情愿,但在时势面前,"议会"定然会在某种程度上与之妥协,不然,北爱尔兰社会中族群对冲的模式将在其他地区接连上演,"如果各国族与社群试图寻求独立,英国亦有分裂之虞。最终起决定作用的乃是人民的政治意识与身份认同,并非政府的制度与机制——尽管后者的效力亦会对人们的政治态度产生影响"[3]。

最后,英国有着古老的民主和自由传统,是近代民主自由政治的发源地,

---

〔1〕[英]韦农·波格丹诺:《新英国宪法》,李松锋 译,李树忠 校订,北京:法律出版社,2014年,第155页。

〔2〕Coree Brown Swan and Daniel Cetrà, Why Stay Together? State Nationalism and Justifications for State Unity in Spain and the UK, Nationalism and Ethnic Politics, Vol. 26, No. 1, 2020, p. 55.

〔3〕[英]比尔·考克瑟,林顿·罗宾斯,罗伯特·里奇:《当代英国政治》(第四版),孔新峰、蒋鲲 译,北京:北京大学出版社,2009年,第477页。

拒绝人民的选择的自由权是一种"冒天下之大不韪"的危险举措,可能更会招来民众的反感甚至抵制。因此,2020年1月,英国中央政府在处理苏格兰第二次"独立"公投问题上,并没有明明白白地否决其拥有"自决权",而是持一种暧昧不清的立场,拒绝说"你们许诺2014年独立公投是'一代人一次'的权利('once in a generation' vote),既然苏格兰人民已经作出继续与联合王国在一起的明确抉择,那么我们都应该尊重爱丁堡协议的相关规定"[1]。

在上述三重原因的作用下,"自决权"堂而皇之地成为民族主义势力推行"独立"路线的挡箭牌。

可以说,英国中央政府对"自决权"的开放态度直接决定了权力下放的成败。某种意义上说,"自决权"与"权力下放"是两个对立的概念,二者只能取其一,而不能兼得。换言之,在束缚民族主义的同时,就不能继续放纵民族主义,因为权力下放的政治任务是维护与巩固主权,但对"自决权"的开放态度又似乎会让这种努力付之东流。世界上诸多案例已经表明,"自决权"与"权力下放"无法兼容,在这种政治结构下,权力下放极易滑向分离运动,南苏丹的独立就是这一逻辑最为真实和残酷的参照。如今,英国国家主权备受苏格兰"独立"运动和北爱尔兰天主教社群的困扰,与中央政府有意无意给予其"自决权"有着密不可分的联系。

5.1.3 权力下放与国家主权关系的再探讨

澄清权力下放与国家主权之间的关系是规避权力下放偏离正轨的理论前提。从源头上讲,权力下放无疑是维护国家主权的重要举措,但由于每个地区不同的民族主义生态,加上权力下放的不同实践方式,使得权力下放与国家主权的关系被曲解和复杂化。

(1) 民族主义生态决定两者关系的性质

自治(权力下放/分权)是流行于全世界不同国家进行地方治理的一种普遍做法,不带有任何政治色彩和偏见。原初意义上,自治权与主权属于两个不同位阶的概念,是一种共存一体、各司其职的关系,并非一对天生的矛盾体。但是,在英国和西班牙等国,权力下放与国家主权又时隐时现地暴露出

---

[1] 10 Downing Street, Letter from PM Boris Johnson to First Minister Nicola Sturgeon, 14 January 2020, London: UK Government, https://www.gov.uk/government/publications/letter-from-pm-boris-johnson-to-scottish-first-minister-nicola-sturgeon-14-january-2020, accessed: 2020-11-08.

紧张、对立甚或冲突的样貌,不仅民族地区的国家身份遭到弱化,而且还出现像苏格兰和加泰罗尼亚"独立"公投这样匪夷所思的事件。换句话说,在民族结构复杂的国家,权力下放与主权之间已非简单的线性关系,上文所述英国权力下放之于国家主权的两面性,就在更深层次上反映了两者之间的张力。

过去,学者们对于采用权力下放或分权处理民族问题信心满满,加州大学赫切特教授就认为"纵然权力下放因给文化少数民族提供更多的资源来参与集体行动,或许会致使抗议活动的增多,但同时它也可能削弱他们对主权的诉求"[1]。然而,国内民族之间的对立关系依旧残酷,更激进的分离运动在实行自治的地区遍地开花[2],打破自治权与国家主权"和谐共生"的局面。为什么权力下放/分权在民族问题显著的地区会伤及国家主权?这很大程度上是因为民族主义生态决定着两者关系的性质和走向。由于民族主义这个因子的摄入,权力下放与国家主权的关系开始变得异常复杂,甚至在最后导向相互之间的对冲——依托于自治状态的分离运动及其反制行动。

民族主义生态即是一个地区的政治社会结构。民族主义生态形塑了民族主义者对权力下放的认知和定位,倘若民族主义者与中央政府对权力下放的政治认识是错位或迥然有异的,那么权力下放的运转似乎就定然会朝着与中央政府期待相反的方向发展。在苏格兰,民族主义者的核心立场被隐藏在对其授权的概念上,他们仅仅将权力下放视为在赢得议会多数后就可以获得"独立"的一种手段。苏格兰的政治主权属于苏格兰人民或苏格兰议会,而非威斯敏斯特,是苏格兰民族主义者尤其是民族党的根本主张[3]。即便在权力下放后,民族主义者也依然潜藏着这样的思想认知。对许多苏格兰人来说,权力下放"是作为苏格兰人而非英国人,恢复国家主权的象征"[4],因而它们在2007年首次执政后就按捺不住地推动"独立"公投,这其实是有迹可

---

[1] Michael Hechter, Nationalism and Rationality, Studies in Comparative International Development, Vol. 35, No. 1, 2000, p. 10.

[2] 可参见 Matt Qvortrup, The History of Ethno-National Referendums 1791 - 2011, Nationalism and Ethnic Politics, Vol. 18, No. 1, 2012, pp. 129 - 150; Matt Qvortrup, Referendums on Independence, 1860—2011, The Political Quarterly, Vol. 85, No. 1, 2014, pp. 57 - 64.

[3] Geekie Jack, Levy Roger, Devolution and the Tartanisation of the Labour Party, Parliamentary Affairs, Vol. 42, No. 3, 1989, pp. 400 - 401.

[4] Murray Pittock, The Road to Independence? Scotland since the Sixties, London: Reaktion Books, 2008, p. 83.

循的。

同样,在北爱尔兰的天主教社群亦存在类似认知。从1921—1972年的自治实践可以看出,它们从不认为权力下放可以释放或抵消其对新教社群的恐惧,更不可能形成对英国国家(主权)的向心力。1998年的《耶稣受难日协议》之所以能取得成功是基于民族主义这样的心理,"目前占人口45%的天主教徒终将超过50%,并在下个世纪以和平但更具戏剧性的方式改变政治格局。因此,通往爱尔兰最终统一之路不再是空想"[1],北爱尔兰权力下放就是在这种心理认知下实现的。它们将权力下放单单是当作和平进程的一个过渡办法,如果没有所谓的"自决权"作为配套措施,权力下放能否付诸实施恐怕都是疑问。

由此可见,一个国家的中央政府在对某一或某些地区进行权力下放时,不能仅从中央政府的立场去思考和制定政策,而是必须把自治区的民族主义生态对自治权和主权的双重影响考虑在内。诚如埃蒙德·柏克所言,在拟定改革方案时,如果有助于目标实现的某一制度因它的随意性易遭到严重的滥用而背离那些目标,那么就需要对那一权力进行限制[2]。不夸张地说,在那些民族主义发达或分离倾向严重的地区,如无强化主权的顶层设计,权力下放很容易成为民族主义或分离主义的助推器,就如同英国和西班牙在权力下放后所呈现的那般景象。

中央政府不能仅仅局限在自己"握有主权"的迷思之中,否则在面对自治权挑战主权的时候,如果不是像英国那样授权"独立"公投,就会出现像西班牙那样的暴力冲突,"对主权的要求通常会遭到镇压,进而可能导致暴力"[3]。英国尽管有保留权力和最高法院作为应对自治权挑战主权的最后防线,但还远远不够,因为两者都没能遏制住民族分离主义政党在自治区日益壮大的趋势。如此一来,到最后决定自治权与主权之间的关系不再是作为隐性因素的民族主义生态,而是被脱胎于民族主义生态的民族主义政党这个实体所取代。换句话说,自治权对主权的挑战,演变成为民族分离主义政党

---

[1] Michael Burgess, Constitutional Change in the United Kingdom: New Model or Mere Respray, South Texas Law Review, Vol. 40, No. 3, 1999, p.730.

[2] [英]埃蒙德·柏克:《自由与传统》,蒋庆、王瑞昌、王天成 译,南京:译林出版社,2012年,第127页。

[3] Madiès et al., The Economics of Secession: A Review of Legal, Theoretical, and Empirical Aspects, Swiss Journal of Economics and Statistics, Vol. 154, No. 1, 2018, p.13. (Published online 2018 Apr 3)

对主权的挑战。倘若民族主义政党与全国性政党不能在维护国家主权的立场上达成共识,那么权力下放之于国家主权的两面性很有可能沦为纯粹的破坏力。

(2)自治权不等于"自决权"是权力下放的前提

在苏联解体前,85.2%的成文宪法国家的宪法没有涉及自决权,仅14.8%的国家宪法有所涉及[1],且涉及自决权的国家都有其特殊性,比如苏联和南斯拉夫,以给予自决权换取他国的加盟,但这些国家最后不是走向解体,就是战火丛生。可见,绝大部分国家是拒绝涉及"自决权"的,在宪法中涉及"自决权"是将自身置于不稳态之中。防止自治权对主权的蚕食,首先从一开始就应该杜绝将自治权与自决权挂钩,应将"自治权不等于自决权"或"自治权不包含自决权"作为权力下放的前提。可是,民族主义者一般的政治策略是先求自治再求"自决",用自治掩藏"自决",以骗取中央政府的进一步放权。这样一来,在权力下放后期,面对民族主义者将"自治"置换成"自决"的政治行为,中央政府就会略显被动,而采取的主要途径就是政治谈判。英国权力下放的最大无奈是在于它对北爱尔兰给予明确承认的"自决权",以及对苏格兰"自决"主张的默示,这不但增强了它们对中央政府的离心力,而且还令其时常对"自决权"念兹在兹,企图通过这一合法的路径谋求分离。

此外,值得注意的是,英国的保留权力亦仅规定主权(和分离)事项属于中央政府的权限,但至于中央政府如何处理主权(和分离)事项并未在法律上进行明确的说明。换而言之,在对待分离的问题上,可以说是完全取决于中央政府的立场和态度,比如中央政府授权 2014 年苏格兰公投以及拒绝 2020 年第二次公投的请求,就是这一理路的例证。但是,中央政府虽然握有主动权和灵活性,但缺乏法律上对分离事项的硬性规定,这不仅凸显不成文宪法在维护国家主权问题上的软弱无力,而且也给民族主义者留下法律上的裂隙,让他们一直抱有追求分离的幻想。

为什么在现实生活中,对自治权的持有容易滑向对"自决权"的觊觎?从理论上说,自治给人以一种"独立"的观感,"权力下放意味着增强次国家单位的自治权,自治权一般是指不受外部干涉的、拥有自由裁量权的决策能

---

[1] [荷]亨利·范·马尔赛文、格尔·范·德·唐:《成文宪法的比较研究》,陈云生 译,北京:华夏出版社,1987年,第125页。

力"[1]。不受外部干涉易造就不同于其他政府的闭合回路,同时易将原本的等级关系强行移至平等的位阶,从而塑造自治政府不是地方政府的错觉。无论自治政府和中央政府在规模、法定权限和主权方面存在何种差异,"民族党政府的部长们都利用他们作为代表一个独特民族利益的国家政府立场,谋求与中央政府的平等地位"[2]。显然,苏格兰民族党政府已然将自己想象成一个没有主权的"国家政府"。

在他们的思维里,既然是"国家政府",就不能没有主权,而主权的取得就需要"自决",这就是将"自治"与"自决"嫁接的根由所在。从策略上来说,由于民族主义政党在心理上将权力下放视作分离过程缓兵之策的政治认知,"自治"与"自决"可分开处理,但它们均是分离过程必不可少的两个阶段。所以,许多实行自治的地区,当主张分离的民族主义政党取得执政权后,都在大张旗鼓地推行"自决"运动,除苏格兰之外,还有西班牙的加泰罗尼亚、伊拉克的库尔德、塞尔维亚的科索沃以及乌克兰的克里米亚等等。更重要的是,强行举行的单方面分离公投是其主要形态,这俨然是将"自治权"与"自决权"画等号。对民族主义问题严峻的国家来说,不啻国家主权危机之所在。

好像,不论宪法或自治法是否确立"自决权"的存在,"自决权"皆被一心想要从母国分离出去的民族主义者理解成他们所"固有"的权利,将"自决权"绑缚在自治权之上,原初的自治权被弄得面目全非,国家主权受到的威胁越来越大。"自决原则以多种面貌在全世界出现,使其合理地适应于许多不同的情形……尽管权力下放或联邦制会对其起到一定的作用,但它对民族国家主权的挑战并没有消失的征兆"[3]。面对分离主义者把"自治权"当成"自决权"来行使,中央政府如何才能纠正"自治权"与"自决权"被民族主义者错置的现状?固然英国有着自由民主的政治传统,但抱着侥幸心理同意苏格兰举行"独立"公投的做法显然不可取,因为无论公投是否获得通过,在分离问题上中央政府都必定是输家,比如对分离地区进一步放权;相反,民族主义者始终是赢家,一波未平一波又起的公投运动可能持续上演。

---

[1] Robert Leonardi, Rafaella Y. Nanetti, Robert D. Putnam, Devolution as a Political Process: The Case of Italy, Publius: The Journal of Federalism, Vol. 11, No. 1, 1981, p. 97.

[2] Nicola McEwen, Still Better Together? Purpose and Power in Intergovernmental Councils in the UK, Regional & Federal Studies, Vol. 27, No. 5, 2017, p. 675.

[3] Michael J. Kelly, Political Downsizing: The Re-Emergence of Self-Determination, and the Movement Toward Smaller, Ethnically Homogenous States, Drake Law Review, Vol. 47, No. 2, 1999, pp. 276-278.

倒是英国处理北爱尔兰的某些做法值得进一步深究,诸如共享政府架构的设计等,但给予其"自决权"亦有可能是打破平静局面的一颗不定时炸弹。如果把视线拓宽到周边地区,就可以发现不同国家捍卫领土主权的通行做法是在宪法中明确规定国家领土和主权不可分割,同时当自治地区强行脱离母国时,国家政府有权采取一切措施进行制止,譬如:暂停或取消自治地位,由中央政府直接统治或代管;采用军事手段对分离主义予以坚决打击,配之以通过法律渠道将分离主义者绳之以法等。换句话说,当"自决权"取代了"自治权"时,权力下放的基础将不复存在。权力下放的前提是自治权必须在维护国家主权的轨道上有效运行。

5.2　权力下放路径依赖及其发展趋向

英国权力下放的路径依赖体现在:一是权力下放方案的核心要点倚重于任务型委员会的建议;二是将权力下放视作一个持续不断的演变过程;三是始终维持着权力下放的非对称特征。路径依赖的结果是:似乎是委员会主导了权力下放的话语,以及无止境地推动进一步权力下放,此外英格兰的放权理路也从另一面强化着权力下放的非对称特征以及固有的权力下放逻辑。

5.2.1　放权过程的持久性与中央权力的耗损

正如英国前威尔士事务大臣戴维斯(Ron Davis)在1997年发表的名言,权力下放"是一个过程而非一个事件"(a process, not an event)。但是,在放权后,中央政府不再是推动权力下放的主体,也不再具有在苏格兰和威尔士进一步放权政策研拟上的主导权;而北爱尔兰因受到相关协议的限制以及相对成功的共享政府实践,中央政府目前暂无进一步放权的压力。

(1)任务型委员会与放权话语权的旁落

如果说自治法的修订是权力下放付诸实施前的最后一道程序,那么设立任务型委员会及其建议报告就是权力下放修订内容最为原初的来源。从表5-2可知,英国起码成立了十个有关苏格兰和威尔士权力下放事务的委员会,这些委员会均是半独立或独立机构,有的是由中央政府提议设立,有的是由地区议会提议设立,也有些是由政党提议设立,还有些是民间自发组织成立的。不同的发起主体及其不同的政治导向,不仅流露出它们在政策观点上的分野与期待,而且更暴露了它们对权力下放主导权和话语权的争夺。因而,尽管这些委员会都是半独立或独立机构,但它们在权力下放过程中却起着举足轻重甚至不可取代的作用。

权力下放之前,总共成立了三个任务型委员会/会议,道格拉斯-霍姆委员会和基尔布兰登委员会分别由保守党和工党提议成立,它们的政策取向基本一致,即反对联邦制和"独立",建议采行权力下放。不过,由于它们在放权问题上非常谨慎和克制,而又想通过公投赢得支持,最后走向失败。1989年,苏格兰制宪会议应运而生,制宪会议邀请了苏格兰社会各界的人士参加,以广泛吸纳意见。苏格兰工党作为主要的参与者,纵然有其发言权,但失去了权力下放议程辩论的主导权,保守党更是对此敬而远之。对于制宪会议所提出的报告建议,工党似乎只能照单全收,否则就面临二次失败,这从后来布莱尔的谈话中可以得到印证,"《苏格兰宪法公约》的程序已经帮助建立了党派间对变革的共识,而且这种共识正是我们的实施计划的牢固基础"[1]。

1969年到1989年,放权的话语权从全国性政党一手掌握转变成由苏格兰社会共同主导的格局,话语权的旁落意味着中央政府在权力下放问题上很难再有操控局势的机会。作为选举机器的政党,出于抢夺选票的动机,与其反对,倒不如顺应。权力下放之后,设置的委员会数量是权力下放之前的两倍多,而且在报告建议方面亦更加激进,例如2014年成立的史密斯委员会就建议"将议会和政府规定为是被赋予立法权的常设机构,以及有权决定如何选举和运作,并将议会选举投票权降至16—17岁"等,其潜在危害是:下调投票年龄对民族党最为有利,因为年轻人的地域认同较其他年龄段更为强烈;有权决定议会选举和运作对民族党也较有优势,因为它完全可以为自己量身定做一套对其有利的选举制度,且可以最便利的方式通过其所需要的法案;将议会和政府变为常设机构,隐含着即便是苏格兰未来推动单方面"独立",中央政府也无权取消自治,这是在"剥夺"中央政府保留权力。

除此之外,七个委员会中,有五个委员会都是由地区议会/地区政党/事务大臣牵头成立,再加上一个由卡梅伦政府为兑现承诺而被动设立的史密斯委员会,这六个委员会都与进一步放权不可分割。只有麦凯委员会是为解决"西洛锡安问题"而设立的机构,但这不涉及权力下放本身的内容,而是解决

---

[1] [英]托尼·布莱尔:《新英国——我对一个年轻国家的展望》,曹振寰 等译,北京:世界知识出版社,1998年,第316页。

如何让英格兰(或英格兰和威尔士)在下议院既有的投票机制下更好地保护本地区的利益。可以说,权力下放之后,地区力量完全占领了权力下放进程中的高地,将主导权和话语权统统拿走,"一旦这种权力去中心化情形产生之后,地方和区域政府将会以为民牟利之名争取主导权,并且投身于回应全球系统的发展性策略,最后将与自己的国家产生竞争性"[1]。相对地,全国性政党在地区倒逼中央的攻势下,对这些委员会报告建议虽不是有求必应,但基于多种政治考量,也会有选择性地承受。不难看出,权力下放后的二十余年,中央政府在由上而下和由下而上两股力量构成的角逐和博弈结构中,因其有意或无意的退守而快速丧失本该具有的优势,结果是把权力下放推向永无止境的旅途,而且还偶尔伴随着零星的政治地震,如2014年的苏格兰"独立"公投。要想权力下放不背离初衷,中央政府必须牢牢掌握其主导权和话语权,不然进退失据的困境将带来保留权力陆续流失的悲剧。

表5-2 英国主要的放权委员会及其报告的核心建议

成立时间	名称	针对放权的主要建议
权力下放之前		
1968年	道格拉斯-霍姆委员会(Douglas-Home Constitutional Committee)	该委员会权衡了在全国范围内广泛讨论的分离主义和联邦制的论据后,拒绝了苏格兰繁荣取决于与现有英国宪法断开联系的论点。相反,它提议设立苏格兰议会或国民大会,由大约125名选举产生的带薪议员组成
1969年	基尔布兰登委员会(The Kilbrandon Commission)	该委员会对各式各样的权力下放、联邦制和邦联制以及独立的前景进行了研究。最后一份呈交给保守党希思政府的报告拒绝了独立或联邦制的选择,支持权力下放,即成立由选举产生的苏格兰和威尔士议会
1989年	苏格兰制宪会议(The Scottish Constitutional Convention)	主要观点包括:提出了三种议会模式——一种是成立由直接选举产生、行使苏格兰事务部职能(或许包括经济和税率)的议会,一种是在英国联邦内,成立由直接选举产生并优先于威尔士和英格兰区域大会的议会,一种是完全独立的苏格兰议会。选举采用比例代表制。在欧盟驻地布鲁塞尔设立代表办公室等等

---

[1] [美]曼纽尔·卡斯特:《认同的力量》,夏铸九、黄丽玲 等译,北京:社会科学文献出版社,2003年,第313页。

续表

成立时间	名称	针对放权的主要建议
权力下放之后		
2002年	理查德委员会(The Richard Commission)	主要建议是将立法权下放给威尔士,包括:在中央政府和议会同意的情况下,尽可能扩大授权的路径;如果具有立法权的议会被建立,那么税收变更权也是可取的,但不是必要的;议会成员应增至80人,如果当前的选举制度无法维持增加到80人,最好的选择是实行STV制度;应将立法和行政分开设立;如果可行,至少应该在2011年之前实施
2007年	卡尔曼委员会(The Calman Commission)	2009年发布最终建议报告,其主要内容集中在税收和借贷方面。建议苏格兰议会增强对某些税收的控制,但反对完全财政自主权。另外,建议加强中央政府与地区政府之间的联系,成立常设联合联络委员会,以及考虑成立针对具体问题的联合委员会等
2010年	霍尔瑟姆委员会(The Holtham Commission)	报告主要针对的是财政金融方面:建议议会应获得变更所得税税率的有限权力;研究公司税下放的可能性;改革房屋税,等等
2011年	西尔克委员会(The Silk Commission)	2012年的报告聚焦财政权力,赋予苏格兰政府筹集大约四分之一预算的责任。2018年征税权的下放将从印花税等较小税种开始,到2020年,威尔士政府有权在公投后取得变更所得税的权力。2014年的报告建议:增加议会成员的数量,增加能源项目、交通、治安等方面的权力,并建议采行苏格兰式的"保留权力"模式
2012年	麦凯委员会(The McKay Commission)	2013年的报告主要针对的是"西洛锡安问题",它首先承认了人们对现状的不满,建议下议院只有在获得英格兰(或英格兰和威尔士)多数议员的同意下才可以作出对英格兰(或英格兰和威尔士)有单独和不同影响的决定,这一原则应更加清晰,并应用到下议院的程序中去
2014年	史密斯委员会(The Smith Commission)	建议苏格兰议会完全有权制定所得税税率(个人津贴和行政管理除外),增加议会借贷权力,增加在福利领域的自由裁量权;规定议会和政府是被赋予立法权的常设机构,有权决定如何选举和运作,将地区议会选举投票权降至16—17岁等等
2017年	威尔士司法委员会(The Commission on Justice in Wales)	2019年的报告建议:将司法权下放给威尔士议会,议会有权就一切形式的司法[包括治安、罪犯管理和"改造"(rehabilitation)]进行立法,使之与北爱尔兰和苏格兰议会的权力一致;在下放司法权力的同时,必须下放充分的财政资源,包括与威尔士有关的所有可确认的行政和资本资源

资料来源:笔者根据相关文献整理而成。

(2) 自治法的多次修订及其进一步放权

1998年至今,对权力的继续下放似乎从未停下脚步,单从自治法的修订次数就能够看出权力下放不再可能回到原点。根据附录可以发现,如果从1978年算起,自治法在苏格兰先后经历了三次修改;在威尔士经历四次;北爱尔兰比较特殊,但在1998年放权后也修改了三次,其中一次为暂停权力下放,一次为恢复权力下放,并不是真正意义上对自治法内容的修改。三个自治法的修订体现了两条不同的进路:

1998年的《苏格兰法》和《北爱尔兰法》涉及授权内容的修改最多,《苏格兰法》达30条,《北爱尔兰法》达36条。正因为涉及授权的事项众多,且都是实质性放权,1998年两部自治法的版本基本上彰显了两个地区权力下放的基调和涵括了应有的大部分内容,故而其后的修改都是小修小补。2012年和2016年对于《苏格兰法》的修订,不仅牵涉的授权款项很少,而且内容大多是与税收、信贷和自然资源开采等相关,几无涉及立法权力。2009年的《北爱尔兰法》,完全不涉及对1998年版本的增修,其仅是就北爱尔兰的治安和司法作出规定的法令。

《威尔士法》的演变路径与《苏格兰法》和《北爱尔兰法》不同。由于1998年威尔士放权的性质是行政权力的下放,故较1978年的版本,只有18处变动的地方;但在2006年却迎来转折点,该年的版本是力图将威尔士放权在性质上进行改变,即从行政的权力下放转向立法的权力下放,因此涉及放权的条款较多,达69条,而且内容大多数是涉及立法权力、国际义务、国际关系、法令公投和双语立法等问题。2014年和2017年的版本与《苏格兰法》后期的修订内容相差不大,均是涉及税收和资源的事项。立法权力下放之后的修订,对中央政府的内在伤害不亚于前者,"中央对地区的控制主要是通过分配资金和掌控大多数税收来维持的,但其对将更大的权力下放到所有地区一直倍感压力"[1]。

从自治法的修订中,可以发现一些特点:① 在同一性质的维度上,权力由小到大的转变通常发生在第一次修订,涉及的条款最多,起着决定性作用,其后修订的范畴和强度都在逐渐递减,但不意味着不重要;② 在不同性质的维度上,从行政放权到立法放权的转变,涉及的条款最多,并且也起着一锤定

---

[1] Janice Morphet & Ben Clifford, Policy Convergence, Divergence and Communities: The Case of Spatial Planning in Post-Devolution Britain and Ireland, Planning, Practice & Research, Vol. 29, No. 5, 2014, p. 510.

音的效果,其后修订的范畴和强度遵循其他自治法演变的规律;③ 自治法修订的动机各不相同,《苏格兰法》的修订很大程度上是迫于民族主义势力在该地区的崛起,修法是中央政府换取信任的一种方式,而威尔士的修法在很大程度上是出于心理不平衡而产生的模仿,虽然动机不同,但结果一致;④ 受制于《贝尔法斯特协议》和共享政府架构的约束,《北爱尔兰法》几乎没有可以增修的空间,在本质上属于一次性放权,但也相对更加稳定;⑤ 通过多次的自治法修订,三个自治区的放权已然不存在质性和位阶上的差异,而仅仅是有着程度和范围的不同。也就是说,在三个自治区,英国的权力下放实现了由非对称状态向对称性发展的转变。但只要英格兰的权力下放没有取得进展,在联合王国内部,英国的权力下放仍旧是非对称的模式。

不难看出,通过自治法的多次翻修,自治区议会的实际权力在随着修订的增多而增大,相对地,中央政府的权力则随着修订的增多而减少。而最大的潜在危险或威胁是,民族主义发达的苏格兰地区已取得相当大的立法权力和相对多的税收权力,在两种自主权力的交织下,谋求"独立"的野心恐会进一步成长,因为它们既能在全域推行具有苏格兰特色的立法,同时也能通过税收和石油开发等权利,缓解经济上的焦虑。中央政府"一边倒"和"只给不取"的放权思维或终会将自己带入国家治理的险境。

(3) 作为例外的北爱尔兰模式仅具有部分可借鉴性

相比于苏格兰愈演愈烈的分离运动,北爱尔兰的权力下放运行得似乎更加良好与平稳,尽管前期因为武装问题有过短暂停摆,以及因为人事问题而无法继续运转,但这属于共享政府架构本身固有的特点,社会内部总体上还是向前发展的。更重要的是它打破了苏格兰和威尔士在权力下放过程中不断跃进的"规律"。那么,北爱尔兰模式是否具有可复制性或移植性?本书认为其具有部分可复制性,但又具有部分不可复制性。

其具有不可复制性的原因是:其一,北爱尔兰是一个由跨界族群组成的宗教社会,其人口结构是新教徒略多于天主教徒,也就是说支持继续留在英国的民众多于支持与爱尔兰联合的民众。虽然其他国家的民族问题亦存在跨界的特征,但在人口基数上一般都是一方压倒另一方。其二,北爱尔兰不是主张"独立"的问题,而是要不要继续留在英国(或是否要与爱尔兰统一)的问题。倘若主张"独立",可能英国是否同意签署《贝尔法斯特协议》又得另当别论,因为"独立"与其他选项是不同质的问题,而其他国家的民族问题大多是以独立建国为指向(克里米亚除外)。其三,北爱尔兰的权力下放有国际条约——《贝尔法斯特协议》——作为外在保障,但用国际条约规范国内问题的案例实属少有,并且在绝大多数情况下都是不可取的。即便是在英国,引入国际因素解决北爱尔兰和平问题也是到最后不得已而为之的办法。其四,英国作为昔日的世界帝国,在社会经济层面比爱尔兰更加富足,这在一定程度上有利于扩大吸引持中间立场的民众,维持现状是首选。其他国家的一些民族分离地区要么本身就比较富裕,要么发展十分滞后,但都试图通过"独立"来改变现状。

由此可见,只有在两大社群人口基数大致相当,支持统一的一方略强于支持分离的一方时,并且在必须解除反对派武装的情况下,才较适宜建构共享政府的治理模式。北爱尔兰模式的可取之处在于:① 共享政府建构只能是在地区层面,不宜在国家层面;② 由于共享政府制度设计固有的弱点,权力下放与直接统治是相互接续的关系,也就是说中央政府必须要做好随时接管和随时重启的准备,摒弃泾渭分明的放权思维;③ 尽量不要给予"自决权",因为从已给予自决权并在国家层面分享政权的国家情况来看,它们都走向了失败,譬如原苏丹、前拉斯拉夫加盟共和国、埃塞俄比亚和伊拉克等等。

5.2.2 英格兰放权问题对非对称特征的固化

英国权力下放最大的特点是它的非对称性,从导言中我们知道选择非对称性放权模式的原因以及它体现在哪些方面。随着苏格兰、威尔士和北爱尔兰的权力差异逐渐缩小,迟迟未决的英格兰权力下放成为非对称特征的决定性因素,而如今独树一帜的行政权力下放又将非对称性模式推得更远。

(1) 英格兰放权的两种进路选择及其批判

作为权力下放尾声的"英格兰问题",从一开始就陷入各种观点和立场相互拉锯的循环之中。"英格兰问题"无疑是英国权力下放过程中一个剪不断理还乱的结。全国性政党虽然对其达成过一定的共识,但在具体的操作问题上又存在较大差异。

保守党对英格兰权力下放问题一向不像工党那么热衷,可仍保持着对该问题的发言权。早在1978年,时任苏格兰事务部首席发言人的里夫金德(Malcolm Rifkind)就认为如果将威斯敏斯特转变为苏格兰和威尔士的帝国议会,同时保留它作为英格兰的议会,其后果是不堪设想的灾难,他建议在英格兰也建立与苏格兰(法案改进后)相媲美的议会[1]。里夫金德后来接连担任过保守党政府的苏格兰事务大臣、国防大臣和外交大臣等职务。

众所周知,英格兰的权力下放本身就是工党推行宪政改革的一部分,它决心要将权力下放推展到英格兰地区是基于两方面考虑:一方面某种形式的地区政府会让政治权力的分配更加对称;另一方面英格兰与英国一样,在经济表现上存在着明显的地域差异,而地区政府则可以为促进贫困地区的经济复兴做出贡献[2]。换句话说,在某种意义上,保守党主张的是建立英格兰议会,而工党则倾向于建立多个地区议会。但两种方案均遭到来自党内和外部的抵制。

为什么英格兰权力下放会招致如此多的反弹?其一,担心英格兰的权力下放破坏英国的国家结构和主权原则。如果英格兰地区同意权力下放,那么权力下放就很可能是对称性的,对称性意味着英国在某种程度上将走向联邦化,因为成文宪法、宪法法院和类似于联邦议院的基本元素都有可能被提上日程,而这些建制对议会主权原则的伤害是无可避免。其二,两种方案均脱离英格兰的实际情况。"英格兰作为一个整体应该如何参与权力下放的争论,忽略了它在文化、社会和经济财富方面的区域分裂,'南北鸿沟'的话语就强调了这种失衡"[3]。大伦敦当局和东北部与其他按兵不动地区对权力下放态度的鲜明对比就是各种分歧的一个缩影。其三,英格兰各个地区不存在像苏格兰和威尔士那样强烈的地域认同,尚不具有建立地区或英格兰议会的基础。除东北部有着明显的边界意识外,在中东部几乎没有任何的区域特性,广大的西南部亦缺乏一种强烈一致的区域意识[4]。反倒是,正因为英格兰社会的统一性和同质性,其才成为维护联合王国最重要的支柱。

基于这些错综复杂的因素,尽管工党和保守党对英格兰权力下放均已

---

[1] John Kerr, The Failure of the Scotland and Wales Bill: No Will, No Way, in Scottish Government Yearbook 1978, Henry M. Drucker, Michael G. Clarke, eds., Edinburgh: Paul Harris Publishing, 1978, pp. 117 – 118.

[2] John Tomaney, Reshaping the English Regions, in The State of the Nations 2001, Alan Trench ed., Exeter: Imprint Academic, 2001.

[3] Kevin Morgan, English Question: Regional Perspectives on a Fractured Nation, Regional Studies, Vol. 36, No. 7, 2002, p. 797.

[4] David North, Stephen Syrett and David Etherington, Devolution and Regional Governance: Tackling the Economic Needs of Deprived Areas, York: York Publishing Services Ltd, 2007, p. 16.

描绘出宏图,但在实际行动方面却显得过于无力。"各届政府一直认为不应该放权给它,不能因为已经放权给苏格兰和威尔士,就要求英格兰违背自己的意志接受权力下放。将权力下放给英格兰,非但不能缓和对苏格兰和威尔士的怨恨,反而会加剧这种情绪"[1]。故此,英格兰的权力下放被搁置至今。

(2) 英格兰民众对待权力下放的政治心理

"倘若公投的使用对苏格兰、威尔士和北爱尔兰在政治上来说是正确的,那么对英格兰人来说舍弃公投将是越来越不可接受的"[2]。换句话说,无论在英格兰采取哪种放权模式,都必须经过公投,否则将是违背民意之举。而公投的通过与否又跟民众是否支持权力下放有着相当大的关联。根据前面章节的行文逻辑,体现权力下放态度的心理认知可以映射在身份认同和宪制偏好两个层面。那么,英格兰的身份认同和宪制偏好如何?

如表5-3所示,在排他性的身份认同中,英国人认同始终高于或等于英格兰人认同,这是与苏格兰、威尔士和北爱尔兰三个地区最大的不同之处。不难看出,在英格兰民众的身份认知里,英格兰可以与英国画等号。既然两种身份在很大程度上是重叠的,或者说国家认同盖过地区认同,自然地就能够推出在既有的制度下没有必要再发展出另一套制度。"联合一千年来,英格兰基层发现被分割的想法是奇谈怪论,特别是如果这种分割最终是为了某种空洞的联邦安排,其必然会制造出无限多的问题"[3]。

然而,也不能忽略一种趋势,即英格兰人的地区认同在权力下放后呈现缓慢上升的趋势,1992到2012年,增幅达12个百分点;而国家认同却大幅滑落,1992到2012年,跌幅达20个百分点。这说明,尽管英格兰人自己不喜欢权力下放,但随着其他地区权力下放的推进,这种外在环境的变迁对自己的身份认同乃至宪制偏好都有着或多或少的间接作用。

---

[1] Vernon Bogdanor, Devolution: Decentralisation or Disintegration? The Political Quarterly, Vol. 70, No. 2, 1999, p. 191.

[2] Michael Burgess, Constitutional Change in the United Kingdom: New Model or Mere Respray, South Texas Law Review, Vol. 40, No. 3, 1999, p. 732.

[3] Michael Fry, Review: Devolution in the UK, Scottish Affairs, Vol. 72, No. 1, 2010, p. 85.

表 5-3 英格兰民众的排他性身份认同(1992—2012 年)

	调查年度及比率(%)								
	1992	1996	1997	1998	1999	2000	2001	2002	2003
英格兰人	31	34	33	37	44	41	43	37	38
英国人	63	58	55	51	44	47	44	51	48
	2004	2005	2006	2007	2008	2009	2010	2011	2012
英格兰人	38	40	47	39	41	41	34	42	43
英国人	51	48	39	47	45	46	52	43	43

数据来源:British Social Attitudes 30, p. 34.

英格兰身份认同是否会影响民众的宪制偏好?从表 5-4 中可知,继续保持威斯敏斯特统治长期是英格兰地区的主流民意,占五成以上,建立英格兰议会和地区议会均仅维持在两成左右。宪制偏好没有跟身份认同同步变动。英格兰身份认同和宪制偏好间的联系,再一次印证波格丹诺的论断,"英格兰一直反对联邦制,但至少在 20 世纪也反对联合王国中非英格兰地区的整合,而是偏爱一种间接统治体制,允许联合王国中的非英格兰地区保留本地固有的制度"[1]。也就是说,其他三个地区在实行权力下放后,并没有撼动英格兰地区固有的宪制认同。同时亦又一次佐证了本书的观点,即身份认同与宪制偏好之间没有必然联系,只有在异质社会和政党政治的双重催化下,才会发生"化学反应"。

不过,英格兰民众对地区议会或英格兰议会的排斥,对全国的权力下放有着一些负面后果。一方面,它会加剧既有的非对称权力下放的格局,"苏格兰和威尔士倾向于获得更大自治权,而英格兰则倾向于更大的中央集权和废除地区性机构"[2],奔向两个极端的治理模式会进一步极化地区之间的疏离感,甚至有可能从反面分裂国家;另一方面,它会加剧英格兰地区的矛盾乃至抱怨心态,"他们既不想要英格兰议会,又不想要'英人治英'(English votes

---

[1] [英]韦农·波格丹诺:《新英国宪法》,李松锋 译,李树忠 校订,北京:法律出版社,2014 年,第 129 页。

[2] Danny Mackinnon, Devolution, State Restructuring and Policy Divergence in the UK, The Geographical Journal, Vol. 181, No. 1, 2015, p. 54.

for English laws)"[1],"西洛锡安问题"只会无解,而由此引发的问题也会愈加增多。"西洛锡安问题"恐沦为英格兰发泄对权力下放不满的缺口。

表5-4 英格兰民众的宪制偏好(1999—2015年)

调查主题：你认为下列哪种方式对英格兰最好？	调查年度及占比(%)							
	1999	2000	2001	2002	2003	2004	2005	2006
英国议会	62	54	57	56	50	53	54	54
地区议会	15	18	23	20	26	21	20	18
英格兰议会	18	19	16	17	18	21	18	21
	2007	2008	2009	2010	2011	2012	2013	2015
英国议会	57	51	49	53	56	56	56	51
地区议会	14	15	15	13	12	15	15	22
英格兰议会	17	26	29	23	25	22	19	19

数据来源：1999—2012年的数据来源于British Social Attitudes 30,2013—2015年的数据来源于British Social Attitudes 33。

(3) 英格兰权力下放在冷却后的重启之路

在地区身份认同和宪制偏好均不占优的情况下,强行推动权力下放的后果不言而喻。2004年11月4日,东北部的放权公投遭到无情的封杀后,对英格兰权力下放的讨论戛然而止。可是,"英格兰问题"是英国权力下放工程的一个顽疾,既不容易抛开,也不容易解决。2011年3月,威尔士公投通过立法权力下放,同年苏格兰民族党在地区议会选举中大获全胜,使得三个自治区的权力下放逐渐引起英格兰地区的不满,英格兰权力下放问题又一次回到公众视野。随着民族运动在苏格兰的风起云涌以及2014年9月"独立"公投的逼近,更是激发了英格兰民众对苏格兰权力下放的不悦,致使中央政府不得不将英格兰权力下放再次拾起。

2011年11月颁布的《地方主义法》(Localism Act 2011),2012年2月成立的麦凯委员会均是回应这种不满的举措。2014年6月30日,下议院社区和地方政府委员会发布《英格兰的权力下放：以地方政府为例》的报告,其主要结论是应允许英格兰的地方社区对其所在区域的资金筹集和支出拥有更

---

[1] Robert Hazell, The English Question, Publius: The Journal of Federalism, Vol. 36 No. 1, 2006, p. 53.

大的控制权[1]。该年公投结束之后的12月，内阁办公室紧接着又发表《权力下放对英格兰的影响》，但该报告仅强调当时联合政府双方在英格兰未来治理问题上的分歧[2]。2016年1月，保守党政府出台《城市和地方政府权力下放法》(Cities and Local Government Devolution Act)，对地方政府进一步释放权力。2018年12月，针对英国"脱欧"后的新形势，上议院公布了强化《英格兰的民主责任和权力下放》的简报(Briefing Democratic Accountability and Devolution in England)，建议政府尽早公布《英格兰权力下放法案》，以便在英格兰所有地区推行除市长模式以外的权力下放，加强各个地区的社区都有平等的权力来控制影响他们生活的关键决策[3]。

可以看出，2011年以来，中央政府对英格兰权力下放道路仍旧处在不断探索的阶段，但权力下放的主体主要指涉的是地方政府和社区，且大都是行政权力下放的范畴，而非地区议会或英格兰议会的层面。换句话说，中央政府对英格兰立法权力下放退避三舍，既无意去碰触建立地区议会或英格兰议会这根敏感神经，也无意从这个向度对立法权力下放另辟蹊径。因为英格兰民众几乎明确表示拒绝苏格兰和威尔士模式的权力下放，所以如今的英格兰权力下放，只能选择"第三条道路"，即在既有地方政府架构基础上进行以行政为主的权力下放。可是，如果英格兰在"第三条道路"上越走越远，那么它与其他三个自治区的放权理路也就会渐行渐远。英国的权力下放可能以非对称的永久形式努力保持对议会主权的坚守，但民族主义也有可能以非对称的固态特征持续挑战议会主权的底线。英格兰的权力下放看似无关全局，实则攸关全局，它或许是束缚分离主义的制度建构的最后一块拼图，也或许是国家开始破裂的第一块碎片，既被人忌惮，又被人抵制。

---

[1] House of Commons Communities and Local Government, Devolution in England: The Case for Local government, First Report of Session 2014-15, HC 503, London: The Stationery Office Limited, 30 June 2014.

[2] Cabinet Office, The Implications of Devolution for England, Cmnd 8969, London: Majesty's Stationery Office, December 2014.

[3] Local Government Association: Briefing Democratic Accountability and Devolution in England, House of Lords, 13 December 2018, pp. 1-3. https://www.local.gov.uk/parliament/briefings-and-responses/lga-briefing-democratic-accountability-and-devolution-england, accessed: 2020-11-20.

5.3 权力下放具体运作中呈现的问题

权力下放在实施过程中引发的治理问题和某些制度建构的缺失对有效遏制分离主义运动的发展起着阻碍作用。治理中的分歧和摩擦可能让一些非政治范畴的问题政治化,也可能让一些微小的问题扩大化;而有关制度的缺失则让民族主义势力在推动分离的活动中得心应手、有恃无恐。

5.3.1 权力下放的治理问题放大政治分歧

基于放权改革的非对称性,权力下放带来的首要问题是不同地区在下议院的代表权争论,其次是政府间非正式制度对中央与地方关系的弱化,再次是地区民众的政策偏好致使政策矛盾的凸显,这三个方面均有意无意地增强了中央与地区之间的疏离感,为民族主义势力推动分离提供了借口和原料。

(1) 过度代表权及其在两个层次上的投射

客观上讲,任何国家的行政区划在地理边界、人口数量和经济水平等方面都不可能达到相对均质的理想状态。英国的特殊性在于,英格兰在这三个方面都占据绝对优势,以致长期以来苏格兰、威尔士和北爱尔兰的身份和利益都被淹没在它的光环之下,甚至对外部他者而言,将英格兰等同于联合王国也被当成习以为常。本来这一切看似风平浪静,但因民族主义势力崛起而开启的权力下放进程,却将平静的湖水激起一层层波澜。

1977年提出的"西洛锡安问题"就是这一石激起千层浪中的一个缩影。该命题由权力下放反对者、西洛锡安选区议员塔姆·戴利埃尔(Tam Dalyell)提出,表现在两个层面:其一,各地区在国家议会中代表权的不对称,三个民族自治区均有过度代表权的问题,例如,假若与英格兰保持相同代表比例,威尔士只能有33名议员,而现实是它却能拥有40名议员;其二,权力下放后,苏格兰、威尔士和北爱尔兰许多地方性事务都转移到地区议会,但英格兰的事务仍在国家议会的议程中,于是就造成三个自治地区的国会议员可以就英格兰事务进行投票,英格兰的国会议员却不能就三个自治地区的事务进行投票的尴尬境地[1]。目前,苏格兰的国会席次已从2001年的71席降

---

[1] [英]韦农·波格丹诺:《新英国宪法》,李松锋 译、李树忠 校订,北京:法律出版社,2013年,第128-129页。

至2005年的59席,第一个层面的问题已有所缓解,但即便每个地区都按照英格兰的代表比例选举国会议员,第二层面的问题也依旧无法得到妥适解决。

其实,第二个层面的问题不是完全无解。理论上说,唯一的办法就是在英格兰也实行权力下放,或者将英格兰化整为零,建立数个与其他三个地区大致相当的地区议会。不过,现实的情况是,英格兰权力下放举步维艰,远比想象的困难得多。1998年5月伦敦行政权力下放公投尽管获得72%的投票者支持成立由选举产生的市长和单独选举的当局组成大伦敦政府,但投票率仅为34.1%。更糟糕的是,2004年11月在英格兰东北部举行的"你是否认为东北地区应该有一个选举产生的地区议会"的公投中,在投票率仅为47.2%的情况下,就有高达77.9%的投票者反对这一提案,且在所有23个地方当局中,均有超过70%的投票者反对成立地区议会[1]。权力下放计划被无情拒绝。

不难想见,英格兰民众对权力下放的热情和意愿异常消极。质言之,如果英格兰的权力下放一直被搁置或毫无进展,那么"西洛锡安问题"将会掉进"死胡同"。此外,保守党曾短暂提出过将威斯敏斯特议会的运作"属地化",即关涉英格兰地区的立法,只能由英格兰籍的国会议员投票[2],但这项提议因保守党在同期奉行反对权力下放政策而不了了之。当然,对于该问题,不能被消极或悲观的一面所麻木。本质上讲,"西洛锡安问题"虽是权力下放的难题,但对其本身而言并不是致命的缺陷,因为英格兰议员在国会下议院中占据绝对多数,纵使是通过全体成员对英格兰事务进行表决也基本上不会改变决议结果。

真正的难点在于,苏格兰、威尔士和北爱尔兰对英格兰事务进行投票是否会影响到立法结果[3]。倘若仅从数量对比上考虑,其结果显而易见。可是,一旦将其放置在英国政党政治的环境中加以考察,情况就变得十分复杂。长期以来,苏格兰、威尔士都是工党的大本营,英格兰是保守党的大票仓,工

---

[1] Colin Rallings and Michael Thrasher, British Electoral Facts 1832—2012, London: Biteback Publishing, 2012, pp. 248-249.

[2] Meg Russell and Robert Hazell, Devolution and Westminster. Tentative Steps Towards a More Federal Parliament, in The State and the Nations. The First Year of Devolution in the United Kingdom, Robert Hazell ed., Thorverton: Academic Imprint, 2000, pp. 202-210.

[3] Meg Russell and Guy Lodge, Westminster and the English Question, London: The Constitution Unit(UCL), 2005, p. 12.

党在英格兰问题上与保守党对决上,如果有苏格兰和威尔士议员的加持,那么其对立法结果的影响将是难料的。一言以蔽之,权力下放会继续被"西洛锡安问题"阴霾所笼罩。

(2) 政府间非正式制度对央地关系的弱化

权力下放作为宪制结构上的变革,必定给既有的央地关系造成冲击。原来的地区权力由中央政府代为行使,政府间关系是一个微不足道甚至是一个多余的议题,在基层政治方面也长期以"放任自流"著称;现如今地区权力被下放至地区议会,中央政府与地方政府正式被分隔开来。可是,在这一问题上,英国中央政府从一开始似乎就没有对建立正式的央地关系加以重视。

《苏格兰事务部关于苏格兰法案的指南》指出,大多数情况下,政府间关系将在各部门之间正式的、非法定的谅解录的基础上进行,并企图通过事务大臣"隐性"的权力来联络地区政府各部门与中央政府对应部门之间的沟通[1],因而《苏格兰法》和《北爱尔兰法》皆对正式的央地关系制度保持缄默,而仅含有提供协助和信息的原则安排。但问题是,尽管在法律上它们属于上级与下级的等级关系,但在政治上它们又具有某些相互独立的特征,尤其是地区政府不是由中央政府直接任命,而是和中央政府一样都经选举产生。进言之,在表象意义上,地区政府的合法性直接来源于选民的投票而非中央政府的实质任命,这会导致其本能地挑战中央和地区之间授予与被授予、上级与下级的关系,这种挑战常常伴随着政治矛盾乃至法律冲突。

因此,权力下放所引致的连锁冲突或许是中央政府始料未及的,它"极有可能已经开启一系列它难以掌控的事件……未来将出现更大的政策分歧、日益增多的金融冲突、不断加剧的党内矛盾以及由央地暧昧关系所导致的紧张局势"[2]。同时,地区与地区之间的利益冲突不仅会让中央政府疲于应对,而且它们之间的相互模仿,也使得中央政府在权力下放上面临越来越大的压力,"非对称的权力下放或会促使独立性较低的政治实体仿效下放权力更大的机构"[3]。所以,2006 年开始,威尔士议会就在强化自身的立法能力,并在

---

[1] Brigid Hadfield, The Nature of Devolution in Scotland and Northern Ireland: Key Issues of Responsibility and Control, Edinburgh Law Review, Vol. 3, No. 1, 1999, p. 27.

[2] Michael Burgess, Constitutional Change in the United Kingdom: New Model or Mere Respra, South Texas Law Review, Vol. 40, No. 3, 1999, p. 734.

[3] Michael O'Neill, Great Britain: From Dicey to Devolution, Parliamentary Affairs, Vol. 53, No. 1, 2000, p. 78.

2011年获得与苏格兰同等级别的一级立法权。

现实的问题是,由于非对称权力下放的掣肘,加上英国既没有体现地区利益的地区院又没有仲裁央地争端的宪法法院,要想从法律意义上建立地区事务的协调机制和冲突仲裁机制实属不可能突破的极限。于此之故,联合部长级委员会(JMC)应运而生,但有名无实,其被相关职能官员之间的非正式联系所取代。这种形式讨论的问题和影响都是不明确的,过程亦不透明,依赖个人关系,不太符合民主政治的逻辑[1]。并且,在英国高度不对称和非联邦结构下,双边会谈多于多边会谈,这又进一步抑制多边政府间协调,制约强大的多边政府间框架的出现[2]。显而易见,不能建立起正式的政府间关系,除会继续弱化本已不堪一击的央地关系外,还会阻碍国家能力的下渗。如果没有形成制度化的央地关系,民族地区很有可能"自立为王",在分离主义的道路上肆无忌惮地冒进。

(3) 不同政策偏好与公共政策分歧的凸显

权力下放虽因民族主义而起,却是以地方的良善治理作为最终归属。联合王国四个组成部分在经济发展速度与社会福利水平上并不同步与协调,使得它们在公共政策的偏好上和财政开支的使用上大为不同。毋庸置疑,自治权力和制度空间的扩增,悄无声息地给每个自治地区实践独特的公共政策提供了动力;但与此同时,亦带来地区内部以及地区之间的政策分歧。"权力下放为地区议会创造出大量自治领域,并在其中制定独特和多样性政策,这在不同政党执政的情况下容易得到加强,进而致使政府间的政策分歧更大且难以扭转"[3]。当然,在所谓的民主社会,存在政策分歧是社会常态,可权力下放之后,其似乎更加剧公共政策的分歧,因为每个地区、每个利益集团、每个政党都能找到推动或阻止公共政策的工具,例如在老年照顾、学费、禁烟令以及经济发展等方面。

基廷认为权力下放增强了苏格兰本来有限的公共政策能力,而且促进相

---

[1] Charlie Jeffery, Devolution in the United Kingdom: Problems of a Piecemeal Approach to Constitutional Change, Publius: The Journal of Federalism, Vol. 39, No. 2, 2009, p. 304.

[2] Wilfried Swenden and Nicola McEwen, UK Devolution in the Shadow of Hierarchy: Intergovernmental Relations and Party Politics, Comparative European Politics, Vol. 12, No. 4-5, 2014, p. 495.

[3] Alan Trench, Devolution and Power in the United Kingdom, Manchester: Manchester University Press, 2007, p. 239.

关政策不同利益团体的爆发,同时在组织和提供公共服务方面存在着重大分歧[1]。地区之间众多分歧中,最具典型性的可能是有关财政的分配问题。按照"巴内特公式"进行财政拨付,苏格兰的公共支出将比英格兰高出约25%,但苏格兰和英格兰对此均有不满。在英格兰看来,这与苏格兰的低贡献率不匹配,因此要求削减整笔转移支付的数额;而在苏格兰看来,公共开支的逐年升高,必定要求修改该公式以填补财政缺口。中央政府可能不但不会同意,甚至可能直接单方面取消既有的财政拨付模式,在部分议员看来,这或许是未来双方矛盾的导火索[2]。

可以说,某种程度上,地区之间的公共政策分歧或差异是苏格兰和威尔士地区推动更大的权力运动甚或分离运动的直接诱因。但问题是,出于满足地区政策需要的权力下放,为什么反而将政策分歧推向了另一个高度?追根溯源,原因可能在于:一方面,作为一种政策工具的权力下放,为地方政府和民众追求与众不同或高人一等的政策偏好提供了政治动力和可能性,对来之不易的权力下放,他们渴望其对公共政策产生不同影响;另一方面,权力下放后,自治政府在治理层面对是否追随中央政府的政策抑或是自己另辟蹊径拥有较大程度的自主性。依照既有的差异性发展逻辑,权力下放只会加深对这一逻辑的延伸而不是相反。

换而言之,公共政策分歧既可能是权力下放与生俱来的携带物,它本身就暗含着包容不同地区的差异性以及由此造成的政策多样性,同时也有可能激活这种原来就已固化的差异性。只是,如果公共政策分歧无法透过现有制度或建构新的制度加以整合的话,那么这种分歧就很有可能升级为冲突,甚至滑向极端。因而,爱丁堡大学米切尔教授对此表示极大担忧,他指出权力下放之前,在工党是各地最大或主导政党的情况下英国内部都出现过重大政策分歧,权力下放之后,由于每个地区的公民权利和感受更不一样,可能会加剧政策分歧的趋势[3]。从治理角度而言,倘若治理上的公共政策分歧得不

---

[1] Michael Keating, Policy Convergence and Divergence in Scotland under Devolution, Regional Studies, Vol. 39, No. 4, 2005, pp. 453－463.

[2] Robert Hazell and David Sinclair, The British Constitution in 1997－1998: Labour's Constitutional Revolution, Parliamentary Affairs, Vol. 52, No. 2, 1999, p. 164.

[3] James Mitchell, Evolution and Devolution: Citizenship, Institutions, and Public Policy, Publius: The Journal of Federalism, Vol. 36, No. 1, 2006, pp. 153－168.

到适当或有效化解,它就很容易生成政治危机,苏格兰"独立"公投[1]就是这一逻辑的生动写照。

5.3.2 非或无制度化因素对分离运动的助推

倘若按照"权力下放加剧了民族分离运动"的观点来评判,英国权力下放在苏格兰地区是不怎么成功的。除了前述权力下放所营造的宽松环境外,其在实践中的一些非制度因素和某些制度的缺失亦为民族分离运动的涌现提供了某些便利和助力。

(1) 政治协议对议会主权的无形束缚

由于普通法本身有其固有的不足,因而政治协议也是英国政治生活及其制度的重要组成部分,对权力下放施加着诸多无形的压力和限制。通过政治谈判达成的政治默契/协议/公约有助于权力下放这一主要目标的实现,但其反过来又可能对权力下放造成潜移默化的伤害。与权力下放事项密切相关且至关重要的政治协议/公约主要有三个,分别是解决权力下放立法权限问题的《斯威尔公约》、解决北爱尔兰问题的《贝尔法斯特协议》,以及授予苏格兰分离公投的《爱丁堡协议》。

《斯威尔公约》本质上关涉的是立法动议权(Legislative Consent Motions),由时任苏格兰事务部副部长约翰·斯威尔(John Sewel)在上议院通过《1997—1998年苏格兰法案》时提出。诚然,以斯威尔命名的公约在当时并没有载入1998年的《苏格兰法》,不过该声明的精髓却被纳入其中。换句话说,《斯威尔公约》对威斯敏斯特议会没有法律上的约束力,但却成为巩固保留事项和下放事项立法权力划分的一个不成文规定,而且从地区议会运作之日起就开始发挥作用。截至目前,三个自治区总共同意超过350项立法动议,否决14项立法动议[2]。同时,从表5-5中可以看出,权力下放后中央政府对自治区的立法数量远远不及地区议会,原本属于中央政府的立法权限大部分被地区议会夺走,且以法律的形式进行了规范。2016年的《苏格

---

[1] 苏格兰公投案例的分析可参见屠凯:《2014年英国宪法学界的焦点:苏格兰公民投票》,载韩大元、莫纪宏 主编:《中国宪法年刊2014》,北京:法律出版社,2015年,第219-229页。

[2] Emma Dellow-Perry and Raymond McCaffrey, Legislative Consent Motions, Research and Information Service Research Paper, NIAR 87—2020, 25th September 2020, p. 22.

法》和2017年的《威尔士法》双双将《斯威尔公约》写入法律,使得该公约对中央政府产生了法律上的"硬"约束,成为名副其实的"否决权"。进一步而言,地区议会的行为将渗透到民众生活中的方方面面,而中央政府与之则"渐行渐远",越来越像一个远离地方的"他者"。因此,权力下放"它可能永久性地削弱中央政府而增强地方政府的治理价值"[1]。

表 5-5 地区议会成立以来不同法律主体立法数量统计

自治地区	法律法规制定的主体及数量(件)			
	由英国议会制定的法律	由地区议会制定的法律	由英国议会制定的行政法规	由地区议会制定的行政法规
苏格兰	5	275	244	1 454
威尔士	11	46	165	443
北爱尔兰	35	178	170	447
合计	51	499	579	2 344

说明:(1)统计包括已经制定的法律和行政法规;(2)统计年份为地区议会成立之日起,苏格兰和威尔士均为1999年,北爱尔兰为2000年,因为1999年12月2日,权力移交才正式完成。统计截止日期为2020年11月12日。

数据来源:英国议会官网,https://www.legislation.gov.uk/,accessed:2020-11-25。

带有国际协议性质的《贝尔法斯特协议》让权力下放更趋复杂,因为北爱尔兰自治的重启就依系于此。1998年《北爱尔兰法》将该协议的内容以国内法的形式固定下来,因此英国中央政府有了履行这一协议的法律义务。也就是说,假若威斯敏斯特议会要取消北爱尔兰的自治,那么就形同于退出《贝尔法斯特协议》,其后果可能是将北爱尔兰重新带回到恐怖袭击丛生的年代。然而,倘若维持现状,那么"自决权"将成为国家主权的永久威胁。值得注意的是,《斯威尔公约》和《贝尔法斯特协议》先后从协议的性质上升到了法律的位阶,对议会主权的束缚也从无形过渡到了有形,中央政府在权力下放事务上的权限受到实质上的压缩,尽管在法律上和理论上威斯敏斯特拥有决定一切事务的权力。

与《斯威尔公约》和《贝尔法斯特协议》促成权力下放的指向相反,《爱丁堡协议》多多少少是对权力下放的肢解,最大的破坏在于它将主权事务从法

---

[1] Jason Sorens, The Partisan Logic of Decentralization in Europe, Regional & Federal Studies, Vol. 19, No. 2, 2009, p. 268.

律上的保留权力降格到政治上的模糊地带。保留权力不再是捍卫国家主权的定海神针,遭到民族主义者的掏空后,成为可供谈判的对象。有关分离的政治协议的达成,让议会主权在实践中也不得不对其"俯首称臣",权力下放的命运似乎已不再掌握在中央政府手中,而是让位给了苏格兰地区的人民。倘若权力下放仍将毫无底线地讨好民族分离势力,那么亨廷顿曾预言的"由几个十字构成的米字旗有分崩离析之势,联合王国到 21 世纪上半期某个时候也可能继苏联之后成为历史"〔1〕恐一语成谶。

(2) 法律体系对分离事项规范的缺位

法律制度的健全是纠正分离主义者错误行径的有力工具,亦是中央政府采取遏制措施的权威依据。在英国,尽管有着浓厚与良好的法制传统和法律意识,但普通法的因素导致分离主义问题长期游离在法律制度之外。英国几乎没有一部连贯的、有目的指向的成文宪法来匡扶联盟的存续,对权力下放以及彻头彻尾的分离主义抬头也就不足为怪了〔2〕。成文宪法的缺失,使得国家主权在几个方面都受到摧残。一方面,中央政府与地区政府间的等级关系或已名存实亡,简单的政策分歧亦可能演变为复杂的宪制冲突,"不成文宪法中缺乏共同规则的法律架构,意味着表面上涉及技术问题的争端很容易蔓延到政治/宪法领域"〔3〕。另一方面,没有成文宪法对地区政府的规约,引致地区政府不像是中央政府的"地区政府",而更像是有别于中央政府的另一个"国家政府"。1999 年实行权力下放以来,宪法分歧已主导苏格兰的政治生态,该地区现在似乎有一个独立的政治体系,与中央政府并驾齐驱,而不是相互协调〔4〕。然而,作为议会主权化身的中央政府在新的政治环境中捍卫该原则又显得有些力不从心,或者说是倍感无奈,致使苏格兰民族主义者在分离运动的道路上越走越远。不成文宪法固然有遵循议会主权的思路,但当不成文宪法无法再阻止分离运动之时,就不能墨守成规、抱残守缺,否则就会让

---

〔1〕 [美]塞缪尔·亨廷顿:《我们是谁?——美国国家特性面临的挑战》,程克雄 译,北京:新华出版社,2005 年,第 10 页。

〔2〕 Vernon Bogdanor, Devolution in the United Kingdom, Oxford: Oxford University Press, 2001.

〔3〕 Mark Sandford, Cathy Gormley-Heenan, "Taking Back Control", the UK's Constitutional Narrative and Schrodinger's Devolution, Parliamentary Affairs, Vol. 73, No. 1, 2020, p. 111.

〔4〕 Fiona Simpkins, Twenty Years of Devolution in Scotland: The End of a British Party System? French Journal of British Studies, Vol. 24, No. 4, 2019, pp. 13 - 14.

自己一味地陷入被动,因为任何普通法都没有将分离事项明确纳入其中。

实际上,在权力下放之初,就有不少人看到不成文宪法之于权力下放和分离主义的弊端,呼吁起草成文宪法的声音从未间断。比如作为知名智库——公共政策研究所(Institute for Public Policy Research,简称 IPPR)首任所长的考恩福德(James Cornford)就是重要推手,他在 1991 年发布的《联合王国宪法》中为新工党政府擘画出大部分宪法改革的蓝图,影响深远[1]。成文宪法预示着权力下放向联邦制迈进了一步,其最大好处是它能够把分离主义锁进宪法的结构之中,从此以后,分离再无可能。联邦性质的宪法有三个显著特征:① 联邦和成员单位的权力划分;② 宪法修正案变得异常困难(要求获得议会绝对多数票,常常还需要地方立法机构和民众的同意),以保护这种权力的划分;③ 由宪法法院裁决权力划界问题。换句话说,一个成员单位要脱离联邦,就必须获得联邦政府以及其他成员单位的同意。所以,无论是苏格兰还是北爱尔兰的民族主义者都强烈反对联合王国的联邦化,因为他们想要的是独立,而不是被永久性地限定在一个联邦内[2]。然而,英国中央政府在成文宪法的立场上显得过于消极,因为成文宪法会打破国家建构的历史和惯例以及议会主权的原则,并弱化中央政府的能力。总之,新的联邦主义宪法将确保下放权力和保留权力都不受到侵犯,但又几乎没有迹象表明他们在支持编纂一部成文宪法方面有达成任何共识[3]。成文宪法是否能够成为阻扼分离主义的武器仍旧扑朔迷离。

(3) 英国教育体系中国民教育的留白

诚然,身份认同不是分离主义的决定因素,但它为民族主义者提供了取之不竭的动员资源。从第 3 章可知苏格兰、威尔士和北爱尔兰都有着强烈的地区认同,国家认同在地区认同面前显得相当脆弱,其中又以苏格兰最为突出。在异质性竞争结构中,如果国家认同教育的缺失以及国家认同的落寞,将会使得权力下放很难抑制住分离主义继续扩张的态势,苏格兰分离运动就形象地刻写了它们之间的内在关联。英国在权力下放过程中,有意识地将教

---

〔1〕 Guy Lodge and Glenn Gottfried, Introduction, in Democracy in Britain: Essays in Honour of James Cornford, Guy Lodge and Glenn Gottfried, eds., London: Institute for Public Policy Research, 2014, p. 7.

〔2〕 Rodney Brazier, The Constitution of the United Kingdom, The Cambridge Law Journal, Vol. 58, No. 1, 1999, pp. 126-127.

〔3〕 Peter Leyland, The Multifaceted Constitutional Dynamics of U.K. Devolution, International Journal of Constitutional Law, Vol. 9, No. 1, 2011, p. 273.

育权力完全下放给地区议会,这一做法甚至可以追溯到1707年苏格兰与英格兰的合并,其让前者保留独特的教育体系至今。

可是,这样做的害处是,纵然教育属于非政治领域,下放教育权力可以彰显中央政府对地区民族文化的尊重,但教育在民众的政治社会化过程中占据着重要地位,而一旦民族主义政党上台执政,教育领域就很有可能被它们侵染,成为它们的附庸和对抗中央政府的利器。在苏格兰,政府公民教育的指向是教导学生从更大的范畴如欧洲和全球来理解苏格兰社会的变迁,威尔士政府将有争议的教育议题(如国民教育)搁置一旁,它更倾向于集中精力与地方当局建立良好关系,北爱尔兰则对国家认同小心翼翼,人权和社会责任是公民教育的核心课程[1]。不难看出,虽然三个自治区的公民教育课程各有侧重,但都淡化甚至是摒弃英国政治在公民教育中的角色与分量。教育制度和内容取向上的差异,无疑会强化不同地区在身份和意识上的差异。

国家认同遭到不同程度的削弱,无形之中引发权力下放偏离正轨,甚至在民族主义发达地区,更造成地区政府与中央政府的脱轨。英国国家认同的困境,与中央政府长期以来遵循的自由放任政策有着很大关系,"英国政府历来反对国民教育,他们担心民众政治意识的提高会点燃激进主义,从而消解对国家的忠诚"[2]。随着民族主义势力在不同地区"攻城略地",要求增强公民教育与国家认同联系的呼声日益高涨。中央政府从20世纪80年代开始就有亡羊补牢之意,例如保守党试图对学校作为一个整体加以改造,着重强调公民教育在国民课程中的核心地位等,工党亦从侧翼给予了或多或少的支持,可是成效不彰[3]。权力下放后,操作更加困难,摆在眼前的问题是,教育权力是中央政府一开始就主张的下放事项,如果要求地区政府增加英国政治在公民教育中的权重,或许会遭到或明或暗的抵抗,而且也会给作为受众的公民造成信息上的混乱,因为中央政府在管辖区域鼓励一种后民族主义观念,而地区议会可能在下放领域推行一种多民族身份概念[4]。多元化与一

---

[1] Rhys Andrewsa and Andrew Mycock, Dilemmas of Devolution: The "Politics of Britishness" and Citizenship Education, British Politics, Vol. 3, No. 2, 2008, pp. 145-146.

[2] Rhys Andrewsa and Andrew Mycock, Dilemmas of Devolution: The "Politics of Britishness" and Citizenship Education, British Politics, Vol. 3, No. 2, 2008, p. 142.

[3] [英]德里克·希特:《公民身份——世界史、政治学与教育学中的公民理想》,郭台辉、余慧元 译,长春:吉林出版集团有限责任公司,2010年,第437-445页。

[4] Will Kymlicka, Multicultural Citizenship Within Multination States, Ethnicities, Vol. 11, No. 3, 2011, p. 297.

体化的碰撞无疑增加了中央与地方潜在的矛盾；如果收回这一权力，不仅要修改自治法，而且还会招来地区议会的一片挞伐。更重要的是，当中央政府把教育权力收归己有之后，它如何推行强化国家认同的国民教育也是一大难题，因为地区的行政机构属于地区议会的执行机关，如果要求地区政府强制配合，又会造成权力之间的干预（尽管它在法律上有权干预），违背权力下放精神。尽管如此，重新审视教育和文化权力归属已刻不容缓。

5.4 本章小结

本章首先从维护议会主权的角度对权力下放进行了评价，认为英国中央政府拒绝将权力下放联邦主义化在根本上捍卫了议会主权，主要体现在：保留权力和下放权力的划分为主权与自治权的两难提供了解决方案，下放的权力不同于联邦制国家成员单位的固有主权权力，而是从属于议会的权力。同时辅之以成立仅对三个自治区有管辖权的最高法院，将其置于议会主权之下，也从另一层面捍卫了议会主权本身。然而，由于英国自由民主的政治文化，以及政府在放权中的忙中出乱和政治无奈，一些程序性的植入和某些权利的授予，亦对议会主权产生了比较重大的威胁，体现在：一是公民投票的设置，让"直接民主"有凌驾于"议会主权"之嫌，就像1978年公投所遭遇的那样；二是对北爱尔兰"自决权"给予法律上的明确承认，虽然这是寻求和平的必要和无奈之举，但"自决权"无疑是议会主权和国家统一的最大威胁。鉴于此，本书接着思考和讨论了权力下放与国家主权之间的关系。

除了在议会主权上的二重性以外，下放权力过程中的路径依赖亦在无形之中弱化了中央政府的某些功能以及固化了自治地区的某些权力。一方面，权力下放后，主导放权改革工程的主角已从中央政府转移到其他主体，它们提出进一步放权的诉求后，中央政府仅责令成立专业型委员会进行研拟，最后提出建议草案，在整个过程中，中央政府的话语权已大大降低，对于进一步放权亦只能尽可能地接受。在权力总量不变的情况下，自治区的权力越大似乎就意味着中央政府的权力越小。另一方面，英格兰立法权力下放的止步不前，使得英国权力下放的非对称结构长期得不到改善，因为它让民族主义政党能够在既有结构中继续挑战主权，也让宪改工程的改革（例如一直被讨论的成文宪法、两院制和宪法法院等）无法进一步推进。不同主体对权力下放路径的持续依赖，冻结了其非对称性和目前在自治区的政党格局，这显然不太利于应对民族主义政党的崛起以及民族分离运动的挑战。

最后是在权力下放的具体运作中,一些问题的涌现似乎也抵消了权力下放本该具有的积极功能。在治理层面,由权力下放所引致的代表权问题和因不同偏好所产生的公共政策分歧,均增强了自治地区的主体性与独立性,以及中央与地区之间的矛盾甚或冲突。而政府间非正式制度的难以建立,又近乎改变着中央与地区之间的等级关系,自治地区越来越"各行其是",削弱了本就脆弱的向心力和凝聚力。如果以"权力下放加剧了民族分离运动"的观点来评价的话,英国所谓的政治传统和惯例,以及制度的缺失亦给了民族主义势力推进分离运动的可乘之机。

总之,英国权力下放的积极意义在于它维护了国家主权和领土的完整,有效地推进了北爱尔兰地区的和平进程,但是它在苏格兰地区却造就了另一幅景象,即民族分离政党的快速崛起,以及民族分离运动的愈演愈烈。对于后者,是在权力下放后期的研究中更需要攻克的问题。

结　论

　　权力下放作为国家整合的一种路径选择,是民主时代治理民族分离问题的重要杠杆和手段。英国是较早运用权力下放处理国内民族矛盾甚或民族分离问题的国家,于上个世纪初就在北爱尔兰进行了实践。可是,北爱尔兰的自治并不是一个成功的范例,而更多的是一次惨痛的失败。一波未平,一波又起,即在北爱尔兰自治濒临崩溃的时候,苏格兰民族问题又很快成为新的政治漩涡。尽管权力下放在北爱尔兰的实践并非完全符合英国中央政府的期待,但其仍然坚信权力下放是在既不改变国家结构形式又能缓解民族分离问题上的不二选择。因此,它在20世纪70年代对苏格兰、威尔士和北爱尔兰同期启动了权力下放改革工程,且于21世纪前夕同步付诸实施。

　　不过,英国三个民族地区权力下放的制度设计及权力大小并不是千篇一律,而是呈现出非对称性的特点,这是由每个地区不同的历史地位和权利,以及民族主义发展的程度所决定的。同样是出于这一原因,权力下放在苏格兰、威尔士和北爱尔兰的实践效果既有差异性,也有共同性。差异性体现在:北爱尔兰在维持既有政治格局的前提下实现了难得的和平进程;苏格兰的民族主义势力得到快速发展并持续控制着地区政权;威尔士的民族意识在权力下放后有了进一步的觉醒。差异性之中孕育着共同性,即权力下放后每个地区的民族主义势力和民族身份认同不是得到了巩固,就是得到了不同程度的加强,同时每个地区民众的权力欲望均有膨胀的迹象,且不排斥接受"独立"。由此可见,英国在权力下放或进一步权力下放后,民族主义在不同地区总体上并未呈现出减缓的趋势。

这样的结果可能本身就是政策成本和风险的一个外在表现,并非绝对是由权力下放所导致的新生事物。但是,如果这种趋势继续向前演进的话,就像苏格兰地区所演绎的那样,权力下放就有可能遭遇到前所未有的打击,联合王国甚至也可能因此走向崩解。所以,在本书研究的结尾,就不得不思考英国的权力下放实践给同样存在分离问题的国家带来了什么样的启示或者教训。

　　首先,应该谨慎使用以进一步权力下放的方式来缓解民族分离运动的高涨。权力下放的思维决定着权力下放的样态。英国的权力下放具有两个非常鲜明的特点:一是不断地向民族分离主义势力妥协;二是在此基础上的进一步权力下放。按理说,在英国那种有着深厚的自由民主的政治文化传统的语境中,这是非常自然的事情,因为采取妥协和遵守法治惯例在他们看来不仅是一种解决问题的务实办法,更是一种承袭已久的政治美德。但是,当权力下放滑向不可控制的方向,以及民族主义势力不断利用既有制度来从事分离活动的时候,是否还应该坚持这种近乎"僵化"和单向的思维模式?至少从目前的情况看,妥协的结果即进一步权力下放并没有明显缓解民族分离主义继续蔓延的势头,反而加剧了中央与地区之间的矛盾。

　　这似乎表明,以进一步的权力下放换取民族地区对国家或中央政府的支持或许并不那么可行。一方面,正如前文第4章的内容已经提及,权力下放之所以成功是在于相互间的诚意和态度,而不是这项制度本身。也就是说,只要民族分离主义势力不再相向而行,妥协和进一步的权力下放在很大程度上将是收效甚微的。著名政治学家李普塞特就曾指出"对于任何一种政治倾向而言,不断向反对者的纲领让步,并不是合适的解决办法"[1],因为反对者并不会满足于此,而是会得寸进尺,借以当作走向最终独立的跳板。英国权力下放的实践似乎验证了他的这一论断。另一方面,当民族分离主义者违背政治协议或违反自治法时,中央政府及时纠正这种偏离也许才是可行之道。纠偏不等于进一步权力下放,而是让权力下放重新归位,极端情况下甚至不排除重新划分权力。布兰卡蒂对存在民族问题的多个国家的比较研究也指出"怎么分配权力的决定从来都不是绝对的,而是经常被重新制定,以纳入新

---

[1] [美]西摩·马丁·李普塞特:《政治人——政治的社会基础》,张绍宗 译,沈澄如、张华青 校,上海:上海人民出版社,2011年,第221页。

的问题和要求"[1]。

其次,遏制民族分离主义势力及其运动的关键在于制度设计尤其是选举制度的设计。政治制度的设计本来就很困难,而要设计解决民族矛盾和民族分离问题的制度就更是异常艰难。基尔(Soeren Keil)和阿尔伯(Elisabeth Alber)指出随着民众对自治和独立的期望越来越高,要在有过族群紧张和暴力历史的地区或国家,设计并实施复杂的领土自治是多么地困难;但在那些成功的国家,有一个共性就是无论在某个时刻选择什么样的制度安排来结束冲突,都需要有足够的灵活性,以便因时制宜[2]。换句话说,制度不应该是一成不变的,更不应该是倾向于某一端点的一边倒。问题在于,只要不是万不得已,制度的较大更动或重构都是极不可能的。但是,权力下放后英国出现的新现象,似乎又给出了一种警示,即制度的调适和修缮是必要的,甚至是必须的。

从前文的论述中可知,更激进分离运动发生的根本原因是权力下放制度及其漏洞给民族主义政党提供了进入权力中心和发起分离公投立法动议的机会和平台,而最主要的制度便是选举制度。选举制度不仅决定着地区议会的政治格局,"选举制度的选择(被广泛认为)是至关重要的,因为它直接影响到每一个政党在政治舞台上确立主导地位或至少是明显优势的前景"[3],而且还有可能被分离主义者用来当作对抗中央政府的工具,"选举可以设置议程、塑造行动者、重建身份认同、帮助把(统治者的)服从要求合法化或者非法化"[4]。可以想见,在异质结构的社会中,毫无限制的选举政治是多么地可怕!——误导和迷惑民众,进而消解对国家的忠诚,这就是为什么"苏格兰民族党支持建立一个新的地区议会,以此作为争夺苏格兰人民忠诚的平台"[5]。所以,那些具有一定实力的民族主义政党都在努力争取对自己有利

---

[1] Dawn Brancati, Peace by Design—Managing Intrastate Conflict Through Decentralization, New York: Oxford University Press, 2009, p. 228.

[2] Soeren Keil and Elisabeth Alber, Introduction: Federalism as a Tool of Conflict Resolution, Ethnopolitics, Vol. 19, No. 4, 2020, pp. 329 - 341.

[3] Richard Gunther, Electoral Laws, Party Systems, and Elites: The Case of Spain, The American Political Science Review, Vol. 83, No. 3, 1989, p. 838.

[4] [美]胡安·林茨、阿尔弗莱德·斯泰潘:《民主转型与巩固的问题:南欧、南美和后共产主义欧洲》,孙龙 译,杭州:浙江人民出版社,2008 年,第 398 页。

[5] James Mitchell, Devolution and the End of Britain? Contemporary British History, Vol. 14, No. 3, 2000, p. 63.

的选举制度。

无论是考虑不周,还是迫于民主压力,英国中央政府在权力下放的谈判中最终选择妥协,接受苏格兰和威尔士议会由混合选举制度选举产生的建议,其代价就是全国性大党逐渐失去了在苏格兰的优势,民族党成功上位,遂而才有了后来的民主分离运动。从事后看,英国的这一做法显然是值得深思的。客观来说,既然无法将分离问题从政治议程中抽离,那么治理民族分离问题的关键就是如何遏制民族分离主义政党的崛起,因为分离运动主要是由那些支持分离的民族主义政党所推动的。如果中央政府要降低少数民族地区出现分离公投的可能性,那么适当的战略不一定是进一步的权力下放,而是重新设计地区的选举制度,以便民族主义者不太可能占据多数[1]。固然,检讨选举制度甚至改良权力下放制度或许是必要之举,但也不能低估由此引发的政治风险,这需要通盘考量。

最后,限制直接民主的适用范围是保障权力下放有效运行的重要条件。公民投票是实现直接民主最常见的途径,是表达民意和尊重民意的一种方法,因此它有着积极的一面;但如果公民投票被民族分离势力利用和滥用,那么其不但会对民主本身的精髓和民主的边界造成破坏,而且还会让权力下放走向异化,因为直接民主往往还隐含着"自主决定"的意涵。

在这方面,英国权力下放实践的教训是:误判情势,同意苏格兰举行"独立"公投,差点让联合王国面临分裂。当时,保守党政府同意公投是基于它对政治情势的乐观判断,以及借助"以退为进"的策略消除民族分离势力的"独立"幻想。换句话说,当中央政府认为具有政治优势时,它们可能会默许"独立"公投[2]。然而,即便是情势乐观,同意分离公投也是不可取的,原因就在于同意公投就意味着中央政府默示了民族分离者念兹在兹的"自决权",贻害无穷。

这里就引申出了英国权力下放实践的另一个教训,即给予"自决权"法律上的承认或政治上的默示。中央政府以"自决权"换取和平进程或许有着诸多的情非得已,但"自决权"无疑是肢解国家主权和领土完整的一把利刃,它

---

[1] Jason Sorens, The Partisan Logic of Decentralization in Europe, Regional & Federal Studies, Vol. 19, No. 2, 2009, p. 269.

[2] Daniel Cetrà, Malcolm Harvey, Explaining Accommodation and Resistance to Demands for Independence Referendums in the UK and Spain, Nations and Nationalism, Vol. 25, No. 2, 2019, p. 624.

的有形或无形的存在,会让国家长期处于某种不稳态之中。放眼全世界,中央政府同意某一地区举行"独立"公投的事件和承认"自决权"仍然是极为罕见的现象,哪怕是在所谓最民主自由的国家也是如此。在治理民族分离的问题上,各个国家的通行做法是既不能同意举行"独立"公投,更不能给予"自决权"。因此,应通过立法的方式明确将直接民主紧紧限定在与公共政策有关的事项上。

综上所述,英国中央政府在以权力下放治理民族矛盾或民族分离问题的过程中,带有过多的理想主义色彩,对民族主义错估情势、对权力下放也期待过高,使得其在放权改革后所产生的新的政治环境中略显被动。萨托利曾说:"每一项政策都是理想主义和现实主义的混合物。如果其中一个因素占了压倒性优势,如果太多的理想主义消灭了现实主义或者相反,一项政策就有可能失败。"[1]。权力下放需要在理想主义和现实主义之间寻求平衡、不断地进行调适,才有可能达到治理分离问题的功效。

---

[1] [美]乔万尼·萨托利:《民主新论》,冯克利、阎克文 译,上海:上海人民出版社,2009年,第54页。

附录　自治法修订内容比较

苏格兰法	修订类型	主要内容
1998年	授权部分（30）	S.2：普通大选 S.3：特别大选 S.30：立法能力：补充说明 S.56：共享权力 S.58：阻止或要求采取行动的权力 S.59：苏格兰部长的财产与责任（Property and liabilities of the Scottish Ministers） S.60：对苏格兰部长的权力转移 S.62：对苏格兰检察总长（Lord Advocate）的权力转移 S.63：转移职能的权力（Power to transfer functions） S.70：财务控制、会计和审计 S.71：现有债务 S.89：对跨国公共机构采取相应的权力（Power to adapt etc. cross-border public authorities） S.90：转移跨国公共机构资产的权力 S.97：对反对党的援助 S.103：司法委员会 S.104：对议会的立法或议会的审查作出相应规定的权力 S.105：根据本法作出相应规定（Provision）的权力 S.106：适用职能的权力（Power to adapt functions） S.107：纠正越权行为的立法权 S.111：Tweed和Esk渔业的管理 S.112：附属立法：一般规定（Subordinate legislation：general） S.113：附属立法：权力范围 S.114：附属立法：特别规定 S.115：附属立法：立法程序

续表

苏格兰法	修订类型	主要内容
1998年	授权部分(30)	S. 116：财产转让：补充说明 S. 124：修改第94条和第117至122条 S. 126：解释说明； S. 129：过渡规定等 S. 130：生效 Sche. 2 para. 7
	修正部分(1)	S. 30：立法能力：补充说明
2012年	授权部分(6)	S. 25：所得税的规定 S. 29：取消英国印花税及土地税 S. 31：取消英国垃圾填埋税 S. 38：检视及有权修订第34至37条 S. 42：作出适当的、过渡性和节制性规定的权力 S. 44：生效
	修正部分(1)	S. 12：苏格兰政府(更名)
2016年	授权部分(14)	S. 13：苏格兰议会设定所得税税率的权力 S. 15：相应修订：所得税 S. 17：航空旅客运输税 S. 18：商业开采集料税(Tax on commercial exploitation of aggregate) S. 19：下放税收：进一步规定 S. 20：借贷 S. 29：普通信贷：出租住房的索赔人的费用(Universal credit: costs of claimants who rent accommodation) S. 30：普通信贷：付款对象和时间 S. 34：信息共享 S. 36：公共财产 S. 49：陆上石油：现有许可证 S. 71：作出适当的、过渡性和节制性规定的权力 S. 72：生效 Sche. 2 para. 34
	修正部分(0)	无

威尔士法	修订类型	主要内容
1998年	授权部分 (18)	S.117：责任的转移 S.118："威尔士公共数据"的含义（Meaning of "Welsh public records"） S.130：将财产、员工等移交给威尔士开发署 S.133：废除（农村发展委员会）等 S.136：将财产、员工等移交给威尔士开发署 S.139：废除（威尔士土地管理局）等 S.140：将职能、财产、员工等转移至事务大臣 S.143：废除（威尔士住房委员会）等 S.146A：威尔士部长职能等的转移 S.151：修订法令的权力 S.153：过渡规定等 S.154：命令和指示 S.155：解释说明 S.158：生效 Sche. 6 para. 2 Sche. 7 para. 1~2 Sche. 9 para. 17
	修正部分 (5)	S.117：责任的转移 S.133：废除农村发展委员会等 S.143：废除威尔士住房委员会等 S.145B：应教育团体要求而进行的研究 Sche. 7 para. 1
2006年	授权部分 (69)	S.3：普通大选 S.4：变更普选日期的权力 S.5：特别大选 S.13：威尔士部长制定选举规则等的权力 S.16：取消成为议员的规定 S.19：取消议会资格的司法程序 S.42：关于诽谤 S.58：部长职能的转移 S.59：执行欧盟法律：选派威尔士部长等 S.64：为调查公众意见而举行的投票 S.68：合同 S.72：伙伴关理事会（Partnership Council） S.80：欧盟法 S.82：国际义务等 S.93：议会制定的措施（Assembly Measures） S.94：立法能力 S.95：立法能力：补充说明 S.101：在某些情势下干预的权力

续表

威尔士法	修订类型	主要内容
2006年	授权部分 （69）	S.103：议会法令生效条款的公投 S.105：议会法令生效条款（Commencement of Assembly Act provisions） S.109：立法能力：补充说明 S.114：在某些情势下干预的权力 S.116：威尔士玉玺（印章） S.116C：增加新的下放税收的权力 S.120：收据款项（Destination of receipts） S.122：事务大臣提供的贷款（Lending by Secretary of State） S.126A：将指定机构使用的资源列入预算动议（Inclusion in Budget motions of resources used by designated bodies） S.141：所有政府账目：威尔士部长 S.147：责任的转移 S.148："威尔士公共数据"的含义（Meaning of "Welsh public records"） S.150：制定相应规定的权力 S.151：纠正越权行为的立法权 S.155：可行使与威尔士有关的职能 S.156：英语和威尔士语文本的双语立法 S.157：命令、规章和指令 S.158：解释说明 S.160：轻微的和相应的修正 S.162：过渡等条款 Sche.1 para.10 Sche.2 para.4,12 Sche.3 para.3,4,6,8 Sche.4 para.2~3 Sche.6 para.1~7,10~11,13 Sche.8 para.14,17,18,21 Sche.11 para.1,31,40,41~44,67
	修正部分 （4）	S.30：审计委员会 S.85：建立对部长和部门的支援（Construction of references to Ministers and departments） S.86：提交报告和建议（Laying of reports and statements） Sche.11 para.32.

续表

威尔士法	修订类型	主要内容
2014年	授权部分(17)	S.12：就所得税条款的实施进行全民公投 S.14：征收所得税的生效 S.16：取消英国印花税及土地税 S.19：取消英国垃圾填埋税 S.28：作出补充的、间接的等规定的权力 S.29：生效 Sche.1 para.1~9,11,14
	修正部分(1)	S.4：威尔士政府(更名)
2017年	授权部分(11)	S.24：陆上石油：现有许可证 S.29：威尔士的港口 S.31：适用于第29和30条的职能转移的一般规定 S.59：威尔士法院(the Welsh tribunals) S.64：修订第63条的权力 S.69：相应的规定(Consequential provision) S.70：过渡性规定以及储备金 S.71：生效 Sche.5 para.7,8,10
	修正部分(0)	无

北爱尔兰法	修订类型	主要内容
1998年	授权部分(36)	S.3：权力下放令(Order) S.4：转移、例外和保留事项 S.6：立法能力 S.15：得到同意的议会控制(Parliamentary control where consent given) S.17：部长办公室 S.22：法定职能 S.25：例外和保留事项 S.26：国际义务 S.27：国际等义务目的配额(Quotas for purposes of international etc obligations) S.30A：事务大臣的排他性权力 S.31：选举和解散的日期 S.33：选区和议席 S.34：选举和选举权

北爱尔兰法	修订类型	主要内容
1998 年	授权部分 (36)	S. 35：(议席)空缺 S. 38：取消资格：司法程序 S. 49：专利证书等(Letters Patent etc.) S. 61：事务大臣的预付款 S. 69C：调查：拘留地点(Investigations: places of detention) S. 74：委员会的主要职能 S. 75：公共机构的法定职责 S. 80：纠正越权行为的立法权(Legislative power to remedy ultra vires acts) S. 84：与北爱尔兰有关的某些事项的规定 S. 85：处理某些保留事项的规定 S. 86：为根据法案等而产生的目的而作出的规定(Provision for purposes consequential on Act etc) S. 86A：有关引渡等转移职责的规定 S. 88B：巩固法令的规定(Provision for entrenching enactments) S. 87：磋商与协调 S. 91：法庭(the Tribunal) S. 93：议会建筑等 S. 96：命令与条例(Orders and regulations) S. 98：解释说明 Sche. 1 para. 1~4 Sche. 5 para. 6
	修正部分 (0)	无
2000 年 (已取消)	无	暂停北爱尔兰权力下放
2006 年 (已取消)	无	恢复北爱尔兰权力下放
2009 年	无	对北爱尔兰的治安和司法作出规定的法案；并修订 1998 年《北爱尔兰法案》第 86 条

资料来源：英国议会官网，https://www.legislation.gov.uk/(accessed：2020/11/14)

参考文献

外文书籍

[1] AGRANOFF R. Accommodating Diversity: Asymmetry in Federal States[M]. Baden-Baden: Nomos Verlagsgesellschaft, 1999.

[2] AHMAD E, TANZI V. Managing Fiscal Decentralization[M]. London: Routledge, 2002.

[3] AMORETTI U M, BERMEO N G. Federalism and Territorial Cleavages[M]. Baltimore: Johns Hopkins University Press, 2004.

[4] AUGHEY A. Nationalism, Devolution and the Challenge to the United Kingdom State[M]. London: Pluto Press, 2001.

[5] BALFOUR S, QUIROGA A. The Reinvention of Spain: Nation and Identity since Democracy[M]. Oxford: Oxford University Press, 2007.

[6] BARA J, WEALE A. Democratic Politics and Party Competition[M]. London: Taylor & Francis, 2006.

[7] BARTKUS V O. The Dynamic of Secession[M]. Cambridge: Cambridge University Press, 2004.

[8] BASILE L. The Party Politics of Decentralization: The Territorial Dimension in Italian Party Agendas[M]. Switzerland: Palgrave Macmillan, 2019.

[9] BOGDANOR V. Devolution in the United Kingdom[M]. Oxford: Oxford University Press, 1999.

[10] BOGDANOR V. Devolution[M]. Oxford: Oxford University Press, 1979.

[11] BRADBURY J. Devolution, Regionalism and Regional Development: The UK

Experience[M]. London: Routledge, 2008.

[12] BRANCATI D. Peace by Design: Managing Intrastate Conflict through Decentralization[M]. Oxford: Oxford University Press, 2009.

[13] BROMLEY C. Has Devolution Delivered? [M]. Edinburgh: Edinburgh University Press, 2006.

[14] BROWN D, CROWCROFT R, PENTLAND P. The Oxford Handbook of Modern British Political History, 1800—2000 [M]. Oxford: Oxford University Press, 2018.

[15] BULMER S. British Devolution and European Policy-Making: Transforming Britain into Multi-Level Governance[M]. New York: Palgrave Macmillan, 2002.

[16] BURGESS M, GAGNON G A. Federal Democracies[M]. London: Routledge, 2010.

[17] BURGESS M. Comparative Federalism: Theory and Practice[M]. London: Routledge, 2006.

[18] CALMES-BRUNET S, SAGAR A. Collection L'Unite du Droit[M]. Toulouse & Rouen: Editions l'Epitoge, 2017.

[19] CHANEY P, HALL T, PITHOUSE A. New Governance—New Democracy? Post-devolution Wales[M]. Cardiff: University of Wales Press, 2001.

[20] CHILTON P A, Analysing Political Discourse: Theory and Practice[M]. London: Routledge, 2004.

[21] COLE A. Beyond Devolution and Decentralisation: Building Regional Capacity in Wales and Brittany[M]. Manchester: Manchester University Press, 2006.

[22] CRAVEN E. Regional Devolution and Social Policy[M]. London: The Macmillan Press Ltd., 1975.

[23] DACKS G. Devolution and Constitutional Development in the Canadian North [M]. Ottawa: Carleton University Press, 1990.

[24] DALE I, NFA D I. Conservative Party General Election Manifestos 1900—1997: Volume One[M]. London: Routledge, 2000.

[25] DALE I. Labour Party General Election Manifestos 1900—1997: Volume Two [M]. London: Routledge, 2000.

[26] DE VILLIERS B. Evaluating Federal Systems [M]. Dordrecht: Martinus Nijhoff, 1994.

[27] DEACON R. Devolution in the United Kingdom[M]. 2nd ed. Edinburgh: Edinburgh University Press, 2012.

[28] DIKSHIT R. The Political Geography of Federalism: An Inquiry into Origins

and Stability[M]. New York: John Wiley and Sons, 1975.

[29] DOYLE H D. Secession as an International Phenomenon[M]. Georgia: University of Georgia Press, 2010.

[30] DRUCKER H M, CLARKE G M. Scottish Government Yearbook 1978[M]. Edinburgh: Paul Harris Publishing, 1978.

[31] DUNLEAVY P. Developments in British Politics 7[M]. London: Palgrave Macmillan, 2003.

[32] ELLIOTT M, FELDMAN D. The Cambridge Companion to Public Law[M]. Cambridge: Cambridge University Press, 2015.

[33] ERK J, SWENDEN W. New Directions in Federalism Studies[M]. London: Routledge, 2010.

[34] EZZAMEL M. Accounting in Politics: Devolution and Democratic Accountability[M]. London: Routledge, 2008.

[35] FALLETI T G. Decentralization and Subnational Politics in Latin America[M]. New York: Cambridge University Press, 2010.

[36] FRECKNALL-HUGHES J, JAMES S, MCILWHAN R. The Tax Implications of Scottish Independence or Further Devolution[M]. Edinburgh: ICAS, 2014.

[37] FRY F M. Patronage and Principle: A Political History of Modern Scotland [M]. Aberdeen: Aberdeen University Press, 1987.

[38] GAGNON G A, KEATING M. Political Autonomy and Divided Societies: Imagining Democratic Alternatives in Complex Settings[M]. London: Palgrave Macmillan, 2012.

[39] GAGNON A, TULLY J. Multinational Democracies[M]. Cambridge: Cambridge University Press, 2001.

[40] GHAI Y P. Autonomy and Ethnicity: Negotiating Competing Claims in Multi-Ethnic States[M]. Cambridge: Cambridge University Press, 2000.

[41] GHAI Y, WOODMAN S. Practising Self-Government: A Comparative Study of Autonomous Regions[M]. Cambridge: Cambridge University Press, 2013.

[42] GINSBURG T. Comparative Constitutional Law[M]. Cheltenham: Edward Elgar Publishing Limited, 2011.

[43] HALE H E. The Foundations of Ethnic Politics: Separatism of States and Nations in Eurasia and the World[M]. Cambridge: Cambridge University Press, 2008.

[44] HAZELL R. The State and the Nations. The First Year of Devolution in the United Kingdom[M]. Thorverton: Imprint Academic, 2000

[45] HENDERS J S. Territoriality, Asymmetry, and Autonomy[M]. New York:

Palgrave Macmillan, 2010.

[46] HOLZHACKER R L, WITTEK R, WOLTJER J. Decentralization and Governance in Indonesia[M]. Switzerland: Springer, 2016.

[47] HOPKINS W J. Devolution in Context: Regional, Federal & Devolved Government in the Member States of the European Union[M]. London: Cavendish Publishing Limited, 2002.

[48] HOROWITZD L. Ethnic Groups in Conflict[M]. Berkeley: University of California Press,1985.

[49] ILGEN T L. Reconfigured Sovereignty. Multi-Layered Governance in the Global Age[M]. Aldershot: Ashgate, 2003.

[50] JACKSON A. Home Rule: An Irish History, 1800—2000[M]. Oxford: Oxford University Press, 2003.

[51] JENNE E K. Ethnic Bargaining: The Paradox of Minority Empowerment[M]. Ithaca: Cornell University Press, 2007.

[52] JESSOP B. The Future of the Capitalist State[M]. Cambridge: Polity Press, 2002.

[53] KAUFMAN M, ALFONSO D H. Community Power and Grassroots Democracy: The Transformation of Social Life[M]. London: Zed Books, 1997.

[54] KEATING M, LAFOREST G. Constitutional Politics and the Territorial Question in Canada and the United Kingdom: Federalism and Devolution Compared[M]. Switzerland: Palgrave Macmillan, 2017.

[55] KEATING M. Plurinational Democracy: Stateless Nations in a Post-Sovereignty Era[M]. Oxford: Oxford University Press, 2001.

[56] KEATING M. The Government of Scotland: Public Policy Making after Devolution[M]. 2nd ed. Edinburgh: Edinburgh University Press, 2010.

[57] KENYON P J. The Stuart Constitution Documents and Commentary[M]. Cambridge: Cambridge University Press, 1966.

[58] KIRCHNER J E. Decentralization and Transition in the Visegrad: Poland, Hungary, the Czech Republic and Slovakia[M]. New York: Palgrave,1999.

[59] KLEIBRINK A. Political Elites and Decentralization Reforms in the Post-Socialist Balkans: Regional Patronage Networks in Serbia and Croatia[M]. London: Palgrave Macmillan, 2015.

[60] KYMLICKA W. Politics in the Vernacular: Nationalism, Multiculturalism and Citizenship[M]. Oxford: Oxford University Press, 2001.

[61] LAIBLE J. Separatism and Sovereignty in the New Europe: Party Politics and

the Meanings of Statehood in a Supranational Context[M]. New York: Palgrave Macmillan, 2008.

[62] LAPIDOTH R. Autonomy: Flexible Solutions to Ethnic Conflicts[M]. Washington, DC: United States Institute of Peace, 1996.

[63] LEVACK P B. The Formation of the British State: England, Scotland, and the Union,1603—1707[M]. Oxford: Clarendon Press, 1987.

[64] LIJPHART A. Patterns of Democracy: Government Forms and Performance in Thirty-Six Countries[M]. 2nd ed. New Haven: Yale University Press 2012.

[65] LITVACK JAHMAD J, BIRD R M. Rethink Decentralization in Developing Countries[M]. Washington, D. C. : The World Bank, 1998.

[66] LODGE G, GOTTFRIED G. Democracy in Britain: Essays in Honour of James Cornford[M]. London: Institute for Public Policy Research, 2014.

[67] MCGARRY J, O'LEARY B. Explaining Northern Ireland: Broken Images[M]. London: Wiley-Blackwell, 1995.

[68] MEGUID M B. Party Competition between Unequals: Strategies and Electoral Fortunes in Western Europe[M]. Cambridge: Cambridge University Press, 2008.

[69] NOEL S J R. From Power-Sharing to Democracy: Post-Conflict Institutions in Ethnically Divided Societies[M]. Montreal: McGill-Queen's University Press. 2005.

[70] NORTH D, SYRETT S, ETHERINGTON D. Devolution and Regional Governance: Tackling the Economic Needs of Deprived Areas[M]. York: York Publishing Services Ltd, 2007.

[71] OATES W E. Fiscal Federalism [M]. New York: Harcourt-Brace Jovanovich, 1972.

[72] O'DAY A. Irish Home Rule, 1867—1921[M]. Manchester: Manchester University Press, 1998.

[73] OECD. Devolution and Globalisation: Implications for Local Decision-Makers [M]. Paris: OECD Publications, 2001.

[74] OECD. Making Decentralisation Work: A Handbook for Policy-Makers, OECD Multi-Level Governance Studies[M]. Paris: OECD Publishing, 2019.

[75] OLIVER D. Government in the United Kingdom: The Search for Accountability, Effectiveness and Citizenship[M]. London: Open University Press, 1991.

[76] PARIJS V P. Cultural Diversity versus Economic Solidarity: Proceedings of the Seventh Francqui Colloquium[M]. Brussels: De Boeck, 2004.

[77] PITTOCK M. The Road to Independence?: Scotland since the Sixties[M]. London: Reaktion Books, 2008.

[78] POPELIER P, SAHADŽIC M. Constitutional Asymmetry in Multinational Federalism: Managing Multinationalism in Multi-Tiered Systems[M]. Switzerland: Palgrave Macmillan, 2019.

[79] RALLINGS C, THRASHER M, COLE D. British Electoral Facts 1832—2012[M]. London: Biteback Publishing, 2012.

[80] REQUEJO F. Multinational Federalism and Value Pluralism: The Spanishcase[M]. London: Routledge, 2005.

[81] RICHARDS S G. Introduction to British Government[M]. 2nd ed. London: Macmillan Education Press, 1990.

[82] ROBERTSON D. A Dictionary of Modern Politics[M]. 3rd ed. London: Europa Publications, 2002.

[83] RODDENJ, ESKELAND G S, LITVACK J I. Fiscal Decentralization and the Challenge of Hard Budget Constraints[M]. Cambridge, Mass: The MIT Press, 2003.

[84] ROEDER G P, ROTHCHILD D S. Sustainable Peace: Power and Democracy after Civil Wars[M]. Ithaca: Cornell University Press, 2005.

[85] RUANE J, TODD J, MANDEVILLE A. Europe's Old States in the New World Order: The Politics of Transition in Britain, France and Spain[M]. Dublin: University College Dublin Press, 2003.

[86] RUANO M J, PROFIROIU M. The Palgrave Handbook of Decentralisation in Europe[M]. Switzerland: Palgrave Macmillan, 2017.

[87] RUSSELL M, LODGE G. Westminster and the English Question[M]. London: The Constitution Unit(UCL), 2005.

[88] SBRAGIA M A. Euro-Politics: Institutions and Policymaking in the "New" European Community[M]. Washington, D. C. : The Brookings Institution, 1992.

[89] SCHAKEL H A. Regional and National Elections in Eastern Europe: Territoriality of the Vote in Ten Countries[M]. London: Palgrave Macmillan, 2017.

[90] SELECT COMMITTEE ON THE CONSTITUTION. The Union and Devolution[M]. London: Authority of the House of Lords, 2016.

[91] SEYMOUR M, GAGNON G A. Multinational Federalism: Problems and Prospects[M]. London: Palgrave Macmillan, 2012.

[92] SMITH M D, WISTRICH E. Devolution and Localism in England[M]. England: Ashgate Publishing Limited, 2014.

[93] SMOKE P, GOMEZ J E, PETERSON E J. Decentralisation in Asia and Latin America: A Comparative Interdisciplinary Perspective [M]. Cheltenham: Edward Elgar, 2006.

[94] SWENDEN W. Federalism and Regionalism in Western Europe: A Comparative and Thematic Analysis[M]. New York: Palgrave Macmillan, 2006.

[95] TAN E. Decentralization and Governance Capacity: The Case of Turkey[M]. Switzerland: Palgrave Macmillan, 2019.

[96] TEWDWR-JONES M, ALLMENDINGER P. Territory, Identity and Spatial Planning Spatial Governance in a Fragmented Nation[M]. London: Routledge, 2016.

[97] THELEN K, MAHONEY J. Advances in Comparative-Historical Analysis[M]. New York: Cambridge University Press, 2015.

[98] TIERNEY S. Constitutional Law and National Pluralism[M]. Oxford: Oxford University Press, 2004.

[99] TREISMAN D. The Architecture of Government: Rethinking Political Decentralization[M]. New York: Cambridge University Press, 2007.

[100] TRENCH A. The State of the Nations 2001[M]. Exeter: Imprint Academic, 2001.

[101] TRENCH A. The State of the Nations 2004[M]. Exeter: Imprint Academic, 2004.

[102] TRENCH A. The State of the Nations 2008[M]. Exeter: Imprint Academic, 2008.

[103] TRENCH A. Devolution and Power in the United Kingdom[M]. Manchester: Manchester University Press, 2007.

[104] WACHENDORFER-SCHMIDT U. Federalism and Political Performance[M]. London: Routledge, 2000.

[105] WELLER M, METZGER B. Settling Self-Determination Disputes: Complex Power-Sharing in Theory and Practice[M]. Leiden: Martinus Nijhoff Publishers, 2008.

[106] WELLER M, NOBBS K. Asymmetric Autonomy and the Settlement of Ethnic Conflicts[M]. Pennsylvania: University of Pennsylvania Press, 2010.

[107] WELLER M, WOLFF S. Autonomy, Self-Governance and Conflict Resolution: Innovative Approaches to Institutional Design in Divided Societies[M]. New York: Routledge, 2005.

[108] WILLIAMS N E. The Eighteenth Century Constitution: Documents and Commentary[M]. Cambridge: Cambridge University Press, 1960.

[109] WILLIAMS P. The Tudor Regime[M]. Oxford: Oxford University Press, 1977.

[110] WORLD BANK. The World Development Report 1999/2000. Entering the 21st Century[M]. Oxford: Oxford University Press, 2000.

外文期刊

[1] ALLMENDINGER P, MORPHET J, TEWDWR-JONES M. Devolution and the Modernization of Local Government: Prospects for Spatial Planning[J]. European Planning Studies, 2005, 13(3).

[2] ANDREWSA R, MYCOCK A. Dilemmas of Devolution: The "Politics of Britishness" and Citizenship Education[J]. British Politics, 2008, 3(2).

[3] ARTHUR P. Devolution as Administrative Convenience: A Case Study of Northern Ireland[J]. Parliamentary Affairs, 1977, 30(1).

[4] AYERS J R. Beyond the Ideology of "Civil War": The Global-Historical Constitution of Political Violence in Sudan[J]. The Journal of Pan African Studies, 2012, 4(10).

[5] BALDACCHINO G. Innovative Development Strategies from Non-Sovereign Island Jurisdictions? A Global Review of Economic Policy and Governance Practices[J]. World Development, 2006, 34(5).

[6] BARTELSON J. The Concept of Sovereignty Revisited[J]. The European Journal of International Law, 2006, 17(2).

[7] BASTA K. The State Between Minority and Majority Nationalism: Decentralization, Symbolic Recognition, and Secessionist Crises in Spain and Canada[J]. Publius: The Journal of Federalism, 2017, 48(1).

[8] BAUR C. The Dilemma of Scottish Devolution: An Argument Chasing its OwnTail[J]. The Round Table: The Commonwealth Journal of International Affairs, 1979, 69(274).

[9] BERMEO N. The Import of Institutions[J]. Journal of Democracy, 2002, 13(2).

[10] BIRRELL D, GRAY M A. Devolution: The Social, Political and Policy Implications of Brexit for Scotland, Wales and Northern Ireland[J]. Journal of Social Policy, 2017, 46(4).

[11] BOGDANOR V. Devolution and the Constitution[J]. Parliamentary Affairs, 1978, 31(3).

[12] BOGDANOR V. Devolution: Decentralisation or Disintegration?[J]. The Political Quarterly, 1999, 70(2).

[13] BOGDANOR V. The English Constitution and Devolution[J]. The Political Quarterly, 1979, 50(1).

[14] BOND R, ROSIE M. National Identities and Attitudes to Constitutional Change

in Post-Devolution UK: A Four Territories Comparison[J]. Regional & Federal Studies, 2010, 20(1).

[15] BOND R, ROSIE M. National Identities in Post-Devolution Scotland[J]. Scottish Affairs, 2002, 40(1).

[16] BOURNE K A. Europeanization and Secession: The Cases of Catalonia and Scotland[J]. Journal on Ethnopolitics and Minority Issues in Europe, 2014, 13(3).

[17] BRADBURY J, ANDREWS R. State Devolution and National Identity: Continuity and Change in the Politics of Welshness and Britishness in Wales[J]. Parliamentary Affairs, 2010, 63(2).

[18] BRADBURY J, MITCHELL J. Devolution: New Politics for Old?[J]. Parliamentary Affairs, 2001, 54(2).

[19] BRADBURY J. The Blair Government's White Papers on British Devolution: A Review of Scotland's Parliament and a Voice for Wales[J]. Regional & Federal Studies, 1997, 7(3).

[20] BRANCATI D. Decentralization: Fueling the Fire or Dampening the Flames of Ethnic Conflict and Secessionism?[J]. International Organization, 2006, 60(3).

[21] BRANCATI D. The Origins and Strengths of Regional Parties[J]. British Journal of Political Science, 2008, 38(1).

[22] BRAZIER R. The Constitution of the United Kingdom[J]. The Cambridge Law Journal, 1999, 58(1).

[23] BUCHANAN A. Federalism, Secession, and the Morality of Inclusion[J]. Arizona Law Review, 1995, 37(1).

[24] BURCH M, HOLLIDAY I. The Conservative Party and Constitutional Reform: The Case of Devolution[J]. Parliamentary Affairs, 1992, 45(3).

[25] BURG L S, CHERNYHA T L. Asymmetric Devolution and Ethnoregionalism in Spain: Mass Preferences and the Microfoundations of Instability[J]. Nationalism and Ethnic Politics, 2013, 19(3).

[26] BURGESS M. Constitutional Change in the United Kingdom: New Model or Mere Respra[J]. South Texas Law Review, 1999, 40(3).

[27] BURROWS N. Unfinished Business: The Scotland Act 1998[J]. Modern Law Review, 1999, 62(2).

[28] CAIRNEY P. The Scottish Independence Referendum: What Are the Implications of a No Vote?[J]. The Political Quarterly, 2015, 86(2).

[29] CARMICHAEL P. Devolution—The Northern Ireland Experience[J]. Public Money & Management, 1996, 16(4).

[30] CATALA A. Remedial Theories of Secession and Territorial Justification[J]. Journal of Social Philosophy, 2013, 44(1).

[31] CEDERMAN E L et al. Territorial Autonomy in the Shadow of Conflict: Too Little, Too Late? [J]. American Political Science Review, 2015, 109(2).

[32] CETRÀ D, HARVEY M. Explaining Accommodation and Resistance to Demands for Independence Referendums in the UK and Spain[J]. Nations and Nationalism, 2019, 25(2).

[33] CHANEY P. An Electoral Discourse Approach to State Decentralisation: State-Wide Parties' Manifesto Proposals on Scottish and Welsh Devolution, 1945 – 2010[J]. British Politics, 2013, 8(3).

[34] CHERNYHA T L, BURG L S. Accounting for the Effects of Identity on Political Behavior: Descent, Strength of Attachment, and Preferences in the Regions of Spain [J]. Comparative Political Studies, 2012, 45(6).

[35] CONDOR S. Devolution and National Identity: the Rules of English (dis) engagement[J]. Nations and Nationalism, 2010, 16(3).

[36] CONNOLLY K C. Independence in Europe: Secession, Sovereignty, and the European Union[J]. Duke Journal of Comparative & International Law, 2013, 24(5).

[37] CORNELL E S. Autonomy as a Source of Conflict: Caucasian Conflicts in Theoretical Perspective[J]. World Politics, 2002, 54(2).

[38] CORNELL E S. Proportional Versus Majoritarian Ethnic Conflict Management in Democracies[J]. Comparative Political Studies, 1997, 30(5).

[39] CRAMERI K. Do Catalans Have "the right to decide"? Secession, Legitimacy and Democracy in Twenty-First Century Europe[J]. Global Discourse, 2016, 6(3).

[40] CSERGO Z, GOLDGEIER M J. Nationalist Strategies and European Integration [J]. Perspectives on Politics, 2004, 2(1).

[41] CURTICE J, STEED M. And Now for the Commons? Lessons from Britain's First Experience with Proportional Representation [J]. British Elections & Parties Review, 2000, 10(1).

[42] DAVIDSON N. Scotland, Catalonia and the "right" to Self-Determination: A Comment Suggested by Kathryn Crameri's "Do Catalans Have the 'right to decide'?"[J]. Global Discourse, 2016, 6(3).

[43] DIXON L M. Devolution in Constitutional Law[J]. Journal of South African Law, 1983, 21(1).

[44] DRAKEFORD M. Wales and a Third Term of New Labour: Devolution and the Development of Difference[J]. Critical Social Policy, 2005, 25(4).

[45] DRUCKER M H. Post Mortem? [J]. Government and Opposition, 1979, 14(3).

[46] DUCLOS N. The 1997 Devolution Referendums in Scotland and Wales[J]. French Journal of British Studies, 2006, 14(1).

[47] DUPUY C et al., Support for Regionalization in Federal Belgium: The Role of Political Socialization[J]. Publius: The Journal of Federalism, 2021, 51(1).

[48] EICHERT D. Separation Amidst Integration: The Redefining Influence of the European Union on Secessionist Party Policy[J]. Journal of International Organizations Studies, 2016, 7(2).

[49] EL-GAILI T A. Federalism and the Tyranny of Religious Majorities: Challenges to Islamic Federalism in Sudan[J]. Harvard International Law Journal, 2004, 45(2).

[50] ELIAS A, MEES L. Between Accommodation and Secession: Explaining the Shifting Territorial Goals of Nationalist Parties in the Basque Country and Catalonia[J]. Revista Destudis Autonomics I Federals, 2017, 25(1).

[51] ELIAS A. Making the Economic Case for Independence: The Scottish National Party's Electoral Strategy in Post-Devolution Scotland[J]. Regional & Federal Studies, 2019, 29(1).

[52] ELLIOTT S, BEW P. The Prospects for Devolution[J]. An Irish Quarterly Review, 1991, 80(318).

[53] EVANS A. Devolution and Parliamentary Representation: The Case of the Scotland and Wales Bill, 1976—7[J]. Parliamentary History, 2018, 37(2).

[54] EVANS J D. Welsh Devolution as Passive Revolution[J]. Capital & Class, 2018, 42(3).

[55] EVERA V S. Primordialism Lives! [J]. APSA-CP: Newsletter of the Organized Section in Comparative Politics of the American Political Science Association, 2001, 12(1).

[56] EZROW L. Parties' Policy Programmes and the Dog that Didn't Bark: No Evidence that Proportional Systems Promote Extreme Party Positioning[J]. British Journal of Political Science, 2008, 38(3).

[57] FARHAT N, VLOEBERGHS W, BOURBEAU P, et al. Transforming Unitary States into Federations: Path-Dependent Construction of Political Identities in Belgium and Lebanon[J]. Publius: The Journal of Federalism, 2020, 50(4).

[58] FRY M. Could Scotland Go It Alone? [J]. The Round Table: The Commonwealth Journal of International Affairs, 1978, 68(270).

[59] FRY M. Review: Devolution in the UK[J]. Scottish Affairs, 2010, 72(1).

[60] GARDNER A J. Devolution and the Paradox of Democratic Unresponsiveness [J]. South Texas Law Review, 1999, 40(3).

[61] GEEKIE J, LEVY R. Devolution and the Tartanisation of the Labour Party[J]. Parliamentary Affairs, 1989, 42(3).

[62] GIORDANO B, ROLLER E. "Te para todos"? A Comparison of the Processes of Devolution in Spain and the UK[J]. Environment and Planning A: Economy and Space, 2004, 36(12).

[63] GUIBERNAU M. Devolution and Independence in the United Kingdom: The case of Scotland[J]. Revista d'Estudis Autonòmics i Federals, 2010, 6(1).

[64] GUIBERNAU M. National Identity, Devolution and Secession in Canada, Britain and Spain[J]. Nations and Nationalism, 2006, 12(1).

[65] GUIBERNAU M. Nations Without States: Political Communities in the Global-Age[J]. Michigan Journal of International Law, 2004, 25(4).

[66] GUNN L. Devolution: A Scottish View[J]. The Political Quarterly, 1977, 48(2).

[67] GUNTHER R. Electoral Laws, Party Systems, and Elites: The Case of Spain [J]. The American Political Science Review, 1989, 83(3).

[68] HADFIELD B. The Nature of Devolution in Scotland and Northern Ireland: Key Issues of Responsibility and Control[J]. Edinburgh Law Review, 1999, 3(1).

[69] HANNUM H. The Specter of Secession: Responding to Claims for Ethnic Self-Determination[J]. Foreign Affairs, 1998, 77(2).

[70] HAYDECKER R. Public Policy in Scotland after Devolution: Convergence or Divergence[J]. POLIS Journal, 2010, 3.

[71] HAZELL R, SINCLAIR D. The British Constitution in 1997—1998: Labour's constitutional revolution[J]. Parliamentary Affairs, 1999, 52(2).

[72] HAZELL R. The English Question[J]. Publius: The Journal of Federalism, 2006, 36(1).

[73] HEALD D, KEATING M. The Impact of the Devolution Commitment on the Scottish Body Politic[J]. Australian Journal of Politics and History, 2008, 26(3).

[74] HECHTER M, OKAMOTO D. Political Consequences of Minority Group Formation[J]. Annual Review of Political Science, 2001, 4(1).

[75] HECHTER M. Nationalism and Rationality[J]. Studies in Comparative International Development, 2000, 35(1).

[76] HENDERSON A et al. Reflections on the "Devolution Paradox": A Comparative Examination of MultilevelCitizenship[J]. Regional Studies, 2013, 47(3).

[77] HENDERSON A, JEFFERY C, LIÑEIRA R. National Identity or National Interest? Scottish, English and Welsh Attitudes to the Constitutional Debate[J]. The Political Quarterly, 2015, 86(2).

[78] HEPBURN E. Introduction: Re-Conceptualizing Sub-State Mobilization[J]. Regional and Federal Studies, 2009, 19(5).

[79] HILDRETH P. What is Localism, and What Implications Do Different Models Have for Managing the Local Economy? [J]. Local Economy, 2011, 26(8).

[80] HOOGHE L, SCHAKEL H A, MARKS G. Appendix A: Profiles of Regional Reform in 42 Countries (1950—2006) [J]. Regional and Federal Studies, 2008, 18(2-3).

[81] HOPKIN J. Devolution and Party Politics in Britain and Spain[J]. Party Politics, 2009, 15(2).

[82] HOROWITZ L D. Democracy in Divided Societies[J]. Journal of Democracy, 1993, 4(4).

[83] HOROWITZ L D. The Many Uses of Federalism[J]. Drake Law Review, 2007, 55(4).

[84] JACK G, ROGER L. Devolution and the Tartanisation of the Labour Party[J]. Parliamentary Affairs, 1989, 42(3).

[85] JALLAND P. United Kingdom Devolution 1910-14: Political Panacea or Tactical Diversion? [J]. The English Historical Review, 1979, 94(373).

[86] JEFFERY C. Devolution and Local Government[J]. Publius: The Journal of Federalism, 2006, 36(1).

[87] JEFFERY C. Devolution in the United Kingdom: Problems of a Piecemeal Approach to Constitutional Change[J]. Publius: The Journal of Federalism, 2009, 39(2).

[88] JEFFERY C. Whither the Committee of the Regions? Reflections on the Committee's "Opinion on the Revision of the Treaty on European Union"[J]. Regional and Federal Studies, 1995, 5(2).

[89] JONES B J, KEATING M. The Resolution of Internal Conflicts and External Pressures: The Labour Party's Devolution Policy[J]. Government and Opposition, 1982, 17(3).

[90] JONES B J. Labour Party Doctrine and Devolution: The Welsh Experience[J]. Ethnic and Racial Studies, 1984, 7(1).

[91] JONES W R, LEWIS B. The Welsh Devolution Referendum[J]. Politics, 1999, 19(1).

[92] JONES W R. On Process, Events and Unintended Consequences: National

Identity and the Politics of Welsh Devolution[J]. Scottish Affairs, 2001, 37(1).

[93] KEATING M. Administrative Devolution in Practice: The Secretary of State for Scotland and the Scottish Office[J]. Public Administration, 1976, 54(2).

[94] KEATING M. Asymmetrical Government: Multinational States in an Integrating Europe[J]. Publius: The Journal of Federalism, 1999, 29(1).

[95] KEATING M. Contesting European Regions[J]. Regional Studies, 2017, 51(1).

[96] KEATING M. Intergovernmental Relations and Innovation: From Co-Operative to Competitive Welfare Federalism in the UK[J]. British Journal of Politics and International Relations, 2012, 14(2).

[97] KEATING M. Policy Convergence and Divergence in Scotland under Devolution[J]. Regional Studies, 2005, 39(4).

[98] KEATING M. Rethinking Sovereignty: Independence-Lite, Devolution-Max and National Accommodation[J]. Revista d'Estudis Autonòmics i Federals, 2012, 8(2).

[99] KELLY J M. Political Downsizing: The Re-Emergence of Self-Determination, and the Movement Toward Smaller, Ethnically Homogenous States[J]. Drake Law Review, 1999, 47(2).

[100] KENNY M. The Many Faces of Englishness: Identity, Diversity and Nationhood in England[J]. Public Policy Review, 2012, 19(3).

[101] KOSTADINOVA T. Do Mixed Electoral Systems Matter? A Cross-National Analysis of Their Effects in Eastern Europe[J]. Electoral Studies, 2002, 21(1).

[102] KYMLICKA W. Federalism and Secession: At Home and Abroad[J]. Canadian Journal of Law and Jurisprudence, 2000, 13(2).

[103] KYMLICKA W. Multicultural Citizenship within Multination States[J]. Ethnicities, 2011, 11(3).

[104] LAZER H. Devolution, Ethnic Nationalism, and Populism in the United Kingdom[J]. Publius: The Journal of Federalism, 1977, 7(4).

[105] LEONARDI R, NANETTI R, PUTNAM D R. Devolution as a Political Process: The Case of Italy[J]. Publius: The Journal of Federalism, 1981, 11(1).

[106] LEYLAND P. The Multifaceted Constitutional Dynamics of U. K. Devolution[J]. International Journal of Constitutional Law, 2011, 9(1).

[107] LIEIRA R, CETRÀ D. The Independence Case in Comparative Perspective[J]. The Political Quarterly, 2015, 86(2).

[108] LUSTICK L. Stability in Deeply Divided Countries: Consociationalism Versus Control[J]. World Politics, 1979, 31(3).

[109] MACKENZIE W, CHAPMAN B. Federalism and Regionalism. A Note on the Italian Constitution of 1948[J]. The Modern Law Review, 1951, 14(2).

[110] MACKINNON D. Devolution, State Restructuring and Policy Divergence in the UK[J]. The Geographical Journal, 2015, 181(1).

[111] MADIÈS T et al. , The Economics of Secession: A Review of Legal, Theoretical, and Empirical Aspects[J]. Swiss Journal of Economics and Statistics, 2018, 154(1).

[112] MARKS G, HAESLY R, MBAYE H. What Do Subnational Offices Think They Are Doing in Brussels? [J]. Regional & Federal Studies, 2002, 12(3).

[113] MAR-MOLINERO C. Linguistic Nationalism and Minority Language Groups in the "New" Europe[J]. Journal of Multilingual & Multicultural Development, 1994, 15(4).

[114] MARTÍNEZ-HERRERA E. From Nation-Building to Building Identification with Political Communities: Consequences of Political Decentralisation in Spain, the Basque Country, Catalonia and Galicia, 1978—2001[J]. European Journal of Political Research, 2002, 41(2).

[115] MASSETTI E, SCHAKEL A. Ideology Matters: Why Decentralisation Has a Differentiated Effect on Regionalist Parties' Fortunes in Western Democracies[J]. European Journal of Political Research, 2013, 52(6).

[116] MASSETTI E, SCHAKEL H A. Between Autonomy and Secession: Decentralization and Regionalist Party Ideological Radicalism[J]. Party Politics, 2016, 22(1).

[117] MASSETTI E, SCHAKEL H A. From Class to Region: How Regionalist Parties Link (and Subsume) Left-Right into Centre-Periphery Politics[J]. Party Politics, 2015, 21(6).

[118] MASSETTI E, SCHAKEL H A. Ideology Matters: Why Decentralization has a Differentiate Effect on Regionalist Parties' Fortunes in Western Democracies[J]. European Journal of Political Research, 2013, 52(6).

[119] MAWSON J. English Regionalism and New Labour[J]. Regional & Federal Studies, 1998, 8(1).

[120] MAY S. Extending Ethnolinguistic Democracy in Europe: The Case of Wales [J]. The Sociological Review, 2000, 48(S1).

[121] MCCORKINDALE C, MCHARG A, SCOTT F P. The Courts, Devolution, and Constitutional Review[J]. University of Queensland Law Journal, 2017, 36(2).

[122] MCCORKINDALE C. Devolution in Scotland and the Supreme Court: A Question of Interpretation? [J]. Materiali per una storia della cultura giuridica, 2020, 50(1).

[123] MCEWEN N, SWENDEN W, BOLLEYER N. Intergovernmental Relations in the UK: Continuity in a Time of Change? [J]. British Journal of Politics and International Relations, 2012, 14(2).

[124] MCEWEN N. Still Better Together? Purpose and Power in Intergovernmental Councils in the UK[J]. Regional & Federal Studies, 2017, 27(5).

[125] MCGARRY J. Asymmetry in Federations, Federacies and Unitary States[J]. Ethnopolitics, 2007, 6(1).

[126] MCGLYNN C, TONGE J, MCAULEY J. The Party Politics of Post-Devolution Identity in Northern Ireland [J]. British Journal of Politics and International Relations, 2014, 16(2).

[127] MCLEAN I. Devolution[J]. The Political Quarterly, 1976, 47(2).

[128] MEADOWS M. Constitutional Crisis in the United Kingdom: Scotland and the Devolution Controversy[J]. The Review of Politics, 1977, 39(1).

[129] MEADWELL H. The Political Dynamics of Secession and Institutional Accommodation[J]. Regional & Federal Studies, 2009, 19(2).

[130] MIDWINTER A, MCVICAR M. The Devolution Proposals for Scotland: An Assessment and Critique[J]. Public Money & Management, 1996, 16(4).

[131] MILEY J T. Against the Thesis of the "Civic Nation": The Case of Catalonia in Contemporary Spain[J]. Nationalism and Ethnic Politics, 2007, 13(1).

[132] MILLER D. Secession and the Principle of Nationality[J]. Canadian Journal of Philosophy, 1997, 26(S1).

[133] MINTO R et al., A Changing UK in a Changing Europe: The UK State between European Union and Devolution[J]. The Political Quarterly, 2016, 87(2).

[134] MITCHELL J et al., The 1997 Devolution Referendum in Scotland[J]. Parliamentary Affairs, 1998, 51(2).

[135] MITCHELL J. Devolution and the End of Britain? [J]. Contemporary British History, 2000, 14(3).

[136] MITCHELL J. England and the Centre[J]. Regional Studies, 2002, 36(7).

[137] MITCHELL J. Evolution and Devolution: Citizenship, Institutions, and Public Policy[J]. Publius: The Journal of Federalism, 2006, 36(1).

[138] MITCHELL J. The Creation of the Scottish Parliament: Journey Without End [J]. Parliamentary Affairs, 1999, 52(4).

[139] MITCHELL J. The Evolution of Devolution: Labour's Home Rule Strategy in Opposition[J]. Government and Opposition, 1998, 33(4).

[140] MOONEY G, WILLIAMS C. Forging New "Ways of Life"? Social Policy and

Nation Building in Devolved Scotland and Wales[J]. Critical Social Policy, 2006, 26(3).

[141] MORGAN K. English Question: Regional Perspectives on a Fractured Nation[J]. Regional Studies, 2002, 36(2).

[142] MORPHET J, CLIFFORD B. Policy Convergence, Divergence and Communities: The Case of Spatial Planning in Post-Devolution Britain and Ireland[J]. Planning, Practice & Research, 2014, 29(5).

[143] MUÑOZ J, TORMOS R. Economic Expectations and Support for Secession in Catalonia: Between Causality and Rationalization[J]. European Political Science Review, 2015, 7(2).

[144] MURO D, VLASKAMP C M. How do Prospects of EU Membership Influence Support for Secession? A Survey Experiment in Catalonia and Scotland[J]. West European Politics, 2016, 39(6).

[145] NAGLE J. From Secessionist Mobilization to Sub-State Nationalism? Assessing the Impact of Consociationalism and Devolution on Irish Nationalism in Northern Ireland[J]. Regional & Federal Studies, 2013, 23(4).

[146] O'NEILL M. Great Britain: From Dicey to Devolution[J]. Parliamentary Affairs, 2000, 53(1).

[147] PAQUIN S. Globalization, European Integration and the Rise of Neo-Nationalism in Scotland[J]. Nationalism and Ethnic Politics, 2002, 8(1).

[148] PATERSON L. Is Britain Disintegrating? Changing Views of "Britain" after Devolution[J]. Regional & Federal Studies, 2002, 12(1).

[149] PHILLIPS H O. The British Constitution: From Revolution to Devolution[J]. William and Mary law Review, 1976, 17(3).

[150] PITTOCK M. Scottish Sovereignty and the Union of 1707: Then and Now[J]. National Identities, 2012, 14(1).

[151] RAPPARD E W. The Initiative, Referendum and Recall in Switzerland[J]. The Annals of the American Academy of Political and Social Science, 1912, 43(1).

[152] REX J, SINGH G. Multiculturalism and Political Integration in Modern Nation-States—Thematic Introduction[J]. International Journal on Multicultural Societies, 2003, 5(1).

[153] RIVERA L. Scottish Devolution: A Historical and Political Analysis[J]. Loyola University Student Historical Journal, 1998—1999, 30(1).

[154] RODRGUEZ-POSE A, BWIRE A. The Economic (In)efficiency of Devolution[J]. Environment and Planning A, 2004, 36(11).

[155] RODRIGUEZ-POSE A, EZCURRA R. Does Decentralization Matter for

Regional Disparities? A Cross-Country Analysis[J]. Journal of Economic Geography, 2010, 10(5).

[156] RODRÍGUEZ-POSE A, GILL N. On the "economic dividend" of devolution[J]. Regional Studies, 2005, 39(4).

[157] RODRÍGUEZ-POSE A, TSELIOS V. Well-Being, Political Decentralisation and Governance Quality in Europe[J]. Journal of Human Development and Capabilities, 2019, 20(1).

[158] ROEDER G P. Ethnofederalism and the Mismanagement of Conflicting Nationalisms[J]. Regional & Federal Studies, 2009, 19(2).

[159] ROSENFELD M. Rethinking Constitutional Ordering in an Era of Legal and Ideological Pluralism[J]. International Journal of Constitutional Law, 2008, 6(3).

[160] RUDOLPH R J, THOMPSON J R, Ethnoterritorial Movements and the Policy Process[J]. Comparative Politics, 1985, 17(3).

[161] SAIDEMAN S et al. , Democratization, Political Institutions and Ethnic Conflict: A Pooled Time-Series Analysis, 1985—1998[J]. Comparative Political Studies, 2002, 35(1).

[162] SAMBANIS N, MILANOVIC B. Explaining Regional Autonomy Differences in Decentralized Countries[J]. Comparative Political Studies, 2014, 47(13).

[163] SANDFORD M, GORMLEY-HEENAN C. "Taking Back Control", the UK's Constitutional Narrative and Schrodinger's Devolution[J]. Parliamentary Affairs, 2020, 73(1).

[164] SCHRIJVER J F. Electoral Performance of Regionalist Parties and Perspectives on Regional Identity in France[J]. Regional and Federal Studies, 2004, 14(2).

[165] SCOTT G, WRIGHT S. Devolution, Social Democratic Visions and Policy Reality in Scotland[J]. Critical Social Policy, 2012, 32(3).

[166] SEAWRIGHT D. The Conservative Party's Devolution Dilemma[J]. Textes & Contextes, 2008, 1(1).

[167] SELVAKKUMARAN N. Devolution of Power: A Conceptual Perspective[J]. Sri Lanka Journal of International Law, 1998, 10(1).

[168] SERRANO I. Just a Matter of Identity? Support for Independence in Catalonia[J]. Regional & Federal Studies, 2013, 23(5).

[169] SIMPKINS F. Twenty Years of Devolution in Scotland: The End of a British Party System? [J]. French Journal of British Studies, 2019, 24(4).

[170] SIMPSON J G. The Diffusion of Sovereignty: Self-Determination in the Post-Colonial Age[J]. Stanford Journal of International Law, 1996. 32(2).

[171] SMITH B. Confusions in Regionalism[J]. The Political Quarterly, 1977, 48(1).

[172] SORENS J. The Cross-Sectional Determinants of Secessionism in Advanced Democracies[J]. Comparative Political Studies, 2005, 38(3).

[173] SORENS J. The Partisan Logic of Decentralization in Europe[J]. Regional & Federal Studies, 2009, 19(2).

[174] STEFANOVSKA V. The Impact of Separation of States to the Map of Europe: The Cases of Scotland and Catalonia[J]. International Journal of Scientific & Engineering Research, 2016, 7(7).

[175] STEVENS M R. Asymmetrical Federalism: The Federal Principle and the Survival of the Small Republic[J]. Publius: The Journal of Federalism, 1977, 7(4).

[176] STEWART D J. The Local Government Approach to Devolution[J]. The Political Quarterlty, 1997, 48(4).

[177] SWAN B C, CETRÀ D. Why Stay Together? State Nationalism and Justifications for State Unity in Spain and the UK[J]. Nationalism and Ethnic Politics, 2020, 26(1).

[178] SWENDEN W, MCEWEN N. UK Devolution in the Shadow of Hierarchy: Intergovernmental Relations and Party Politics[J]. Comparative European Politics, 2014, 12(4-5).

[179] TARLTON D C. Symmetry and Asymmetry as Elements of Federalism: A Theoretical Speculation[J]. The Journal of Politics, 1965, 27(4).

[180] TIERNEY S. Federalism in a Unitary State: A Paradox Too Far? [J]. Regional & Federal Studies, 2009, 19(2).

[181] TIERNEY S. Giving with One Hand: Scottish Devolution within a Unitary State[J]. International Journal of Constitutional Law, 2007, 5(4).

[182] TODD J, O'KEEFE T, ROUGIER N, et al. Fluid or Frozen? Choice and Change in Ethnonational Identification in Contemporary Northern Ireland[J]. Nationalism and Ethnic Politics, 2006, 12(3-4).

[183] TOMANEY J. End of the Empire State? New Labour and Devolution in the United Kingdom[J]. International Journal of Urban and Regional Research, 2000, 24(3).

[184] TRANCHAN P J. Is Regional Autonomy a Solution to Ethnic Conflict? Some Lessons from a Dynamic Analysis[J]. Peace Economics, Peace Science and Public Policy, 2016, 22(4).

[185] TRIANDAFYLLIDOU A. National identity and the "other"[J]. Ethnic and Racial Studies, 1998, 21(4).

[186] WATERS W T. For Freedom Alone: Secession after the Scottish Referendum [J]. The Journal of Nationalism and Ethnicity, 2016, 44(1).

[187] WILLIAMS D. Wales and Legislative Devolution[J]. The Cambrian Law Review, 1975, 6(1).

[188] ZWET A, MCANGUS C. How Different are Assessments of Independence and Devolution Max? An Analysis of the Role of National Identity and Party Affiliation [J]. Scottish Affairs, 2014, 23(1).

外文研究报告

[1] AUDICKAS L, CRACKNELL R, LOFT P. UK Election Statistics: 1918—2019: A Century of Elections, Briefing Paper[R]. Number CBP 7529, London: House of Commons Library, 18 July 2019.

[2] BELL D, How Much Money Would Scotland Have? [R]. Parliamentary Brief, November 1994.

[3] BLICK A. Devolution in the UK: Historical Perspective[R]. King's College London, 2016.

[4] CABINET OFFICE. The Implications of Devolution for England[R]. Cmnd 8969, London: Majesty's Stationery Office, December 2014.

[5] CALMAN COMMISSION. Serving Scotland Better: Scotland and the United Kingdom in the 21st century: Final Report[R]. June 2009.

[6] CALMAN COMMISSION. The Future of Scottish Devolution within the Union: A First Report[R]. December 2008.

[7] COMMISSION ON DEVOLUTION IN WALES. Empowerment and Responsibility: Financial Powers to Strengthen Wales[R]. November 2012.

[8] COMMISSION ON DEVOLUTION IN WALES. Empowerment and Responsibility: Legislative Powers to Strengthen Wales[R]. 2014.

[9] CURTICE J. Future Identities: Changing Identities in the UK-the next 10 years, DR8 National Identity and Constitutional Change [R]. National Centre for Social Research, Strathclyde University, January 2013.

[10] DELLOW-PERRY E, MCCAFFREY R. Legislative Consent Motions, Research and Information Service Research Paper[R]. NIAR 87—2020, 25th September 2020.

[11] DOUGLAS-HOME A. Scotland's Government: The Report of the Scottish Constitutional Committee[R]. Scotish Constitutional Committee, 1970.

[12] ESRC. Interim Findings of the Devolution and Constitutional Change

Programme, Devolution: What Difference Has It Made? [R]. 2004.

[13] FELLA S, UBEROI E, CRACKNELL R. European Parliament Elections 2019: Results and Analysis, Briefing Paper[R]. Number 8600, 26 June 2019, London: House of Commons Library.

[14] GAY O. Scotland and Devolution, Research Paper 97/92[R]. London: House of Commons Library, 1997.

[15] GREAT BRITAIN, PRIVY COUNCIL. Devolution to Scotland and Wales: Supplementary Statement[R]. London: HMSO, 1976.

[16] HOUSE OF COMMONS COMMUNITIES AND LOCAL GOVERNMENT. Devolution in England: The Case for Local Government, First Report of Session 2014—15 [R]. HC 503, London: The Stationery Office Limited, 30 June 2014.

[17] INDEPENDENT COMMISSION ON FUNDING & FINANCE IN WALES. Final Report: Fairness and Accountability: A New Funding Settlement for Wales[R]. July 2010.

[18] INDEPENDENT COMMISSION ON FUNDING & FINANCE IN WALES. First Report: Funding Devolved Government in Wales: Barnett & beyond[R]. July 2009

[19] LEEKE M, SEAR C, GAY O. An Introduction to Devolution in the UK, Research Paper 03/84[R]. London: House of Commons Library, 17 November 2003.

[20] NORTHERN IRELAND OFFICE. Northern Ireland Constitutional Proposals, White Paper[R]. Cmnd 5259, 20 March 1973, London: HMSO.

[21] NORTHERN IRELAND OFFICE. Northern Ireland: A Framework for Devolution[R]. Cmnd 8541, 5 April 1982, London: HMSO.

[22] NORTHERN IRELAND OFFICE. The Future of Northern Ireland: A Paper for Discussion, Green Paper[R]. 1972, London: HMSO.

[23] NORTHERN IRELAND OFFICE. The Government of Northern Ireland: A Working Paper for a Conference[R]. Cmnd 7763, 20 November 1979, London: HMSO.

[24] NORTHERN IRELAND OFFICE. The Northern Ireland Constitution, White Paper[R]. Cmnd 5675, 4 July 1974, London: HMSO.

[25] PARK A et al., British Social Attitudes: The 30th Report[R]. London: NatCen Social Research, 2013

[26] PHILLIPS D et al., British Social Attitudes: The 35th Report[R]. London: The National Centre for Social Research, 2018.

[27] RICHARD COMMISSION. Commission on the Powers and Electoral Arrangements of the National Assembly for Wales[R]. Report of the Richard Commission, 2004.

[28] ROYAL COMMISSION ON THE CONSTITUTION (KILBRANDON

COMMISSION). Report of the Royal Commission on the Constitution (Kilbrandon Report)[R]. London: HMSO, 1973.

[29] SCOTTISH OFFICE. Scotland's Parliament[R]. Cmnd 3658, London: HMSO, 1997.

[30] THE COMMISSION ON JUSTICE IN WALES. Commission on Justice in Wales Report[R]. October 2019.

[31] THE MCKAY COMMISSION. Report of the Commission on the Consequences of Devolution for the House of Commons[R]. 25 March 2013.

[32] THE SMITH COMMISSION. Report of the Smith Commission for Further Devolution of Powers to the Scottish Parliament[R]. 27 November 2014.

[33] UBEROI E et al., General Election 2019: Results and Analysis (Second edition), Briefing Paper[R]. Number CBP 8749, 28 Januray 2020, London: House of Commons Library.

[34] UBEROI E, BAKER C, CRACKNELL R. General Election 2019: Results and Analysis, Briefing Paper[R]. Number CBP 8749, 19 December 2019, London: House of Commons Library.

[35] WELSH OFFICE. A Voice for Wales: The Government's Proposals for a Welsh Assembly[R]. Cmnd 3718, 1997, London: HMSO.

其他外文文献(博士论文、会议论文、工作论文)

[1] BLAIR T. Speech by the Rt. Hon. Tony Blair MP, Leader of the Labour Party to the Wales Labour Party Conference[A]. Brangwyn Hall, Swansea, Friday 10 May 1996.

[2] CHERNYHA T L, BURG L S. Devolution and Democracy: Identity, Preferences, and Voting in the Spanish "State of Autonomies"[A]. Rethinking Ethnicity and Ethnic Strife: Multidisciplinary Perspectives, Budapest, Hungary. September 25-27, 2008.

[3] DEIWIKS C. The Curse of Ethno-Federalism? Ethnic Group Regions, Subnational Boundaries and Secessionist Conflict[A]. Annual Meeting of the International Studies Association, 2010.

[4] KANE N. A Study of the Debate on Scottish Home Rule, 1886—1914[D]. The University of Edinburgh, 2015.

[5] KELLAS G J. Developments in Scottish and English Nationalism[A]. IPSA Conference in Québec, University of Glasgow, 2000.

[6] REYNAERTS J, VANSCHOONBEEK J. The Economics of State Fragmenta-

tion: Assessing the Economic Impact of Secession[A]. MPRA Paper 69681, 2016.

[7] STEPHENS M, FITZPATRICK S. Country Level Devolution: Scotland[A]. SPDO Research Paper 1, November 2018.

[8] WATTS L R. A Comparative Perspective on Asymmetry in Federations[A]. Asymmetry Series (Queen's University), 2005, No. 4.

外文法律、法规、协议

[1] GOVERNMENT OF THE REPUBLIC OF IRELAND, GOVERNMENT OF THE UNITED KINGDOM AND PARTIES IN NORTHERN IRELAND. The Belfast Agreement 1998[S]. 1998-04-10.

[2] GOVERNMENT OF THE UNITED KINGDOM AND GOVERNMENT OF SCOTLAND. Edinburgh Agreement 2012[S]. 2012-10-15.

[3] HOUSE OF COMMONS. Constitutional Reform Act 2005[S]. 2005-03-24.

[4] HOUSE OF COMMONS. Government of Ireland Act 1920[S]. 1920-12-23.

[5] HOUSE OF COMMONS. Government of Wales Act 1998[S]. 1998-07-31.

[6] HOUSE OF COMMONS. Government of Wales Act 2006[S]. 2006-07-25.

[7] HOUSE OF COMMONS. Greater London Authority Act 1999[S]. 1999-11-11.

[8] HOUSE OF COMMONS. Justice and Security (Northern Ireland) Act 2007[S]. 2007-05-24.

[9] HOUSE OF COMMONS. Northern Ireland (St Andrews Agreement) Act 2006[S]. 2006-11-12.

[10] HOUSE OF COMMONS. Northern Ireland Act 1974[S]. 1974-07-17.

[11] HOUSE OF COMMONS. Northern Ireland Act 1982[S]. 1982-07-23.

[12] HOUSE OF COMMONS. Northern Ireland Act 1998[S]. 1998-11-19.

[13] HOUSE OF COMMONS. Northern Ireland Act 2009[S]. 2009-03-12.

[14] HOUSE OF COMMONS. Northern Ireland Constitution Act 1973[S]. 1973-07-18.

[15] HOUSE OF COMMONS. Parliamentary Constituencies Act 1986[S]. 1986-11-07.

[16] HOUSE OF COMMONS. Political Parties, Elections and Referendums Act 2000[S]. 2000-11-30.

[17] HOUSE OF COMMONS. Representation of the People Act 2000[S]. 2000-03-09.

[18] HOUSE OF COMMONS. Scotland Act 1978[S]. 1978-07-31.

[19] HOUSE OF COMMONS. Scotland Act 1998[S]. 1998-11-19.

[20] HOUSE OF COMMONS. Scotland Act 2012[S]. 2012-05-01.

[21] HOUSE OF COMMONS. Scotland Act 2016[S]. 2016-03-23.

[22] HOUSE OF COMMONS. Wales Act 1978[S]. 1978-07-31.

[23] HOUSE OF COMMONS. Wales Act 2014[S]. 2014-12-17.

[24] HOUSE OF COMMONS. Wales Act 2017[S]. 2017-01-31.

[25] NATIONAL ASSEMBLY FOR WALES. Senedd and Elections(Wales) Act 2020[S]. 2020-01-15.

[26] SCOTTISH PARLIAMENT. Scottish Independence Referendum Act 2013[S]. 2013-12-17.

外文译著

[1] 赫费. 全球化时代的民主[M]. 庞学铨,李张林,高靖生,译. 上海:上海译文出版社,2007.

[2] 沃尔曼,施罗德. 比较英德公共部门改革:主要传统与现代化的趋势[M]. 王峰,林震,方琳,译. 北京:北京大学出版社,2004.

[3] 施密特. 政治的概念[M]. 刘宗坤,朱雁冰,等译. 上海:上海人民出版社,2015.

[4] 哈贝马斯. 包容他者[M]. 曹卫东,译. 上海:上海人民出版社,2002.

[5] 马尔赛文,唐. 成文宪法的比较研究[M]. 陈云生,译. 北京:华夏出版社,1987.

[6] 诺萨尔,鲁塞尔,帕奎因. 加拿大对外政策政治[M]. 唐小松,译. 北京:外语教学与研究出版社,2018.

[7] 叶礼庭. 血缘与归属:探寻新民族主义之旅[M]. 成起宏,译. 北京:中央编译出版社,2017.

[8] 李帕特. 选举制度与政党制度:1945-1990年27个国家的实证研究[M]. 谢岳,译. 上海:上海人民出版社,2008.

[9] 利普哈特. 民主的模式:36个国家的政府形式和政府绩效[M]. 2版. 陈崎,译. 上海:上海人民出版社,2017.

[10] 安德森. 想象的共同体:民族主义的起源与散步(增订版)[M]. 吴叡人,译. 上海:上海人民出版社,2016.

[11] 科泽. 仪式、政治与权力[M]. 王海洲,译. 南京:江苏人民出版社,2016.

[12] 盖伊. 自治与民族:多民族国家竞争性诉求的协调[M]. 张红梅,译. 北京:东方出版社,2013.

[13] 伊罗生. 群氓之族[M]. 邓伯宸,译. 桂林:广西师范大学出版社,2015.

[14] 林茨,斯泰潘. 民主转型与巩固的问题:南欧、南美和后共产主义欧洲[M]. 孙龙,译. 杭州:浙江人民出版社,2008.

[15] 阿尔蒙德,维巴. 重访公民文化[M]. 李国强,等译. 北京:东方出版社,2014.

[16] 斯奈德. 从投票到暴力:民主化和民族主义冲突[M]. 吴强,译. 北京:中央编译出版社,2017.

[17] 赫克特. 遏制民族主义[M]. 韩召颖,等译. 北京:中国人民大学出版社,2012.

[18] 卡斯特. 认同的力量[M]. 夏铸九,黄丽玲,等译. 北京:社会科学文献出版社,2003.

[19] 萨托利. 民主新论[M]. 冯克利,阎克文,译. 上海:上海人民出版社,2009.

[20] 亨廷顿. 变化社会中的政治秩序[M]. 王冠华,刘为,等译. 上海:上海人民出版社,2015.

[21] 亨廷顿. 我们是谁?:美国国家特性面临的挑战[M]. 程克雄,译,北京:新华出版社,2005.

[22] 安东尼. 民主的经济理论[M]. 姚洋,邢予青,赖平耀,译. 上海:上海人民出版社,2017.

[23] 库克. 分离、同化或融合:少数民族政策比较[M]. 张红梅,译. 北京:东方出版社,2015.

[24] 李普塞特. 政治人:政治的社会基础[M]. 张绍宗,译;沈澄如,张华青,校. 上海:上海人民出版社,2011.

[25] 汉密尔顿,杰伊,麦迪逊. 联邦党人文集[M]. 程逢如,在汉,舒逊,译. 北京:商务印书馆,2015.

[26] 西尾胜. 日本地方分权改革[M]. 张青松,刁榴,译. 北京:社会科学文献出版社,2013.

[27] 布莱泽. 地方分权:比较的视角[M]. 肖艳辉,袁朝晖,译. 北京:中国方正出版社,2009.

[28] 西班牙宪法典[S]. 潘灯,单艳芳,译. 北京:中国政法大学出版社,2006.

[29] 阿玛蒂亚·森. 身份与暴力:命运的幻象[M]. 李风华,陈昌升,袁德良,译;刘民权,韩华为,校. 北京:中国人民大学出版社,2014.

[30] 戴雪,等. 枢密院考[M]. 戴鹏飞,译. 上海:上海三联书店,2017.

[31] 戴雪,雷特. 思索英格兰与苏格兰的联合[M]. 戴鹏飞,译. 上海:上海三联书店,2016.

[32] 柏克. 自由与传统[M]. 蒋庆,王瑞昌,王天成,译. 南京:译林出版社,2012.

[33] 史密斯. 民族认同[M]. 王娟,译. 南京:译林出版社,2018.

[34] 史密斯. 民族主义:理论、意识形态、历史[M]. 叶江,译. 上海:上海人民出版社,2006.

[35] 考克瑟,罗宾逊,里奇. 当代英国政治[M]. 4版. 孙新峰,蒋鲲,译. 北京:北京大学出版社,2009.

[36] 米勒,波格丹诺.布莱克威尔政治学百科全书[M].邓正来,等译.北京:中国政法大学出版社,1992.

[37] 威尔逊,盖姆.英国地方政府[M].张勇,等译.北京:北京大学出版社,2009.

[38] 戴雪.英宪精义[M].雷宾南,译.北京:中国法制出版社,2017.

[39] 希特.公民身份:世界史、政治学与教育学中的公民理想[M].郭台辉,余慧元,译.长春:吉林出版集团有限责任公司,2010.

[40] 盖尔纳.民族与民族主义[M].韩红,译.北京:中央编译出版社,2002.

[41] 詹金斯.威尔士史[M].孙超,译.上海:东方出版中心,2017.

[42] 摩根.牛津英国通史[M].王觉非,等译.北京:商务印书馆,1993.

[43] 罗伯特·基.独立之路:爱尔兰史[M].潘兴明,译.上海:东方出版中心,2019.

[44] 赞德.英国法:议会立法、法条解释、先例原则及法律改革[M].6版.江辉,译.北京:中国法制出版社,2014.

[45] 梅尼,赖特.西欧国家中央与地方关系[M].朱建军,译.北京:春秋出版社,1989.

[46] 屈勒味林.英国史:上[M].钱端升,译.北京:东方出版社,2012.

[47] 布莱尔.旅程:布莱尔回忆录[M].李永学,董宇虹,江凌,译.南京:译林出版社,2011.

[48] 布莱尔.新英国:我对一个年轻国家的展望[M].曹振寰,等译.北京:世界知识出版社,1998.

[49] 波格丹诺.新英国宪法[M].李松锋,译;李树忠,校订.北京:法律出版社,2013.

[50] 沙马.英国史Ⅰ:在世界的边缘?[M].彭灵,译.北京:中信出版社,2018.

[51] 沙马.英国史Ⅱ:不列颠的战争[M].彭灵,译.北京:中信出版社,2018.

[52] 沙马.英国史Ⅲ:帝国的命运[M].彭灵,译.北京:中信出版社,2018.

中文书籍

[1] 白桂梅.国际法上的自决权[M].北京:中国华侨出版社,1999.

[2] 曹兴,孙志方.全球化时代的跨界民族问题[M].北京:中国政法大学出版社,2015.

[3] 陈建仁.从中央支配到地方自主:日本地方分权改革的轨迹与省思[M].台北:华艺出版社,2011.

[4] 陈建樾,周竞红.族际政治在多民族国家的理论与实践[M].北京:社会科学文献出版社,2010.

[5] 程汉大.英国政治制度史[M].北京:中国社会科学出版社,1995.

[6] 董礼胜.欧盟成员国中央与地方关系比较研究[M].北京:中国政法大学出版社,2000.

[7] 龚文婧.英美地方自治制度比较研究[M].北京:人民出版社,2017.

[8] 顾长永.越南:巨变的二十年[M].台北:台湾商务印书馆,2007.

[9] 韩大元,莫纪宏.中国宪法年刊2014[G].北京:法律出版社,2015.

[10] 何包钢.民主理论:困境和出路[M].北京:法律出版社,2008.

[11] 胡康大.欧盟主要国家中央与地方的关系[M].北京:中国社会科学出版社,2000.

[12] 江宜桦.自由主义、民族主义与国家认同[M].台北:扬智文化事业股份有限公司,1998.

[13] 金炳镐.跨界民族与民族问题[M].北京:中央民族大学出版社,2010.

[14] 李冠杰.危险的分权:新工党治下英国的权力下放进程(1997—2010)[M].上海:上海人民出版社,2014.

[15] 李捷,杨恕.分裂主义及其国际化研究[M].北京:时事出版社,2013.

[16] 李捷.国外维护国家统一的路径与实践研究[M].北京:中国社会科学出版社,2020.

[17] 李韦.宗教改革与英国民族国家建构[M].北京:人民出版社,2015.

[18] 李姿姿,赵超.世界主要政党规章制度文献:法国[G].北京:中央编译出版社,2016.

[19] 刘泓.民族政治学:英国的族裔问题及其治理研究[M].北京:中国社会科学出版社,2017.

[20] 刘泓,等.当代国外民族分离主义与反分裂研究[M].北京:中国社会科学出版社,2016.

[21] 刘淑青.英国革命前的政治文化:17世纪初英国议会斗争的别样解读[M].北京:人民出版社,2015.

[22] 钱乘旦,陈晓律.在传统与变革之间:英国文化模式溯源[M].杭州:浙江人民出版社,1991.

[23] 钱乘旦,高岱.英国史新探:全球视野与文化转向[M].北京:北京大学出版社,2011.

[24] 钱乘旦,许洁明.英国通史[M].上海:上海社会科学院出版社,2002.

[25] 孙宏伟.英国地方自治体制研究[M].天津:天津人民出版社,2020.

[26] 童建华.英国违宪审查[M].北京:中国政法大学出版社,2011.

[27] 童之伟.国家结构形式论[M].2版.北京:北京大学出版社,2015.

[28] 汪晖,陈燕谷.文化与公共性[M].北京:生活·读书·新知三联书店,2005.

[29] 王海洲.政治仪式:权力生产和再生产的政治文化分析[M].南京:江苏人民出版社,2016.

[30] 王建娥.包容与凝聚:多民族国家和谐稳固的制度机制[M].北京:中国社会科

学出版社,2018.

[31] 王军,王云芳,马东亮:当代世界民族冲突管理研究[M].北京:民族出版社,2017.

[32] 王丽萍.联邦制与世界秩序[M].北京:北京大学出版社,2000.

[33] 王浦劬,等.中央与地方事权划分的国别研究及启示[M].北京:人民出版社,2016.

[34] 王涛.英国枢密院司法委员会研究[M].北京:法律出版社,2020.

[35] 王逸舟.区域国别研究和比较政治学:新问题与新挑战[M].上海:上海人民出版社,2020.

[36] 徐向梅.世界主要政党规章制度文献:俄罗斯[G].北京:中央编译出版社,2016.

[37] 阎照祥.英国政治制度史[M].北京:人民出版社,2012.

[38] 杨光斌.政治学导论[M].4版北京:中国人民大学出版社,2011.

[39] 杨恕.世界分裂主义论[M].北京:时事出版社,2008.

[40] 张千帆.国家主权与地方自治:中央与地方关系的法制化[M].北京:中国民主法制出版社,2012.

[41] 张玮麟.法治的黄昏:英国2005年宪法改革法案立法研究[M].北京:中国政法大学出版社,2018.

[42] 张文红.世界主要政党规章制度文献:德国[G].北京:中央编译出版社,2016.

[43] 张友国.后冷战时期民族分离主义研究[M].北京:首都师范大学出版社,2011.

[44] 章毅君.战后世界民族问题探源[M].北京:中央民族大学出版社,2007.

[45] 朱伦主.五十国民族政策研究[M].北京:中国社会科学出版社,2018.

中文期刊

[1] 白贵一.论地方自治与宪政:兼论英国地方自治影响及价值[J].理论与改革,2005(4).

[2] 白贵一.论英国地方自治的演进、影响与宪政价值[J].河南师范大学学报(哲学社会科学版),2006(1).

[3] 薄贵利.深刻理解权力下放的价值取向[J].中国行政管理,1998(5).

[4] 常晶,张维娜.制度变迁视域下的英国地方治理改革研究[J].当代世界与社会主义,2016(2).

[5] 陈红.近代中国对英国地方自治的认识[J].河南师范大学学报(哲学社会科学版),2008(2).

[6] 陈茉.政府权力下放与社会保障事业发展:以第三部门理论为视角[J].人民论坛,2014(20).

[7] 程汉大.英国宪政生发之路:基于国家与社会之关系的分析[J].甘肃社会科学,2011(5).

[8] 何海波.没有宪法的违宪审查:英国故事[J].中国社会科学,2005(2).

[9] 江国华,朱道坤.世纪之交的英国司法改革研究[J].东方法学,2010(2).

[10] 姜守明.查理一世的"宗教革新"与英国革命性质辨析:再论"英国民族国家形成过程中的宗教因素"[J].北京大学学报(哲学社会科学版),2013(4).

[11] 姜守明.教皇权的衰落与英国民族国家的兴起[J].辽宁大学学报(哲学社会科学版),2006(1).

[12] 李冠杰.英国的权力下放与卡梅伦的使命[J].欧洲研究,2015(4).

[13] 李捷,杨恕.反分裂主义:共识和应对[J].国际政治研究,2019(4).

[14] 李捷,雍通.权力下放与分离主义治理:基于亚齐与菲南的案例分析[J].东南亚研究,2019(5).

[15] 李丽颖.1707年英格兰、苏格兰合并的特征[J].世界民族,2011(6).

[16] 刘新成.都铎王朝的经济立法与英国近代议会民主制的起源[J].历史研究,1995(2).

[17] 潘荣成.都铎王朝变革对英国民族国家确立的影响[J].贵族社会科学,2014(2).

[18] 任进,石世峰.英国地方自治制度的新发展[J].新视野,2006(1).

[19] 沈汉.英国近代国家是怎样形成的[J].贵州师范大学学报(社会科学版),2004(5).

[20] 宋雄伟.英国地方政府治理:中央集权主义的分析视角[J].北京行政学院学报,2013(5).

[21] 孙宏伟,谭融.论英国的地方治理模式和挑战[J].广东社会科学,2018(2).

[22] 孙宏伟.英国地方自治的发展及其理论渊源[J].北京行政学院学报,2013(2).

[23] 田烨.试论1707年英国国家整合模式及其对苏格兰民族独立运动的影响[J].河南师范大学学报(哲学社会科学版),2015(5).

[24] 屠凯.单一制国家特别行政区研究:以苏格兰、加泰罗尼亚和香港为例[J].全球法律评论,2014(5).

[25] 屠凯.西方单一制多民族国家的未来:进入21世纪的英国和西班牙[J].清华法学,2015(4).

[26] 王爱文,莫荣,卢爱红.政府职能转换中权力下放与上收的双向运动[J].南开经济研究,1993(3).

[27] 王建娥.都铎王朝与英国近代国家的形成[J].西北师大学报(社会科学版),1992(3).

[28] 王浦劬,张志超:德国央地事权划分及其启示(上、下)[J].国家行政学院学报,

2015(5-6).

[29] 王浦劬.中央与地方事权划分的国别经验及其启示:基于六个国家经验的分析[J].政治学研究,2016(5).

[30] 王展鹏,张茜.脱欧背景下英国权力下放的演变及其影响[J].欧洲研究,2019(4).

[31] 夏继果.论英国主权国家的形成[J].齐鲁学刊,1999(2).

[32] 谢涵冰.试析国家分离发生的路径与动力[J].国际政治研究,2019(5).

[33] 徐新建.英国不是"不列颠":兼论多民族国家身份认同的比较研究[J].世界民族,2012(1).

[34] 徐勇.现代国家建构中的非均衡性和自主性分析[J].华中师范大学学报(人文社会科学版),2003(5).

[35] 许川.当代分离运动的民粹主义化[J].国外理论动态,2019(2).

[36] 许川.和平之困:南苏丹分离公投及其反思[J].阿拉伯世界研究,2019(2).

[37] 许川.权力下放与分离主义的内在逻辑:基于英国和西班牙五个地区的比较分析[J].国际政治研究,2020(2).

[38] 许川.试析分离主义视角下的苏格兰公投:兼论台湾地区"独立公投"的非法性[J].台湾研究,2019(2).

[39] 杨欣.论英国地方政府法下中央对地方管制路径的演进[J].国际论坛,2008(4).

[40] 易晓峰.合作与权力下放:1980年代以来英国城市复兴的组织手段[J].国际城市规划,2009(3).

[41] 于明.议会主权的"国家理由":英国现代宪制生成史的再解读(1642—1696)[J].中外法学,2017(4).

[42] 郁建兴,金蕾.法国地方治理体系中的中央与市镇关系[J].马克思主义与现实,2005(6).

[43] 岳蓉."英国民族国家的形成"研究述评[J].史学月刊,2002(8).

[44] 赵丁.苏格兰财政改革:自治与权力下放[J].地方财政研究,2018(4).

[45] 赵延聪.中央和地方权能调整的制度保障与策略选择:英国地方政府权能变迁的启示[J].学习与实践,2015(1).